JN441560

재민에게, 석현에게, 현아에게

조명한

서울대학교 심리학과를 졸업하고 동 대학원에서 박사학위를 받았다. 서울대학교 심리학과에서 언어심리학 교수로 일하였다. 1972년에 한국인지과학회를 세웠다. 현재 서울대학교 명예교수, 대한민국학술원 회원으로 활동하고 있다. 에베소서는 바울 사상의 정수이며, 모든 바울 서한은 에베소서와 함께 읽어야 한다는 생각에 이르러, 이 책을 쓰게 되었다.
지은 책으로 《언어심리학: 언어와 인지》, 《한국 아동의 언어 획득 연구》, 《언어심리학: 언어와 사고의 인지심리학》(공저), 《누가복음의 이해》 등이 있다. 저작의 우수성을 인정받아 〈우수학술도서상〉(문화공보부, 1982), 〈우수논저상〉(대우재단, 1986), 〈우수논문상〉(과학기술연합회, 1991)을 수상하였다.

골로새서와 함께 읽는 **에베소서의 이해**

초판 제1쇄 인쇄 2015. 12. 8.
초판 제1쇄 발행 2015. 12. 15.

지은이 조 명 한
펴낸이 김 경 희
펴낸곳 (주)지식산업사
본사 ◉ 10881, 경기도 파주시 광인사길 53
전화 (031) 955-4226~7 팩스 (031) 955-4228
서울사무소 ◉ 03044, 서울특별시 종로구 자하문로6길 18-7
전화 (02) 734-1978 팩스 (02) 720-7900
영문문패 www.jisik.co.kr
전자우편 jsp@jisik.co.kr
등록번호 1-363
등록날짜 1969. 5. 8.

책값은 뒤표지에 있습니다.

ISBN 978-89-423-6318-6 (93230)

이 책을 읽고 저자에게 문의하고자 하는 이는
지식산업사 전자우편으로 연락바랍니다.

골로새서와 함께 읽는

에베소서의 이해

조명한

(서울대학교 명예교수, 대한민국학술원 회원)

지식산업사

머리말

논문의 서문이 아닌 어떤 저서의 머리말을 쓰는 일은 부담스러운 일이다. 논문의 서문은 그 내용의 길잡이이면 족하지만, 저서의 머리말은 저서가 갖는 의의와 저술 동기가 갖는 배경의 골격을 적어야 하기 때문이다. 필자는 머리말에서 이 의의와 배경을 세 토막으로 간략하게 요약해 적겠다.

신약성경에서 에베소서는 우리들에게 비교적 덜 읽히는 바울 서한이다. 이 서한은 내용이 압축되어 있고 바울의 신학적인 성격이 두드러지게 요약되어 있어서 문맥의 연결을 이해하기 어렵다. 도대체가 담론의 전개가 앞뒤 내력의 일화를 전개한 이야기의 담화가 아니어서, 시의 감상을 콩트 형식의 산문으로 바꿔 쓰는 만큼 읽기에 어렵다. 그런데 평소에 필자는, 성경 읽기는 요절 외우기가 아니라 맥락적 이해가 핵이라 생각해 왔다. 맥락적 이해라 함은 문장들 사이의 의미관계의 연결을 일관성을 갖추어 한결같은 정합성(coherence)을 표상하는 이해이다. 이 정합성을 위해 필자는 에베소서를 여러 번, 적어도 수십 차례 읽었다. 그리하여 깨달은 것이, 에베소서가 "바울 사상의 정수(the quintessence of Paulinism)"라는 F. F. 브루스의 평가이다. 더 나아가, 열셋의 모든 바울 서한을 에베소서와 함께 읽어야 한다는 생각에까지 이르렀다.

에베소서를 공부하며 또 하나 깨달은 생각은 에베소서와 골로새서를 함께 읽어야겠다는 점이다. 에베소서가 골로새서의 위작이라는 소모적인 논쟁에 개입하겠다는 것이 아니라, 두 서한의 중복되는 내용을 비교하여 이해의 깊이를 캐내어야 하기 때문이다. 중복되는 내용이 전하는 메시지에서 어긋나면, 복사된 위작 정도가 아니라 사이비 모조품이랄 수밖에 없다. 실제로 여러 주해서들이 에베소서, 골로새서, 그리고 빌레몬서를 함께 묶어 하나의 전집으로 출간하고 있다. 그러나 서로를 비교하며 한 책으로 엮은 것이 아니라 각각의 서한을 별개로 탐구하여 세 주해서들을 하나의 전집으로 출간하였을 따름이다. 여하튼 함께 읽는 참고서의 필요성에 대해 여러 주해서 전집 편집자들이 공감하고 있다는 사실을 짐작하고 남는다. 욕심을 내어 무작정으로 손대어보니 이 일이 그처럼 난해한 일인 줄 몰랐다. 어쭙잖은 일이 되고 말았으나, 나와 같은 평신도 독자들이 두 서한을 함께 읽기를 지속해 주기를 바라는 욕심은 여전하다.

이 책은 주해서가 아니다. 앞에서 성경 읽기는 문장들 사이의 정합성을 이해하는 독해가 기본이라 했다. 다만 이 책은 앞뒤 의미관계의 일관성 있는 연결을 풀이한 해설서이다. 그리하여 책 제목도 《에베소서의 이해》라 하였다. 오늘날 주해서들은 헬라어 원문을 연구자가 사역하고 해석한 'exegetical commentary'가 주류이다. 이 책에서 헬라어 원문을 대조하지 않은 것은 아니지만 섣부른 원문의 번역은 만용이다. 에베소서의 이해를 위해 여러 공인된 번역본과 여러 사역들을 준거하고 특히 원문의 어순에 주목한 것이 고작이다. 이 책은 성서학자가 아닌 심리학자이자 평신도로서의 에베소서 이해이다.

지식산업사 여러분께 감사드린다. 수익성이 없는 원고인 줄 알면서도 출판하기로 선뜻 결정한 오랜 친구인 김경희 사장께 그리고 산뜻하게 글을 다듬어준 고정용 편집인께 특히 감사드린다. 내 책이 출간되기를 바라서 길을 터 준 돈독한 친구 윤호균 교수께 감사드린다.

2015년 12월

조명한

차 례

Ⅰ. 서론

저자가 에베소서에 관심을 가진 것은, 이 서한(書翰)이 기독교 교회론에 관한 가장 중심적인, 따라서 영향력 있어야 마땅한 문서이기 때문이다. 바울의 '교회(ekklesia)'라는 용어 또는 개념은 본래 구약에서 히브리어의 'qahal(assembly/gathering: 집회 또는 모임)'을 가리키는데, 구약에서는 일반적으로 'qahal Yahweh(하나님의 모임)'을 말하고 신약에서는 "그리스도 안에 있는 … 하나님의 모임들"(살전 2:14)이다. 집회 또는 모임이라는 용어를 강조한 것은 사도 바울에게는 신자들이 모이는 곳이면 그곳이 곧 교회였기 때문이다. 그래서 바울의 다른 서한들에서는 '에클레시아'가 지역 교회를 지칭하는 것이 일반적이다. 따라서 에클레시아라는 용어를 '부르심을 받다'의 의미에 국한하여 해석하기도 하지만, "하나님의 모임"의 구약의 용어 역시 바울이 즐겨 사용하는 용어라는 사실을 간과하지 말아야 한다. 하나님의 모임인 교회는, 바울에게는 지역 교회뿐만 아니라 유대인들과 이방인들로 구성된 모임이다. 에베소서와 골로새서에서는 이 교회가 그리스도 안에서 만물을 통일하는 총체인 보편 교회의 개념임을 강조한다. 저자는 에베소서를 읽으며, 이 보편 교회의 개념을 이해하지 못하면 가정 또는 지역 집회로서 교회의 본질도 깨우치지 못한다는 통찰에 마침내 도달하였다. 이것이 에베소서 강해 집필의 주된 동기이고 목표이다.

다른 한편, 에베소서의 저자 자신이 이 서한을 옥중에서 바울이 썼다고 기록하고 있다. 그런데 학자들은 에베소서에 관해 여러 문제들을 제기한다. 가장 비판적인 것은 이 서한의 저자와 수신자의 문제이고, 보편 교회의 개념 역시 논쟁의 큰 몫을 차지한다. 서한의 심각한 문제에 비판적인 학자들조차 에베소서가 다른 바울 서한들의 기본 정신과 어긋난다고 난도질하는 일은 없다. 오히려 이 서한이 바울 신앙과 신학의 정수라 평가한다. 저자는 에베소서를 읽으며 이 서한의 내용을 모르면 다른 서한들의 사상을 올바르게 이해하지 못하리라는 통찰에 다다랐다. 이것이 에베소서 강해 집필의 또 다른 동기이고 목표이다.

1. 에베소서에 관련된 송신자와 수신자의 문제들

에베소서가 바울의 서한이든 아니든, 여러 비판적인 논쟁들이 있으므로 본문을 읽기 전에 우선 서한의 위명성(僞名性) 문제 등을 머리말에서 개관하겠다. 바울이 옥에 갇힌 위치에 대해 행전은 빌립보(행 16:23~40), 가이사랴(행 21:33~26:32) 및 로마(행 28:16~31)를 기록하고 있다. 학자들이 수감 위치를 확인하려는 것은 서한의 집필 연대를 확인하기 위함이기도 하다. 이들 세 곳 가운데 로마에서 쓴 옥중서한이 에베소서라는 게 여러 학자들의 통설이다. 이때 이 서한의 저술 연대가 AD 62~64년이라는 설도 있지만, 바울이 비교적 자유로운 가택 연금 상태였던 AD 60~62년이라 추정하는 것이 합리적이다.(Klein 2006; Thielman 2010) 아마도 대필자로 하여금 편지를 적게 하고 무엇보다 "진실한 일꾼인 두기고"(6:21)의 인편을 통해 전달할 만큼의 여유를 갖고 있었기 때문이다. 이렇게 보면, 에베소에 바울이 대략 3년 동안이나 머물러 있었던 그의 애착과 열정에 걸맞게 이 서한에 대한 우리의 기대가 그만큼 크기 마련인데, 학자들은 에베소서에 대해 여러 문제들을 제기한다.

첫 절 "하나님의 뜻으로 말미암아 그리스도 예수의 사도인 바울은 〔에베소에 있는〕 성도들과 그리스도 예수 안의 신자들에게"(1:1)부터 문제다. 괄호 속의 "에베소에 있는"이라는 구절이 빠져 있는 사본들이 발견되는가 하면, 혹은 이 구절 대신 "라오디게아에 있는"이라는 구절이 적힌 사본이 발견되기도 한다는 것이다. 이것이 수신자의 문제이다. 뿐더러, "바울은"이라는 주격 송신자가 분명히 적혀 있는데도 많은 학자들은 이 서한이 바울의 것인가를 여러 모로 의심한다. 많은 학자들은 이것이 특정 지역이 아닌 여러 지역에 보낸 순회 서한이었을 가능성을 더 선호한다. 에베소를 중심으로 아시아 지역에는 에바브라를 포함한 바울의 제자들이 세운 여러 교회들(골로새, 라오디게아, 히에라폴리스)이 있었으므로, 우리는 1절의 괄호 속을 비워둔 채 아시아의 여러 에클레시아에 함께 보낸 순회 서신이라 읽어도 무방할 것이다. 그러나 송신자의 문제는 에베소서의 문체뿐만 아니라 서한의 내용에 관련된 문제이므로 우리를 꽤 당혹케 만든다. 원작자의 송신자 문제가 어떤 것인지는 다음에서 상론하기로 하겠다.

2. 공인된 바울 서한들과 에베소의 상위성

일찍이 르네상스 시대부터 헬라 문헌에 대한 관심이 높아지면서, 에베소서의 특이한 문체와 양식에도 많은 관심이 있어 왔다. 이 관점에서 첫째, 1장부터 3장까지의 문장 길이가 바울 서한의 다른 문장들보다 너무 길다는 것이 문제이다. 오늘날 우리가 읽는 번역본은 긴 문장을 여러 문장으로 잘라 정리했으므로 이것이 드러나지 않는다. 가령, 초두의 찬미 1:3~14가 하나의 긴 문장으로 구성되어 있다. 둘째, 한 단어로 충분한 곳에서도 동의어가 여러 번 반복하여 장황하다. 예컨대, "그의 힘의 강력으로 역사하심을 따라 믿는 우리에게 베푸신 능력의 지극히 크심이…"(1:19)에서 보는 바와 같다. 셋째, 다른 바울 서한들 또는 신약에서는 잘 나타나지 않는 단어들이 에베소서에 잘 쓰인다는 것이다. "하나임(henotes)"(4:3, 13)이라든지, 혹은 사탄이라는 용어 대신 "마귀(diabolos)의 궤계(책략: methodeias)"(4:14; 6:11)라 표현하고 있는 것이 예이다. 다른 예로, 우리 개역에서는 직역하고 있지 않지만 에베소서(1:3, 20; 2:6; 3:10; 6:12)에 쓰인 "하늘의 영역(장소)들"이라는 복수형 표현이 고린도후서를 제외한 다른 서한들에서는 "하늘에서"라 단순하게 표현하고 있다는 등의 여러 차이점이 있다.

그러나 이러한 문체와 표현 양식의 문제는 통계적인 분포의 문제이다. 다른 서한들에서도 긴 문장이 보이며, 수사학적인 강조에 따라 유사어들이 반복할 수도 있고 않을 수도 있는 것이다. 특정한 문체가 특정한 서한에만 쓰이는 붙박이일 수 없다. 저작권의 시비를 가릴 때 언어 사용의 분포상의 문제는 판단의 한 지표로 채택될 수 있겠지만, 결정적인 증거로 작용할 수 없다. 마땅히 문체보다 내용에 비중을 두어야 할 것이다.

내용상의 특이한 점 하나는 에베소서의 초두에서나 말미에서, 바울의 저작권을 공히 인정받는 다른 서한들(예컨대, 로마서, 고린도 전후서, 갈라디아서, 빌립보서, 데살로니가전서 및 빌레몬서)과는 달리, 누구누구의 이름을 들추며 인사하는 개인적인 언급이 없다는 것이다. 개인적인 언급이 없다는 사실은 의아한 일이다. 바울이 3년씩이나 머물며 온 힘을 다 바친 곳이 에베소이기 때문이다. 가령 바울이 직접 방문하여 전도하지 않은 로마서 마지막 장에 스물여섯 명의 개인과 네 가정 혹은 가정 교회를 열거하며 문안하고 있다.(에베소서의 저작권과 직접 관련된 논쟁은 아니지만, 이 때문에 로마서의 이 문안 인사는 에베소에 보내는 것이라 여러 학자들이 생각하고 있기도 하다)

도대체가 에베소서의 내용은 뜨거운 글들로 구성되어 있지 않다. "에베소서는 바울의 문서들 중에서 가장 일반적인 논변의 서한이다."(Thielman 2010: 11) 일반적이라 함은 편지를 전하는 두기고 이외에 개인에 관한 언급이 없다는 정도가 아니라, 특별한 계기로 편지를 쓴 것이 아니므로 글의 성격이 논쟁적이지 않다는 말이다. 이 서한의 내용은 명상의 경건한 글들로 교리적인 메시지를 전한다. 이것은 특정한 문제들에 관해 격정적인 논박을 펼치는 고린도서와 갈라디아서와 다르다. 어찌 보면, 논쟁의 글이 아니라는 것과 개인적인 문안 인사가 없다는 것은 같은 맥락에 묶이는 수사적인 양식의 표현일 수 있다. 동기와 목적이 다르면 표현의 양식도 달라질 수 있을 것이다. 문제는 에베소서가 전하는 메시지가 다른 서한들에서 전하는 교리와 다를 때 저작권 시비가 심각해진다. 그러나 여러 연구자들에 따르면, 그것이 에베소서의 독자적인 교리라 하더라도 다른 바울 서한들의 교리와 본질적으로 다르지는 않다는 것이다.

주된 교리 차이의 문제는 아니라 하더라도, 공인된 바울 서한과는 다른 에베소서의 독자적인 입장이 나오는 것도 사실이다. 다른 서한들에서 에클레시아를 그리스도의 몸이라 하지만 에베소서에서는 그리스도가 몸인 동시에 교회의 머리라 개념화한다. 또, 에베소서에서는 에클레시아를 사도들과 선지자들의 기초 위에 세워진 것이라며 그 권위를 내세우지만, 고린도전서에서는 이들이 심었고 물을 준 일이 고작이라고 비하한다.(비교: 엡 2:20~22와 고전 3:5~17) 은사에 관해서도 성령이 아니라 땅 아래 곳으로 내리셨다가 하늘 위에 오르신 그리스도가 "혹은 사도로 혹은 선지자로 혹은 복음 전하는 자로 혹은 목사와 교사로"(엡 4:11) 은사가 주어졌다고(특히 우리 개역에서처럼) 기술함으로써 제도적인 교회의 신분이라 자칫 오해하게 하는 표현이 적혀 있다. 뿐더러, 공인된 서한들에서는 예수의 십자가 죽음을 강조하고, 반면에 에베소서는 예수의 하늘에 오르심을 강조한다. 이에 짝을 맞추어 "우리를 그(그리스도)와 함께 일으키셨고 그리스도 예수 안에서 하늘의 영역들에 그와 함께 우리를 앉히셨다"(2:6)라고 부활을 현재적 실재로 기술함으로써 학자들에 의해 실현된 구원론/종말론이라 비판받는다. 게다가 교회 안에서의 우주적인 통일이 에베소서의 최상의 지향점이다. 이러한 배경을 바탕으로, 공인된 서한에서의 지역 교회가 아니라 에베소서는 통일성의 교회라는 보편 교회의 개념을 도처에서 앞세운다.(Lincoln 1990: xciv) 이 밖에도 바울의 저작임을 의심할 만한 사항들이 있다. 따라서 학자들이 문제를 제기하는 것은 당연한 일이다.

다시 말해 위명성을 제기하는 학자들이 상당수에 이르고 있음을 고려하면 물론 에베소서가 바울이 직접 쓴 서한이냐 혹은 바울의 이름을 도용한 위명성(pseudonymity)의 서한이냐가 일차적인 문제이다.

이때, 학자들의 위명성 판단의 근거와 더불어 어떤 성질의 위명성이냐의 문제도 못지않게 중요하다. 그 성질에 따라 우리가 에베소서를 읽는 태도가 달라질 수도 있기 때문이다. 우리는 이러한 비판적인 문제 제기에 관해 여기 머리말에서는 최소한으로 다루고 본문을 독해하며 그때그때 숙고하기로 하겠다.

3. 위명성의 성질

에베소서의 저자가 바울이 아닌 위명의 저자라는 판단만이 중요한 것이 아니라 그 판단에 따르는 위명성의 성질이 더욱 중요하다.

가장 강하게 위명성을 주창하는 주해서가 《The Interpreter's Bible(이하 IB)》이다. 직접 인용하는 것이 이해의 지름길이다.

"따라서 우리는 이 서한이 바울의 작품이 아니라 결론지어야겠다. 위대한 사도의 정신과 영에 깊이 고무되어, 그의 서한들 특히 골로새서를 잘 알고 있고 아마도 사도를 친히 알고 있는 어떤 제자가 사도의 이름을 빌어 사랑과 찬양의 증정품으로 에베소서를 출간하였다."(Beare 1953: 600)

이 책에서는 에베소서의 저자가 위명임을 단정하고 있다. 그러나 그 위명성은 거짓된 위조가 아니라 사도 바울에게 깊이 감명을 받은 제자가 스승에게 경의를 표하는 글이라는 것이다. 이것은 에베소서의 내용이 바울의 교리를 근간으로 하고 있다는 것을 전제하는 비판이다.

이 IB의 입장과 맥을 같이하면서, 그럴듯한 시나리오를 제안한 저서가 굿스피드(Edgar J. Goodspeed)의 《에베소서의 의미》(1933)다. 사도

행전이 출간된 뒤 한때 잊혀졌던 바울의 위대함을 새삼 일깨웠다는 배경을 갖는다. 시나리오인즉, 본래 골로새서와 빌레몬서를 갖고 있었던 한 수집가가 바울 서한들을 찾아 모으기 시작했고, 드디어 갈라디아, 빌립보, 데살로니가, 고린도 및 로마의 각각의 서한들을 구할 수 있었다. 이들 서한들을 탐독한 뒤 바울 신앙에 대한 깊은 통찰에 감격하여, 각 지역에 특수한 문제들을 제외한 바울 교리의 일반론을 쓴 것이 다름 아닌 에베소서라는 것이다. 우리는 이 가설을 단순히 굿스피드가 재미를 위해 쓴 시나리오라 생각하지 말아야겠다. 위명의 저자가 여러 바울서한들에 대한 자신의 철저한 이해를 바탕으로 가능한 에베소서를 엮었다는 것이 시나리오의 내용이다. 그러므로 그 가설은 우리가 에베소서를 읽을 때 오히려 우리의 이해를 돕는 해석의 틀일 수도 있다.

이처럼 에베소서의 위명성을 용인한다 하더라도 그 위명성의 성질을 읽으면, 에베소서는 바울이 쓰지 않은 바울 서한이라는 비평에 도달하게 된다. 바울 연구의 대가였던 브루스는 에베소서 주해서를 출간하면서도 저작권의 논쟁 자체를 아마도 고의적으로 회피하고 있다.(Bruce 1984: 240) 그것은 바울의 저작권에 대해 의심할 여지가 있다 하더라도, 에베서소의 내용이 바울적임을 의심할 여지가 없다는 태도일 것이다. 바울 총서를 집필하며 에베소서 개관의 제목을 "바울 사상의 정수(The Quintessence of Paulinism)"라 붙인 것을 보면 그의 입장을 짐작하고 남는다.(Bruce 1977) 아울러, 에베소서 주해서에서 아래 고전 2:9를 원용해,

> 눈으로 보지도 못하고, 귀로도 듣지 못하고,
> 사람의 마음으로도 생각지 못하였던,

하나님이 당신을 사랑하였던 사람들을 위해 예비하셨던 바라

이처럼 신비 안에 있는 하나님의 지혜를 성령을 통해 우리에게 계시한 것이 에베소서라 논평한다.(Bruce 1984: 246) 이 논평이 에베소서가 바울 사상의 정수라는 브루스의 요체이다. 하나님의 인류 구원 의지가 신비이고 에베소서는 시종일관 이 신비를 계시해 주는 심오하고 난해한 바울의 복음의 정수이다.

브루스와 같은 관점에서, 위명성에 관해 독자적인 논리를 전개하는 것이 링컨(Andrew T. Lincoln)의 《WBC 에베소서》(1999) 주해서이다. 에베소서 내용에 관해 심지어 수사학적 비평까지 동원해 치밀하게 분석하여 위명성을 증명한다. 하지만 링컨은 에베소서가 바울 복음의 정전(正典)에 보완적인 공헌을 하고 있다고 높이 평가한다. 그리하여 링컨은 "고귀한(lofty) 주제와 고귀한 언어로 쓰여진" 이 에베소서가 "고귀한 갈채"를 받아 마땅하다고 하며, 말 그대로 고귀한 에베소 주해서를 집필하였다. 우리는 본문을 독해하며 다른 무엇보다 링컨의 논리를 그때그때 추적하고 비판적으로 숙고하겠다.

우리는 이 모든 관점에서-에베소서가 바울이 쓴 것임을 확신하든 부정하든 혹은 의심하든-에베소서를 어떻게 읽어야 할 것임을 배운다. 그러므로 이 서한을 읽을 때 우리는 바울의 다른 서한들과 함께 그리고 바울의 생애와 사역 및 교리를 다루고 있는 바울 총서(Corpus Paulinum) 개설서와 함께 읽어야 한다는 자세를 가져야 한다. 다른 서한들과의 일관성과 더불어 차별성을 찾아야 에베소서의 진가가 드러난다.

4. 에베소서와 골로새서를 함께 읽기

에베소서와 골로새서의 두드러진 유사성은, 다시 말하지만, 에베소서의 저자가 누구냐의 논쟁에 주요한 관점을 제공한다. 대체로 통설은 골로새서를 입수해 정독한 바울의 어떤 추종자가 골로새서를 모방해 에베소서를 위작하였으리라는 것이다. 앞 단락에서 공인된 바울 서한들과 에베소서의 상위성을 간략하게 적었지만 에베소서와 골로새서 사이에는 유사성이 현저하다. 게다가 에베소서에 대한 이 가설이 너무나도 설득력이 있어서 최근까지 반론의 여지가 없는 것처럼 받아들여졌다. 당시 위명의 저술은 널리 통용되는 상례라 싶기도 하였다는 것이다. 하지만, 최근에 위명성 가설을 비판적으로 검토하는 주해서들이 늘어나고 있다.

우선, 두 서한 사이의 양적인 유사성 문제부터 검토해야겠다. 미턴에 따르면 에베소서의 2,411 단어들 가운데 26.5%가 골로새서의 기사들과 겹치고, 골로새서의 1,570 단어들 가운데 34%가 에베소서의 기사들과 겹친다는 것이다.(Mitton 1951) 골로새서를 모방한 것이라 했을 때 두 서한 사이에 동일한 문체의 중복이 더 중요한 지표일 수 있을 것이다. "신실한 일꾼인 두기고를 너희에게 보낸다"는 엡 6:21~22와 골 4:7~8 사이에 겹침은 제외하고라도, 단어와 단어 사이의 연속적인 연결이 두 서한 사이에 중복해 나타난다. 심지어 무려 일곱 단어의 겹침이 세 번씩이나 있고(예컨대, 엡 1:1~2 = 골 1:1~2; 엡 3:2 = 골 1:25; 엡 3:9 = 골 1:26) 또 동일한 다섯 단어 연속이 반복하여 쓰인 곳도 두 군데가 된다고 한다. 학자들은 한번 의심하면 모든 면모를 죄다 따져 분석한다. 두 서한들 사이에 문장, 절 및 구의 언어적인 반복뿐만 아니라 어휘의 중복 사용도 두

드러진다고 한다.

그런데 이때 어휘의 중복 사용에 관련된 또 다른 문제가 제기된다. 이를테면, 골 2:9, 10에서는 "몸(soma)"이 우주의 의미로 쓰였으나 골 2:19에서는 교회의 의미로 변경하여 사용된바, 같은 어휘가 사용된 엡 4:15~16에는 교회의 의미로만 쓰이고 있다는 사실을 지적하고 있다. 마찬가지 용례가 "일꾼(oikonomia)"의 어휘 사례에도 해당한다는 사실을 들추어, 골로새서에서 다양한 의미의 어휘 사용을 에베소서가 수정 의미만을 선택적으로 사용하고 있다는 것이다. 이 사실을 유추하여 어느 한 사람이 같은 시기에 두 서한을 서술한 것이 아니라 각기 다른 저자가 골로새서를 교본으로 삼고 에베소서를 후에 저술한 것이라 논의한다.(Lincoln 1990: 53) 바꾸어 말하면, 중복 사용된 어휘라 하더라도 사용된 맥락적 의미가 다르므로 골로새서와 에베소서의 저자가 동일할 수 없다는 추론을 유추해낸 것이다. 두 서한의 저자가 다르다는 유추가 에베소서의 저자가 바울이 아니라는 강한 주장을 밑받침하는 논리이다.

두 서한 사이의 유사성의 계산법이 학자마다 달라 통계 수치를 제시하는 일이 조심스럽다. 회흐너에 따르면 에베소서에 사용된 총 2,429 단어들과 골로새서의 총 1,574 단어들의 수효 가운데서 두 서한들 사이에 공유하는 단어수가 246개에 지나지 않는다. 이들 246개 공유 단어들의 중복 사용을 계산에 넣으면 에베소서의 2,429 단어들 가운데 2,057개에 이르고 그리고 골로새서의 1,574 단어들 가운데 1,362개에 이른다. 두 서한들 사이의 유사성은 각각의 서한에서의 동일 어휘의 중복 사용 때문이고, 이 중복 사용의 계산에는 접속사, 대명사, 전치사 및 고유명사를 포함한 것이다.(Hoehner 2002: 31) 따라서 두 서한의 내용의 유사성이 높으면 당연히 중복된 어휘의 사용이 높아질 수 있을 것이다. 이 점에서 흥미로운 것은 학자들이 두 서한들 사이에 각각 독자적인 기사와 서로 병행하는 기사를 표로 작성하여 제시하고 있다는 점이다. 여기서도 아래에 두 서한들의 비교표를 옮겨 적기로 하겠다. 아래의 표는 링컨의 표(Lincoln 1990: xlix)를 참조한 회흐너의 표(Hoehner 2002: 34)를 옮긴 것이다.

골	골의 독자 기사	병행 기사	엡의 독자 기사	엡
1:1~2		머리말		1:1~2
			찬미	1:3~14
			감사와 간주	1:15~23
1:15~20	창조와 화평에서 그리스도의 으뜸			
			신자들의 구원	2:1~10
1:21~23		외인에서 벗어나 하나님과의 화목	(이방과 유대와의 한 몸의 화평)	2:11~22
1:24~2:3		바울의 고난과 신비에 대한 사역		3:1~13
2:4~3:4	거짓 가르침에 대한 경고 및 진정한 가르침			
			사랑의 강건을 위한 기도와 영광송	3:14~21
		(그리스도의 몸-머리 골 2:19=엡 4:15, 16)	하나됨의 권면	4:1~16
3:5~11		옛 사람을 벗고 새 사람이 되라		4:17~32
3:12~15		사랑의 권면		5:1~6
			거룩의 권면	5:7~14

3:16~17		지혜롭게 살라		5:15~21
3:18~4:1		가정훈	(그리스도와교회5:23~32)	5:22~6:9
			영적인對敵	6:10~17
4:2~4		기도와 신비의 전파		6:18~20
4:5~6	외인들에게 지혜롭게			
4:7~9		두기고에게 위탁		6:21~22
4:10~17	문안			
4:18	(친필)	축복	(평화와 사랑)	6:23~24

이 비교 목록표를 보면 한눈에 두 서한 사이의 겹침이 현저함을 알 수 있다. 초두의 인사와 그리고 말미의 편지를 전하는 두기고에 대한 소개와 은혜의 기원(祈願)이 같다는 사실은 당연히 용인할 수 있을 것이다. 그 뿐만 아니라, 서한의 핵심 단어들(keywords)인 구원, 화목, 몸, 머리, 신비의 전파, 능력 등이 중복되는 주제로 등장하고 있다. 예컨대, "시와 찬미와 신령한 노래를 부르며 마음에 감사함으로 하나님을 찬양하고"(골 3:16)와 "시와 찬미와 신령한 노래들로 서로 화답하며 너희의 마음으로 주께 노래하며 찬송하며"(엡 5:19)를 서로 비교하면 기본적으로 동일한 용어들을 사용한 문장 구성을 보인다. 두 기사들 사이의 상위성은 시와 찬미와 신령한 노래들을 하나님께 드리느냐, 주 그리스도께 드리느냐만 다르다. 그럼에도, 비판적인 학자들에게 문제는, 같은 주제와 어휘라 하더라도 두 서한이 전달하고자 하는 측면이 다르다는 사

실을 또 지적한다. 이를테면, 동일한 어휘들을 사용하고 있는 골 3:17과 엡 5:20이 각각 갖는 사전 맥락이 다르므로 동일한 저자가 동일한 의도로 집필한 것이 아니기에 두 서한의 저자가 동일할 수 없다는 것이다.(Lincoln 1990: lxvii) 그리하여 링컨은 두 서한의 저자가 각기 다르며 에베소서의 저자가 골로새서를 차용하고 있다는 결론에 도달한다.

물론 주해서를 집필하는 학자들로서는 성경을 비판적으로 독해해야 할 것이다. 그러나 성경이 전하는 메시지를 이해하려는 일반 독자들로 하여금 지나친 비판은 의미 파악의 골격의 갈피를 흩뜨려 놓기 십상이다. 흥미롭게도, 회흐너는 1519~2001년에 이르는 사이에 에베소서가 바울 저작이냐 위작이냐의 여부에 대한 평가를 연대적으로 개관한 통계표를 제시하고 있다.(Hoehner 2002: 19) 그가 제시한 통계표를 세대별로 묶어 재분석하면, 흥미로운 사실은, 1519년부터 21세기 초까지는 바울 저작이냐 위작이냐의 평가율이 각각 54% 대 39%이고, 1961~2001년에 이르러 각각 47% 대 47%로 반반이고 불확실에 대한 판단이 6%로 갈리고, 그리고 1991~2001년에 이르면 앞 세대의 47% 대 47%의 평가율이 각각 50% 대 50%로 불확실에 대한 판단이 0%로 줄어들어 확정적인 반반의 수치에 도달한다. 풀이하면, 1961년을 20세기 중반이라 한다면 이때 에베소서의 위작설이 절정이고 점차로 긍정적인 바울 저작설의 추세가 다시 돌아선다.

더욱 흥미로운 사실은 우리의 개관에 따르면 회흐너의 개관 연대 이후인 2002년부터 그 추세가 역으로 더욱더(혹은 전적으로) 현저하여지고 있다는 사실이다.(e.g., 길성남 2005; Hoehner 2002; Klein 2006; Schreiner 2008; Thielman 2010) 회흐너 저서의 2002년 이후에 출간된 이들 저서들은 에베소서의 위명성을 모두 부정하고 있다. "에베소서에 담긴 깊고도 높은 교훈들을 생각할 때 사도 바울이 아닌 다른 사람이 본 서신을 기록했다는 주장은 받아들이기 어렵다."(길성남 2005: 44) 에베소서 저작권과 관련된 문헌을 무려 114~130쪽에 걸쳐 수록하고 있는 회흐너는 엡 1:1 및 3:1에 적힌 그대로 바울의 저작임에 의심의 여지가 없다고 결론을 낸다. 클라인은 다른 신약 기록에는 없고 에베소서에만 출현하는 어휘의 수라든가 공인된 바울 서한들에 나타나지 않는 에베소서의 어휘의 수를 꼽아 세는 등의 검토는 바울의 저작권을 입증하는 논리에도 적용할 수 있다고 생각한다. 슈라이너는 에베소서가 재림에 대한 분명한 언급이 없고 구원의 현재적 실재를 강조한다는 점에서 바울의 종말론과의 상위성의 논변에 관해 낱낱이 논박한다. 틸먼은 에베소서의 문체상의 스타일과 문장길이에 대한 비판은 바울의 다른 문서에서도 찾아 읽을 수 있는 유형임을 밝히고 에베소서의 유별난 이들 특징은 문서의 수정보완이 불가능했던 옥중 상황에 말미암은 것이라 이해한다.

이와 관련하여, 에베소서와 골로새서의 특징들을 비교, 개관하겠다. 골로새 교회는 바울이 직접 세운 교회가 아니고 그가 에베소에서 사역할 당시에 "그리스도의 신실한 일꾼인"(골 1:7) 에바브라가 복음을 전한 곳으로, 바울은 서한을 쓸 당시까지 골로새 교인들을 만난 적이 없다.(cf., 골 2:1) 그럼에도, 서한 말미(골 4:7~18)를 읽으면 에베소서보다 비교적 더 자상하게 두루 여러 사람들의 문안을 바울이 친필로 적고 있다는 사실은 이색적이다. 에베소서와는 달리 골로새서에서는 "하나님의 뜻으로 말미암아 그리스도 예수의 사도인 바울과 우리의 형제인 디모데가 〔편지하노니〕"(골 1:1)라 "우리의 형제 디모데"가 공저자라 초두를 열고 있다.(Pao 2012: 47) 옥중의 바울과 함께 있었던 디모데가 골로새서의 공저자는 아니라 하더라도 이 서한의 집필을 적어도 대필했을 가능성은 상당히 높다. 분명 골로새서는 바울과 그의 동역자들이 골로새를 직접 겨냥해 쓴 서한이고, 아마도 에베소서는 에베소를 반드시 겨냥한 것이 아니라 두루 그 지역의 여러 교회들에게 보낸 순회 서한일 것이다.(Hoehner 2002: 22~3)

골로새서는 바울 서한들 가운데서도 으뜸가는 그리스도론이고 특히 골 1:15~20에서의 그리스도 찬미가 돋보인다. 에베소서 역시 그러하지만 골로새서에는 버금간다. 그리스도의 지고의 권위는 "보이지 않는 하나님의 형상"으로 우주의 창조자이실 뿐만 아니라 우주 만물의 완성을 위한 하나님의 구원의 계획을 이루시는 분이고 만유의 주이시다.(골 1:15~16) 바로 이 우주적인 또는 보편적인 그리스도론의 배경에서 다른 무엇보다 보편 교회의 공통적인 개념이 두 서한 사이에 훨씬 돋보인다. 그러나 가장 뚜렷한 차이는 골로새서의 집필 동기가 당시 교회에 침투하였던 공교한 논변(골 2:4~7), 헛된 철학(골 2:8~10), 그리스도의 실상이 아니라 의식적인 그림자인 허상(골 2:11~17), 천사 숭배(골 2:18~19), 초등 학문(골 2:20~23) 등의 혼합주의에 대한 거짓 가르침을 경고하기 위함이다. "골로새서의 우주적 그리스도론은, 물론, 거짓 가르침들에 대한 반응이다."(Moo 2008: 63) 이와 달리 에베소서는 특별한 동기가 없이 바울 교의에 관한 일반론인 바, 보편 교회의 개념이 시종일관 전면에 부각된다. 보편 교회에 대해 두 서한의 내용이 서로 중복되기는 하지만, 에베소서는 보편 교회론 자체가 주요 주제이므로 골로새서가 에베소서에 버금간다.

이미 앞에서 언급하였거니와 다른 어떤 바울 서한들 사이에서보다 에베소서와 골로새서 사이에 공통성이 높다. 그리스도의 십자가

보다 부활과 하나님 오른편에 앉히심을(엡 1:20) 강조하여, 십자가에서의 죽음이 그리스도의 승리라 찬양한다.(골 2:15) 아울러, "그리스도를 만물 위의 머리로 주셨으니"(엡 1:22; 4:15; 5:23; 골 1:18; 2:10, 19)에서 보는 것과 같은 그리스도의 우주적, 보편적 지고하심이 두 서한 사이에 공통적으로 함께 두드러진다. 마찬가지 맥락에서 "너희가 그리스도와 함께 일으키심을 받았으니"(엡 2:5~6; 골 2:12; 3:1)에서 보는 것과 같은 소위 이미 실현된 구원론 혹은 종말론이 두 옥중서한 사이의 공통성이 돋보인다. '이미'와 '아직 아니' 사이의 팽팽한 긴장이 어떻게 바울의 생애 말기에 사그라들었는지를 학자들은 의아해 한다. 이 때문에 AD 60년 초반에 쓰인 이들 두 서한 가운데 하나가 다른 하나를 위명으로 복사하였으리라는 비판적인 추론이 일고 있는 것이 사실이다. 이에 따라 위작이 아니라고 변호하는 학자들은 두 옥중서한에서 '이미'가 '아직 아니'를 부정하고 있는 것은 아니라고 극구 변론하고 있다. 하지만, 우리는 이들 두 옥중서한의 공통적인 배경을 사시의 눈으로 흘기어 볼 것이 아니라 존중의 눈으로 직시해야 한다고 생각한다.

두 서한의 집필 동기와 배경이 다른데도 불구하고 내용을 공유하는 부문은 필히 함께 읽고 비교하여야 각 서한의 의도를 파악할 수 있다. 공유하는 내용이 있다고 그 내용의 출처를 따져 진품과 위품을 구별할 일이 아니라 그 내용이 각 서한에서 위치한 좌표를 찾아 읽는 일이 목표가 되어야 한다. 두 서한의 맥락과 배경이 다른 만큼 동일한 어휘가 다른 주제에 따라 다른 논리로 전개될 수 있을 것이다. 링컨이 골로새서에서 다양한 의미의 사용을 에베소서가 수정 의미만을 선택적으로 사용하고 있다는 중복된 어휘에 관한 비판은 지나치게 고지식한 비판일 수 있다. 이 내용상의 공통성을 올바르게 이해 못하면 상호 보완적인 골로새서도, 에베소서도 올바르게 이해하지 못하는 것이기도 하다. 그러므로 에베소서를 골로새서와 함께 읽는 일이 필연적으로 요구된다.

5. 이 글의 목적

위명성의 문제는 링컨(Lincoln, 1990) 이후에 이제 그 논란이 하락세에 들어섰다. 우리가 이 위명성 문제의 개관에서 얻은 것은, 에베소서를 읽을 때 골로새서를 참고하여 함께 읽어야 한다는 우리의 목표이다. 여러 신약 주해서들이 골로새서, 빌레몬서 및 에베소서의 주해를 한데 묶어 하나의 주해서를 출간하고 있다. 그런데, 빌레몬서의 주인공인 오네시모는 바울의 여러 서한들을 수집해 에베소서를 위작한 장본인이라는 설도 제기된 바 있지만 에베소서와 빌레몬서는 각기 내용이 이질적이다. 서로 중복되는 내용은 에베소서와 골로새서 사이가 으뜸이므로 에베소서의 기사는 골로새서의 것과 함께 읽음으로써 이해의 깊이를 파헤치는 것이 올바른 길일 것이다. 아울러 다른 바울 서한들과 비교하여 에베소서의 위상을 밝힘으로써, 위명성의 문제 해결에도 일면 기여하고 싶다. 다른 한편, 내용 면에서 특히 에베소서의 보편 교회론에 관해 일차적으로 그리고 실현된 구원론에 관해 부차적으로 비판적인 독해를 수행하겠다. 하나됨의 보편 교회에 대한 에베소서의 개념 때문에 이 서한이 바울의 지역 교회의 전통에서 초기 가톨릭 시대에로 이전하는 표지라는 난삽한 신학적인 논쟁에 대해 무엇보다 기여하고 싶다. 보편 교회의 개념을 에베소 전체 논변의 틀 안에서 이해하는 것이 일차적인 목표이다.

서두에서 필자의 에베소서에 대한 주관심은 이 서한에서의 교회론임을 밝혔거니와, 그리스도가 교회의 머리라는 것이 어떤 의미를 갖는지를 집중적으로 해명하기로 하겠다. 아울러, 에베소서의 서술 양식에 기인하는 종말론의 오해에 관해 나름대로 기여함으로써 망외의 소득을 함께 얻고 싶다.

성경 교본은 우리에게 가장 널리 읽히는 한글 개역판을 취하였다. 본문 해설에서는 원문의 어순을 좇아, 가능한 한 다시 옮겨 적었다. 우리말과 글은 어순에서 자유롭다고 생각하여 어순을 경시하는 그릇된 경향이 있다. 어순의 이현령비현령 때문에 언어 이해에 왜곡을 초래하는 일이 빈번하다. 특히 우리글의 어순은 종속절 다음에 주절이 나오고 조사가 전치사가 아니라 후치사이므로 헬라어의 의미 관계와 맥락적 의미에서 차이가 나기 십상이다. 따라서 어순이 의미 관계가 언어 이해의 주요 변수이기 때문에 원문의 어순을 존중하며 우리 개역을 새롭게 읽기 위함이다. 하지만, 옮겨 적었다고 해서 반드시 새롭게 번역한 것은 아니다. 성경 번역은 헬라어의 능통함뿐만 아니라 구와 구, 절과 절, 그리고 문장과 문장 사이의 의미관계의 해석이 확고한 기반 위에서 전체적인 틀에 비추어 정합성의 통찰이 깊어야 비로소 가능하다. 우리의 원문 어순의 참조는 단지 맥락적 의미 관계가 성경 이해에 기본이라는 시도에 불과하다. 그리하여 이 책의 제목을 《에베소서의 이해》라 붙였다.

Ⅱ. 본문 이해

1. 은혜와 평화, 그리고 그리스도와 함께 하나됨

에베소서는 내용 분해가 잘 나뉘어져 있다. 제1부 1~3장이 부르심을 받음에 관한 교의적인 해설이고 교회론이다. 제2부 4~6장이 교회의 윤리 교훈의 해설이다. 이들 1부와 2부 안에서도 우리가 읽더라도 개역 성경 본문에 나뉘어 있는 각각의 문단이 독립된 주제를 취급하고 있음을 쉬 파악할 수 있다. 본문 해설 전에 전반적인 개관을 앞세우는 것이 일반적인 해설의 방식일 터이나, 에베소서는 이 개관을 앞세울 필요성이 줄어든다. 개관은 주로 주제와 내용 분해일 터인데, 우리가 읽을 때 별 어려움이 없기 때문이다. 우리는 이 글에서 에베소서 초두의 인사인 은혜와 평화를 에베소서의 본문 주제들과 관련하여 함께 살핌으로써 개관을 대신하기로 하겠다.

1) 모두(冒頭)로서의 인사(1:1~2)

에베소서 첫머리에 전하는 인사는 모든 바울 서한들의 인사와 다름없다. 자구(字句) 상에서 가장 유사한 것이 골로새서의 인사인 1~2절이다. 두 서한이 동시에 혹은 거의 같은 시기에 쓰인 것임을 가정하면 자구조차 비슷하다는 사실은 매우 당연한 일이다. 골로새서 이외의 다른 서한들과 차이가 있다면 에베소서의 인사가 대단히 간결하다는 것이다. 인사의 핵심 단어인 "은혜와 평강(평화)"이 여기서는 2절에 곧장 나타나지만, 가령 로마서에서는 1장 7절에서야 나타난다.

하나님의 은혜와 평화(1:1~2)

서두의 간결성의 특징은 굿스피드가 에베소서를 다른 서한들 모두를 포괄하여 첨부된 표제 또는 모두서한(冒頭書翰: covering letter)이라 일컫는 것과 같은 맥락에서 이해하면 그 간결성이 더욱 돋보인다. 다른 서한들의 인사들을 간추린 것이기 때문이다. 하나님의 은혜와 평화가 주 예수 그리스도를 통해 하나님의 백성에게 있기를 축원하는 것은 앞으로 이 서한에 기록될 내용을 예견하게 하는 것이므로 우리는 은혜와 평화의 의미를 개관하기로 하겠다.

> **1** 하나님의 뜻으로 말미암아 그리스도 예수의 사도된 바울은 에베소에 있는 성도들과 그리스도 예수 안의 신실한 자들에게 편지하노니 **2** 하나님 우리 아버지와 주 예수 그리스도로 좇아 은혜와 평강이 너희에게 있을지어다

"바울은, 하나님의 뜻에 따라 예수 그리스도의 사도인 바, 에베소에 있는 성도들에게 그리고 그리스도 예수 안에서 신실한 자들에게 〔편지를 쓰노라〕"가 1절이다. 송신자 바울은 자신이 그리스도 예수의 사도로 부르심을 받은 것이 하나님의 뜻이라 단정한다. 이것은

사도로서의 권위가 하나님의 뜻에 따른 것이라는 다른 곳(고전 1:1; 고후 1:2; 딤 1:1)에서의 동일한 표현과 합치한다. 기독자들을 성도들이라 부르는 것은 그들이 하나님의 백성이고 하나님의 양자이기 때문이다. 하나님이 거룩하시므로 하나님을 아버지라 부르는 신자들이 거룩하다. 그리고 에베소에 있는 수신자들을 "성도들"이라 그리고 동시에 "그리스도 예수 안에서 신실한 자들"이라 부른다. 성도들과 신실한 자들(pistois)을 함께 아울러 호칭하는 일은 다른 바울 서한에서 찾아볼 수 없고 에베소서와 골로새서의 특유한 표현인 것은 사실이다.(Lincoln 1990: 6) 골 1:2에서는 "골로새에 있는 성도들 곧 그리스도 안에서 신실한 형제들"이라 기술되어 있다. 이 표현은 믿음으로써 그리스도와 연합한 형제자매라는 뜻이므로 "성도들이 곧 그리스도 안에서 믿는 자들"이라는 양자의 동일성은 바울의 교리에 아무 모순이 없다. 성도의 그 거룩은 "그리스도 예수 안에서 거룩하여진"(고전 1:2) 것이고 또 성도들이라는 표현은 다른 곳(롬 1:7; 고전 1:2)에서도 인사말로 사용되는 용어이다. 바울에게 하나님은 아브라함의 하나님이고 이스라엘의 하나님이지만, 그러나 "너희는 다시 무서워하는 종의 영을 받지 아니하였고 양자의 영을 받았으므로 〔우리가〕 아바 아버지라 부르짖느니라"(롬 8: 15)이다. 그리고 예수 그리스도가 우리의 주이시다. 본래 이스라엘 사람들에게는 하나님이 곧 주이셨다. 이제 에베소 신자들에게는 하나님이 아버지이시고 그리고 예수가 주이시다.

하나님이 아버지이시고 예수가 주이시라는 이중의 관계를 제임스 D. G. 던은 아래와 같이 해설한다. "한편으로 부활하신 그리스도는 마지막 아담, 즉 본래의 청사진에 따라 하나님의 새로운 인간 창조의 원형이다. 다른 한편 그는 하나님 편에서 하나님과 공동 통치자,

즉 성령과 더불어 생명을 주시는("마지막 아담은 살려 주는 영이 되었나니", 고전 15:45) 분이다. 그리고 이 중간에 그는 하나님의 아들인바, 이 아들의 신분이 그를 믿는 자들에게도 함께 주어지고, 그는 이 새 가족의 맏형이시고 죽음에서 일어나신 처음 나신 분이시다. 하지만 그는 또한 능력에 있어 하나님의 아들이시기에 주님이시고, 그리고 그가 주님이시기에 아담에 대한 의도된 통치를 완성하시고 또 신성의 특권을 실행하신다."(Dunn, 1998: 265) 이처럼 하나님을 아버지라 부를 수 있게 하신 주님이신 그리스도 예수를 간결한 에베소서 인사에서 세 번 언급함으로써 우리 주 그리스도 예수가 골로새서에 버금가는 에베소서의 주요 주제임을 예고한다.

"은혜가 너희에게 그리고 평화가 하나님 우리 아버지와 주 예수 그리스도로부터 〔있기를〕"라고 2절에 수신자들에게 소원한다. 우선 은혜에 관하여 다른 어떤 서한에서보다 에베소서에 명료하고 또 간결하게 서술하고 있다. "너희가 그 은혜로 인하여 믿음으로 말미암아 구원을 얻었나니 이것이 너희에게서 〔난 것이〕 아니요 하나님의 선물이라 행위에서 〔난 것이〕 아니니 이는 누구든지 자랑치 못하게 함이니라"(2:8~9)가 그것이다. 로마서 5장에서는 아담으로 말미암아 사망이 왕노릇(통치)하던 것이 그리스도로 말미암아 생명 안에서 왕노릇(통치)하는 것이 은혜임을 장황하게 서술하고 있다. 그런데 여기에서는 믿음에 대한 구원의 선물이라는 이른바 의신칭의(依信稱義)의 개념을 교과서적으로 간략하게 기술한다. 그러므로 이를 자랑할 수 없다는 표현도 롬 3:27과 고전 1:30에서는 감격적으로 서술하고 있으나, 여기서는 은혜가 주어짐은 우리가 행한 일에 대한 보상이 아니라고 매우 논리적인 서술 방식을 취한다. 은혜가 무엇이냐고 물으면 여기 2:8~9절을 인용해 답하는 것이 가장 명쾌한

답변일 것이다.

은혜에 관한 에베소서 3장의 기사에는 은혜에 관한 일반론과는 다른 특이한 점이 있는 것처럼 보인다. 거기서 장황하게 강조하고 있는 점은 복음을 전하는 은혜의 선물이다.(3:1~13) "내게 주신 하나님의 은혜의 선물을 따라 내가 일꾼이 되어 … 그리스도의 풍성을 이방인에게 전하게"(3:7~8)라는 구절이 그 보기이다. 바울이 사도로서 받은 은혜를 이처럼 강조하는 것은, 에베소서가 주요 주제로 다루고 있는 "영원부터 만물을 창조하신 하나님 속에 감취었던 신비"(3:9) 그리고 "영원부터 우리 주 그리스도 예수 안에서 예정하신 뜻"(3:11)이라는 예정설의 맥락에서 이해하여야 할 것이다. 영원부터 계획된 하나님의 뜻 혹은 목표를 사도가 계시받아 전함으로써 이때까지 감추어졌던 신비가 만세 전에 미리 정하신 대로 이제 성도들에게 나타났음을 강조하는 것이 사도가 그의 사역을 통해 받은 은혜이다.

은혜는 죄와 사망과 상반되는 구원과 생명의 대명사이다. 그렇다면 구원과 생명을 받는 것과 그것을 전하는 사역이 양자가 은혜라는 점에서 동전 앞뒷면일 수 있겠다. 더군다나 바울은 다른 곳에서도 "그러나 내 어머니의 태로부터 나를 택정하시고 은혜로 나를 부르신 이가 그 아들을 이방에 전하기 위하여…"(갈 1:15~16)에서 보는 것처럼 복음을 전하도록 부르신 은혜를 언급하고 있는 터이다. 이 갈라디아서에서 바울이 "은혜로 나를 부르셨다"고 함은 곧 그의 회심을 가리키는 것이다. 바울에게 구원과 생명을 얻는 회심과 구원과 생명을 주는 사도의 직분은 앞뒷면이라기보다 실은 하나의 같은 면이다. 게다가 이 갈라디아서에서 바울이 의도적으로 "내 어머니의 태로부터"라 기술한 것을 보면, 부르심은 회심 바로 그 시점이 아니라 "영원부터" 하나님이 예정하신 바에 따라 택정되었다는 것을 함축한다.

그러므로 사도로 부르심을 받은 은사는, 바울에게 일찍부터 그리고 일관성 있게 은혜였다는 것을 알 수 있다.

"평강(평화)"에 관한 한, 아마도 평화(eirene: 샬롬)가 무엇인가를 교과서적으로 잘 정의한 구절은 "그러므로 우리가 믿음으로 의롭다 하심을 얻었은즉 우리 주 예수 그리스도로 말미암아 하나님으로 더불어 화평(평화)을 누리자"(롬 5:1)는 평화(eirene)일 것이다. 전쟁이 없는 상태 정도가 아니라 하나님과 화해함으로써 얻어지는 하나님과 성도들 사이의 모든 관계의 안녕(well-being) 또는 화목이 평화이다. 우리는 평화에 관해 에베소서에 씌어 있는 본문의 맥락을 살필 필요가 있다. 에베소서 2장 초두에서 은혜를 서술한 뒤 11절 이하에서 유대인과 이방인의 하나됨을 강조하는 맥락에서 평화를 서술하고 있다. 여기에서 "또 십자가로 이 둘을 한 몸으로 하나님과 화목하게 하려 하심이니라"(2:16)에서 보는 화목은 로마서의 화평이라는 평화의 뜻과 다르지 않다. 그런데 에베소서와 골로새서의 하나의 주요한 주제는 모든 인간과 우주 만물이 그리스도의 주권 아래서 통일 즉 하나됨이다. 이 통일의 맥락에서 평화를 서술하고 있는 점이, 비록 다른 서한들과 에베소서의 다른 점은 아니라 하더라도, 에베소서의 특이한 강조점이라 할 수 있다.

나아가서 에베소서는 이 통일 또는 하나됨의 관점에서 교회론을 다루고 있다. 그리하여 여하한 신분, 민족, 국가의 상위함에 아무런 상관없이 모든 인간은 만물과 함께 은혜나 심판이나 하나이신 하나님에 의존한다는 보편 교회(universal church)의 개념에 도달한다. 자칫 이 개념은 가톨릭 교회의 이념에 연결될 수 있으므로 에베소서의 이해는 특히 개신교인 독자들에게 큰 어려움을 안겨 준다. 이 어려움 때문에 우리는 에베소서의 독자적인 주요 개념들을 바르게 그리고 반드시 읽어야 할 과제를 안고 있다.

2) 은혜 그리고 하나님의 영광송(1:3~14)

인사를 간략하게 서술한 뒤 곧장 당신의 백성에게 축복을 주신 하나님의 영광을 찬미하는 영광송인 송영(eulogia: doxology)이 이어진다. 이처럼 서한의 서두를 찬미로 시작하는 것은, 고후 1:3에서도 찾아볼 수 있으니 이례적인 서술 방식은 아니라 하더라도, 에베소서가 결론부터 앞세워 이야기의 논리 전개를 급진적으로 취하고 있는 것은 부정할 수 없다. 간략하게 그리고 서둘러 서신을 보내는 송신자 저자의 심정을 인사에서 읽을 수 있는 것과는 상반되게 3~14절의 영광송은 무려 202 단어들로 긴 구성을 보이고 있다. 바울 서한에서 찬미의 송영으로 유명한 곳은 롬 11:33~36이거니와 거기서는 시적인 열정의 운율로 서술하고 있으나, 여기 에베소서에서는 찬미의 근거를 산문 형식의 교리적인 논리로 전개하고 있다. 한데, 에베소서는 특정한 전치사구들과 의미관계의 주제들을 반복하여 사용함으로써 이 하나님의 영광송이 나름의 운율을 갖고 있는 "축복(찬양)의 기도"라는 평가를 받고 있기도 하다.(Thielman 2010) 내용면에서 이 찬양은 삼위일체의 각 위(位)인 하나님(6절), 그리스도(12절) 그리고 성령(14절)을 주제로 삼는다. 그러면서도 그 어느 곳에서나 구원을 베푸시는 "하나님의 영광"에 대한 찬미가 중심이다. 삼위의 각 분이 우리의 구원을 위해 이바지하는 바를 명세하지만, 이 찬미에서 구원은 배경(ground)이고 하나님의 영광이 전경(figure)이다.

이 찬미를 에베소서는 태초부터 종말까지의 하나님의 목적과 계획에 관한 구원사의 맥락에서 서술한다. 바로 이 때문에 베커(Beker, 1998)는 에베소서의 찬미를 로마서 8장 후반부와 비교한다. 로마서에서는 "사망이나 생명이나 … 높음이나 깊음이나 다른 아무 피조물이라도 우리를 우리 주 그리스도 예수 안에 있는 하나님의 사랑에서 끊을 수 없으리라"(롬 8:38~39)고 감격적인 찬양으로 끝나는 부분인데, 이 찬양을 시작하기 전에(롬 8:28~30) 예정된 구원사의 맥락을 서술하고 있다는 점에서 에베소서의 찬미와 맞대어 비교할 수 있다. 베커는 로마서 8장의 기사와 에베소서 1장의 찬미 모두가 하나님 사랑의 우주적 승리에 대한 찬양이라 해석한다. 로마서에 적힌 "모든 피조물"이라는 구절과 에베소서에 적힌 "하늘에 있는 것이나 땅에 있는 것"(1:10)이라는 구절은 우주적이라는 점에서 서로 대응해 읽을 수 있을 것이다. 그러므로 에베소서에서의 하나님 영광송은 바울 사상의 정수(quintessence)라는 브루스의 평가에 어긋남이 없다. 바울은 이 서한 초두에 그의 모든 열정으로(appassionata) 신앙의 본질이 무엇인가를 기탄없이 토로하여 수신자들에게 감격을 안겨 준다.

우리는 이 단원을 읽으며 감히 신자들이 하나님의 영광을 어떻게 알아볼 수 있기에 찬양하느냐를 숙고해야 할 것이다. 하나님께서 신자들에게 허락하신 은혜의 성질을 숙고하고 받은 은혜의 성질을 깨우쳐야 비로소 하나님의 영광을 알아볼 수 있다.

낱낱의 영적인 축복(1:3)

우선 이 3절을 4절 및 5절과 직접 붙여 읽을 것이냐 단독으로 떼어 읽을 것이냐는 문제가 제기될 수 있다. 원문에서는 1절부터 14절까지 하나의 긴 문장으로 이어지므로 개별 문장으로 떼어 읽는다는 것이 매우 조심스럽다. 우리 개역에서와 마찬가지로 여러 다른 번역본, 예컨대 KJB 및 RSV에서 찬미의 초두 몇 절을 붙여 읽는다. 이때 문제는 "모든 신령한 복(낱낱의 영적인 축복)"이 무엇에 연결되느냐는 것인데 3절이 4절 또는 5절뿐만 아니라 14절까지의 전반에 걸쳐 두루 연결되는 것으로 해석하고 있으므로(Hoehner, 2002; Schreiner, 2001), 그렇다면, REB에서처럼 3절을 우선 따로 떼어 읽어도 무관할 것이다.

> **3** 찬송하리로다 하나님 곧 우리 주 예수 그리스도의 아버지께서 그리스도 안에서 하늘에 속한 모든 신령한 복으로 우리에게 복 주시되

우선 "축복이로다(eulogetos)"라 3a절을 시작하여 "하나님 곧 우리의 주 예수 그리스도의 아버지"라는 장중한 호칭을 사용하여 찬양한다. 바로 앞 2절에서 "하나님 우리 아버지"라 하였던 것이 여기서 "예수 그리스도의 아버지"라 바뀐 것을 보면, 필경 이처럼 수정된 표현이 어떤 의도를 갖고 있을 것임을 짐작할 수 있다. 우리는 그 의도를 5절에 적힌 "〔하나님이〕 예수 그리스도로 말미암아 당신에게 당신의 자식들로 입양하도록 우리를 예정하셨다"에서 곧장 짐작하고 남는다. 본래 예수 그리스도의 아버지이신 분이 "우리의 아버지가" 되었다는 사실을 함의하려는 것이 저자의 의도일 것이다. 그리고 무엇보다 우리를 자녀로 입양함이 "그리스도 안에서"이고 "예수 그리스도로 말미암아"이다. "안에서"와 "말미암아(통해서)"는 문맥에 따라 바꿔 쓸 수 있는 동의어이다. 바울이 모든 서한에서 이 표현을 무척 애용하지만, 더욱 여기 3~14절의 찬미에서 무려 열한 번을 쓰고 있다. 특히 "그리스도 안에서"는 다양한 문맥에서 사용되고 있으므로 고정된 하나의 특정한 의미를 사전적으로 정의할 수 없다. 우리는

여기 이 찬미에서 그 구절이 쓰인 맥락을 참조하여 어떤 문맥적인 의미를 갖는지를 그때그때 찾아 읽도록 하겠다.

"당신(하나님)께서는 그리스도 안에서 하늘의 영역들에 있는 낱낱의 영적인 축복으로 우리를 축복하셨다"라는 3b절에서 어려운 구절은 "영적인 축복"이 있는 곳을 "하늘의 영역들"이라 복수로 표현하고 있다는 사실이다. 이 "하늘의 영역들"이라는 표현은 에베소서에서만 다섯 번 거듭 씌어 있고(1:3, 20; 2:6; 3:10; 6:12), 반면에 복음서에서는 "하늘에서"라고만 표현하여 공간적인 거처의 특정한 장소라는 뜻으로 이 용어가 사용된 일이 없다. 문제는 원문에서 하늘이 복수로 씌었다는 사실인데 시인 단테라면 하늘을 여러 층으로 그릴 수 있을지 모르나 우리로서는 어리둥절할 뿐이다. 여하튼, 바울이 하늘을 복수라 표현한 것은 의도적이었던 것이 분명하다. 바울이 "그가 낙원으로 이끌려가서 말할 수 없는 말을 들었으니 사람이 가히 이르지 못할 말이로다"(고후 12:4)라고 자신의 신비한 체험을 마치 제3자에게 일어난 것처럼 담담하게 술회하였을 때, 그가 이끌려 간 곳은 "셋째 하늘"이라 기록하고 있다. 여기서나 고린도후서에서나 하늘이 어떻게 복수인지 우리로서는 상상하기 어렵다.

복수로 쓰인 하늘의 영역들이라는 용어가 갖는 수수께끼는 "그리스도 안에서"라는 전치사구가 그 열쇠일 수 있다. 실상, 이 3b절의 번역인 "그리스도 안에"를 "하늘의 여러 영역들에" 직접 연결하지 않고 "그리스도 안에 있는 모든 영적인 축복으로 하늘의 영역들에서 우리에게 축복하셨다"(Klein 2006; NIV)라 어순을 바꾸어 번역하기도 한다. 하나님께서 우리에게 주시는 축복은 그리스도로 말미암는 축복이고(Klein 2006: 48) 그리고 그리스도 안에 있는 축복이다(Thielman 2010: 47)라는 맥락적 의미를 앞세우기 위한 번역일 것이다. 따라서

이 번역은 신자들이 체험하는 온갖 축복을 그리스도로 말미암는 그리고 그리스도 안에 있다는 뜻으로 독해할 수 있을 것이다. 그렇다면, 이들 낱낱의 영적인 축복은 하늘의 축복의 여러 차원을 각각 대표하는 것이라 해석할 수 있음직 하다. 하늘의 영역을 복수로 표현함으로써 빚어지는 혼란은 하늘의 영역이 이곳저곳이라서가 아니라 그리스도 안에서 신자들을 위한 하늘의 축복이 다양한 차원의 것이기 때문일 것이다. 고린도후서에서나 에베소서에서나 하늘이 복수인 까닭은 하늘의 다양한 영적인 축복의 특질들을 표상하는 사도 바울의 표현일지도 모른다.

"낱낱의 영적인 〔모든 신령한〕 축복"에 관해서도 "그리스도 안에서"와 마찬가지로 맥락적인 의미 해석이 적용되어야 한다. 낱낱의 영적인 축복이 무엇인가는 14절까지의 문맥을 살펴 그 의미를 찾아 읽어야 할 것이다. 그것은 은혜일 수도, 평화일 수도, 자비일 수도 있는 우리에게 주시는 하나님의 사랑과 선하심의 다양한 차원의 선물일 것이다. 우리 개역에서 "모든 신령한 축복"에서의 "모든"은 원문에서 "각각"이고 오히려 "낱낱이"라는 뜻에 더 가까운 모양이다. 그리하여 하나님이 축복을 선물하실 때 부분적으로, 제한적으로 베푸시는 것이 아니라 온전하고 구체적인 선물들을 주신다는 것이라 해석한다.(Beare 1953) 더군다나 주시는 선물이 이 세상의 것이 아닌 "신령한(영적)" 것이라면 그것이 신적인 것이며 영원한 것일 터이므로 온전하지 않을 수 없다. 이때 3절 전반과 후반을 함께 읽으면, 하나님의 축복을 찬양함은 하나님께서 축복을 베푸시는 백성이 하나님을 찬양하는 것이다. "하나님을 찬양하는 까닭은 하나님이 이 서한 독자들에게 선한 일들을 베푸셨기 때문이다."(Thielman 2010: 46)

우리는 이 3절 하나님 영광을 서문으로 읽었다. 하나님의 영광은 우리를 당신의 백성으로 사랑하시기 때문에 우리에게 드러난다. 구체적으로 어떻게 사랑하시는지가 아래 단락에 적혀 있다.

하나님의 영광을 찬양함(1:4~6)

이 글에서처럼 3절을 독립해 읽으면 아래의 4절 이하의 본문에 주어가 생략된다. 마땅히 "하나님이"라는 주격을 염두에 두고 읽어야 할 것이다.

> **4** 곧 창세 전에 그리스도 안에서 우리를 택하사 우리로 사랑 안에서 그 앞에 거룩하고 흠이 없게 하시려고 **5** 그 기쁘신 뜻대로 우리를 예정하사 예수 그리스도로 말미암아 자기의 아들들이 되게 하셨으니 **6** 이는 그의 사랑하시는 자 안에서 우리에게 거저 주시는 바 그의 은혜의 영광을 찬미하게 하려는 (것이라)

태초에 하나님이 천지를 창조하셨는데 이미 창세 전에 그 하나님이 인류 구원의 계획을 가지고 계셨다. 또 그 창세 전 그때 이미 그리스도가 함께 계셨다. 우리 개역 4a절 "곧 창세 전에 그리스도 안에서 우리를 택하사"에서 "곧(kathos: inasmuch as)"은 비교 접속사이기도 하고 원인 접속사이기도 하다.(Hoehner, 2002) 따라서 "하나님께서 그리스도 안에서 우리를 택하셨던 한에 있어서(까닭에)"라 4a절을 번역하면 4b절 "우리가 사랑 안에서 당신 앞에 거룩하고 흠이 없게 하심이라"와 의미 있게 잘 연결된다. 그리스도 안에서 우리를 선택하셨다의 뜻이 어떤 의미인지 이해할 수 있기 때문이다. "거룩하고 흠이 없게 하심이라"라는 진술은 에베소서에서 교회에 대해 마찬가지의 표현을 사용한다.(5:27) 다른 서한들(고전 1:8; 살전 5:23)에서는 특히 흠이 없다는 것은 미래에 그리스도 재림 때에 책망 받지 않을 신자들의 자질이다. “흠이 없게 보전된다”(살전 5: 23)는 예수의 재림 때 우리의 낮은 몸이 부활의 그리스도의 몸, 즉 그리스도의 영광의 몸의 형체와 같이 변하게 되는 때이기도 하다. “흠이 없다”는 건전하다, 전체다, 결함이 없다, 순진하다 및 순수하다의 의미를 갖는다.(Klein 2006: 49) 그런데 어떻게 사람이 흠이 없을 수 있는가? 그것은 하나님이 그리스도 안에서 우리를 선택하셔 거룩하다라 부르시기 때문이다.(cf. 딤후 1:9) 우리가 거룩하여 하나님이 우리를 선택하신 것이 아니라 우리가 거룩하여지도록 우리를 선택하신 것이다. 따라서 이 선택에 말미암아 우리는 마땅히 거룩해야 한다(should be holy). 바울 서한들에서 거룩하다와 흠이 없다가 함께 붙여 쓰이지만 거룩하다가 흠이 없다에 앞에 먼저 쓰인다는 사실에도 주목하여야 한다. 흠이 없다는 것은 우리를 거룩하다고 부르시는 은혜에 수반하는 또 다른 선물이기 때문이다.

원문의 4절 말미 어순은 “거룩하고 흠이 없도록 당신 앞에 사랑 안에서”이고 뒤이어 5절 초두에 “예정하셨다 우리를”이라 적혀 있다. 이때 “하나님 앞에 거룩하고 흠이 없게”를 붙여 읽지만, “사랑 안에서”를 분리하여 5절의 “우리를 예정하셨다”와 함께 읽을 수도 있다는 것이다.(cf. NIV) 이렇게 읽으면 하나님께서 사랑으로 당신의 자녀가 되게 예정하셨다는 의미의 문맥을 갖는다. 그러나 NRSV는 우리 개역처럼 번역하고 있으며 여러 학자들이 이 번역을 선호하여 “사랑 안에서”를 “거룩하고 흠이 없게”에 연결하여 읽는다. 이렇게 읽으면 하나님의 사랑 안에서가 아니라, 사랑은 거룩하고 흠이 없게 된 신자들의 몫으로 각자가 서로를 사랑하는 것이다.(Hoehner 2002: 182; Thielman 2010: 50~51) 이처럼 해석하는 것이 “부르심을 입은 부름에 합당하게…사랑 안에"(4:1~2) 있어야 한다는 에베소서의 정신에도 합당한 것이라 읽어야겠다.

여하튼, 5~6절이야말로 "창세 전에 그리스도 안에서 우리를 택하심"이라는 4절과 같은 맥락에서 붙여 읽어야 한다. "창세 전에 택하심"은 에베소서 이외에도 다른 서한들에서 여러 어휘들을 사용하여 표현하고 있다. 하나님이 "미리 아신 자"(롬 9:28; 9:11; 딤 1:9), "미리 정하다"(롬 8:29, 30; 고전 2:7), 그리고 여기 5a절에서처럼 "예정하셨다(proorisas)"가 그 보기들이다. 그리하여 우리를 예정하시기를 5a절 "〔하나님이〕 예수 그리스도로 말미암아 당신 자신에게 자식들로 입양하도록 우리를 예정하셨다"가 핵심이다. "당신 자신에게"에서 대명사 "당신"은 구문상에서는 하나님도 그리스도도 지칭할 수 있지만 우리를 선택해 예정하신 것은 하나님이시니 "당신 자신에게"는 "하나님 자신에게"이다. "예수 그리스도로 말미암아"의 말미암아(통하여)는 두 곳을 통과함을 표현하는 전치사이다. 앞에서 "그리스도 안에서"와 "그리스도로 말미암아"를 동의어라 하였지만, 우리가 하나님의 자식으로 입양되어지는 길은 오로지 그리스도를 통해서 비로소 가능하다면, 이 5절의 문맥에서는 "안에서"라기보다는 "말미암아(dia: 통해서)"의 어휘대로의 의미가 훨씬 적절한 뜻이다. 왜냐하면 여러 다른 곳(예컨대, 롬 2:16; 고전 15:57)에서 그리스도로 말미암아 효력이 발생하는 하나님의 구원 또는 최후의 행위를 표현하는 맥락에서 이 어휘 dia가 사용되기 때문이다. 이때 예정하고 입양하는 주권은 역시 하나님께 있다. 예정하고 입양하심은 하나님께서 "당신의 의지의 선한 기쁨에 따라서"임을 5b절이 명료하게 밝히고 있기 때문이다. 리더보스(Ridderbos, 1975: 197)에 따르면 우리를 구원하시려는 하나님의 '뜻' 즉 하나님의 의지가 곧 베푸시는 선한 기쁨이다. 이 의지는 하나님의 주권이고, 하나님이 당신의 주권을 뜻대로 자유롭게 그리고 기꺼이 행사하심이 선한 기쁘심이다. 이 선한 기쁨 때문에 "죄가 더한 곳에 은혜가 더욱 넘쳤나니"(롬 5:20b)일 터이므로 하나님의 구원의 계획은 비밀이라기보다 그것은 다름 아닌 신비이다.

이제 한 단락을 끝내는 하나님 찬양이 6절에 나온다. 이 6절은 5b절과 함께 읽어야 하므로 함께 적으면 "5b당신의 의지의 선한 기쁘심에 따라서, 6a사랑하시는 이 안에서 하나님께서 우리에게 은혜롭게(기꺼이) 주신 당신의 은혜의 영광을 찬양하도록"이 5b~6a절이다. 이들 두 전치사구는 각각 하나님께서 예정하시고 입양하신 기준이고 목표이다. 원문 6a절에서는 "당신의 은혜의 영광을 찬양하도록"이 앞서고 "은혜"를 관계대명사로 받아 원문 6b절 "〔그 은혜를〕 사랑하는 분 안에서 우리에게 당신이 호의(은혜)로 당신이 주셨다"가 뒤따른다. 이 원문 6a절에서 은혜와 영광이 2격인 속격으로 연결되어 있어, 문제는 찬양이 "당신의 은혜"를 찬미하는 것이냐의 여부인데, 은혜는 감사의 대상이지 찬미의 대상일 수 없다.(Hoehner 2002: 202; Lincoln 1990: 26) 이 속격 혹은 소유격의 관계 때문에, "영광스러운 은혜"라는 번역본들이 꽤 있으나 이 번역은 은혜를 찬미하는 뜻으로 읽힘으로 피해야 할 것이다. 우리 개역의 6절에서는 "그의 은혜"를 "그의 사랑하시는 자 안에서 우리에게 거저 주시는 바"라 수식하고 있다. 물론 "사랑(총애)하시는 이"는 예수 그리스도이다. 그리고 "우리에게 거저 주시는 바 그의 은혜"라는 우리 개역의 원문의 뜻은 "우리에게 기꺼이 베푸신 은혜"라는 번역에 가까운 모양이다. 다시 그렇다면, "사랑(총애)하시는 이 안에서 우리에게 기꺼이 베푸신"이라 함은 거저 주시는 은혜이기도 하겠지만, 앞선 절들을 참조하면 구체적으로 그것은 택하심과 입양하심이다. 이 은혜는 찬미의 첫 단락 4절과 5절에 기록된 내용과 함께, 특히 "당신의 의지의 선한 기쁘심에 따라"(5b절)와 함께 읽어야 한다.(Thielman 2010: 53) 그리하여 우리를 택하여 거룩하다고 부르고 우리를 예정하여 자녀들로 입양한 은혜가 하나님 의지의 선하신 기쁨 그 자체에 따르는 것이다. 우리는 자칫 선택과 입양의 은혜를 찬미하기 십상인데, 하지만, 영광과 은혜는 주고 받는 것이 아니다. 요컨대, 은혜를 받은 사람이어야 개안이 되어 비로소 하나님의 영광을 보고 그리고 찬양할 수 있다.

은혜와 영광의 관계에 대해서는 로마서에 명료하게 적혀 있다. "모든 사람이 죄를 범하였으매 하나님의 영광에 이르지 못하더니"(롬 3:23), 그리고 "그러므로 우리가 믿음으로 의롭다 하심을 얻었은즉 우리 주 예수 그리스도로 말미암아 하나님으로 더불어 화평을 누리자 또한 그로 말미암아 우리가 〔믿음으로〕 서 있는 이 은혜에 들어감을 얻었으며 하나님의 영광을 바라고 〔하나님의 영광의 소망 속에서〕 즐거워하느니라"(롬 5:1~2)가 그것이다. 은혜 없이는 하나님의 영광에 근접할 수 없다. 은혜에 들어감을 얻음으로써 비로소 하나님의 영광을 소망하여 찬미할 수 있다. 회흐너는 영광이라는 의미의 사용이 어떻게 변해 왔느냐를 개관하여, 영광이란 하나님의 모든 속성의 총체인 하나님 존재의 본질이라 주해한다.(Hoehner 2002) 슈라이너는 이런 은혜가 왜 우리에게 주어졌느냐를 묻고, 하나님께서 은혜를 주신 것은 우리로 하여금 당신의 은혜로 인하여 영광을 찬양하게 하심이라 대답한다.(Schreiner 2001) 그러나 찬양은 받은 은혜에 대한 보답이 아니다. 찬양은 "하나님의 영광의 소망 속에서"(롬 5:2) 우러나는 기쁨이다. 실상 5b절에 적혀 있는 "그 기쁘신 뜻대로" 즉 "하나님의 의지의 선한 기쁘심에 따라"라는 구절은 6절에도 공히 연결시킬 수 있다. 우리를 택하시어 거룩하다 부르시고 당신의 자식으로 우리를 입양하기로 예정하신 것이 하나님의 의지의 선한 기쁘심이라면, 그 기뻐하심을 입은 기독자로서는 비로소 개안하여 지극히 높은 곳에 계신 하나님께 영광을 바라보고 찬미를 올리지 않을 수 없다. 기뻐하심을 입은 신자들이 하나님의 영광을 찬미한다면 그것은 토머스 슈라이너의 저서 《신약 신학》(2008)의 부제대로 "그리스도 안에서 하나님 영광 찬양(Magnifying God in Christ)"이 신약의 정수이다.

구속과 신비의 계시에 관한 하나님의 은혜(1:7~10)

"(당신이) 사랑하는 이 안에서 우리에게 기꺼이 베푸신다"는 앞선 6절의 말미가 다시 7절에서 "사랑하는 이 안에서"를 관계대명사로 받아 다시 그리스도가 이어진다. 그리하여 그리스도로 말미암아 하나님께 드리는 찬미의 서두를 열고 10절까지 이어진다. 이 단락은 송영의 시를 의미심장한 산문으로 서술하였기 때문인지 구문 분석도 어렵고, 따라서 의미 관계의 연결이 난해하므로 분석적인 독해를 필요로 한다.

> **7** 우리가 그리스도 안에서 그의 은혜의 풍성함에 따라 그의 피로 말미암아
> 구속 곧 죄 사함을 받았으니 **8** 이는 그가 모든 지혜와 총명으로 우리에게
> 넘치게 하사 **9** 그 뜻의 비밀을 우리에게 알리셨으니 곧 기쁘심을 따라 그리
> 스도 안에서 때가 찬 경륜을 위하여 예정한 것이니 **10** 하늘에 있는 것이나
> 땅에 있는 것이 다 그리스도 안에서 통일되게 하려 하심이라

이 단락의 7~10절은 문장 내의 구와 구 또 절과 절 사이가 서로

중복해 연결되어 있어 구문 분석이 난해하다. 서한 본문의 절과 절 사이를 어떻게 연결하고 띄어 읽느냐가 이해에 관건이다. 우선 7~8절의 본문 "7a 그(사랑하시는 이)의 안에서 우리가 그의 피로 말미암아 구속함 즉 죄들의 용서함을 얻어 가지고 있으니, 7b~8 하나님의 은혜의 풍성함을 따른 것인 바 이 은혜를 당신이 모든 지혜와 분별력(이해력)에 있어 우리에게 넘치게 주셨다"를 함께 읽겠다. 이 7~8절 부분은 기독자라면 누구든 이해에 아무런 어려움 없이 읽힌다. 우리가 구속 곧 죄 사함을 가지고 있다는 현재형의 표현을 "그리스도 안에서" 즉 그리스도와의 내적인 연합 관계에서 이루어진 것이라 생각하면 그리스도 안에서 갖는 바울의 주요 의미도 쉽게 이해할 수 있는 듯이 읽힌다. 그럼에도, 이때 우리는 "당신의 은혜의 풍성함에 따라서"라는 맥락의 틀 안에서 '구속(apolytrosis)'이라는 난해한 단어를 심각하게 논변하지 않을 수 없다. 이 어휘는 '몸값을 지불하고 구매하다'라는 의미를 갖는다. 이 용어는 에베소서와 골로새서(1:16)에서만 쓰이는 특이한 단어가 아니라 바울 서한에서 흔히 쓰이는 용어이다. 예컨대, "…너희는 너희 것이 아니라 값으로 산 것이 되었으니 그런즉 너희 몸으로 하나님께 영광을 돌리라"(고전 6:19~20)가 그 대표적인 본보기이다. 오늘날 우리로서는 당시 '노예로부터의 해방'의 의미로 '구속'이라는 용어를 사용하였다고 서투르게 이해하는 데서 그칠 일이 아니다. 구속이라는 개념은, 무엇보다, "당신의 은혜의 풍성함에 따라" 이루어진 것이라는 표현과 심층의 의미에서 자칫 어긋날 수 있기 때문이다. "은혜의 풍성함" 역시 바울이 즐겨 사용하는 용어인 바, "우리에게 기꺼이 베푸신" 은혜(1:6)라는 표현에서의 은혜는 무조건적이고 일방적으로 차고 넘치는 것으로, 보답할 수 있는 것이 아닌 하사의 선물이라 이해해야 한다. 반면에, 7a절 "그의 피로 말미암아 우리가 구속을 얻다"라는 표현에 쓰인 대로 구속은 헤아릴 수 없는 대가를 지불하고서야 비로소 가능한 하사의 선물임을 유념해야 한다.

학자들은 몸값을 지불하고 노예를 해방시키는 고대의 제도 때문에, 그리고 "대속물"이라는 용어가 공관복음(마 20:28; 막 10:45)에도 씌어 있기 때문에, "피로 말미암아"가 몸값이라면(Thielman 2010: 57~60) 심지어 그것이 누구에게 지불되었느냐는 논쟁까지 서슴없다. 우리는 이 점에 관한 리더보스의 아래의 명쾌한 해설을 인용하고 학자들의 현학적인 신학 논쟁에 빗대어 설 수밖에 없다. 모든 문맥에서 바울의 생각은 "그리스도의 십자가에 있어 하나님은 〔몸값의〕 수취자(受取者)가 아니라 행위(집행)하신 분이시다."(Ridderbos, 1975: 195~196) 하나님께서 능동적으로 당신의 아들을 십자가에 몸값으로 지불하신 것이다. 은혜는 무조건으로 주어지는데, 이와 달리 하나님의 집행은 있는 죄를 무조건적으로 없다고 하시지 않는다. 당신의 아들을 희생 제물로 만든 것이므로 몸값은 은유로 쓰인 용어가 아니다. 하나님이 당신 자신을 희생하심으로써 그 은혜로(무상으로) 우리를 죄에서 자유롭게 하는 그 한가운데 예수 그리스도가 계신다. 슈라이너는 죄의 용서와 관련하여 행 5:30~31을 인용하며 "예수는 하나님의 저주를 스스로에게 짊어지셨고, 그리하여 십자가 위에서의 예수의 역사(役事)와 그의 부활 또는 들어올려지심의 기반 위에서 용서가 주어진다"(Schreiner 2008: 301~302)고 해설한다.

"당신의 은혜의 풍성함을 따라"의 7절은 8절에 연결이 이어져, "이 은혜를 당신이 모든 지혜와 분별력(이해력)에 있어 우리에게 넘치게 주셨다"의 8절에서 넘치게 하신 것이 7절에 적힌 은혜이다. 그리고 8절 말미의 "모든 지혜와 분별력에 있어"가 무엇으로 말미암아 넘치게 하셨는지를 9절 "당신이 그리스도 안에서 계획하신 당신의 선한 기쁘심에 따라 당신의 뜻의 신비를 우리에게 알게 하심으로써"의 "알게 하심으로써"에 연결해 하나님의 뜻의 신비를 알 수 있는 모든 지혜와 분별력을 주셨다는 것이다. 그런데 우리 개역에서는 9b절 "그 기쁘심을 따라 그리스도 안에서 때가 찬 경륜을 위하여 예정한 것이니"에서 "때가 찬 경륜을 위하여"가 "예정하다"에 연결되는 것으로 읽도록 본래 10절에 있는 "때가 찬 경륜을" 일부러 9절에 삽입시킨 모양이다. 이처럼 성경 번역과 이해에서 어려운 문제는 통사 단위와 의미 단위들 사이를 상응하게 연결하는 정합성의 문제이다. 그 전형적인 본보기의 문제가 9절과 10절 사이에도 발생한다. 우리 개역의 9절의 의미 해석이 난해하므로 원문에 충실한 회흐너의 9절 및 10절의 사역(私繹)을 되도록 본래의 어순 그대로를 아래에 옮겨 적어(Hoehner 2002: 213, 216) 우리 개역과 비교하겠다.

> **9** 당신의 의지의 신비를 우리에게 알게 하셨으니, 당신의 선하신 기쁘심에 따라서, 당신이 그의 안에서 작정하셨던, **10** 때들의 충만함을 경영하심에 있어, 그리스도 안에서 모든 것들을 하나의 머리 아래 통일하기로, 하늘에 있는 것들이나 땅에 있는 것들을

우선 우리 개역과 회흐너의 번역의 차이부터 살피기로 하겠다. "뜻의 비밀"과 "의지의 신비"는 어휘 선택의 문제이지 양자 사이의 단어 의미에서 차이가 있는 것은 아니다. 우리 개역에서 "기쁘심"이라는 단어 의미는 선하다의 뜻도 갖고 있다고 한다. 따라서 "기쁘심"과 "선하신 기쁘심" 사이에는 의미의 차이라기보다 뉘앙스의 차이가 있다고 보아야 한다. 우리 개역에서 "예정하신(proetheto)"이라

번역된 이 단어는 '계획하다' 혹은 '작정하다'의 의미를 가지고 있다고 하니, "예정하다"로 번역하여도 무방할 것이나, 오늘날 "계획하다/작정하다"라 번역하는 것이 일반적이다. "당신의 선하신 기쁘심에 따라 당신이 그리스도 안에서 계획하셨던"이 본래 원문의 어순이며 이것이 10절 초두 "때들의 충만함을 경영함에 있어"(회흐너 사역)에 직접 연결된다. 우리 개역에서 9절에 적혀 있는 "때가 찬 경륜을 위하여"는 본래 10절에 적혀 있는 것을 "계획하다/작정하다"에 연결시키기 위해 고의로 9절에 옮겨 적었지만 일리가 있는 번역이다. "때들의 충만함을 경영함에 있어(eis)"(회흐너 사역) 혹은 "때들의 충만함을 경영할 목적으로(eis)"(틸먼 사역)는 하나님이 그리스도 안에서 계획하셨던 목적을 직접 수식한 어구이다. 여기서 "경영함(oikonomia)"은 하나님께서 계획하신 일을 관리 혹은 집행하는 일이다. "충만함(pleroma)"은 1:23, 3:19 및 4:13에도 그리고 바울 서한의 다른 곳(롬 11:12, 25; 골 1:19, 2:9)에서도 "충만"이라 번역되어 있다. 회흐너에 따르면 이 충만은 완전함 혹은 목표에 도달함이라는 뜻에서 가득함의 상태이다. 완수 또는 완성의 의미로 쓰인 "때들의 충만함"은 구원사 진행의 여러 때들 혹은 여러 시기들에 종말이 다 이루어진 때이고(Klein 2006: 52), "장차 올 지상의 메시아 왕국"(Hoehner 2002: 219)의 때이다.

요컨대, 하나님께서 당신의 백성에게 신비를 알게 하신 것이고 이 신비의 계시는 무엇보다 그 중심에 그리스도가 있고 또 하나님께서 기쁨으로 하신 일이다. "그리스도의 십자가에 있어 하나님은 〔몸값의〕 수취자(受取者)가 아니라 집행하신 분이시다"라는 앞에서 인용한 리더보스의 해설을 다시 상기할 일이다.

이 신비의 계시가 하나님의 궁극적인 목표를 이루시는 역사 안에서의 우주 완성의 경영하심이다. 우선 10a절 "때들의 충만을 경영함에 있어"를 앞세우고 있다. 그리고 하나님께서 무엇보다 9절 말미에 "그리스도 안에서 계획하셨다"라 하였으니 "계획하다"의 어휘를 선택할 경우 계획 혹은 작정하다가 '무엇을 하기' 위한 것인지의 부정사 표현을 수반하기 마련이다. 실제로 9절의 "계획하였다"와 직접 연결되는 부정사는 10절의 "통일하려"이고 하나님이 "그리스도 안에서 모든 것들을 통일하기로 목적(계획)하셨다"의 10b절을 9절의 "계획하였다"에 연결하여 읽어야 한다. 바로 이 구절이 이 단락의 모든 내용에 연결되는 연결망의 핵심이므로 이 구절의 이해가 이 단락의 핵심이다. 이 동사형 "통일하다(anakephalaioo)"를 회흐너가 "하나의 머리 아래 통일하기로"라 번역한 것은 접두어 'ana(반복/회복)'가 'kephale(머리)'와 합성어이므로 머리이신 그리스도 아래 만물을 하나로 통합한다는 자구의 의미를 그대로 살리기 위한 것이다. 머리는 에베소서(1:22; 4:15; 5:23)에서, 그리고 골로새서에서도 예수가 교회의 머리이고 만물의 머리라는 은유적인 의미를 갖는다. 혹은 학자들은 '통일하다'를 여러 사항들을 간략하게 집약하는 '요약하다'로 번역하기도 한다.(Thielman 2010: 66~67) 혹은 '온전하게 변형하다'로 번역하기도 한다.(Klein 2006: 52) '요약하다'라 번역하여도 그 은유적인 의미는 흩어져 있는 하나님의 백성을 그리스도 안에서 하나로 집약한다는 뜻이므로 회흐너의 번역의 의미와 합치된다. '변형하다'라는 번역은 그리스도 안에서 모든 것들의 창조의 본질을 복원한다(Hoehner 2002: 221)는 맥락적 의미를 강조한 표현일 것이다. 무엇을 '통일하다'인지 결론을 말미 10c절에 적고 있다. 모든 것들의 제각각의 이질적인 요소들을 10절 말미에 "하늘 안에 있는 것들이나 땅 위에 있는 것들"이라 창조의 우주 전체를 포괄하여 새로운 창조를 표현하고 있다.(O'Brien 1999: 112) 창조의 본질을 복원하는 일이 새로운 창조라면 우리 개역의 "때가 찬"이라는 표현보다는 "때들의 충만함의 경영을 위해"라 표현하여야 그리스도 안에서 만물을 통일하게 하시려는 종말적인 우주 완성의 시기임을 더욱 분명하게 표현한다. 이 10절이 특히 7~10절 또는 에베소서의 핵심 내용이고, 신비의 계시에 관한 9~10절이 이 단원의 주절이라 읽어야 한다. 난삽한 본문을 난삽하게 독해하였다. 내용을 간추릴 겸 7~10절을 나름대로 다시 번역하겠다.

> **7** 그리스도 안에서 우리가 그의 피로 말미암아 구속 즉 죄들의 용서를 당신의 은혜의 풍성함에 따라 얻어 가지고 있으니, **7b~8** 그 은혜를 당신이 모든 지혜와 분별력으로 우리에게 넘치게 주셔 **9** 당신이 그의 안에서 계획하신 선하신 기쁘심에 따라 당신의 뜻의 신비를 우리에게 알게 함으로써 **10** 때들의 충만함을 경영하여 하늘에 있는 것들과 땅에 있는 것들, 이 모든 것들을 그리스도 안에서 하나의 머리 아래 통일하려 하심이라

이 부분이 에베소서에서 차지하는 무게가 중대하므로, 다른 바울 서한들을 원용해 하나님의 영광송이 에베소서에만 유별난 바울 사상이 아님을 짚고 넘어가겠다. 영광송은 찬미의 초반부터 사도 바울다운 용어들이 질서정연하게 배열되어 있거니와 9절 "하나님의 의지의 신비를 우리에게 알게 함으로써"에 이르러 절정을 이룬다. "택하심", "예정하심", "그의 의지의 기쁘심", "은혜의 풍성함"에 이어 "신비"가 나타난다. 바울 서한에서 이 신비가 쓰인 맥락은 어디서나 비슷한 문맥의 구성을 보인다.(롬 16:25~26; 골 1:25 참고) 한 예로 "그러나 우리가 온전한 자들 중에서 지혜를 말하노니 … 오직 비밀(신비) 가운데

있는 하나님의 지혜를 말하는 것이니 곧 감취었던 것인데 하나님이 우리의 영광을 위하사 만세 전에 미리 정하신 것이라"(고전 2:6~7)를 읽으면, 그것이 우리가 지금 읽고 있는 에베소서의 문맥과 상통함을 직감한다. 신비는 창세 전에 하나님의 의지가 계획하셨던 것이고, 이미 그리고 아직 아니라는 구원의 실현의 신비이다. "영세 전부터 감취었던"(롬 16:25) 이 신비를 "죄 사함을 받은"(1:7) 우리에게 이제 계시하셨다는 것이다. 신비를 계시하셨음은 그리스도 안에서 목적하신 당신의 선한 기쁘심에 따라 알게 하셨음이니, 이는 달리 말하면, 그리스도 안에서, 그리고 그리스도를 통해서 "하나님의 각종 지혜를 알게 하려 하심"(3:10)이다. 바울은 특히 이방인의 구원과 관련하여 이 신비라는 단어를 즐겨 사용한다. 로마서 말미에서 바울은 "모든 민족(국가들)에게 믿음으로 순종케 하신" 하나님의 영광을 "지혜로우신 하나님께 예수 그리스도로 말미암아 영광이 세세무궁토록 있을지어다. 아멘"(롬 16:27)이라 찬양한다. 그는 이 영광송이 〔우리 개역과는 다른 사본에 의하면〕 "나의 복음과 그리고 예수 그리스도를 전파함에 따라, 지난 오랜 세대 동안 감추어졌던 신비의 계시에 따라"(롬 16:25) 이루어진 것임을 찬미하고 있다.

이 영광송은 하나님께 드리는 찬양송이지만 그 한가운데 예수 그리스도가 계신다. 우리는 에베소서와 골로새서의 목록 비교 표에서 이 송영이 에베소서의 독자적인 것이라 하였지만, 리더보스는 그리스도의 찬양송인 골 1:15~20과 함께 읽는다.(Ridderbos 1975: 78~86) 골로새서의 주요 주제가 그리스도론이라 하였거니와 그리스도론의 핵심이 골 1:15~20의 찬양송인데, 마침 찬양시의 운율로 번역한 것이 있으므로(Bruce 1984: 54), 여기에 골 1:17~20만을 옮겨 적고 앞으로 거듭거듭 인용하기로 하겠다.

> **17** 그는 진정 만물보다 먼저이시고, 그리고 만물 모두가 그 안에 응집해 있으니 **18** 그는 또 교회인 몸의 머리이시다. **18b** 그는 시작이시고, 죽은 자들 가운데서 처음 나신 분이셔, 그는 만물 가운데 걸출하시나니 **19** 모든 충만이 거하시도록 그 안에 섭리하여졌기 때문이요 **20** 그로 말미암아 만물이 당신과 화목하도록 그의 십자가의 피로 말마암아 평화를 이룩하였으니 … 〔그로 말미암아〕 땅에 있는 것들이나 하늘에 있는 것들이나.

리더보스가 에베소서의 하나님의 영광송을, 골로새서의 그리스도의 찬양송과 함께 읽는 까닭을 각각의 내용을 서로 비교하면 족히 수긍할 수 있다. "그는 진정 만물보다 먼저이시고, 그리고 만물 모두가 그 안에 응집해 있으니"(골 1:17)는 만물보다 선재해 계신 그리스도를, 우리 개역에서는 "만물이 그의 안에 함께 섰느니라"라 번역하고 있지만, 우주 만물이 그들의 존재가 그리스도 안에 "함께 서 있다/응집해 있다"의 'synesteken'는 '존속하다'라 번역할 수도 있다고 한다. 이것이 곧 다름 아닌 에베소서 10절 "때들의 충만함을 경영하심에 있어, 그리스도 안에서 모든 것들을 하나의 머리 아래 통일하기로, 하늘에 있는 것들이나 땅에 있는 것들을"에서 "그리스도 안에서 모든 것들을 하나의 머리 아래 통일하기(anakephalaiosasthai)"라는 뜻이기도 하다. 이 '통일하다'의 단어 의미가 '새롭게 합하다' 혹은 '복구하여 합하다'로 규정할 수도 있는 모양인데 이 단어 의미를 취하는 학자가 리더보스이다. 그리하여 그는 "그리스도 안에서 만물을 하나의 머리 아래 새롭게 복구하다"의 의미로 읽는다. 골 1:19에 관해 브루스는 "그리스도 안에서 하나님의 모든 충만이 거하기를 기뻐하셨다"는 NRSV의 번역도 좋은 표현이라 생각한다. 하나님과 그리스도는 창세기 이전부터 하나이시고 우주 완성에 이르도록 하나의 섭리 가운데 만물을 통일하시기를 기뻐하셨다는 의미를 하나님 영광송과 그리스도 찬양송이 마찬가지로 전하기 때문일 것이다. 에베소서의 하나님의 영광송을 읽으면 당신의 은혜는 모두 그리스도 안에서 베푸신 것이다. 우리는 골로새서의 그리스도에 대한 이 찬송에서 구약에서 우리의 주님이신 하나님의 호칭이 바울의 신약에서 그리스도에게 주님이라는 호칭이 옮겨진 의미를 읽는다.

앞에서 신비를 비밀이라 번역하지 말자고 하였다. “그 아들은 보이지 아니하시는 하나님의 아들이요 모든 창조물보다 먼저 나신 자요”라 시작하는 골로새서의 그리스도의 찬미가 극명하게 표현하고 있듯이 그리스도 예수가 이 세상에 오신 일이야말로 신비 중의 신비이다. 태초부터 하나님과 함께 계신 “시작”이요, 만물을 창조하신 하나님과 화목케 하시는 우리의 주님이시고, 우주 완성의 머리이시다. “그리스도는 ‘죽은 자들 가운데서 처음 나신 분’으로 새로운 창조물의 머리라는 종말 부활을 창시하시고 ‘그는 또 교회인 몸의 머리이시다’”(Moo 2008: 129)를 우리는 에베소서 1장 말미를 읽으며 다시 반추하기로 하겠다. 그러므로 이 “하나님의 의지의 신비를 우리에게 알게 하시는 신비”야말로 비밀이 아니라 신비이고 우리로 “하나님의 영광을 찬양”할 수 있게 함이다. 강보에 싸여 구유에 누인 갓난아기 예수를 목자들이 경배했을 때 “영광이 지극히 높은 곳의 하나님께/땅 위에서는 평화가 하나님께 은총을 받은 사람들에게”(눅 2:14)라 홀연히 허다한 천군이 하나님을 찬송하였던 것이다.

에베소서는 1:10에 “그리스도 안에서 모든 것들을 하나의 머리 아래 통일하기로, 하늘에 있는 것들이나 땅에 있는 것들을”이라 진술하고 있다. 상응하는 골로새서의 1:19~20에 “모든 충만이 예수 안에 거하게 하시기를 그리고 그의 십자가의 피로 화평을 이루사 만물 곧 땅에 있는 것들이나 하늘에 있는 것들을 그로 말미암아 자기(하나님)와 화목케 되기를 기뻐하심이라"(골 1: 20)를 창조주와 창조물 사이의 벌어졌던 간격이 본래 상태로 복구된다는 의미로 해석한다면, 에베소서의 "통일하다"가 '새롭게 복구하다'의 의미를 함축하고 있다는 해석을 또 다시 보강해 주고 있다고 할 수 있다. 회흐너처럼 해석하든 리더보스처럼 해석하든, 우주 만물의 통일이라는 하나님의 창조의 본질은 그리스도 안에서 이루어진다는 것이 에베소서 9절과 10절의 핵심이다. 하나됨의 중심은 그리스도이다. 특히 리더보스처럼 "하나님께서 그리스도를 통해 모든 것들을 당신 자신과 화목케, 다시 말하면, 평화를 회복케 하셨다"(Ridderbos, 1975: 83)의 골 1:20의 해석의 기반 위에서 우주 만물의 통일을 읽는다면, 이것이 다름아닌 바울의 그리스도론의 우주적인 차원이다. 그것은 또한 "뜻이 하늘에서 이룬 것같이 땅에서도 이루어지이다"라는 하나님의 뜻이 '그리스도 안에서 이루어지다'로 읽을 수도 있겠다.

후사(後嗣): 하나님의 소유임에 대한 하나님 찬양(1:11~12)

우리를 택하시고 예정하신 하나님을 찬미한 4~5절과 같은 맥락에서 이제 그리스도 안에서 우리를 후사로 삼으신 하나님의 영광을 찬양하고 있다. 이 하나님 찬양은 이미 6절에 그리고 장차 14절에 반복해 나타난다.

> **11** 모든 일을 그 마음의 원대로 역사하시는 자의 뜻을 따라 우리가 예정을 입어 그 안에서 기업이 되었으니 **12** 이는 그리스도 안에서 전부터 바라던 우리로 그의 영광의 찬송이 되게 하려 하심이라

"그리스도 안에서(그 안에서)"라 10절 말미의 "그리스도"를 이어받아 11절의 첫 어구를 시작한다. "그의 안에서 또한 우리가 후사(상속자/기업)가 되었으니"가 11a절이고 후사가 된 것이 하나님의 뜻에 따른 것임을 "당신의 의지의 계획에 따라 모든 일들을 역사하시는 당신의 목적에 따라 우리가 예정되었기 때문이다"라 11b절에 분명히 밝힌다. 이미 5절에 "예수 그리스도로 말미암아 당신의 자녀들이 되게 하셨으니"가 적혀 있으므로, "자녀이면 또한 후사 곧 하나님의 후사요 그리스도와 함께 한 후사니"(롬 8:17)의 정신과 동일하다. 학자들은 "그리스도와 함께 한 후사이니"라 명시되어 있으므로 롬 8:17이 하나님이 약속하신 바를 상속하는 후사일 뿐만 아니라 그리스도처럼 하나님 자신의 후사라 해석하는 바울 사상의 엄청난 주요 주제가 이 후사의 개념이다.(Schreiner 1998: 427~428) 그런데 "예정되었다"는 5절에 쓰인 "예정하였다(proorisas)"의 수동형 동사이다. 따라서 5절과 마찬가지로 창세 전에 택함을 받다 혹은 선택되다라는 결정을 수반하는 것이기 때문에, 또 운명론적인 결정을 함축하기 때문에, 우리는 예정되었다는 것에 대해 일종의 의구심을 갖기 십상이다. 그러나 "예정하다"는 일반적으로 '누구를 예정하다'가 아니라 '무엇을 예정하다'로 쓰인다고 한다. 뿐만 아니라, 여기 본문은 하나님께서 당신의 의지를 심사숙고하여 당신의 섭리 안에서 수행하신다는 것이다. 게다가, "당신의 목적에 따라"라 하고 있거니와 이 목적은 5절에서나 9절에서 "선하신 기쁨"을 갖는 목적이다. 따라서 구원의 계획은 "그리스도 안에서 목적하신 당신의 선하신 기쁘심에 따라" 이루어지는 선택이다. 이러한 섭리의 계획 안에서는, '택함을 받다'는 있을 수 있어도 '버림을 받다'는 있을 수 없다. 달리 말하면, 택함을 받다가 그 반대어 버림을 받다를 수반하거나 공존하지 않는다면, 하나님의 의지의 계획은 오로지 "은혜의 풍성함"만을 베푸시는 계획이다. 그러므로 우리가 구원의 예정(설)에 의구심을 가질 이유가 없다.

회흐너에 따르면, 여기 11절에 쓰인 후사는 신 4:20; 7:6; 14:2에 적힌 전례를 보면 이스라엘이 하나님의 소유라는 뜻을 갖는다. 마찬가지로 여기 11절에서도 하나님의 소유라는 뜻으로 후사를 해석하면 11절과 12절이 적절하게 연결된다고 풀이한다.(Hoehner 2002: 227) 그리하여 "우리가 후사가 되었으니"라는 11절의 진술이 12절 "전부터 이미 소망했던 우리가 당신의 영광을 찬양하게 하기 위함이다"에 직접 연결된다. 하나님의 영광을 찬양할 수 있도록 하나님의 섭리가 역사하심으로 우리가 하나님의 소유가 되어, 이로써 "우리가 당신의 영광을 찬양케 하기 위함이다"라 읽어야겠다.

그리고 "전부터 이미 소망했던 우리"의 12절 초두를 우리 개역은 "그리스도 안에서 전부터 바라던 우리"라 번역하고 있는데, 우리 개역 여러 곳에서 '소망'의 동사형을 '바라다'로 번역하는 것은 적합한 표현이 아닌 것 같다. '바라다'는 기대하다는 뜻을 갖는 것이어서, 바라는 바가 이루어질지 여부의 불확실성 때문이다. 회흐너는, "소망하였다"는 완료 시제의 표현을 이미 소망이 이루어져 현재 우리에게 구현되어 있는 것이고 현재에도 지속되는 소망이라 해석한다. 소망의 내용은 7절에서부터 우리의 구속, 하나님의 의지의 신비를 알게 하심, 그리고 아직은 온전히 이루어지지 않았지만 하늘과 땅에 있는 모든 것들을 그리스도 안에서 통일하심을 소망한 것이다. 요컨대, 하나님의 소유가 된 신자들이 소망을 그리스도 안에서 이미 갖고 있고, 또 현재에도 계속 지속되는 소망이므로 하나님의 영광을 찬미할 수 있는 것이다.(Hoehner 2002: 233~34) "전부터 이미 소망했던 우리"에게 그 소망이 현재 구현되어 있다는 회흐너의 해석에 틸먼 역시 동조하여 그는 완료형 "소망하였다"를 과거형이 아닌 아예 현재형으로 번역하고 해석한다. 하나님이 양자된 자녀들을 후사로 삼았다는 소망을 갖고 있기에 우리가 종말 완성 이전인 현재에도 하나님의 영광을 찬미하여야 한다는 것이다.(Thielman 2010: 75~76) 하나님의 백성의 구원과 관련된 이 모든 일들이 그리스도 안에서 그리고 그리스도를 통해 이루어진다는 소망의 축복은 에베소서 저자인 바울에게는 결국 하나님의 영광을 찬미하기 위한 것이다.

그런데 이때 학자들에게는 "그리스도 안에서 이미(이전에) 소망했던 우리"에서 도대체 "우리"가 누구이냐가 논란의 쟁점이다. 첫째, 이 어구에서 접두어 'pro'가 '이전' 혹은 '처음"을 뜻하고 "소망하였다"가 원문에서 과거형을 취하고 있기 때문에, 자칫 우리 개역의 번역이 유인하는 것처럼, "전부터" 그리스도를 소망하였던 사람이 누구였던가에 대한 의문을 자아낸다. 둘째, 12절 이전에는 "우리"라 쓰인 반면, 13절 이하부터 "너희"라고 대명사를 왕왕 바꿔 쓰고 있기 때문에, 우리와 그리고 너희가 각각 누구를 가리키고 있느냐의 문제가 제기된다. 셋째, 2장에서 이스라엘과 이방의 대립 및 통합의 논변이 전개되기 때문에 우리와 너희가 이 양자 가운데 하나를 지칭할 가능성을 열어 놓고 있다는 점이다. 이 쟁점에 대해 학자들 사이에 세 견해가 갈려 있다. 첫째, "우리"는 바울과 그의 동역자들이고 "너희"는 에베소 교인들이라는 견해가 그 하나이다. 이 첫 번째 견해와 함께 묶어 생각할 수 있는 것이, 따라서, "우리"와 "너희"는 때에 따라 바꿔 쓸 수도 있다는 신자들 일반을 지칭한다는 견해이다. 둘째, "우리"는 유대인을 그리고 "너희"는 이방 기독자들을 가리킨다는 견해이다. 왜냐하면 하나님을 경외하는 유대인 일반이 그리스도가 오기 전에 이미 메시아를 대망하고 있었기 때문이다. 셋째, "우리"는 유대 기독자들을 가리키고 "너희"는 이방 기독자들을 가리킨다는 견해이다. 이 견해 역시 일면 정당한 근거를 갖추고 있다. 바울 자신이 유대 기독자이고, 그리고 다른 무엇보다 바울의 에베소 전도 당시에 관해 "이같이 두 해 동안을 하매 아시아에 사는 유대인이나 헬라인이나 다 주의 말씀을 듣더라"(행 19:10)는 기록이 있기 때문이다.

"우리"와 "너희"가 누구를 지칭하느냐는 세 논쟁 자체는 실상 각각 배타적인 것이라기보다 서로 보완적인 공통점을 갖고 있다. 게다가, 둘째와 셋째의 견해, 특히 셋째 견해의 정당한 근거를 에베소서 본문에서 찾을 수 있다. 특히 2:11~22에서 이 서한의 수신자들인 "너희"는 한때 그리스도 밖에 있었던 이방인이요 그러나 이제는 그리스도 안에서 하나님께서 거하시는 처소로 영적으로 지음을 받는 너희라 기술되어 있기 때문이다. 어찌 보면 사치스러운 학자들의 이 논쟁을 이 글에 옮기는 까닭은 필자에게 이 논쟁이 흥미롭기 때문이다. 에베소서와 관련된 문제로 수신자의 문제가 있음을 머리말에서 언급하였다. 이 논쟁이 수신자가 누구인지를 판정하는 실마리를 제공할 수도 있기 때문이다. 우리는 이 논쟁을 잠시 유보하고 "너희"가 쓰인 다음 단락에서 논의를 계속하기로 하겠다.

성령으로 인치심(1:13~14)에 대한 찬양

삼위일체의 하나님을 각 위(位)의 공로를 들추어 질서정연하게 찬양하는 것이야말로 에베소서의 특징이라 할 수 있다. 하나님의 계획 그리고 이 계획을 위한 그리스도의 구현을 서술한 뒤, 이제 성령의 은혜를 서술한다. 이 성령에 관한 기사 13절과 14절을 붙여 함께 읽기로 하겠다.

> **13** 그 안에서 너희도 진리의 말씀 곧 너희의 구원의 복음을 듣고 그 안에서 또한 믿어 약속의 성령으로 인치심을 받았으니 **14** 이는 우리의 기업의 보증이 되사 그 얻으신 것을 구속하시고 그의 영광을 찬미하게 하려 하심이라

"그의 안에서 또한 너희가 역시 진리의 말씀, 너희의 구원의 복음을 들었고, 그의 안에서 또한 믿었으니 너희가 약속의 성령으로 인치심을 받은 것이다"가 13절이다. "그의 안에서"는 물론 그리스도 안에서이지만, 앞 단락에서 논의했던 대로 느닷없이 "우리"에서 "너희"로 대명사가 바뀐다. 찬미의 단락에서는 수신자의 대상이 바뀔 이유가 없을 터이니, 앞에서 언급했던 첫 번째 견해에 따라 너희가 이방 또는 에베소 기독자들을 가리키는 것으로 해석하는 것이 온건하다.(Bruce 1984: 264)

그래도 역시 껄끄러운 데가 있기는 하다. "너희"에 부사 "또한/역시"가 덧붙여 있는 것이 또 문제이다. "너희가 역시"가 또한 주동사구 "성령으로 인치심을 받은 것이다"에 연결되는 것이라면, 성령에 관한 한, 우리와 너희를 갈라놓는 어떤 사연을 상상하지 않을 수 없다. 대뜸 연상되는 것이 행 19:1~7에 기록된 일화, 즉 성령에 대해 아무것도 모르는 에베소의 어떤 제자들을 만나 바울이 그들에게 예수의 이름으로 다시 세례를 주어 "성령이 그들에게 임하여"라는 사건의 일화이다. 사도행전의 저자인 누가가 아무 단서도 없이 "제자들"이라 할 때에는 '예수의 제자들'을 일컫는 것이니, "성령이 있음을 듣지도 못하였노라"는 에베소의 이들 기독자들을 "너희 또한"이

라 부르며 "주 예수의 이름으로 세례를 받았던" 일을 상기시키고 있는지 모르겠다. 그렇지 않고는, "너희 또한"의 "또한"이 느닷없기에 달리 설명할 도리가 없다. 그렇다면, 이 서한의 수신자가 에베소 신자들이라는 해설을 무리 없이 받아들여야 한다.

"그의 안에서 너희가 또한 진리의 말씀, 너희의 구원의 복음을 들었고, 그 분 안에서 또 역시 믿었으니 너희가 약속의 성령으로 인치심을 받은 것이다."라는 13절에 "들었고" 그리고 "또 믿었다"라 각각 두 번 "그 분 안에서"를 반복한다. 따라서 "진리의 말씀 곧 너희의 구원의 복음을" 들었고 그리하여 믿었다는 연속성의 순서를 강조한다. 이 연속성은 바울이 롬 10:14~17에 적고 있는 구원의 순서를 상기하게 한다. "듣지도 못한 분을 어찌 믿으리요?"(롬 10:14)가 특히 이에 대응하는 구절이다. 여기 에베소서에서는 들었고 또 믿었으니 그러므로 그때 이미 성령으로 말미암아 인치심을 받았다는 사실을 강조하고 있다. 이 13절 말미의 "약속의 성령으로 인치심을 받았다"에서 "약속의 성령"은 종종 "약속된 성령"이라 번역된다.(예컨대, RSV 및 NEB) 이 번역은 믿는 자에게 성령을 주시기로 약속하셨다는 맥락적 의미에 따라 번역한 것일 터이려니와, 실제로 신약에서 이 뜻에 해당하는 구절들을 찾아볼 수 있다.(e.g., 행 1:4; 2:33) 브루스는 우리 개역에서와 같이 "약속의 성령"이라는 번역을 옹호한다.(Bruce 1977: 429; 1984: 265) 왜냐하면 부활의 삶과 후사를 보증해 주는 성령이 곧 "구원의 날을 위한" 약속 자체라 생각하기 때문이다. "인치심을 받았다"는 것은, 11절 "우리가…그 안에서 후사가 되었으니"를 회흐너가 그렇게 해설하였던 것과 마찬가지로, 하나님의 소유가 되었다는 뜻이다. 미리 4:30b를 앞당겨 읽으면, "그(성령) 안에서 구속의 날까지 인치심을 받았느니라"고 표현하고 있다. 당신의 소유임을 인치신 주권은 하나님이시고, 인치심이 이루어진 곳 혹은 영역은 그리스도 안에서이고, 인치심의 도구는 성령으로 말미암아서이다. 그리고 인치심을 받은 것은 기독자들이다.

이 "약속의 성령"을 관계절의 주어로 하여 우리 개역 14절의 "〔약속의 성령이〕 우리의 기업의 보증이 되사 그 얻으신 것을 구속하시고"에 연결된다. 그런데 이 "보증"이 번역본에 따라 여러 다른 어휘를 취하는데 원문에 충실하면 "첫 할부금(arrabon)"이다. 우리의 개역에서와 마찬가지로 여러 다른 번역본에서도 금전거래와 관련된 "첫 할부금"이라는 용어를 의도적으로 피하고 있다. 뒤이어 나오는 우리 개역의 "그 얻으신 것" 역시 "얻으신 소유" 혹은 "구매한 소유"이기도 하다는 것이다. 그뿐만 아니라 7절에 사용되었던 "구속(apolytrosin)"이 여기서 다시 출현한다. 우리는 앞 7절에서 구속이라 함은 그리스도의 죽으심으로 몸값을 치루고 자유로워진 것이라 해설했다. 그리고 11절의 "후사"가 소유에 해당하는 단어 의미임을 상기하여, 과감하게 금전거래의 은유적인 용어를 살리는 것이 본래의 원문에 그리고 무엇보다 바울의 취지에 충실한 번역일 것이다.

원문에 충실한 회흐너의 14절 사역을 옮겨 적어 우리의 교본으로 읽기로 하겠다. "〔약속의 성령이〕 구매한 소유의 구속의 때까지 우리의 후사의 첫 할부금이시어 당신의 영광을 찬양함을 위함이라." 우선, "구매한 소유의 구속의 때까지"가 무슨 뜻인가? 그리스도가 다시 오시는 종말의 날이 아니고 다른 무엇이랴. 이 구절을 브루스는 "우리가 성령으로 믿음을 좇아 의의 소망을(우리가 소망하는 의를) 기다리노니"(갈 5:5)와 맞대어 비교한다. 성령을 통해 기다리는 "구속의 때"가 그리고 "의의 소망"이 곧 그리스도의 'parousia'이다.(Bruce 1984: 233) 말하자면, 에베소서에는 'parousia'의 언급이 없다는 혹자의 비판은 오해라는 것이다. 뿐더러, 성령이 신자들의 후사의 첫 할부금이므로 이미 하나님의 소유가 되었을 뿐만 아니라, "구매한 소유의 구속의 때까지"라 함은 종말 상속의 온전한 구원의 때에 잔여 금액을 지불할 것임을 이미 약속하고 보증하신 것이다.(Thielman 2010: 83) 달리 보면, 이처럼 온전한 구원이 비로소 종말에 실현되는 것임을 분명히 진술하고 있음으로 에베소서가 부활을 현재적 실재로서의 실현된 구원론이라 이해하고 있다는 혹자의 비판은 오해라 아니할 수 없다.(Schreiner 2008: 370)

"첫 할부금"이라 하든, "담보"라 하든 혹은 "보증"이라 하든 그 내용은 마찬가지다. 첫 할부금은 소유의 보증으로 지불하는 것이기 때문이다. 바울의 다른 서한을 인용하기로 하겠다. "저가(하나님이) 또한 우리에게 인치시고 보증으로 성령을 우리 마음에 주셨느니라."(고후 1:22) "…죽을 것이 생명에게 삼킨 바 되게 하려 함이라 곧 이것을 우리에게 이루게 하시고 보증으로 성령을 우리에게 주신 이는 하나님이시니라."(고후 5:4~5) "만일 너희 속에 하나님의 영이 거하시면 너희가 육신에 있지 아니하고 영에 있나니 누구든지 그리스도의 영이 없으면 그리스도의 사람이 아니라."(롬 8:9) 바울은 성령의 열매를 무려 아홉 개를 열거한 뒤(갈 5:23~24) 이와 같은 사람들을 죄의 본성을 십자가에 못박은 "그리스도에 속한 사람들"(갈 5:24)이라 일컫는다. 그러므로 이 대목의 에베소서의 기술은 의심의 여지가 없는 바울 저작권의 다른 서한들의 기술과 같다.

"축복이로다(찬양하리로다) 하나님 곧 우리 주 예수 그리스도의 아버지"(1:3)로 장중하게 시작했던 하나님의 영광송이 이제 "당신의 영광을 위하여"의 14절 말미로 드디어 대단원의 막을 내린다. 하나님 영광의 찬양이 무려 세 번(1:6, 12, 14) 출현한다. 요약건대, 송영

(eulogetos: doxology)은 "낱낱의 영적인 축복"을 주시는 하나님께 당연히 감사드려야 마땅한 하나님의 영광송이다. 다른 무엇보다 영적 축복은 죄에서 우리를 건져내신 찬미이다. 하나님이 창세 전에 그리스도 안에서 우리를 선택하신 축복이다.(1:4) 이 선택은 하나님의 의지의 선하신 기쁨에 따라 예정하신 것이고(1:5) 그리스도의 구속의 피로 말미암은 죄의 사함이다.(1:7) 하나님의 모든 축복이 그리스도 안에서이다. 심지어 하늘에 있는 것이나 땅에 있는 것이나 우주의 만물의 구원의 역사를 그리스도 안에서 요약 또는 통합한다.(1:10) 그리스도 안에서 약속의 성령으로 우리를 이미 당신의 소유로 인치셨고 후사를 보증하셔, 아직은 아니지만 마지막 날 당신의 소유를 그리스도의 영광의 몸의 형체와 같이 변하게 하도록 보증하신(1:11~14) 하나님의 영광의 찬양이다. 요약건대, 신자들이 이들 조목조목 낱낱의 영적인 축복의 체험을 통해 하나님의 영광을 생생하게 직시하는 일, 그것이 다름아닌 하나님의 영광송이다.

이 단원에 관한 앞 문단의 요약이 얼마나 깔끔한지는 모르겠지만, 이 송영에 관련해 에베소서의 구원론을 비판적으로 평가하는 학자들도 있다. 축복의 구구절절마다 "그리스도 안에서"가 언급되어 있는데 더하여 또 구원의 우주적인 관점과 창세 전부터의 예정이라는 난해한 구절이 언급되어 있기 때문일 것이다. 고래로 에베소서의 교회론이 심각한 논쟁의 주제이므로 교회가 창세 전부터 존재했었느냐는 쟁론도 있다는 것이다. "그리스도 안에서"는 다른 무엇보다 사도 바울의 그리스도론의 중심 용어이다. 여기 송영에서는 주로 그리스도와 합체의 관계라는 의미로 그리스도 안에서를 반복 언급하고 있다. 하나님의 구원의 의지가 그리스도로 말미암아 실현된 것이므로 그리스도의 사람들은 그리스도와 합체가 이루어진 것이다.

그런데, 이때 특히 4절의 "창세 전에 그리스도 안에서 우리를 택하심"에 대해 그리스도 안에 교회가 있다는 의미에서 그리스도 안의 우리를 택하셨다고 그리스도와 우리를 집합적으로 해석하기도 한다.(Klein 2006: 48~9) "창세 전에 그리스도 안에서"라 함은, 하지만, 그리스도가 창세 전부터 계셨다는 것이지 교회가 창세 전에 있었다는 것이 아니다.(Lincoln 1990: 24) 에베소서의 주개념이 교회 중심의 하나됨이긴 하지만 택함에서 집합과 개개인의 선택을 이간시켜 쐐기를 박지 말아야 한다.(Schreiner 2008: 344) 구속의 본질은 그리스도의 피로 인한 죄들의 용서이기 때문에 교회이기도 개개인이기도 하다. 그러므로 그리스도 안에서의 전치사 'en'은 때로는 관계 또는 도구적인 의미를 갖는 것이어서 하나님이 그리스도의 구속의 사역과의 관계에서 혹은 구속의 사역으로 말미암아 신자들을 택했다는 것이다.(Hoehner 2002: 177)

삼위일체의 하나님에 대한 이처럼 장려한 찬양의 유례를 바울 서한 다른 어디에 비견할 수 없다. 다시 요약하자면, 하나님은 당신의 의지의 선하신 기쁘심에 따라 당신의 백성을 택하시고 예정하셔(4~5절) 당신의 의지의 신비를 당신의 백성에게 계시하신다.(9절) 예수는 하나님이 그를 통해 구원의 의지를 역사하시는 주역자이시다.(7절) 성령은 하나님의 약속을 인치시고 종말의 구속을 보장하신다.(13~14절) 이들 낱낱의 영적인 축복으로 은혜의 풍성함을 통해 신자들은 하나님의 영광을 본다. "내주(內住)하시는 성령과 그리스도를 갖고 있는 신자들은 하나님의 충만으로 가득차"(Schreiner 2008: 489) 있기 때문이다. 바울은 에베소서에서 "하나님이 하나이시다"(4:6)라 말하지만 "성령도 하나요"(4:4) 그리고 "주도 하나"(4:5)라 말하고 있다. 각기 다른 삼위가 우리를 구원하심에 일체이시다. "주 예수 그리스도의 은혜와 하나님의 사랑과 성령의 교통하심이 너희 모두와 함께"(고후 13:13)라는 축복을 받아 신자들은 하나님의 영광을 찬양할 수 있다. 에베소서야말로 바울 서한들의 주제들을 요약한 정수(quintessence)라 평가한 브루스의 진술에 실로 공감하지 않을 수 없다.

3-1) 믿음과 사랑의 감사, 그리고 지혜와 계시를 위한 간구(1:15~23)

사도 바울은 기도의 사람이었다. "아무것도 염려하지 말고 오직 모든 일에 기도와 간구로 너희 구할 것을 감사함으로 하나님께 아뢰라"(빌 4:6)고 하였거니와, 그의 여러 서한 곳곳에 기도가 삽입되어 있다. 에베소서에는 1장과 3장 두 곳에 비교적 긴 기도가 포함되어 있는바, 그런데 1장의 기도를 읽으면 기도의 내용이 참 어렵다. 본문을 읽기 전에 기도의 내용을 요약하기로 하겠다. 이 기도에서 지혜와 계시로써 아래의 세 가지가 무엇인지를 알기를 간구한다. 즉 하나님의 부르심의 소망, 성도에게 주어지는 영광의 후사의 풍성함, 그리고 하나님께서 베푸시는 능력의 지극히 크심이 무엇인지를 너희가 알 수 있기를 간구한다. 통상 우리가 기도한다는 것은 복을 주시기를 빌든지 혹은 아버지 하나님의 뜻대로 살기를 간구하든지가 일반적일 터인데, 이 기도는 하나님을 아는 지식을 간구하는 기도이다.

에베소서 1장의 기도를 이해하기 위해, 다른 서한들의 기도들을 함께 읽고 바울 기도의 전체적인 골격을 파악할 수 있다면, 그 골격의 틀 안에서 에베소서 기도에 접근하는 것도 하나의 읽기 방법일 것이다. 다른 서한들의 기도의 내용을 일률적으로 요약한다는 것은 무리한 일이나, 하지만, 여러 기도들의 포괄적인 주요 특징들을 찾아볼 수 있는 것은 사실이다. 포괄적인 특징들을 이해하고자 그리고 특히 에베소서 1장의 기도와 비교하고자, 하나의 다른 서한의 예로 빌립보서 1:9~11의 기도를 옮긴다.

> **9** 내가 기도하노라 너희 사랑을 지식과 모든 총명으로 점점 더 풍성하게 하
> 사 **10** 너희로 지극히 선한 것을 분별하며 또 진실하여 허물없이 그리스도
> 의 날까지 이르고 **11** 예수 그리스도로 말미암아 의의 열매가 가득하여 하
> 나님의 영광과 찬송이 되게 하시기를 (구하노라)

무엇보다, 빌 1:10의 "허물없이 그리스도의 날까지 이르고"가 바울의 기도에서 중요하다. 하나님의 택하심을 받고 그리스도 안에서 이미 자녀로 입양된 기독자들이 그리스도께서 재림하실 때까지 흠없이 보전되기를 간구하는 기도의 특징을 살전 3:13 및 5:23에서도 읽을 수 있다. 구원에 관한 한, '이미'라 함은 "성령의 처음 익은 열매"(롬 8:23)일 것이고 '아직 아니'라 함은 종말을 "참음으로 기다리는"(롬 8:25) 소망의 대상일 것이다. 바울 기도의 이 특징을 고려하면, 엡 1:17~18이 동질의 특징을 간구하는 기도임을 이해할 수 있다. 즉 "하나님의 부르심의 소망"은 이미 이루어진 구원이고, "성도들에게 주어지는 영광스러운 후사의 풍성함"은 아직 아니지만 때가 차면 주어질 후사이다. 우리는 주로 현실의 삶을 위해 기도하지만, 바울은 주로 현실에서의 구원의 감사와 종말에서의 완성을 위해 기도한다. 바울 기도의 또 다른 특징은 "지식과 모든 총명(통찰)"(빌 1:9)을 간구함이다. 빌립보서 기도에서 "지식과 총명(통찰)" 안에서 사랑이 성장하여 매사에 "지극히 선한 것을 분별"하도록 기도한다.

에베소서 3장의 기도에서도 하나의 주요한 제목이 '사랑'이다. "능히 모든 성도와 함께 지식에 넘치는 그리스도의 사랑을 알아"(엡 3:18)라는 기도의 구절에서-"지식에 넘치는"이라는 구절은 해석상의 논란이 많은 부분이므로 논의를 뒤로 미루기로 하고-"그리스도의 사랑을" 지식과 관련된 동사인 "안다"에 연결시키고 있다.

에베소서 1장의 기도에서도 "지혜와 계시의 정신(영)"을 간구한다. 이 기도를 골로새 신자들의 믿음에 대해 하나님께 감사한 다음 드린 골 1:9~14의 기도와 같은 맥락에서 읽는다면, "모든 신령한 지혜와 총명에(을 통해) 하나님의 뜻(의지)을 아는 것(지식)으로 채우게 하소서"(골 1:9)에 결국 귀결시킬 수 있을 것이다. 리더보스에 따르면 바울에게 믿음과 지식은 상호교환적인 것이다. 바울 서한의 문장은 흔히 '무엇을 우리가 안다(We know that…)'의 구성을 취한다. 이때 무엇을 안다는 후속 접속절의 앎의 내용이 믿음이다. 예컨대, "그리스도께서 죽은 자 가운데서 사셨으매 다시 죽지 아니하시고 사망이 그를 주장하지 못할 줄을 앎이로라"(롬 6:9) 혹은 "주 예수를 다시 살리신 이가 예수와 함께 우리도 다시 살리사 너희와 함께 그 앞에 서게 하실 줄을 아노니"(고후 4:14)라 할 때 동사 "안다"에 각각 연결된 앎의 내용이 믿음이다. 따라서 "믿음이 의식적이고 지향적이며 그리하여 확신과 보증된 믿음의 자격을 부여하는 것이 지식이다."(Ridderbos, 1975: 243) 리더보스가 믿음과 지식이 상호교환적이라 한 것은 믿음에 대응하는 앎의 내용이 무엇인가를 참된 지식이 확인하여 줌으로써 서로를 풍성하게 하기 때문일 것이다.

그렇다면, 하나님을 아는 지식을 위한 이 에베소서 1장의 기도는 우리의 믿음이 풍성해지기를 간구하는 기도라 해석할 수 있을 것이다. 믿음은 무엇에 대한 믿음이어야 할 것이다. 무엇에 대한 것이라 할 때 그 무엇이 모호하고 추상적이면 그 믿음은 의식적인 믿음이 아니다. 무엇이 분명하고 구체적일 때 믿음은 보증과 확신을 얻는다. 에베소서의 기도는 부르심의 소망이라는 무엇, 영광스러운 후사의 풍성이라는 무엇, 그리고 베푸신 능력의 크심이라는 무엇이라는, 이들 무엇을 알게 하시기를 간구하는 기도이다.

기도의 서문을 끝내기 전에 바울이 말하는 믿음에 관련된 지식에 관해 반드시 마무리지어야 할 끝막음을 덧붙인다. 이 지식에서 인식의 주체가 희랍 사상에서 보는 것과 같은 이성이 아니다. 히브리어에서의 지식은 객관적이라기보다 주관적이고, "이제는 너희가 하나님을 알 뿐더러 하나님의 아신바 되었거늘"(갈 4:9a)에서 보는 것처럼 쌍방적인 인격의 관계다. 무엇보다 이러한 지식을 알도록 우리에게 지혜를 주시는 것이 성령의 역사이다. 앞서 하나님의 영광송의 단원에서 "이는 그가 모든 지혜와 총명으로 우리에게 넘치게 하사 당신의 의지의 신비를 우리에게 알리셨으니"(1:8~9a)를 우리가 읽었지만, 이 하나님의 의지의 신비는 "오직 비밀한(신비) 가운데 있는 하나님의 지혜를 말하는 것이니 곧 감추었던 것인데"(고전 2:7a)이다. 풀이하면, '인간의 이성으로서는 알 수 없는 것'이라는 뜻이다. 왜냐하면 뒤이어 고전 2:9절에 출처가 불분명한 인용구들을 엮어, "하나님이 자기를 사랑하는 자들을 위하여 예비하신 모든 것은 / 눈으로 보지 못하고 귀로도 듣지 못하고 / 사람의 마음으로 생각지 못하였다"라 기술함으로써 그것은 인간의 감각과 사유로는 알 수 없음을 분명히 하고 있기 때문이다. "오직 하나님이 성령으로 이것을 우리에게 보이셨으니 성령은 모든 것 곧 하나님의 깊은 곳이라도 통달하시느니라"(고전 2:10)고 바울이 결론으로 못박는다. 요약건대, 안다는 것은 이성적인 논리의 지식이 아니라 영적인 지혜의 통찰이다.

"'신비 안의 〔하나님의〕 지혜를' 알리는 바울의 저술이 어느 것이냐 물으면 우리는 에베소서를 논해야 한다."(Bruce 1977: 440)

감사와 기도(1:15~16b)

바울은 감사의 마음이 넘칠 때마다 기도하였던 것 같다. 앞에 인용한 빌립보서 기도에 앞서 "내가 너희를 생각할 때마다 나의 하나님께 감사하며 간구할 때마다 너희 무리를 위하여 기쁨으로 항상 간구함은"(빌 1:3~4)이라는 감사의 말씀이 선행한다. 다른 한 곳을 더 인용하면, "우리가 우리 하나님 앞에서 너희를 인하여 모든 기쁨으로 기뻐하니 너희를 위하여 능히 어떠한 감사함으로 하나님께 보답할까? 주야로 심히(솔직히) 간구함은 너희 얼굴을 보고 너희 믿음의 부족함을 온전케 하려 함이라"(살전 3:9~10)로 기도의 서문을 열고 본문이 뒤따른다. 감사가 간구에 앞서는 전형적인 본보기가 또 에베소서 1장의 기도이다.

> **15** 이를 인하여 주 예수 안에서 너희 믿음과 모든 성도를 향한 사랑을 나도 듣고 **16** 너희를 인하여 감사하기를 마지아니하고 내가 기도할 때에 너희를 말하노라

이 감사의 기도 15~16절은 골로새서의 감사기도와 신통하게도 쌍둥이다. 두 기도 각각의 초두를 옮기면, "이를 인하여 나 또한 주 예수 안에 있는 너희의 믿음과 모든 성도들을 향한 사랑을 듣고, 나는 너희를 위해 감사드림을 그친 일이 없노라"가 엡 1:15~16a이고, 그리고 "우리가 너희를 위하여 기도할 때마다 하나님 곧 우리 주 예수 그리스도의 아버지께 〔항상〕 감사하노라, 이는 그리스도 예수 안

에 〔있는〕 너희의 믿음과 모든 성도에 대한 사랑을 들었기 〔때문〕이요"가 골 1:3~4이다. 두 기도 모두가 하나님께 감사를 드리는데 감사의 내용이 너희의 믿음과 사랑이다.(Moo 2008: 84) 이때 믿음은 "주 예수 안에 있는"이라 그리고 사랑은 "모든 성도들을 향한(위한)"이라 에베소서도 골로새서도 표현하고 있다.(실상 "주 예수와 및 모든 성도에 대한 네 사랑과 믿음이 있음을 들음이니"의 빌레몬서 1:5도 동일한 해석상의 문제를 안고 있다) 우리 개역의 "주 예수 안에서 믿음(pistin en to kyrio Iesou)"이라는 엡 1:15의 번역처럼 자칫 어색한 의미를 전달하기 십상인 바, 학자들은 이 표현은 믿음이 주 예수를 목적으로 갖는 것이 아니라 믿음으로 말미암아 주 예수의 영역 안에 있는 즉 주 예수와 합일의 관계를 표현한 것이라 생각한다.(Lincoln 1990: 55; Thielman 2010: 94~5) 골로새서 주해에서도 믿음이 살아 작동하는 영역이 주 예수라 해석한다.(Moo 2008: 84)

두 기도 사이의 상위점은 에베소서에서는 주어가 "나" 바울이고 골로새서에서는 주어가 "우리"이다. 골로새서는 디모데와 함께 바울이 문안한 서한이니 우리가 주어임이 당연하다. 에베소서의 "나 또한"은 앞 3~14절에 적힌 낱낱의 영적인 축복을 나 또한 받았다는 의미로 쓰였거나, 13절의 "너희 또한"의 표현에 대비해 사용한 표현일 것이라 해석하기도 한다.(Hoehner 2002: 248) 게다가 에베소서의 초두에 적힌 "이를 인하여"가 넓게 보면 택하심, 예정, 입양하심, 구속, 하나님의 뜻의 신비를 알게 하심 및 성령으로 인치심이라는 3~14절의 영적인 축복 전체를 가리키는 것이고, 그리고 좁게 보면 바로 앞선 13~14절의 성령에 관련된 영적인 축복을 국한해 가리키고 있다고 회흐너는 해석한다. 이 해석에 따르면, 기도가 영적인 축복을 주신 하나님의 영광송과 맥락을 공유한다. 혹은 NRSV는 "이를 인하여"를 16절 초두 직전에 삽입함으로써 너희의 믿음과 사랑으로 인하여 감사 기도를 드린다는 맥락으로 번역하고 있다. 이렇게 번역하면 에베소서와 골로새서의 감사 기도가 더욱 쌍둥이 모습을 갖춘다. 어찌됐든, 우리가 어떻게 기도하여야 할 것인가를 깊이 숙고해야 할 맥락이다.

아울러, 낱낱의 영적인 축복을 받은 기독자들의 자질이 곧 믿음과 사랑이다. 필자가 알기로는 이 15절에 관한 한, 믿음과 사랑을 나란히 함께 쓴 것에 대해 특별히 주목하여 주해하거나 해설한 주해서가 없다. 그런데 제임스 던은 〈바울 사도의 신학〉 총론에서 이 에베소서의 이 대목에 관해 믿음과 사랑이 함께 쓰이고 있음을 주목한다. 그는 "사랑으로 역사하는 믿음"(갈 5:6)을 바울이 "사랑으로써 믿음을 정의한 것"(Dunn, 1998: 638)이라 해설하면서, 바울에게 이 양자의 밀접한 관계는 "사랑을-통한-믿음" 혹은 "사랑을-역동화한-믿음"이라는 하나의 개념을 갖는 것이라 해설한다. 사도 바울의 기도는 믿음과 사랑의 밑바탕 위에 기초한다. 덧붙여, 에베소서 말미 축도에서도 "평화가 형제(자매)들에게 그리고 믿음과 더불어 사랑이, 하나님 아버지와 그리고 주 예수 그리스도에게로부터"(6:23)라 기도한다. "믿음과 더불어 사랑(agape meta pisteos)"이라 함은 "더불어"를 도구격이라 해석하여 사랑이 믿음의 열매라 해석할 수도 있을 것이다.

그리고 바울이 빈번히 사용하는 "성도"라는 어휘는, 하나의 두드러진 예로, "성도"(롬 8: 27), "부르심을 입은 자들"(롬 8: 28), "택하신 자들"(롬8: 33)이라는 어휘들을 앞세우고 뒤세워 사용하고 있는 사실이 암시하듯 서로 바꿔 쓸 수 있는 용어들이다. 로마서에서처럼 가까운 거리에 두어 기록하고 있는 것은 아니나 에베소서 1장에서도 이들 용어들을 앞세우고 뒤세우고 있음에 주목해야 한다. 더군다나 이들 용어들은 교회라는 맥락에서 서로 바꿔 쓸 수 있는 어휘들이라는 사실이 중요하다. 이들 맥락을 강조하면, 17절 이하의 기도가 성도들을 위한 기도이기도 하고 교회를 위한 기도이기도 함을 시사하고 남는다. 그러므로 교회 안에 있는 성도들을 위한 기도의 첫 제목은 15절에서 불가분의 한 개념인 믿음과 사랑이다.

바울이 에베소 신자들의 믿음과 사랑을 전해 듣고 기도하며 이 편지를 썼을 때는 에베소를 떠난 지가 7년이 지난 때였다. 필경 에베소 가정 교회들도, 또 교회 신자들도 많이 바뀌었을 것이다. 인편을 통해 사도가 더러 소식을 전해 들은 모양이지만 에베소 교회에 집합적인 서한을 보낼 수밖에 없었을 터이고 더군다나 개인적인 문안을 전할 정황과는 거리가 멀었음을 짐작하고 남는다.

하나님에 대한 지식(1:16b~18a)

이 기도의 본문을 어디서부터 어디까지로 구획해야 하는지에 대해 학자들 사이에 이견이 있다. "나의 기도들에서 너희에 관해 말하여"의 16b절에 뒤이어 17절에 기도가 무엇을 위한 기도인지를 명기하고 있으므로 17절부터 기도의 핵심 내용이다. 어떤 학자들은 기도의 본문이 19절까지라 생각하고 20~23절을 새로운 찬가라 해석하는 반면, 또 다른 학자들은 2장 10절까지 기도의 계속으로 분류하기도 한다. 이 글에서는 일반론에 좇아 전자인 1장 말미에서 기도가 끝나는 것으로 보겠다. 아울러 기도의 서두 역시 어디까지가 단락인지에 대해 논란이 있다. 이 글에서는 주요 참고 주해서의 하나인 저자 회흐너는 18절 전반부까지를 서두라 분류하고 있으므로 일단 17~18절을 한 단락으로 읽기로 하겠다.

> **16b** 내가 기도할 때에 너희를 말하노라 **17** 우리 주 예수 그리스도의 하나님, 영광의 아버지께서 지혜와 계시의 정신을 너희에게 주사 하나님을 알게 하시고 **18a** 너희 마음 눈을 밝히사 너희로 알게 하시기를

이처럼 17~18a절을 한 단락으로 묶어 읽을 때 단락 안의 절과 절의 분절과 연결이 쉽지 않다. 때문에, "17우리 주 예수 그리스도의 하나님, 영광의 아버지께서 하나님에 대한 지식에 있어 지혜와 계시의 성령을 너희에게 주시기를, 18a너희의 마음의 눈을 밝히셨으니"라 17~18a절을 다시 옮겨 적기로 하겠다. 하나님의 영광송(1:3)과 골 1:3의 기도에서와 마찬가지로 "우리 주 예수 그리스도의 아버지"라에 덧붙여 "영광의 아버지"(1:12, 14)라 이중으로 부르며 간구하는데, 간구의 내용 역시 앞선 8절에서 "모든 지혜와 총명으로 우리에게 넘치게 하사"라는 구절과 별 다름없다. 사전적인 단어 의미로 보면, "지혜"는 사물의 진정한 본성에 대한 통찰이고, "계시"는 신비를 알게 하심이다. 문제는 우리 개역에서 "정신"이라는 번역은 관사 없이 "영"이 쓰였기 때문에 많은 번역본들이 우리의 개역과 마찬가지로 사람의 영, 즉 "정신"으로 번역하고 있다. 그러나 우리는 이미 기도의 서문에서 진정한 지식을 아는 지혜를 주시는 분은 성령이라 단언하였다. 이 기도에서 "지혜와 계시"가 어떤 영역에 관련된 것인지에 대해서는 18b~c 및 19절에 뒤이어 언급되고 있다.

"하나님을 알게 하시고"라는 개역 17절의 구절은 본래 "하나님의 지식이고, 직역하면 "그(하나님)의 지식 안에 있는 지혜와 계시의 성령을 너희에게 주시옵소서"이므로 "하나님의 지식 안에"라는 전치사구가 "지혜와 계시"를 직접 수식하고 있다. 이 전치사 "안에 있는(en)"을 의역해 읽으면, "하나님에 대한 지식의 영역에 있는 지혜와

계시의 영을 너희에게 주시옵소서"(Hoehner 2002: 259; Thielman 2010: 97)이다. 이처럼 그 지혜와 계시의 "정신"이 하나님에 대한 지식의 영역에 속한 것이라면, 그것은 마땅히 성령이라 번역하여야 한다. 기도의 서문에서 인용하였던 고린도전서 2장 6절 이하를 다시 상기하지 않을 수 없다. 그 곳에서 에베소서 8절과 17절과 같은 지혜의 맥락에서 "지혜"를 말하고 있거니와 그 단락 말미를 읽으면 "영"은 분명히 "성령"으로 기록되어 있다. "오직 하나님의 성령으로 〔이것을〕 우리에게 보이셨으니 성령은 모든 것 곧 하나님의 깊은 것이라도 통달하시느니라 … 이와 같이 하나님의 사정도 하나님의 영 외에는 아무도 알지 못하느니라"(고전 2:10, 11b)가 그것이다. 그뿐만 아니라, 18b절 이하를 보면 에베소서 기도가 "지혜와 계시의 정신"을 간구하는 목적이 바로 위 인용문에 나오는 "하나님의 깊은 것" 또는 "하나님의 사정"에 관련된다는 점이다. 그러므로 관사 없는 영이라 할지라도 그것은 "정신"이 아니라 "성령"이라 번역하는 것이 온당할 것이다.

실상 이 대목에서 문법적인 연결 관계가 가장 어려운 부분은 18a절의 "너희의 마음 눈들을 밝히셨으니"이다. 일반적으로 '너희의 마음의 눈들을 밝히사'라 번역하고 우리 개역에서처럼 18b절 이하의 기도 본문 내용에 연결시키는 것이 보통이다. 이렇게 읽으면, "지혜와 계시의 성령을 너희에게 주시옵소서"에 덧보태어 '너희의 마음의 눈을 밝혀 주옵소서'가 또 다른 간구라 읽힌다. 그러나 회흐너는 '너희의 마음의 눈들을 밝히셨기에'가 17절에 되돌아가 다시 18절에 연결되는 것으로 생각한다. 마찬가지로, 틸먼은 "밝히셨다"가 17절의 "지혜와 계시의 성령을 너희에게 주옵소서"에서의 "주다"를 부사적으로 수식하는 것으로 분석한다.(Thielman 2012: 97) 그리하여 회흐너의 17~18a절에 대한 구문 분석과 해석을 대충 옮기면 "우리 주 예수 그리스도의 하나님, 영광의 아버지, 〔하나님께서〕 당신에 대한 지식의 〔영역 안에 있는〕 통찰과 계시의 성령을 너희에게 주시옵소서, 〔왜냐하면〕 너희 마음의 눈들을 밝히셨기에"(Hoehner, 2002: 262)라 읽어야 한다고 생각한다. 왜냐하면 "여기 요점인즉 바울은 그들에게 통찰과 계시의 영을 주시옵기를 하나님께 기도하는 것이 불가능한 간구가 아니라는 것인데, 이는 에베소의 신자들이 이미 그들의 이해력이 밝혀졌기 때문이다"(Ibid.: 262)라 해설한다. 문법적인 관점에서는 "밝히다(빛을 비추다)"라는 동사가 수동 완료분사로 사용되었기에, 기도가 목적하는 장래의 목표들인 18b절 이하에 직접 곧장 연결시키기 어색한 것도 사실이다. 뿐더러, 회흐너가 여기서 이미 그들의 이해력(마음 눈)이 밝혀졌다는 것은 "당신의 의지의 신비를 우리에게 알리셨으니"라 9절에 적혀 있는 대로 이미 일어난 일이기 때문이다.

이처럼 회흐너와 틸먼의 해설대로 읽으면 또다시 "영"이라 적힌 성령이라 해석하는 일이 마음에 걸린다. 마음의 눈들을 밝히셨다는 18a절이 성령과 무관한 것이 아니냐는 의문이 그것이다. 한데, 갈라디아서 4장 6절에 "하나님이 그 아들의 영을 우리 마음 가운데 보내사 '아바, 아버지'라 부르게 하셨으니라"는 구절을 찾아 읽을 수 있다. 이 18a절과 갈 4:6을 함께 읽고 마음의 눈들을 밝혔다는 것이 성령을 우리 마음 가운데 보내신 것이라 이해된다면, 하나님의 의지의 신비를 우리에게 알리셨다는 것과 마찬가지로 마음의 눈들을 밝히신 것 역시 성령의 능력이라 이해할 수 있다.

부르심의 소망, 영광스런 후사의 풍성 및 월등히 크신 능력(1:18b~19)

원문에서는 실상 "우리의 주 예수 그리스도의 하나님, 영광의 아버지께서 하나님에 대한 지식에 있어 지혜와 계시의 성령을 너희에게 주시옵소서, 너희 마음의 눈들이 밝혀졌기에"의 17~18a절에 뒤이어 18b절 이하에 "너희가 알 수 있도록…"이라 적혀 있다. 이 18b절 이하가 기도가 목표하는 간구이다. 우리 개역에서는 한국어의 어순 때문에 "너희로 알게 하시도록"을 19절 말미에 적고 있다. 학자들은 기도의 목적을 18b~19절에 적혀 있는 아래의 세 가지를 너희로 알게 하시기를 간구하는 것이라 해석한다.

> **18b~c** 그의 부르심의 소망이 무엇이며 성도 안에서 그 기업의 영광의 풍성이 무엇이며 **19** 그의 힘의 강력으로 역사하심을 따라 우리에게 베푸신 능력의 지극히 크심이 어떤 것을 너희로 알게 하시기를 구하노라

"너희가 알 수 있도록"이라는 간구의 첫 번째 목표는 "당신의 부르심의 소망이 무엇인지를" 알 수 있도록 간구함이다. 앞 "낱낱의 영적인 축복"의 맥락을 여기서 원용하면, 부르심이 곧 택하심이고, 택하심은 창세 전에 미리 정하신 하나님의 은혜이다. "부르심의 소망"은 에베소서에만 여기 말고도 4:1과 4:4에 세 번 나타난다. 소망은 종말의 완성을 대망하는 것이고 따라서 4:1에서는 종말 완성에 합당하게 걸으라는 권면의 뜻을 전한다. 이러한 에베소서의 문맥이 "또 미리 정하신 그들을 또한 부르시고 부르신 그들을 또한 의롭다 하시고 의롭다 하신 그들을 또한 영화롭게 하셨느니라"(롬 8: 30)에서 모든 것이 압축되어 있다. 의롭다 하심에 관해서는 이미 1:3~14에 여러 면모로 언급되어 있다. 여기 "당신의 부르심"에서 '당신의'

라는 소유격이 '부르심'을 수반하여 하나님의 소유가 되었다는 표현을 명기하고 있다. 부르심과 소망의 관계도 2격으로 진술하고 있는 바, 이 2격은 원천으로서의 속격이다. 소망의 기원이 하나님의 부르심에 있음을 명기한 것이다. 바울 서한들 어디서든 '부르심을 받았다'가 소망과 마찬가지로 '구원을 받았음'이다.(Klein 2006: 59) 그렇다면, "그리스도 안에서 우리가 그의 피로 말미암아 구속함을 얻고 죄들의 용서함을 얻으니"(1:7)라는 하나님의 영광송이 부르심의 소망이다.

더하여 로마서를 인용하면, "우리가 소망으로 구원을 얻었으매 보이는 소망이 소망이 아니니, 보는 것을 누가 바라리요? 〔그러나〕 만일 우리가 보지 못하는 것을 바라면 참음으로 기다릴지니라"(롬 8:24~25)이다. 이때 학자들의 일치된 견해는 소망이 곧 확신이기도 하다는 것이다.(e.g., Thielman 2012: 99) 헬라어에서 소망이란 바람과 기대의 확률일 수 있으나 히브리어에서는 확신이다. 바울은 종말의 완성의 소망을 "참음으로 기다리다"라, 즉 환언하면 "희망에 찬 인내로 기대하다"라 표현하지만, 하나님의 약속을 기다림이니 확신으로서의 기대함이다. 구원사의 관점에 서면, 기독자에게 소망은 이미 주어진 것이다. 이미 주어진 상태가 어떤 것이냐가 로마서 말미의 기도가 가르쳐 준다. "소망의 하나님이 모든 기쁨과 평강을 믿음 안에서 너희에게 충만케 하사 성령의 능력으로 소망이 넘치게 하시기를 원하노라."(롬 15:13) 이 기도는 로마서 본문의 대단원을 장식하는 클라이맥스다. 소망의 하나님이 기쁨과 평화를 충만케 한다는 전반부의 구절은 갈라디아서 5장의 성령의 열매를 연상케 한다. 〔비록 아마도 너무도 당연하기 때문에 사랑이 빠져 있지만〕 기쁨과 평화가 으뜸가는 성령의 열매이기 때문이다. 실제로 롬 15:13에 성령의 능력과 소망이 나란히 나타난다. 바울은 성령의 힘이 소망의 토양에서 기쁨과 평화의 열매를 맺는다고 생각하고 있음이 분명하다.

영광의 아버지께서 지혜와 계시의 성령을 너희에게 주셔 "너희가 알 수 있도록"이라는 간구의 두 번째 목표는 18c절 "성도들 안에 있는 당신의 후사의 영광의 풍성함이 무엇인지"를 알 수 있도록 간구함이다. 우리 개역은 원문의 직역이라 보아도 좋다. 그런데 여러 다른 번역본들을 보면 번역이 갖가지이다. 무엇보다 찬미의 6절에서와 마찬가지로 후사(기업), 영광 및 풍성 등 세 단어가 잇대어 속격으로 연결되어 있는 것이 해석상의 혼란을 가져온다. 분석적으로 읽으면 영광이 후사를 수식하는지 혹은 풍성을 수식하는지 판단하는데 어려움이 있다. 게다가 "후사"는 11절과 14절에서 이미 언급했던 바에 따르면, 그 단어 의미가 '자산,' '소유' 및 '유업'의 뜻을 갖는 것이어서, 기독자인 우리가 하나님의 소유라는 뜻으로 해석하였다. 우리 개역에서의 "그 기업(基業)"은 하나님이 소유하고 계신 기업임을 분명하게 진술하였지만, "성도 안에서"가 별도의 전치사구로 쓰여 있다. 말하자면, "성도 안에서"가 11절처럼 기독자가 하나님의 기업이라 해석하는 데 걸림돌이 된다. 결국, "안에서"는 어디에 있느냐는 위치를 나타내는 것으로 생각하여, NIV나 NRSV처럼 "성도들 안에 있는 하나님의 영광스러운 후사"라 번역하는 것이 중용을 취하는 길이다. 하나님의 소유인 신자들 안에 있는 것이라 해석할 수 있으므로 그것은 중용의 번역이다. 그뿐만 아니라, 속격으로 씌어 있는 "영광"이 무엇의 속성을 표현하는지도 쉽게 짐작할 수 있다. 영광이 풍성을 수식한다면 아무래도 군더더기이다. 요컨대, 이 구절은 '성도들 안에 있는 하나님의 영광스러운 후사의 풍성'이라 읽는 것이 무리가 없어 보인다. 따라서 후사인 성도들이 하나님의 영광의 풍성을 갖고 있는 것이라 이해해야겠다.(Thielman 2010: 99) 그렇게 독해하면, 부르심의 소망과 마찬가지로 이 구절 역시 하나님의 영광송 부문에서 이미 진술된 내용과 부합함을 확인할 수 있다.

기독자가 하나님의 소유이고 후사가 될 수 있는 기반은 양자됨에 있다. 이미 1:5에 "하나님의 선하신 기쁘심의 의지에 따라 우리를 예정하사 예수 그리스도로 말미암아 당신의 자식들이 되게 하셨으니"를 앞에서 기록하였다. 그 다음에 그리스도 안에서 후사가 되었음을 11절에 진술하고, 그리고 14절에 성령이 우리의 후사의 보증이심을 진술한다. 어디까지나 하나님의 주권 아래 우리를 자녀들로 입양하신 것이지만 동시에 그 입양은 그리스도 안에서 비로소 가능한 것이고 또 성령에 의해 보증되는 것이다. 이 기반 위에서 우리가 하나님의 소유이고 상속자가 될 수 있음을 증거하는 것이 로마서와 갈라디아서의 핵심 내용 중의 하나이다. 누구나 잘 아는 아바(Abba) 기도를 여기에 옮겨 적기로 하겠다.

갈 4:6~7:

6 너희가 아들인고로 하나님이 그 아들의 영을 우리 마음 가운데 보내사
'아바, 아버지'라 부르게 하셨느니라 **7** 그러므로 네가 이후로는 종이 아니
요 아들이니 아들이면 하나님으로 말미암아 유업을 이을 자니라

롬 8:15~17a:

15 너희는 다시 무서워하는 종의 영을 받지 아니하였고 양자의 영을 받았
으므로 '아바, 아버지'라 부르짖느니라 **16** 성령이 친히 우리 영으로 더불어
우리가 하나님의 자녀인 것을 증거하시나니 **17a** 자녀이면 또한 후사 곧 하
나님의 후사요 그리스도와 함께 한 후사니

우리가 지금 에베소서를 공부하고 있는 터이므로, 아바 기도에 관한 제임스 던의 해설의 한 단락만을 여기에 옮기기로 하겠다. "이들〔두〕 구절들이 서로 닮았다는 것은 바울이 초기 기독자들 사이의 공통적인 체험, 즉 '아바! 아버지!'라 외치는 성령의 체험을 말하는 것이다. 이처럼 서로 공유하고 있는 체험에서 그(바울)는 두 가지 중요한 점을 이끌어낸다. 첫째, 이 체험은 초기 기독자들의 신분이 하나님의 자녀라는 것을 증거하는 것이다. 그리고 둘째, 이 체험은 그리스도의 영 즉 하나님의 아들의 영(갈 4:6)에 관한 것이어서 초기 기독자들이 공유하고 있는 것은 어떤 의미에서 그리스도가 갖는 아들의 위상 즉 '그리스도와 함께 한 후사'(롬 8:17)임을 증거하는 것이다."(Dunn, 1998: 193) 로마서에서 "그리스도와 함께 한 후사"라는 말은 그리스도가 상속자인 것과 마찬가지로 기독자의 신분도 상속자라는 뜻이다. 그러므로 그것은 그야말로 "하나님의 영광스러운 후사의 풍성"이다.

"너희가 알 수 있도록"을 위한 세 번째 간구가 "그리고 믿는 우리를 위한 당신의 힘의 강력한 역사에 따르는 당신의 능력의 월등한 크심이 무엇인가를" 알 수 있도록 간구함이 19절이다. "지혜와 계시의 성령을 너희에게 주옵소서"라는 기도의 세 번째 목표는 신자들을 향한 전지전능하신 하나님의 능력의 크심을 알게 함이다. 첫 번째 목표는 이미 일어난 과거의 일이고, 두 번째 목표는 앞으로 일어날 미래에 관한 일이다. 앞 두 목표들과는 대조적으로, 세 번째 목표는 "믿는 우리를 위한"이라 이때까지 "너희"의 표현에서 "우리"의 표현으로 바뀌었듯이, 신자들 모두를 위한 전능하신 하나님의 현재에 관한 일이다. 이때 19a절의 "능력(dynameos)"은 여러 번역본에서 '힘'이라 번역하기도 하지만, 이 단어가 '크다' 등의 상태형용사를 술부로 취한다면, 힘보다는 능력이 더 적합한 번역어일 것이다.(혹은 권능이 라는 번역어가 더욱더 적합한 번역어일 수 있으나, 하지만, 때로는 바울이 이 동일한 어휘를 사용하여 악의 세력을 지칭하는 경우가 있으므로, 그 경우에 권능이라는 어휘를 사용한다면 그것은 우리 언어감각에 비추어 마뜩찮다) 원문에서는 능력 앞에 "그의"라는 소유격이 쓰여 있어 그 능력이 하나님의 능력임을 분명히 하고 있다.

아울러 "당신의 능력의 월등한 크심이" 어떻게 작용하는가를 "당신의 힘의 강력한 역사에 따라"라 적고 있다. 실상 "당신의 힘의 강력한 역사에 따라"는 원문에서 19절 말미에 적혀 있다. 우리 개역처럼 이 구절을 19절 초두에 옮겨 적으면 자칫 "믿는 우리를 위해"에 직접 연결해 읽기 십상이다. 이 구절이 "당신의 능력의 월등한 크심"을 수식하는 것이므로 해당 수식 구절 앞에 옮겨 적었다. 이때 "힘"은 영어에 에너지에 해당하는 단어로, 잠재력으로서의 "능력"의 작용이다. 이 힘에 내재해 있는 효력의 발휘를 "막강한 역사에 따라"라고 그 힘의 역동성에 관련된 어휘들을 사용해 표현하고 있다. 전자 19a절의 "능력"이 초자연적인 잠재력이라면, 후자 19b절의 "힘"은 이 잠재력의 외적 표출의 효력이다.(Thielman 2010: 100) 이처럼 하나님의 능력의 월등한 크심이 "믿는 우리"인 모든 신자들을 위해 효율적으로 막강하게 작용함을 알게 하시기를 간구하고 있다.

"당신의 힘의 강력한 역사"를 이해하는 데 통찰력을 주는 에베소서의 다른 구절을 미리 읽겠다. "이 복음을 위하여 당신의 능력이 역사하시는 대로 내게 주시는 하나님의 은혜의 선물을 따라 내가 일꾼이 되었노라"(3:7)가 그것이다. 힘의 발휘로서의 하나님의 능력이 역사하시는 바에 따라 바울이 받은 것은 은혜의 선물이다. 우리는 이 3:7의 진술에서 바울의 다메섹 도상의 체험을 연상한다. 제임스 던에 따르면, 바울에게 하나님에 대한 지식 즉 하나님을 체험한다는 것은 은혜와 능력을 일상에서 느껴 가짐이요, 그리고 은혜와 능력은 거의 동의어이다.(Dunn 1998: 48) 이 은혜와 능력의 관계에 대한 바울의 다메섹 체험과 그의 사도 직분의 16만 킬로미터에 달하는 선교 여행의 역동적인 힘의 사역이 세 번째의 간구의 실질적인 목표의 예시라 이해하면, 기도의 의미가 추상성에서 벗어나 구체적인 내용으로 우리에게 감동을 안겨 준다.

그러므로 "하나님의 능력의 월등하게 크심"을 알게 하여 달라는 간구는 하나님의 영광송에서 하나님의 은혜의 풍성함에 대한 찬양과 맥을 함께 한다. 뿐더러, 부르심의 소망과 영광스러운 후사의 풍성을 알게 하여 달라는 간구 역시 하나님의 영광에 대한 찬양이기도 하다. 이처럼 감사로 넘쳐 시작한 기도는 하나님 영광송과 동일한 맥락을 갖는다. 한편, 하나님의 영광송은 낱낱의 영적인 축복으로, 그리스도 안에서 우리를 축복하심의 기반 위에서 하나님의 영광을 찬양하는 것이므로 당연히 하나님께 드리는 찬미가 감사의 기도일 수 있다. 다른 한편, 기도는 그 내용이 신자들에게 하나님의 영광이 온전히 나타나심을 알게 하여주시기를 간구하는 것이므로 기도가 하나님 찬양을 바라보는 것일 수 있다. 영광송과 감사 기도 사이에 은혜의 풍성함이 양자를 연결한다. 그러므로 하나님의 영광의 찬양과 영적인 축복의 간구가 양면의 동질성이다.

3-2) 하나님의 능력이 만물 위에 머리로 그리스도를 교회에 주심(1:20~23)

기도가 19절로 끝난 것이 아니라 20~23절에 이어진다. 이미 일어난 소망이 첫 번째 간구이고 그리고 장차 일어날 하나님의 영광스러운 후사가 두 번째의 간구이다. 세 번째 간구는 19절 "믿는 우리를 위한 당신의 능력의 월등한 크심이 무엇인가를, 당신의 힘의 강력한 역사에 따라" 알게 하옵소서이다. 에베소서 저자는 현재를 위한 세 번째 간구에 더욱 무게의 비중을 담고 있는 것 같다. 이제 다시 이 세 번째 간구에 관해 하나님의 전능의 강력한 역사가 신자들에게 엄청난 효험을 주리라는 것을 풀이해주고 있기 때문이다. 풀이하다라 함은, 이제 20절 이하에 하나님의 능력의 월등하게 크심에 관해 바울은 간구라기보다는 차라리 해설이라 하여야 할 기도를 덧붙인다.

하나님의 오른편(1:20~22a)

실상 1:20~23이 하나의 단락이지만 20~22a절과 22b~23절을 임의로 분리해 따로 이해하기로 하겠다. 특히 22b절 이하의 교회론에 관해 골로새서와 함께 독해하기 위함이다.

> **20** 그 능력이 그리스도 안에서 역사하사 죽은 자들 가운데서 다시 살리시고 하늘에서 자기의 오른편에 앉히사 **21** 모든 정사와 권세와 능력과 주관하는 자와 이 세상뿐 아니라 오는 세상에 일컫는 모든 이름 위에 뛰어나게 하시고 **22a** 또 만물을 그 발아래 복종케 하시고

우리 개역은 20절의 주어를 "그 능력이"라 번역하고 있지만, 이것은 실제로 관계절의 머리명사인 바, 앞 19절의 "우리에게 베푸신 능력"에 연결된 것이 아니라 "당신의 힘의 강력한 역사에 따라"에서의 "힘"에 연결된 관계절이다. "당신의 힘을 하나님께서 그리스도 안에서 역사하사 그를 죽음에서 일으키심으로 그리고 하늘의 영역들에서 당신의 오른편에 그를 앉히셨다"가 20절이다. 힘은 하나님의 능

력의 효력이다. 그 힘이 '예수를 죽음에서 일으키셨다'를 새삼 일깨우는 것은 "너희가 세례로 그리스도와 함께 장사지낸 바 되〔었〕고 또 죽은 자들 가운데서 그를 일으키신 하나님의 역사를 믿음으로 말미암아 그 안에서 함께 일으키심을 받았느니라"(골 2:12)와 상통함을 일깨우는 것일 터이다.(Klein 2006: 60) 실제로 엡 1:20과 골 2:12는 앞뒤 맥락이 상통한다. 그리고 엡 1:20b의 "하늘의 영역들"이라는 복수형 표현은 우리가 1:3을 읽을 때 하늘의 영역이 이곳저곳 여럿이라기보다는 하늘의 영적인 축복들의 여러 차원을 대표하는 것이라 해설하였다. 여기서 하늘의 영역들 가운데 하나님의 오른편이라 함은 다른 여러 영역들과 구별하여 하나님의 능력의 주권을 집행하는 장소라는 의미로 쓰인 것이다.

이 하나님의 오른편의 권자가 어떤 자리인가를 21절에 부연하고 있다. 우리가 그리스도를 우리의 주라 부르는 것은 그가 우리를 위해 죽으시고 부활하셨을 뿐만 아니라, 더군다나 승천하셔 하나님 오른편에 앉으시고 "만물을 그의 발아래 복종케 하심"에 더 무게가 있다. 일찍이 시편 110의 1절 "여호와께서 내 주에게 말씀하시기를 내가 네 원수로 네 발등상 되게 하기까지 너는 내 우편에 앉으라 하셨도다"가 예언되어 있다. 그리스도를 하나님 우편에 앉히셨다는 것은 21절에 "이 세대뿐만 아니라 장차 올 세대에 모든 통치와 권세와 권능과 주관하는 자와 이름 지어진 각각의 이름 위에 높이" 앉히셨다는 것으로 우주적인 적대 세력들을 다스리신다고 적고 있다. "저(야하웨)가 별의 수효를 계수하시고 저희를 다 이름대로 부르시는도다"(시 147:4)에서 보는 것처럼 하나님께서 당신이 창조하신 모든 것들에 이름을 지어 주셨거니와 이들 낱낱의 어떤 이름보다 우리 주 그리스도가 우위에 계신다. 이처럼 그리스도가 하나님 우편에 앉으셔 우위에 계심으로서의 주되심은 현재뿐 아니라 장차 오는 우주 완성을 주관하기 때문이다.

이 단락에서 다른 하나의 문제는 개역의 "정사와 권세와 능력과 주관하는 자", 이를 다시 번역하면 "통치, 권세, 권능 및 주관하는 자"가 어떤 악의 세력이냐는 것이다. 이들은 우리가 기독자가 되기 전에 "이 세상 풍속을 좇고 공중에 권세 잡은 자를 따랐던"(2:2a) 그 악의 영들이다. 이 서한 말미에 "하늘에 있는 악의 영들"(6:12)이 나오는 것에 미루어 이들 세력이 하늘의 어느 층에 있는 악령들을 지칭하는 것이 틀림없다. 실제로 공인된 바울 서한에서도 이들 악의 영들의 명칭이 나타난다.(롬 8:38~39; 고전 15:24) 따라서 바울이 이들 악령의 실재를 인지하고 있었던 것은 분명하지만, 그 어떤 곳에서도 바울은 이들 각각에 대한 명료한 개념을 제시하지 않고 있다. "그러므로 바울 자신이 이들 천상의 세력에 관해 아주 강한, 혹은 적어도 아주 명료한, 신념을 갖고 있은 것은 아니라는 의혹을 증폭시킨다"(Dunn, 1998: 108)는 논평도 있으므로, 각각의 악의 세력에 대해 그 정체를 세세히 파악할 수도 또 필요도 없을 것이다.

뒤이어 22a절에 "그리고 당신은 만물을 그의 발아래 복종케 하신다"고 "하나님의 능력의 월등하게 크심"(1:19)에 대해 재차 시 110:1을 인용해 언급한다. "만물(panta)"은 바울 서한 여러 곳에서 즐겨 사용하는 단어이다. 그것은 우주 혹은 피조물 총체를 가리키는 단어이므로 낱낱의 것이라 번역하기도 한다. 에베소서 본문을 계속하여 읽기 전에 이 어휘가 쓰인 유명한 두 곳을 미리 인용하기로 하겠다. "그러나 우리에게는 한 하나님 곧 아버지가 계시니 만물이 그에게서 났고 우리도 그를 위하며, 또한 한 주 예수 그리스도께서 (계시니) 만물이 그로 말미암고 우리도 그로 말미암았느니라"(고전 8:6), 그리고

"그는 보이지 아니하시는 하나님의 형상이요 모든 창조물보다 먼저(첫번째) 나신 자니, 만물이 그에게서 창조되되 하늘과 땅에서 보이는 것들과 보이지 않는 것들과 혹은 보좌들이나 주관들이나 정사들이나 권세들이나 만물이 다 그로 말미암고 그를 위하여 창조되었고 또한 그가 만물보다 먼저 계시고 만물이 그 안에 함께 섰느니라(정합적이다)"(골 1:15~17)라는 그리스도의 찬송이 그것이다. 이들 인용 기사에서 그리스도와 만물과의 관계를 표현하는 격조사(후치사/전치사)들을 눈여겨볼만한 가치가 있다. "그에게서(로부터)", "그를 위하여", "그로 말미암고" 및 "그 안에"라는 조사들을 읽으면, 하나의 하나님과 마찬가지로 하나의 그리스도가 만물의 근원임을 알 수 있다. 그리스도가 만물보다 먼저 계시고, 만물을 창조하시고, 그리고 당신을 위하여 만물을 통합하신다. 이처럼 우주 만물을 포괄하시는 분이 그리스도임을 알 수 있다. 여기 에베소서에서는 하나님의 능력을 집행하는 힘의 효력으로 만물에 대한 그리스도의 지배를 "만물을 그의 발아래 복종케 하신다"라 22a절에 요약하고 있다.

우리는 여기서 다시 "하늘에 있는 것이나 땅에 있는 것이나 모든 것들을 그리스도 안에서 통일하기로 작정하셨다"(1:10)는 하나님의 영광송을 읽는다. 우리는 영광송을 읽을 때 낱낱의 영적인 축복을 허락하신 감사가 다름아닌 하나님 영광의 찬양이라 하였다. 감사드림은 곧 하나님의 영광을 보는 일이다. 신자들이 그리스도 안에서 이미 소망했던 모든 일들이, 특히 하나님의 후사가 되는 일이, 창세 전부터의 하나님의 구원의 계획이기 때문이다. 간구하는 사도의 기도 역시 감사로 시작하여 하나님의 영광이 신자들에게 드러나기를 청원하는 것이 기도의 요지이다. 직접적인 예시로, 후사로 삼아주심으로써 하나님의 영광을 볼 수 있는 것이니 후사임이 오로지 감사일 따름이고 기도의 제목일 수밖에 없다. 하나님 영광의 찬양과 신자들을 위한 간구는 동전의 앞뒤의 양면일 따름이다. 우리로서는 부르심의 소망, 영광스런 후사의 풍성함 그리고 하나님의 월등히 크신 능력을 알게 해달라는 간구가 어떻게 기도일 수 있는지조차 얼핏 이해하기 어렵다. 뒤집어 깊이 생각해보면, 하지만, 이 기도가 우리의 "마음의 눈을 밝히사" 하나님의 영광을 보게 하옵소서라는 간구이다. 이 간구가 이루어져 우리의 마음의 눈이 밝아진다면 하나님의 영광을 볼 수 있는 신자들의 믿음의 지고지선의 목표를 이루는 일임을 우리는 깨닫게 된다.

만물 위에 머리, 그리고 몸인 교회: 보편 교회론(1:22b~23)

이제 계속하여 기도의 말미를 읽기로 하겠다. 여기의 논변은 앞 15절 이하의 기도의 테두리에서, 특히 20절 이하에서 그리스도가 하늘에 있는 악령들을 다스리시고 만물을 발아래 복종케 하시는 역사와 관련하여 교회론을 전개하고 있는 에베소서의 특이한 교회 개념이다. 이 특이성을 부각시키고자 22b~23절이 마치 독립된 한 단락인 것처럼, 심지어 22a와 22b절조차 분절하였다. 성서를 읽을 때 어떤 한 두절을 독립된 개별 구절로 읽는 일은 참으로 삼가야 할 일이다. 앞뒤 맥락의 연관성 없이 읽으면 한 문장은 자칫 어떤 금언의 주관적인 이현령비현령의 해석이 되기 십상이다. 여기서 우리가 1:22b~23을 독립적으로 읽는 것은 개별 단락으로 읽는 것이 아니라 에베소서의 보편 교회의 전체 맥락에서 이 구절이 갖는 맥락적 의미의 정초를 놓기 위함이다.

22b 그를 만물 위에 교회의 머리로 주셨느니라 **23** 교회는 그의 몸이니 만

물 안에서 만물을 충만케 하시는 자의 충만이라

이 교회론에서 가장 특이한 단어가 논쟁의 불씨인 "머리(kephale)"이다. 머리에 대한 우리 개역 22b절의 "만물 위에 교회의 머리"라는 번역은 의역이다. 원문에서는 "kephhalen hyper panta"로 "만물 위"의 바로 앞에 "머리"가 씌어 있다. 따라서 고지식하게 번역하면 "〔하나님이〕 그(그리스도)를 만물 위에 머리로 교회에게 주셨다"이다. "만물 위에 머리"라는 전치사구를 한정적으로 강조하면 머리는 에클레시아와 직접 연결되는 것이 아니라, 머리가 만물과 직접 연결되므로 머리는 만물 위에 머리에 한정해 읽을 수 있다. 엄격하게 해석하면, "하나님이 그리스도를 교회에 주셨고 만물 위에 머리라는 그리스도의 자격으로"(Thielman 2010: 111) 교회에게 주신 것이다. "만물 위에 머리라는 그리스도의 자격"이라 함은 하나님 우편에 앉으신 그리스도가 하늘 영역들에 있는 모든 적대 세력들에 대한 승리라는 의미로 쓰인 것이다. 그런데, "만물 위에 머리로 교회에 주셨다"가 "교회의 유익을 위해" 주신 것이라면(Ibid.: 111), 머리는 만물의 머리기도 하고 교회의 머리기도 하기에 보편 교회의 의미로 쓰인 것이라 해석하여야겠다. 우리의 개역은 아마도 "그는 몸인 교회의 머리라(그는 몸의 머리고 몸은 교회다) 그가 근본(시작)이요 죽은 자들 가운데서 먼저(첫번째) 나신 자니 이는 친히 만물의 으뜸이 되려 하심이요"의 골 1:18 중에서 특히 이탤릭체의 부분의 뜻을 부각시키려는 의도의 번역일 것이다. 한데, 골로새서에서는 그리스도가 몸의 머리라는 것이 그 분이 시작(arche)이고 죽은 자들 가운데서 첫 번째 나신(prototokos) 만물 위의 지고의 분이라 예시하고 있다.(Moo 2008: 129) 실제로 에베소서 22b절의 번역과 해석은 머리가 만물의 머리기도 하고 교회의 머리기도 할 수 있다고 보아야 한다. 아마도 보편 교회라는 의미의 틀 안에서, "그는 몸의 머리고 몸은 교회다"(골 1:18a)라는 표현뿐만 아니라(Pao 2012: 99) 엡 5:23에서도 "그리스도가 교회의 머리"라는 표현을 찾아 읽을 수 있기 때문이다.

문제는 에베소서와 골로새서의 말씀 많은 교회론에서, 머리가 뜻하는 단어의 의미와 그것이 쓰인 문맥의 의미를 밝히는 일이 일차적인 과제이다. 우선 여기 22b절이 쓰인 문맥부터 살펴야겠다. 이 선행 문맥을 보면 하나님이 그리스도를 당신의 오른편에 앉히셔 모든 악령들을 통치케 하시고, 특히 22a절에서 "그(하나님)가 만물을 그(그리스도)의 발아래 복종케 하셨다"이다. 그리고 발에서 머리로 이제 말머리를 대조적으로 돌린 것이다. 태초부터 계셨던 그리스도는 모든 창조물 위에, 이제 지고에 자리에 계시는 만물의 주이시고 지고의 권위라는 의미로 머리라는 어휘를 사용하였을 것이다.(Schreiner 2008) 앞에 인용한 골 1:18 이외에 "그는 모든 정사(통치)와 권세의 머리시라"(골 2:10)는 기사도 함축하는 바가 같다. 예부터 오늘날까지 이 단어 의미에 대해 숱한 논쟁이 있어 왔다. 대략 그 논의를 세 갈래로 집약할 수 있는 바, 기원 또는 원천이라는 주장, 통치자 또는 권위자라는 주장, 그리고 으뜸이라는 주장으로 집약할 수 있다. 앞에서 그리스도와 만물과의 관계를 표현하는 격조사들을 꼽아 보았거니와 바울 서한들에서 만물이 "그에게서〔로부터〕," "그를 위하여," "그로 말미암고" 및 "그 안에"라는 조사들을 읽으면, 하나의 하나님과 동격으로서의 하나의 그리스도가 만물의 근원임을 알 수 있다. 이들 격조사는 머리가 갖는 기원, 권위 및 으뜸이라는 세 갈래의 의미 모두를 포괄해 뜻한다고 할 수 있다. 그리스도가 만물보다 먼저 계시고, 만물을 창조하시고, 그리고 그리스도 안에 만물을 함께 세운다(결합한다)라 쓰인 문맥에 비추면, 머리의 의미는 모든 것들을 포괄함이다. 만물(ta panta)이 곧 낱낱의 만유라는 뜻이고 이 모든 것들을 포괄한다는 뜻에서 머리가 만물과 흔히 함께 쓰이고 있는 보편 교회의 맥락적 의미가 심장하다.

"하나님이 그리스도를 만물 위에 머리로 교회에 주셨다"의 22절에 잇따라 우리 개역 23절 "교회는 그의 몸이니 만물 안에 만물을 충만케 하시는 자의 충만이니라"가 이어진다. "교회는 그의 몸이니"의 초두는 부정 관계대명사가 사용되었으므로 "교회는 진정 그의 몸이니"라 번역하여 관계대명사가 갖는 강조의 뜻을 표현하는 것이 일반적이다. 학자들은 이 구절을 고전 12:12~13과 롬 12:4~6에 따라 지체가 여럿이나 그리스도 안에서 한 몸이라는 것을 강조하는 표현이라 생각한다. 공인된 바울 서한인 로마서 12장 3절 이하 및 고린도전서 12장 12절 이하에서 그리스도의 몸에 관한 유기체론을 집중적으로 피력하고 있으므로, 여기 에베소서 공부에서는 보편 교회와 직접적인 관계에서 벗어난 유기체 교회론에 관한 논의는 생략하여도 좋을 것이다. 한데, 중요한 것은 "교회는 진정 그의 몸이니"에 이어서 그의 몸인 교회의 성질을 "만물 안에서 만물을 충만케 하시는 자의 충만이니라"고 설명하고 있다는 점이다. 문제는 우리 개역 22b절뿐만 아니라 여러 번역본에서 23절의 번역이 제각각이고 또 이해도 어렵다. 예컨대, 23절 "〔교회는〕 그의 충만이고 그가 우주를 모든 세세부분에서 충만케 한다"(REB)라든가 "〔교회는〕 진정 그 분의 충만이시고 그 분이 지속적으로 또 온전하게 충만하여진다"(Thielman 사역) 등의 상위한 번역들이 있다. 요점인즉, 23a절 교회가 그리스도의 충만이다에 관한 한, 통사적인 중의성의 문제는 없지만, "충만"에 관해서는 그 의미 파악이 대단히 복합적이고, 게다가 23b절의

"충만케 한다" 혹은 "충만하여진다"에서 번역이 제각기 다르다.

우선, 충만(pleroma)에 관해서 회흐너는 그의 주해서에서 무려 3쪽에 달하는 단어 의미를 참고의 각주로 부기하고 있다. 본래 이 단어는 헬라어에서 술을 잔에 채우다 혹은 화물을 배에 가득 싣다 등의 맥락에서 완전성 혹은 빈틈없음의 의미로 쓰인 단어라 한다. 신약에도 구약에도 이 어휘는 두루 쓰였는데, "pleroma의 바울 사용의 용례는 그리스도가 하나님의 실체 본질(존재, 능력, 혹은 영광)의 충만으로 가득차지는 것을 기술하고 있다"(Hoehner 2002: 304)는 것이다. 그렇다면 이때 23절 말미에 쓰인 분사형 동사 'pleroumenou'가 능동태의 "충만케 한다"(REB) 혹은 수동태의 "충만하여진다"(Thielman 2010: 115) 가운데 어떤 번역을 취해야 하는데, 후자를 선택하게 된다. 'Pleroumenou'라는 분사는 능동태도 수동태도 아니지만, 회흐너의 'pleroma'의 해석에 따르면, 하나님의 실체 본질로 가득차게 되는 것이라면 틸먼처럼 수동태로 번역하여야 한다. 아울러, 이 분사형 동사와 연결된 'ta panta en pasin'은 직역하면 "모든 것들 안에서 모든 것들"인바, 고전 12:6 및 15:28의 용례를 보면 모든 것들이 혹은 만물이 직접 목적으로 사용되고 있기도 하다. 가령 "모든 것을 모든 사람 가운데서 역사하시는 하나님은"이라는 보기와 같다. 한데, 'pleroumenou'가 "충만하여진다"라는 수동태 번역을 취할 경우에 직접 목적을 취할 수가 없으므로 '지속적으로 또 온전하게'라는 부사적인 뜻으로 "충만하여진다"를 수식하는 번역을 취하는 번역이 최선이겠다. 수동형이 올바른 해석이라면, 우리 개역의 "만물 안에서 만물을 충만케 하시는"이라는 번역과 같은 "모든 것들 안에서 모든 것들(all in all)"이라는 능동태의 목적으로 취하지 말고(영어에서 '총체적으로 고려하면'이라는 의미로 'all in all'을 부사 관용구로 사용하듯), "전적으로/

완전하게"라든가 혹은 "지속적으로/온전하게"라 번역하는 것이 합당할 것이다.

우리는 23절에서 "그의 몸"과 "그의 충만"이 대응하게 동격으로 사용되어 있는 사실에 주목하여 23절을 "교회는 진정 그의 몸이고 지속적으로 또 온전하게 충만하여지는 그 분의 충만이다"라 번역하기로 하겠다. 그렇다면 교회가 그리스도의 충만이고 그리고 그리스도가 전적으로 충만하여진다는 두 측면이 어떻게 양립하는지를 또 다시 생각해야 한다. 나아가, 머리와 몸의 관계에 관한 우리의 궁금증 역시 해결의 실마리를 찾아야 한다. 우리가 지금 읽고 있는 23절의 맥락을 요약하면, '하나님께서 만물 위에 머리로 모든 능력을 위탁하셔 그리스도를 그의 몸인 교회에게 주셨다'가 배경이기 때문이다.

이들 미해결의 숙제를 위해 우리는 "그(그리스도) 안에서 신성의 모든 충만이 육체로(몸의 형태로) 거하시고 〔그리고〕 너희〔가〕 그 안에서 충만하여졌으니 그는 모든 정사(통치)와 권세의 머리시라"(골 2:9~10)를 참조해 함께 읽기로 하겠다. "신성의 모든 충만"은 그리스도 안에 있는 하나님 그 자신이다.(Pao 2012: 161) 교회가 그리스도의 충만이고(엡 1:23) 그리고 "아버지께서는 모든 〔당신의〕 충만을 예수 안에 거하게 하시고 그리고 그로 말미암아 모든 것들(만물)을 그와 화목케 하려 하심"(골 1:19~20a)에서 보는 것처럼 그리스도의 충만은 하나님에 의해 충만해진 것이다. "교회는 그리스도로 말미암아 충만하여지고, 그리고 그리스도는 하나님으로 말미암아 충만하여진다"(Thielman 2010: 114~15)의 뜻을 갖는다. 따라서 그리스도가 '전적으로/온전하게 충만하여진다(지속적으로 또 온전하게 충만하여진다)'는 수동태의 표현이 당연히 이 맥락에 합당하다. 아울러 머리와 몸의 관계에 관해서도 "하나님이 그리스도를 만물 위에 머리로 교회에 주셨다"의 22절 역시 마찬가지 맥락에서 이해해야겠다. "만물이 그에게(안에서) 창조되었다"(골 1:16a)와 마찬가지로 모든 충만이 그리스도의 안에 거함을, 혹은 모든 충만이신 하나님이 그리스도 안에 거하심을, 하나님께서는 기뻐하신다고 골로새서에 적혀 있기 때문이다. 그리스도의 구원의 역사가 이처럼 "땅에 있는 것들이나 하늘에 있는 것들"의 모든 것들을 포괄하는 우주적, 보편적이다.(Pao 2012: 102) "만물 위에 머리"라 함은 "그리스도가 모든 통치와 권세의 머리이다"(골 2:10b)와 더불어 하나님께서 주신 그리스도의 충만으로 인해 가능한 것이라 이해해야겠다. "그리스도 안에 있는 모든 충만"이 하나님 자신이라면, 우주 만물을 창조하신 전지전능의 하나님에게서 능력을 받아 그리스도가 만물을 거룩하게 만드는 종말완성의 주님이신 머리이다.

그럼에도 불구하고, 몸과 머리를 분리해 생각할 수 없는 것이 상식이므로 몸과 머리의 관계의 궁금증이 아직도 남아 있다. 하지만 리더보스에 따르면, 에베소서에서도 골로새서에서도 몸의 은유와 머리는 상호의존적인 것이 아니라 독립적 또는 단절적인 은유이므로 합성 은유로 생각하지 말아야 한다. 특히 전통적인 견해에서 주창되는 것처럼, 양자를 몸과 머리라는 하나의 생체의 유기적인 기능의 관계로 연결시키지 말아야 한다. 리더보스는 몸과 머리가 개별적인 의미의 은유라는 논리의 전개를 위해 "이는 남편이 아내의 머리됨이 그리스도께서 교회의 머리됨과 같음이니 그가 친히 몸의 구주시니라"(5:23)를 인용한다. 남편과 아내가 한 몸으로 비유된다 하더라도, 아내가 머리 없는 몸통임을 이 구절이 뜻하는 것은 아니라는 것이다. 또는 "만물 위에 머리"라든가 "모든 통치와 권세의 머리"(골

2:10)라 할 때 머리라 함은 만물이나 통치와 권세가 그리스도의 몸이라는 것은 아니라는 것이다. 또는 "각 남자의 머리는 그리스도요 여자의 머리는 남자요 그리스도의 머리는 하나님이시라"(고전 11:3)고 할 때, 그렇다 하더라도, 그리스도가 하나님의 몸이고 하나님이 그리스도의 머리라 진술하는 것은 결코 아니라는 것이다. 리더보스에 따르면, 아내에 대해 남편이 머리라는 것은 아내가 남편에 종속됨에 있다. 그리스도와 교회의 관계도 이와 마찬가지다. 그리스도가 그의 몸인 교회를 창설하였고 그리고 그것의 구주이시므로 그가 교회의 머리이시다.(Ridderbos 1975: 376~87)

리더보스의 논리를 직접 인용하겠다. "머리는 따라서 우월, 통제 지배일 뿐만 아니라 무엇보다 그 기원의 관계를 가지므로 〔교회의〕 계속적인 존재 전체에 결정력을 갖는다. … 머리 즉 으뜸성은 그러므로 또 원천과 밀접한 관계를 갖는다. 머리가 뜻하는 바는 그리스도가 만물 일반의 기원이고 먼저 나신 분이며 또 특별하게는 교회의 기원이고 먼저 나신 분(골 1:15)임을 함축한다."(Ridderbos, 1975: 382) 우리는 이 리더보스의 논변이 앞에서 우리가 앞에서 원용했던 머리에 의미에 관한 세 갈래의 논쟁 전반을 우연찮게 모두 포괄하고 있음을 주목해야겠다. 요컨대, 원천 그리고 권위 그리고 으뜸으로서의 머리이신 그리스도는 만물과 교회를 종속하고 완성의 때까지 계속적인 존재 전체를 온전하게 결정하는 능력 혹은 권능이시다.

머리와 몸이 개별적인 의미를 갖는 은유라면, 왜 구태여 옥중서한의 저자는 머리라는 군더더기 은유를 여기에 도입하였는가? 리더보스의 위의 논변이 정당하다는 가정 아래서, 저자는 이 은유 도입의 동기를 추론한다. 그것은 분명 만물을 포괄하는 우주적인 완성의 하나님의 구원의 목표를 그리스도를 통해 형상화하고자 할 때 몸 이외의 새로운 은유가 필요하였기 때문이라 추론한다. 창세 전에 벌써 선재하여 계신 그리스도가 그리고 지금 하나님 오른편에 앉아 계시고 있는 그리스도가 "만물을 그의 발아래 복종케 하시고"(1:22) 또 "친히 만물의 으뜸이 되려 하심이니"(골 1:18), 이 완성의 주체를 몸이 아닌 무엇으로 달리 표현하여야만 하는 것 아닌가? "우리 많은 사람이 그리스도 안에서 한 몸이 되어"(롬 12:5) 혹은 "너희 몸이 그리스도의 지체인 줄을 알지 못하느냐?"(고전 6:15)와 같은 인류 구원의 유기체론의 언어로만은 모든 통치와 권세를 포함하는 만물의 완성을 형상화할 수는 없는 것 아닌가? 비록 몸도 머리도 구원사의 틀에서 하나님의 의지의 목적을 구현하는 개념에서 동일한 범주의 은유라 하더라도, 하늘에 하나님 오른편에 앉히셔 만물의 왕노릇(통치)하는 그리스도를 몸이라는 인류 구원의 은유 개념에 한정해 표현할 수 없는 것 아닌가?

다시 말하면, 그리스도의 사람들을 지체로 구성된 교회가 그리스도의 몸이라 할진대, 우주적인 완성의 그리스도의 주권을 몸이 아닌 머리의 은유로 표현하는 일이, 이제 죽음을 앞둔 바울에게는 새삼 절실한 가르침이었을 것이다. 이때 우주 만물의 완성을 그리스도 몸의 은유로만 개념화할 수 없다면, 그리고 몸과 머리의 은유가 단절적이라는 리더보스의 논리에 따르면, 22절의 "만물 위에 머리"와 23절 초두의 "교회는 진정 그의 몸이니"에서 머리와 몸은 어떤 통로를 통해 연결 가능한지가 또 궁금하다. "교회는 진정 그의 몸이니 그의 충만이며 그가 지속적으로 또 온전하게 충만하여진다"의 23절의 바탕에서 "하나님이 당신의 백성에 적대하는 모든 우주적인 권세에 승리하게 만드시는 메시아 왕이 교회와 하나이고, 〔메시아와 교회가〕 이 하나이기 때문에 이 교회가 이들 악의 권세들에 대해 또 승리할

할 수 있는 것이다"(Thielman 2010: 116)이므로 우주적인 권세에 대한 그리스도의 승리가 교회의 승리이기도 하다. 진정, "주도 하나이요 믿음도 하나이요 세례도 하나이요"(4:5)이다.

리더보스와 마찬가지로 머리의 개념이 교회가 그리스도의 몸이라는 은유에서 도출된 개념이 아니라고 생각하는 오브라이언은 "〔교회가 그의 몸이고〕 모든 면에서 만물을 가득 차게 하는 그의 〔즉 그리스도의〕 충만이다. 하나님이 만물 위에 머리로서의 그리스도를 교회를 위해 주셨다. 그의 우주에 대한 주권은 그의 백성을 위해 주신 것이라 보아야 한다"(O'Brian 1999: 152)라 23절을 요약한다. 이 해석은 메시아의 우주적인 권세에 승리가 교회의 승리라는 틸먼의 견해와 같다. 동시에 오브라이언은 "그러나 오로지 교회만이 그의 몸이다"라는 의미심장한 해설을 덧붙이고 있다. 우주적인 권세에 승리하시는 그리스도가 만물을 그의 발아래 복종케 하신다 하더라도 만물이 그의 몸인 보편 교회에 소속되는 지체는 아니라는 것을 시사하고 있다. 다시 인용하지만 "주도 하나이요 믿음도 하나이요 세례도 하나이요"(4:5)라 그리스도와 교회가 하나라는 진술과 더불어 "교회는 진정 그의 몸이니 그의 충만이다"(1:23)를 다시 인용하건대, 충만에 도달할 수 있는 것은 오직 교회이다. 왜냐하면 교회가 그리스도의 몸이라 말하는 것은 "우주에 해당하는 진술이 아니어서, 비록 그가 주로서 만물을 통치한다 하더라도 오직 교회만이 그와 특수한 관계를 갖는다"(Ibid, 152)는 의미이기 때문이다.

에베소서와 골로새서에서 교회가 그리스도의 몸이라는 개념을 폐기한 것이 아니라 "만물 위에 머리"라는 개념과 병행하여 두 개념을 지속적으로 사용하고 있다는 사실이 다른 무엇보다 중요하다. 머리라는 개념과 병행함으로써 차라리 몸의 개념이 더욱 고귀하고 더욱 소중하게 존중되고 있다. “당신이 만물 위에 머리로 그리스도를 교회에 주셨다”(1:22b)는 것은 하나님이 교회의 유익을 위해 적대적인 권세를 포함한 만물의 통치 주권을 그리스도에게 주신 것이라 읽어야 한다. 이때 그리스도가 만물 위에 머리라는 것이 그리스도의 몸인 교회와 어떤 관계를 갖는가를 다시 묻지 않을 수 없다. 이 난해한 의문을 위해 다시 틸먼을 인용한다. “만물 〔특히 적대 세력들〕 위에 머리라는 이 특정한 자격으로, 하나님은 그리스도를 교회에 주셨다. 이 은유는 바울 서신에서 독자적인 연결 방향을 취한다. 그리스도가 만물 위에 있는 머리여서 하나님이 그에게 이 역할(만물의 통치 주권)을 교회의 유익을 위해 주신 것이다. 교회는 더군다나 만물 위에 있는 바로 이 그리스도의 몸이다. 그리스도가 모든 만물 위에 있음으로 인해 교회의 머리라 말하고 있는 것이 아니라, 교회가 그의 몸인 까닭으로 만물 위에 머리와 교회를 동일시할 수 있는 것이다. 그렇다면, 교회 역시 어떤 의미에 대해, 모든 적대적인 세력들 위에 머리이기에, 적대 세력들이 그리스도의 발아래 복종하여 누워 있는 것과 매한가지로 그들이 교회의 발아래 복종하여 누워 있는 것이다. 바울은 이 점을 2:6에 명시적으로 지적하여, 그의 독자들이 그리스도와 함께 일으켜지셨고 하나님의 오른편에 ‘그리스도 안에서’ 하늘 영역에 앉히셨다고 그는 말하고 있다.”(Thielman 2010: 113~14)

그러므로 “당신이 만물 위에 머리로 그리스도를 교회에 주셨다”(1:22b)를 “하나님이 그리스도를 만물 위에 머리로 교회를 위해 주셨다”(O'Brian 1999: 152)라 번역할 수 있겠다. 이렇게 번역하면, 그리스도의 몸은 교회이고 그 그리스도가 또 역시 만물 위에 머리이므로 교회 역시 만물 위에 머리일 수도 있다는 해석이 가능해진다. 반면에, 만물의 유익을 위해 교회가 있는 것이 아니므로 만물은 교회인 그리스도의 몸의 지체일 수는 없다. 보편 교회에 관한 틸먼과 리더보스와 오브라이언, 이들 세 학자의 몸과 머리 은유의 해설 모두가 우리는 서로 정합적인 해석이라 평가해야 한다.

그럼에도, 보편 교회라는 개념은 생소하고 오해의 여지가 있으므로 위의 논변들을 다시 압축하기로 하겠다. 본래 보편성이라 함은 예수가 "유대인의 왕"(마 2:2)으로 오셔 "이스라엘의 목자"(마 2:6)라는 특수성(particularism)에 대조하여 이방인들 역시 하나님의 백성에 포함된다는 의미를 전제한다. 이때, 보편성이라 함은 가정 교회를 포함한 지역 또는 개별 교회들과 병존한다는 관점에서 이방 교회든 유대 교회든 모든 교회들이 하나임을 대표하는 교회가 보편 교회이다. 따라서 하나됨의 교회란 종래의 바울의 교리에서 조금도 이상할 것이 없다. "하나님은 모든 사람이 구원을 받으며 진리를 아는 데 이르기를 원하시느니라 하나님은 한 분이시오 또 하나님과 사람 사이에 중보도 한 분이시니 곧 사람이신 그리스도 예수라"(딤전 2:4~5) 이기 때문에 보편 교회이다. 바울은 심지어 구약의 호세아 1:10을 공인된 바울 서한 로마서에 인용하여 "내가 내 백성 아닌(아니었던) 자를 내 백성이라, 사랑치 아니한(했던) 자를 사랑한(하는) 자라 부르리라. 〔그리고〕 너희는 내 백성이 아니라 한 그곳에서 저희가 살아 계신 하나님의 아들이라 부름을 얻으리라"(롬 9:25~26)고 강조한다. 일찍이 사도 바울은 지역 교회인 "고린도에 있는 하나님의 교회"에 인사하면서 "또 각처에서 우리의 주 곧 저희와 우리의 주 되신 예수 그리스도의 이름을 부른 모든 자들에게"(고전 1:2)도 함께 인사한다. 당초 바울 사도는 지역 교회와 보편 교회를 대립해 생각한 일이 없었던 것 같다. 오히려 교회의 개별성을 보편성의 틀 안에서 인정하였음이 분명하다. 왜냐하면, 다시 인용하거니와, "너희는 유대인이나 헬라인이나 종이나 자주자나 남자나 여자 없이 다 그리스도 예수 안에서 하나이니라"(갈 3:28)가 원리이기 때문이다.

이 하나라는 원리에 따라 보편 교회가 세계 각지에 산재해 있는 모든 신자들이 함께 하나인 교회에 속한다고 해석하는 학자들이 상당수 있다. 한데, 본래 사도 바울이 예컨대 "아시아의 교회들"이라든지 "아굴라와 브리스가와 및 그 집에 있는 교회"라고 할 때 이들 교회의 명칭이 대표하는 것은 특정 지역과 가정일 따름이지 곧 교회의 고유명사로 사용한 것이 아니다. 더군다나, "너희가 교회에(교회로서 함께) 모일 때"(고전 11:18)라 함은 어떤 장소나 건물이 교회라는 것이 아니라 모임이 곧 교회 자체라는 말이다.(Dunn 1998: 542; Garland 2003: 536) 모임 그 안에서 "성직자(사제직)와 평신도의 차별화는 사람이 만들어낸 것이므로"(Hoehner 2002: 579) 본래 에클레시아는 제도가 아니다. 구체적인 본보기로, 특히 고린도전서 기록을 보면 바울은 예루살렘 교회의 구제 기금을 위해 여러 다른 지역 교회들에게 연보를 독려하였다.(e.g., 고전 16:1~5) 이 사례에서도 바울은 교회 사이의 조직을 꾀하였다는 기록을 아무데서도 찾아 읽을 수 없다. "에베소서에서 보편 교회는 유기체이지 조직이 아니라는 점이 고린도전서에서의 지역 교회의 견지와 매마찬가지다. 그렇다 하더라도, 고린도전서에서 광의의 단일성이라는 〔교회 개념이〕 암시되어 있지만, 그 서한에서 유기체의 관점이 지역 교회의 살아남아 있는 것과 마찬가지로 에베소서에서도 유기체라는 〔교회 개념〕이 보편 교회임은 분명하다."(Bruce 1984: 239) 그러므로 에베소서의 보편 교회는 초기 가톨릭 조직이나 교리가 아니다. 우리는 이 문제를 4장에서 다시 논의하기로 하겠다.

바울에게 유기체로서의 교회는 그리스도 안에서 아버지의 구원의 의지와 목표 속에 아들로 말미암아 아버지와의 화목을 이루고 성령으로 말미암아 사랑의 열매를 맺게 하는 몸 그 자체이다. 이 에클레시아의 궁극적인 목표는 지역 모임들의 다양한 국면들 모두를 하나로 표상하는 그리고 하나님의 구원의 목표를 이루기 위한 것이기 때문에 인자(人子)의 육신의 몸으로 지상의 오셔서 십자가에 죽으신 그리스도의 몸이라는 은유라기보다 그리스도의 몸 자체인 직유이다.

그러므로 에베소서의 보편 교회의 개념은 지상에서의 인자의 몸이라는 개념을 초월하여 하나님의 오른편에 앉아 계신 메시아의 실상으로 확장한다. 보편 교회는 "신자들이 이미 참여하고 있는 〔그리스도 안에서 하늘의 영역에 앉히신〕 그리스도 둘레에 〔모인〕 은유적인 용어인 하늘의 모임이다"(O'Brian 1999: 146~47)라는 보편 교회의 개념에 공감하지 않을 수 없다. 인용문 중 괄호 속에 적힌 구절은 "하나님이 그리스도와 더불어 우리를 일으키셨고 그와 더불어 우리를 하늘 영역들에 앉히셨다"(2:6)를 인용한 것이다. 그리스도와 더불어 우리를 하늘에 앉히셨다가 다름아닌 교회라는 규정은 생소하지만 아무 무리가 없다. 하늘에서 그리스도를 중심으로 신자들이 둘러앉은 모임이라면 그것이 곧 진정한 교회가 아니고 무엇이랴! 이때 보편 교회로서의 하늘의 모임은 지상의 지역 교회를 초월한 제3의 교회를 뜻하는 것이 아니라 연장선상에 있는 것이라 보아야 한다. 에베소서가 바울의 다른 서한들과는 다른 이질적인 교회론을 전개하고 있는 것이 아니라 종말 완성의 교회에 대한 전망에 다른 서한들보다 더욱 열정적이라 보아야 보편 교회의 개념을 올바르게 이해할 수 있다.

달리 말하면, 머리와 몸이 단절적인 은유일 수 있지만, "지속적으로 또 온전하게 충만하여지는 그 분의 충만이"(1:23) 그리스도의 몸인 교회이므로 그리스도의 충만이 보편 교회를 지향하여 몸과 머리

양자를 하나의 개념으로 승화한다. 그리스도의 충만은 구체적으로 "그리스도의 영(성령), 은혜, 그리고 선물(은사)들이라는 특수한 방식으로"(O'Brian 1999: 152) 그리스도의 온전함으로 교회를 충만하게 하신다. 우리는 앞에서 원용했던 "만물(특히 적대 세력들) 위에 머리라는 특정한 자격으로, 하나님은 그리스도를 교회에 주셨다."는 틸먼의 논의를 여기서 상기한다. "〔하나님이〕 우리를 그리스도와 더불어 그리스도 예수 안에서 하늘의 영역들에 앉히셨다"(2:6)가 다름 아닌 보편 교회이다. 그리고 "하나님이 그리스도를 교회를 위해 주셨다"라 할 때 만물 위에 머리라는 특정한 자격으로 교회에 주신 것이므로 교회 역시 만물 위에 머리의 자격을 갖는 교회가 보편 교회이다. 각각의 지역 교회로 이 지상에 실현된 그리스도인 몸인 교회가 그리스도의 충만으로 말미암아 우주를 모든 부위에 이르기까지 충만케 함으로써 하나의 하늘 모임으로 완성하는 것이 보편 교회일 것이다. 그리스도의 충만이 다 이루어진 교회가 보편 교회라면 그것은 각각의 모든 지상 교회들이 지향해야 할 온전한 이상이다.

이 1장의 마지막 단원은 에베소서 전반에 두루 전개될 교회론의 서론이고 정초이다. 우리가 이 서론에서 행여 몸과 머리의 이원구조의 그림을 그리려는 인상을 주었다면 그것은 크게 잘못한 일이다. 우리는 단지 몸의 은유에 머리의 은유를 새삼스럽게 추가하여 사용해야 했던 바울의 동기를 추론하였을 따름이다. 우리는 머리 은유의 도입의 동기가 우주의 완성을 몸의 은유에 내포시킬 수 없기에 창출된 개념이라 생각하였다. 더욱 과격하게 말하면, 몸의 지체는 하나님의 입양자의 자격으로 "그리스도와 함께한 후사"(롬 8:17)일 수 있다. 하지만, 그리스도에게 악령이 굴복하고 만물이 복종한다 하더라도 그들이 입양 혹은 후사의 자격을 상속받는다는 가능성은 성서의 기록의 아무데서도 찾을 수 없기 때문이다. 우리에게 하늘 모임으로서의 에베소서의 보편 교회가 이해하기 어려운 까닭은, 실상, 어떤 지상의 교회든 그 성격이 너무나 보편 교회와 다르기 때문이다.

지금 우리는 기도의 말미를 읽고 있다. 기도 본문 17절부터 23절까지 이 단원을 다시 읽으며 '하나님이 그리스도를 만물 위에 머리로 교회에 주셨다'를 다시 음미하겠다.

> **17** 우리 주 예수 그리스도의 하나님, 영광의 아버지께서 하나님을 아는 지
> 혜와 계시의 성령을 너희에게 주시도록, **18a** 너희의 마음의 눈을 밝히셨으
> 니, **18b** 당신의 부르심의 소망이 무엇이며, **18c** 성도들 안에서 당신의 후
> 사의 영광의 풍성함이 무엇인지를, **19** 그리고 당신의 힘의 강력한 역사에
> 따라 믿는 우리를 위한 당신의 능력의 월등한 크심이 무엇인가를 너희가 알
> 게 하옵소서. **20** 당신의 힘을 하나님께서 그리스도 안에서 역사하사 그를
> 죽음에서 일으키시고 하늘의 영역들에서 그의 오른편에 그를 앉히셨으니
> **21** 이 세대뿐만 아니라 장차 올 세대에 모든 통치와 권세와 권능과 주관하
> 는 자와 이름 지어진 각각의 이름 위에 높이셨다. **22a** 그리고 당신은 만물
> 을 그의 발아래 복종케 하셨다. **22b** 당신이 그를 만물 위에 머리로 교회에
> 주셨고 **23** 그 교회는 진정 그의 몸이고 그의 충만이며, 그는 지속적으로 또
> 온전하게 충만하여진다.

우리의 이 단원 독해는 너무 보편 교회론에 치중하였다. 새삼 기도의 요지를 요약건대, 그리스도는 당연히 인류의 구주이시고, 나아가 교회의 완성이시고 더불어 우주를 완성하고 계신다는 것이 기도의 요지이다. 실상 이것이 하나님의 능력이므로 기도의 핵심 내용은

하나님께서 교회를 위해 실현하고 계시는 능력의 월등하게 크심을 너희로 알게 하옵소서이다. 하나님의 능력이 그리스도를 죽음에서 일으키셨고, 당신의 오른편에 앉히셨고, 우주적인 적대 세력을 그의 발아래 복종케 하셨다고 명세되어 있다. 실상, 하나님의 능력의 지극히 크심이 그리스도를 만물 위에 머리로 교회에 주셨다는 것은 차라리 보편 교회를 넘어서 교회를 통하여 우주의 통일을 간구하는 기도이고 혹은 공포하는 선언이기도 하다. 에베소서의 주요 주제가 보편 교회론이라고들 하지만, 이 서한의 교회론은 하나됨의 교회를 통해 온 우주가 하나됨의 완성에까지 확장된다. 그리스도와 그의 몸이 하나이고 그리스도의 승리가 교회의 승리이다. 그러므로 "교회는 진정 그의 몸이고 그의 충만이라"에 뒤이어 "〔그는〕 만물 안에서 만물을 충만케 하시는 자라"고 번역한 우리 개역과 "모든 것들을 모든 면에서 충만케 하시는 그의 충만이니라"고 번역한 NIV의 능동형 표현에(비록 우리는 'pleroumenou'를 수동형으로 읽었지만) 또 역시 공감하게 된다. 왜냐하면 하나님으로 말미암아 그리스도가 "충만하여진다"면 충만하여진 그리스도의 충만이 또 역시 교회와 만물을 충만케 하시기 때문이다. 그리하여 19절에 "믿는 우리를 위한 하나님의 능력의 월등한 크심이" 어떠한가를 새삼 강조하여, 22b~23절에 그리스도의 활동 무대인 교회를 통해 우주 완성의 하나님의 영광을 이룩하심을 너희로 알게 하시기를 기도하고 있다. 그러므로 이 기도는 그리스도의 승리이자 교회의 승리이기도 하고 그리고 동시에 하나님 영광의 찬미이기도 하다.

4) 죽음에서 생명에로(2:1~10)

첫 머리말에서 바울의 에베소서 저작권에 관해 희한한 시나리오를 창작한 굿스피드를 인용하였다. 실상 그의 시나리오는 에베소서가 "바울 서한들에 대한 하나의 주해서"라는 그의 이해를 전제하여 꾸며낸 작품이다. 따라서 그의 시나리오는 에베소서가 바울 사상의 정수라 규정한 브루스의 이해와 다를 바 없다. "이 문서는 상당한 정도로 여러 바울 서한들의 주된 주제들을 요약한 것이며, 이방 사도로서의 바울의 사역이 갖는 우주적인 의미를 진술한 것이다."(Bruce, 1977: 424) 이 인용문이 본단원의 서문일 수 있을 것이라 생각한다. 이 2장 초두가 인류가 죄와 죽음에서 그리스도와 함께 생명에로 변환한다는 바울 복음의 요체이기 때문이다.

죄와 죽음(2:1~3)

무엇보다 3절까지의 정죄에 관한 한, 사용된 용어나 진술된 내용에 대해서 공인된 바울 서한들과 같다. 단지, 특히 로마서 5:12~8:3에서 누누이 그리고 여러 면에서 죄와 죽음을 설파한 것에 비교하면 여기 에베소서에서는 너무 간략하게 서술되어 있어 자칫 독자들이 죄와 죽음의 심각함을 흘려 읽기 십상이다.

> **1** 너희의 허물과 죄로 죽었던 너희를 (살리셨도다) **2** 그때에 너희가 그 가운데서 행하여 이 세상 풍속을 좇고 공중의 권세 잡은 자를 따랐으니 곧 지금 불순종의 아들들 가운데서 역사하는 영이라 **3** 전에는 우리도 다 그 가운데서 우리 육체의 욕심을 따라 지내며 육체와 마음의 원하는 것을 하여 다른 이들과 같이 본질상 진노의 자녀이었더니

원문에서는 1절에서 7절까지 하나의 문장으로 구성되어 있다. 초두 1절이 분사절이고 2절과 3절이 1절을 수식하는 관계절이다. 실제적인 문법적인 주어("하나님")는 비로소 4절에, 그리고 주동사는 5절과 6절에 걸쳐 나타난다. 우리 개역에서 주동사 "살리셨도다"를 1절에 삽입한 것은 "너희의 허물과 죄로 죽었던 너희…", 이렇게 문장을 계속 이어가면 문장 독해상의 어려움이 있으므로 5절에 나타나는 주동사 "살리셨도다"를-아마도 KJV에 따라-미리 앞당겨 삽입한 것일 것이다. 구태여 주동사를 앞당기는 것보다, 비록 1~3절 모두가 종속절이지만 그 각각을 독립된 문장으로 띄어 읽는 것이 읽기에 수월하다. 그리하여 여러 번역본에서 실제로 그렇게 하고 있는 것처럼, 1절을 "그리고 너희가 허물들과 죄들로 죽었을 때"(Thielman 2010 사역)라 번역하면 뒤따르는 2-3절과의 연결도 명료하게 전달된다. 허물과 죄는 바울 서한 곳곳에서 자주 씌어 있는 인간의 본성이다. 우리 개역에서의 허물(paraptoma)은 단순한 잘못이라는 뉘앙스를 뜻하기 십상이지만 때로는 "아담의 범죄(parabasis)"(롬 5:14)에서 보듯 "범죄"라고도 번역하고 있는 것처럼 계명을 의식적으로 위반하는 일이어서 허물과 나란히 적힌 죄(hamartia)와 사전적인 의미에서는 다를 바 없다. 그런데 사도 바울은 로마서에서 죄를 복수가 아닌 단수로 더욱 빈번히 언급한 것을 보면, 허물보다 죄가 의식적인 의도와 상관없이 저지르게 되는 피조물인 인간의 반역의 본질이라는 인상을 준다. 그럼에도 불구하고, 일반적으로 학자들은 'paraptoma'와 'hamartia'에 대한 차별적인 정의를 내리려 하지 않는다. 우리는 앞 1:7의 "그리스도 안에서 우리가 그의 피로 말미암아 구속함을 얻고 죄들(paraptomaton)의 용서함을 얻으니"를 읽을 때 두 어휘를 구별하지 않고 마냥 "죄"라 읽었다. 죄에 관한 바울의 논변의 결론이 "죄의 삯은 사망이요"(롬 6:23)이거니와, 아마도 허물도 죄도 양자 모두가 죽음에 이르게 하는 원인이기 때문일 것이다. 여기서는 두 어휘가 함께 쓰였으니 'paraptoma'를 죄악이라 번역하겠다.

로마서에서 그처럼 강조하는 죄악(허물)과 죄로 인한 죽음의 논변이 여기 에베소서에서 한마디로 간략하게 압축되어 있다. 무엇보다 2~3절이 1절의 연속이므로 함께 읽어야겠기에 다시 옮긴다.

> **1** 그리고 너희가 죄악들과 죄들로 죽었을 때 **2** 그것들(죄악들과 죄들) 안에서 너희가 이 세상의 풍속을 따라 한때 걸었고 공중의 영역을 통치하는 자를 따랐으니 이 영은 불순종의 자식들 속에 지금 작용하는 것이라, **3** 그자들 가운데서 또한 우리 모두가 우리의 육체의 탐심으로 이전에 살았으니 육체와 생각의 욕심을 행하여, 그리고 우리가 본질상 여타 사람들과 마찬가지로 진노의 자식들이었다.

위의 본문이 대체로 원문의 어순을 지킨 번역이다. 여기 2절에서 "너희"라는 "불순종의 자식들"의 주체가 갑자기 3절에서 "우리"라는 주어로 바뀐다. 그리하여 요점은 에베소 신자들인 너희 이방인이든 바울을 포함한 유대인 우리든 양자 모두가 "그리고 우리가 본질상 여타 사람들과 마찬가지로 진노의 자식들이었다"는 3절 말미가 요점이다. 원문에서는 3절 말미가 "그리고"로 시작되는데, 회흐너에 따르면 이 "그리고"는 3절 초두 "그들 가운데서 또한 우리 모두가 우리의 육체의 탐심으로 이전에 살았으니 육체와 생각의 욕심을 행하니"와 위상을 나란히 갖게 하는 것이라 해석한다. 그렇게 보면, "우리의 육체의 탐심"과 "진노의 자녀"가 맞대어 나란히 놓이고, 그리고 한때라는 의미의 "이전에"와 본래 타고난(참고. 갈 2:15)이라는 의미의 "본질상"이 대비를 이룬다.(O'Brian 1999: 162) 진노에 대해서는 로마서 1장 18절 이하에 길게 상론되어 있다. 그것은 정죄의 심판일 뿐만 아니라 죄를 더욱 죄 되게끔 내버려두는 하나님의 무서운 분노이다. 이 진노의 자녀에 "여타 사람들과 마찬가지로"라는 토를 달아놓았다. 바울을 포함한 편지의 수신자들뿐만 아니라 그 이외의 불신자들도 본래 의로우신 하나님의 진노의 자녀였다는 인간의 죄의 보편성을 강조한 것이다.

"진노의 자식들"인 까닭을 "육체와 생각의 욕심을 행하며 우리의 육체의 탐심으로 이전에 살고 있었다"는 사실에 직접 귀인시킨다. 이 "욕심(thelema)"이 육체 및 생각과 속격의 관계로 진술되는데, 이 속격이 주격 소유라면, 욕심은 육체와 생각이 불러일으킨 것이다. 우리 개역에서 "마음"이라 변역한 "생각(dianoiai)"을 회흐너는 "추론과정"이라 그리고 던은 생각이라기보다는 본능에 가까운 의미로 "감각"이라 번역하고 있으나, 우리는 롬 7:23, 25의 마음(nous)과 혼동될 것을 염려하여 "생각"이라는 번역어를 취하였다.(하긴, 특정 심리과정을 명세하기보다 오히려 두루뭉수리로 마음이라는 번역어를 취할 수도 있겠다.) "우리의 육체의 탐심(epithymia)"은 선한 의미로 쓰인 곳도 있으나(빌: 1:23), 선한 욕심보다는 부정적으로 쓰인 사례가 바울 서한에서 더욱 흔하다.(Thielman 2010: 126) 탐심이 소유욕이기도 하므로 여러 맥락에서 쓰일 수 있으나, 그것이 하나님의 의지를 거역하는 것이라면, 탐심은 아담의 죄이고 모든 죄의 뿌리이다.(Dunn, 1998: 98f.) 탐심도 욕심도 여기서 주로 사람 안에서 죄의 원천이라는 의미의 "육체(sarx)"와 함께 쓰여 성령의 역사와 상반된 길을 걷는 삶이다.(Klein 2006: 66) 이와 연관하여, 3절 초두에 "그자들 가운데서"라는 관계대명사는 1절의 죄악과 죄 양자 가운데 후자인 죄이든지 혹은 양자 모두에 연결되는 것일 수도 있으나, 2절의 "불순종의 자식들"을 지칭하는 것으로 읽기로 하겠다.(Hoehner 2002: 317; Lincoln 1990: 97)

우리는 "진노의 자식들"에 관한 해설을 앞세웠기 때문에 2절보다 3절을 먼저 읽었다. 이제 2a~b~c절을 다시 옮기면, "너희가 그것들(죄악들과 죄들) 안에서 이 세상의 풍속을 따라 한때 걸었고 공중의 영역을 통치하는 자를 따랐으니 이 영은 불순종의 자식들 속에 지금 작용하는 것이라"이다. "풍속"은 다른 서한들(롬 12:2; 갈 1:4; 고전 2:6, 8)에서도 흔히 쓰인 세대(aeon)라는 용어인데 시대정신 혹은 삶의 방식이라는 뉘앙스를 갖고 있다고 하니, 풍속이라는 개역의 표현이 오히려 좋은 번역어이기도 하다. 그리고 축어적으로 번역한 "걸었고"라는 동사는 윤리적인 삶을 표현하는 관용적인 용어이다. 그리고 다시 너희가 무엇을 따라 걸었느냐의 또 다른 특징을 "공중의 영역을 통치하는 자"에 따른 것이라 기록하고 있다. "공중"이라는 용어는 다른 바울 서한에서도 간혹 찾아볼 수 있는 용어이긴 하지만, 바울 자신이 즐겨 사용하는 특별한 의미의 용어는 아니다. 일반적으로 공중은 사탄이 거주하는 곳으로 흔히 해석하는 것 같다. "통치하는 자"는 사탄이라 해석하든지 혹은 1:21에 적혀 있는 "모든 통치와 권세와 능력과 주관하는 자"로 해석하는 것이 보통이다. 말하자면, 특정 실체를 지칭한다기보다, "흑암의 권세"(골 1:13)라든지 혹은 "세상의 영"(고전 2:12)과 마찬가지로 악령의 일반 명칭이다. "허물과 죄로 죽었던 너희"는 한편 세상의 풍속을 따라 그리고 다른 한편 사탄의 지배 아래 걸었기 때문이다.

이처럼 2~3절 모두가 1절 초두 "그리고 너희가 죄악들과 죄들로 죽었을 때"의 양태를 표현하고 있다. 뒤따르는 2c절 "이 영은 불순종의 자식들 속에 지금 작용하는 영이라"가 "공중의 영역을 통치하는 자"에 대한 자체적인 해설이다. 헬라어에서 "영"이 공기/바람이기 때문에 영이 공중에 연결된다는 해석도 있으나 영은 "통치하는 자"에 연결된다는 것이 일반론이다. 그 어떤 경우라도, 악의 영이라는 뜻은 마찬가지이다. 그 악의 영이 불순종의 자식들 안에서 역사한다는 것이다. 불순종의 자식들이라 적혀 있거니와, "누구든지 그리스도의 영이 없으면 그리스도의 사람이 아니라"(롬 8:9b)는 유명한 구절이 적힌 맥락을 읽기로 하겠다. "육신의 생각은 하나님과 원수가 되나니 이는 하나님의 법에 굴복(순종)치 아니할 뿐 아니라 할 수도 없음이라. 육신에 있는 자들은 하나님을 기쁘시게 할 수 없느니라"(롬 8:7~8)에서 보듯, 불순종(롬 11:32; 갈 3:22)은 죄의 본질이다. 이 2절 말미에서 필요한 주해는 "이 영은 불순종의 자식들 속에 지금 작용하는 것이라"에서 "지금"이다. "지금"은 2절 초두의 예전에 곧 "한때"와 대조를 이룬다. 신자들은 예전에 그랬었던 과거지사지만, 현재의 불순종의 아들들인 불신자들로서는 지금도 흑암의 권세인 악령의 지배를 받고 있다는 표현이다.

이 단락 3절은 육체의 탐심들 가운데서 육체와 생각의 욕심을 행하며 그리고 불신자들 가운데서 지금도 작용하는 영 아래에서 어떻게 걸었었느냐를 명세하지 않고 있는데, 만약 명세한다면, 갖가지 악덕의 목록들을 열거하였을 것이다. 추측컨대, 그러나 그 악덕들의 전형적인 본보기는 필경 쾌락추구의 행동일 것이다. 이러한 추론은 "욕심을 행하다"라는 이 대목의 진술에서 프로이트의 쾌락의 원리를 연상한 추론인데, 실제로 바울이 열거한 육체의 죄과의 목록들(고전 5:10~11; 6:9~10; 갈 5:19~21)을 보면 성적 부도덕성을 으뜸으로 꼽고 있기 때문이기도 하다. 관련하여, 죄의 본질에 관한 바울 서한 전반의 일반론을 소개하겠다. "하나님을 알되(앎에도 불구하고) 하나님으로 영화롭게도(당신께 영광을 찬미하지) 아니하며 감사치도 아니하고, 오히려 그 생각이 허망하여지며 미련한 마음이 어두워졌다"(롬 1:21)가 곧 인류의 근본적인 죄다.(Schreiner 1998: 544) 창조주를 관찰하면 하나님에 대한 지식을 능히 깨달을 수 있으련만, 이에 반하여 하나님 영광의 찬양과 상반되는 우상숭배로 등 돌리는 일이 죄의 기본이다. 우상숭배는 피조물을 조물주보다 더 경배하고 섬기는 일이거니와, 5:5를 미리 보면 우상숭배의 개념 정의의 폭을 넓혀 "음행하는 자, 또는 불결한 자, 또는 탐욕하는 자 〔이자가 우상숭배자이니〕"라 규정하고 있다.

그런데, 학자들의 개관에 따르면 죽음에 이르게 하는 죄의 성질을 일반적으로 에베소서가 세 범주로 분류한다고 개관한다.(Hoehner 2002; Schreiner 2001) 첫째 장차 올 세대가 아닌 이 세상의 악한 세대에 따라 산 것이요, 둘째 공중의 악령에 따라 산 것이요, 그리고 셋째 육체의 탐심 속에서 지낸 일이다. 한데, 리더보스는 첫째와 둘째 범주를 하나의 범주로 묶고 있는 것 같다. "세상 풍속(세대)"을 따라 사는 것이 "공중의 영역을 통치하는 자"의 길을 따라 사는 것이라 해설하고 있기 때문이다.(Ridderbos 1966: 91) 앞 문단에서 인용한 롬 1:21에 적힌 죄의 본질이 첫째 및 둘째 범주에 속하는 죄의 대표적인 개념이라면 이들 두 범주를 하나로 묶을 수 있을 것이다. 하지만 이 단락의 맥락에서는, 논쟁의 쟁점은 죄의 성질에 대한 분류 그 자체보다 악한 세대와 공중의 악령의 통치가 인간의 육체와 어떻게 관계하느냐가 탐색의 초점이 되어야 할 것이다.

리더보스에 따르면, 바울에게는 그리스도가 없는 인간의 존재 양상(mode)의 삶의 맥락이란 죄에 의해 지배 받는 우주이고 세대이다. 그리하여 그는 바울 서한 곳곳에서 공간적인 우주(혹은 세상)와 더불어 시간적인 세대가 그리스도가 없는 인간 존재 양상의 삶의 맥락임을 찾아 읽는다. 죄는 일차적으로 개인적인 행위나 조건이 아니라 삶의 맥락에서 공유하고 있는 초개인적이고 집합적인 존재의 양상이다. 사도 바울에게 존재의 양상은 육체에 따라(kata sarka)이냐 영에 따라(kata pneuma)이냐는 분명한 두 갈래의 삶의 방식이다. 육체 안에서라 할 때보다 육체에 따라서라 할 때 바울 서한에서 하나님과 반목하는 육체의 의미가 더욱 부각된다.(Dunn 1998: 68) 그리하여 "육체에 따라"의 육체는 성령과 배타적인 의미를 갖는다. 앞에서 인용한 롬 1:21을 다시 상기하여 비신자로서는 참으로 받아들이기 어려운 기독교의 원죄의 개념에 관해 심각하게 반추할 일이다. 죄의 본질은 하나님의 영광을 찬양하지도 않고 감사하지도 않는 이 세상과 세대에 영합하는 육적인 존재 양상 그 자체이다. 인간의 이성으로든 감성이로든 "하나님을 알 수 있음에도 불구하고" 육체의 쾌락을 좇으면 이성도 감성도 어두워져 하나님을 저버리기 마련이다. 반면, 물론 영에 따라서라 함은 1장에서 누누이 설파한 하나님과 화목하는 평화의 상태를 가리킨다.("육체에 따라"이냐 "영에 따라"이냐의 극명한 대조는 롬 8:2~14에서 절정을 이룬다.)

다른 한편, 종래의 혹은 고전적인 해석에서는 성령이 우주적인 능력인 것과 마찬가지로 육체 역시 우주적 권세를 갖고 있는 죄의 근원이다. 그러나 죄가 쓰인 모든 문맥을 고려할 때, 육체 자체가 죄와 같은 권세는 아니다. 고전적인 해석에서는 육체와 죄의 동일시를 지나치게 일반화하고 있다. 하지만 "우리가 육신에 있을 때에는 율법으로 말미암는 죄의 정욕이 우리 지체 중에 역사하여 우리로 사망을 위하여 열매를 맺게 하였더니"(롬 7:5)를, 지나치게 일반화하여 강조하지 말아야 할 것이다. 가령, "이제 내가 육체 가운데 사는 것은 나를 사랑하사 나를 위하여 자기 몸을 버리신 하나님의 아들을 믿는 믿음 안에서 사는 것이라"(갈 2:20b)일 수도 있으므로 육체가 곧 죄일 수 없다. 그럼에도, 바울에게 육체의 삶은 성령의 삶에 대조한 삶이며 때로는 육체가 심지어 몸과 대조되는 개념으로 사용되기도 한다. 오늘날 특히 제임스 던의 해석에서는 "육체와 관련된 문제로 말하면 육체가 죄 자체라는 것이 아니라 육체가 죄의 유혹에 취약한 것인 바, 이 육체가, 우리가 말하거니와, '탐내는 나(자아)'(롬 7:7~12)일 때 죄이다."(Dunn 1998: 67) 이것이 지그문트 프로이트가 정신분석 이론에서 입증한 육체의 쾌락 원리이다. 앞에서 언급한 "육체에 따라서"라는 삶의 양상의 환경이 리더보스가 이야기하는 우주이고 세대라면, 연약하고 썩을 육체로써는 이 악한 초자연적인 권세를 이길 힘이 없다는 것을 통찰하여야 한다. 오히려 "육체와 마음이 욕심을 행하는" 바가 쾌락이어서 초자연적인 권세가 지배하는 삶의 맥락에 적응하는 것이 육체가 적자생존하는 길이다. 이 적자생존의 길이 곧 죄의 계략에 복종하는 길이다. 그러므로 비록 육체가 곧 죄 자체가 아니라는 던의 해석이 정당하지만, 그렇다 하더라도 육체를 입고 사는 한, 인간은 죄 자체에서 벗어날 길이 없다는 것을 깨닫는 것이 중요하다.

우리는 2:1~3에 대해 죄와 죽음에 관한 바울 교리 일반에 근거해 해설하였다. 에베소서의 이해는 그 자체 내에서보다는 때로는 바울 서한들 전체 테두리에서 이해하는 것이 더욱 유익하다.

그리스도와 함께 하나됨(2:4~7)

초두 1절부터 3절까지의 종속절들에서 인류의 죄를 질타한 다음에, 이제 4절부터 주절에서 하나님께서 진노의 자녀였던 우리를 구원하신 상태를 진술한다. 그 상태가 그리스도와 함께 하나됨의 체험이다. 사도 바울에게 "그리스도와 함께"는 "그리스도 안에서"라는 개념의 주요 본질이다. 특히 "함께"에 대한 그의 어법은 대단히 특이한 양식의 표현을 갖는다. 왕왕이 전치사 "함께(syn)"를 다른 단어에 붙여 일종의 조어를 만든다. 에베소서 본문을 읽기 전에 로마서 6장에 나오는 본보기를 참고하겠다. "4 그러므로 우리가 그의 죽으심과 합하여 세례를 받음으로 그와 함께 장사되었나니 … 6 우리가 알거니와 우리 옛 사람이 예수와 함께 십자가에 못 박힌 것은 죄의 몸이 멸하여 … 8 만일 우리가 그리스도와 함께 죽었으면 또한 그와 함께 살 줄을 믿노니." 이 인용문에서 밑줄 친 부분이 합성어로 조어를 만들어 사용한 것이다. 특히 이처럼 동사 합성어를 만들었을 때에는 그리스도와 함께 죽음과 삶에 참여하는 그리스도 안에서의 체험의 공유를 표현한 것이 대부분이다. 바로 이 특이한 특징을 에베소서 본문이 한 걸음 더 나아가 보여 준다.

> **4** 긍휼에 풍성하신 하나님이 우리를 사랑하신 그 큰 사랑을 인하여 **5** 허물로 죽은 우리를 그리스도와 함께 살리셨고 (너희가 은혜로 구원을 얻은 것이라) **6** 또 함께 일으키사 그리스도 예수 안에서 함께 하늘에 앉히시니 **7** 이는 그리스도 예수 안에서 우리에게 자비하심으로써 그 은혜의 지극히 풍성함을 오는 여러 세대에 나타내려 하심이니라

이 4절 초두를 원문에는 "그러나 하나님이"로 시작한다. 접속사 "그러나"는 앞 단락 1절 "너희가 허물(죄악)들과 죄들로 죽었다"에 대조하기 위한 것이다. 그리하여 "자비에 풍부하신 하나님이"라는 주어가 드디어 등장하고 하나님은 사랑이시다를 앞세워 4b절 "당신

이 우리를 사랑하셨던 당신의 크신 사랑을 인하여"라 사랑을 이중으로 사용하여 "본질상 진노의 자식"인 '우리를 사랑하셨다'를 강조하고 있다. 앞 단락 1절을 5a절에 "우리가 죄악으로 죽었을 때에조차"라 반복하여 적고, 5b절의 "우리를 그리스도와 함께 살리셨고"에서 합성어로 표현한 주동사 "함께 살리셨다(syzoopoieo)"가 핵심 단어(keyword)이다. 게다가, 5절 말미에 "너희가 은혜로 구원을 얻었다"를 괄호 속에 기술함으로써 죽었던 너희를 살리셨다를 보완하고 있고 아울러 8절을 미리 예고하고 있다. 에베소서 저자는 진노의 자식들을 함께 살리셨다에 추가하여 너희가 은혜로 구원을 얻었다는 자비의 베푸심을, 하나님의 크나큰 사랑을 꼭 토로 달고 싶었던 모양이다. 이 4~5절을 정리하면, "그러나 자비에 있어 풍부하신 하나님은, 우리가 죄악으로 죽었을 때조차 당신이 우리를 사랑하셨던 당신의 크나큰 사랑 때문에, 그리스도와 함께 우리를 살리셨으니-은혜로 말미암아 너희가 구원되었도다"는 감격적인 표현이다.

골 2:13은 "너희의 범죄와 육체의 무할례로 〔한때〕 죽었던 너희를 하나님이 그와 함께 살리셨으니 우리에게 모든 〔우리의〕 죄를 사하신(용서하심으로써)"라 좀 무덤덤하게 표현하고 있지만 그 내용상에서는 엡 2:5와 서로 상응한다. "육체의 무할례로 한때 죽었던 너희"는 이방인들을 지칭하는 골로새서만의 첨가어로, 같은 절 후반에 "우리"로 바꾸어 "모든 우리의 죄를 우리에게 용서하셔 하나님이 그리스도와 함께 살리셨다"이다. 이 골 2:13에서 "바울은 십자가에서의 그리스도의 죽음의 보편적인 유의미성을 지적하고 있다."(Pao 2012: 169) 죄의 용서가 십자가의 보편적인 효력을 서술하고 있듯이 엡 2:5b의 "은혜로 말미암아 너희가 은혜로 구원을 얻었다"는 진술 역시 동질의 보편적인 효력을 진술하고 있다. 따라서 엡 2:5와 골

2:13은 병행할 뿐만 아니라 "우리가 아직 죄인 되었을 때에 그리스도께서 우리를 위하여 죽으심으로 하나님께서 우리에게 대한 자기(하나님)의 사랑을 확증하셨느니라"(롬 5:8)가 기본정신이다. 골 2:13과 롬 5:8과 기본 정신은 같지만 에베소서 기사가 훨씬 표현이 감격적이다.

그리고 5절과 함께 읽어야 할 6절에 "그와 더불어 우리를 일으키셨고(synegeiro) 그리고 그리스도 예수 안에서 하늘의 영역들에 그와 더불어 우리를 앉히셨다(synkathizo)"는 것이다. 이들 합성동사는 부정과거의 시제형을 취하므로 시작, 진행 및 마감에 무관하게 어떤 행위의 발생만을 뜻하고 있다. "그리스도와 더불어 우리를 살리셨다"는 5절은 1절에 "허물들과 죄들로 죽었다"는 것이 전제되어 있으므로 쉽게 이해할 수 있다. 그런데 문제는 더불어 일으키셨고 그리고 그리스도 예수 안에서 하늘에 더불어 앉히셨다는 진술이다. 이 진술은 재림의 때 일어나리라는 미래의 소망이 아니다. 이미 부활하신 예수 그리고 현재 하나님 오른편에 앉아 계신 예수, 그 그리스도 예수와 더불어 이미 일어난 행위를 가리키고 있다. "일으키셨다"는 '부활하다' 혹은 '승천하다'의 뜻을 갖는다고 하니 이 땅에서 몸을 갖고 사는 우리로서는 당혹할 수밖에 없다. 더군다나 '하늘의 영역들에 더불어 앉히셨다'에 이르러서는 당혹을 넘어 곤혹스러워진다. 교리 차원의 문제 제기는 에베소서의 이 진술이 실현된 구원론(realized soteriology)을 의미하는 것인가의 의문이다. 실제로 진보적인 학자들이 주창하는 것처럼 에베소서가 종말의 완성이 이미 이루어졌다는 실현된 구원론의 급진주의 주창을 전개하고 있다는 가능성은 여러 면에서 지적되어 왔다.

무엇보다 '다시 오심(parousia)'에 대한 언급이 에베소서에 없다는 지적이 실현된 구원론 주창이라는 한 근거이기도 하다. 그뿐만 아니라 믿음으로써 의롭게 됨이라는 사도 바울의 주된 주제가 소홀하게 다루어지고 있다는 비판도 여기에 가세한다. 그러나 재림도 그리고 믿음으로써 의롭게 됨도 이 서한의 중심 주제는 아니지만, 이 서한의 밑바탕에 가정적으로 함축되어 있는 내용이라 브루스는 생각한다. 우리는 앞에서 1:14 "〔약속의 성령이〕 구매한 소유의 구속의 때까지 우리의 후사의 첫 할부금이시어 당신의 영광을 찬양함을 위함이라"를 읽었을 때 "구매한 소유의 구속의 때까지"를 브루스가 재림의 때라 명료하게 해석하고 있음을 원용하였다. 이처럼 에베소서를 읽는 방식을 맥락-해석적이라 불러도 좋을 것이다. 가령 "하나님의 성령을 근심하게 하지 말라. 그 안에서 너희가 구속의 날까지 인치심을 받았느니라"(4:30)에서 "구속의 날"이 곧 재림의 날이 아니냐는 것이다.(Bruce 1977: 428) 이처럼 우리도 뒤따르는 7절과 곳곳에 암시된 맥락을 읽으면, 에베소서가 실현된 구원론이라는 해설은 오해라기보다 에베소서의 기본 정신과 논리를 미처 깨닫지 못한 데서 비롯되는 것 같다.

실은 4~6절보다 7절을 앞당겨 먼저 읽는 것이 좋은 순서였을지도 모르겠다. "이는 그리스도 예수 안에서 우리에게 친절하심으로써 당신의 은혜의 지극히 풍성함을 오고 있는 여러 세대에 당신이 나타내려 하심이니라"의 7절은, 원문과는 전도된 어순의 번역이지만 함께 살리셨고, 함께 일으키셨고 또 함께 앉히셨다는 것이 무엇을 위한 것인지를 기술하고 있다. 하나님의 은혜의 지극히 크심이 가려지지 않고 밝게 드러나 나타내려 하심은 "오고 있는 여러 세대", "친절하심" 및 "그리스도 예수 안에서"라는 세 요소들 모두에 관련된 것이다.(Thielman 2010: 138) 그 나타내려 하심이 우선 언제인가 하면 “오고 있는 여러 세대”인데, 분사로 쓰인 “오고 있는” 이라 함은 현재뿐만 아니라 앞으로 장차 올 종말까지의 여러 세대들이다. 이 시기가 슈라이너에게나, 회흐너에게나, 마이어에게나, 재림(parousia)의 때이고 또 현재와 재림의 연속이다. 그런데 세대가 복수이므로 앞으로 계속 진행될 시기의 연속이라 해석한다. 심지어 슈라이너는 7절을 “‘오고 있는 세대들은’ 아직 도착하지 않았다”(Schreiner 2008: 370)라고까지 해석하는데, 실현된 구원론에 대한 반론의 해석일 것이다. 그리고 친절하심은 기꺼이 자비의 은혜를 베푸심이다. 나아가서 그 은혜의 원천은 하나님의 자비와 사랑으로 죄악으로 죽은 우리를 함께 살리셨고, 함께 일으키셨고 또 함께 앉히신 그리스도 예수 안에서이다. 벵겔은 여기서 예수 그리스도가 아니라 그리스도 예수라 쓰여 있는 것에 주목하여야 한다고 생각한다.(Bengel 1857: 75)

이 단원 〈죽음에서 생명에로〉의 앞 두 단락 안에서 다시 실현된 구원론의 논변을 음미할 필요가 있다. 앞 5절과 6절에서 ‘함께 살리심’과 ‘함께 일으키심’과 ‘하늘에 함께 앉히심’은 온전히 그리고 이미 실현된 구원론의 테두리에서 독해하지 않도록 전후 맥락을 올바르게 이해해야 한다. 우리를 그리스도와 함께 살리신 하나님의 은혜는 종말 완성에야 그 은혜가 온전히 현시되기 때문이다. 그러나 이미 하나님이 그리스도와 함께 우리를 살리심으로써 그리스도가 우리의 생명이 되었으므로, 우리가 그리스도 안에 있는 상태는 승천하시어 하늘에 계신 그리스도와 하나됨이다. 그리스도와 하나됨, 이것이 이 서한의 하나의 주요 주제이다. 두 단어를 합성하여 조어로 사용함은 분리할 수 없는 하나의 개념으로 표현하기 위함이다. 에베소서의 저자는 이 하나됨을 6절에서 ‘그리스도 안에서 함께 일으키심’과 ‘함께 앉히심'이라는 초현세적인 사건을 수반한다고 서술하고 있다. 그런데 독자인 우리가 이 서술을 어떻게 이해할 것인가에 관련하여, 이들 초현세적인 사건을 긍정하는 보수적인 주해자들 사이에도 견해가 엇갈리고 있다.

그 하나의 견해가 벵겔의 해석인바, 영적으로 '함께 일으키심과 앉히심'이다. "신자들은 몸으로 하늘에 진정 현존하고 있는 것은 아니지만, 그러나 그들은 권리의 관점에서는 하늘에 있는 것이고 영적으로는 실질로 있는 것이다. 신자들은 적절한 시기에 차지하게 될, 그들에게 분명 할당받은 자리를 개인 개인 가지고 있다."(Bengel, 1857: 75) 그리고 이것이 대부분의 보수적인 주해자들이 따르는 견해이기도 하다. 다른 하나의 견해가 마이어의 해석이다. 마이어는 위에 번역해 옮긴 벵겔의 해설을 인용하면서, 일으키심과 앉히심을 은유적이라든가 혹은 영적이라 해석할 필요가 없다고 해설한다.(Meyer 1884: 371) 필요없다는 것은 구태여 단서를 붙일 이유가 없다는 뜻일 것이다. 우리 개역에서와는 달리, 그는 "그리스도 예수 안에서"를 하늘에 앉히심에만 연결시키지 않고 일으키심에도 연결시키면서 하나님이 그리스도를 일으키시고 승천케 하신 것과 마찬가지로 우리도 그리스도와 함께 그렇게 하셨다는 것이다. "따라서 사도(에베소서 저자)는 그리스도를 살리심이 이루어진 것이기 때문에 이 모든 일들이 이루어진 것이라는 관점에 서 있는 것이다."(Ibid.: 370) 아마도 마이어의 견지는 진리는 주부와 술부의 단순 명제로 기술되는 것이지 여기에 어떤 조건적인 제약을 부가해 설명하지 말아야 한다는 것일 터이다. 왜냐하면 신자들은, 교회는 언제 어느 때든지 그리스도와 함께 있을 것이기 때문이다. 우리는 하나님께서 그리스도에게 행하신 일이 우리를 위해 행하신 일이라 이해하면(O'Brian 1999: 170), 실현된 구원론의 신학적인 논쟁에서 벗어날 수 있다.

이 단락 서두에 로마서 6장을 인용하였다. 이 인용문에서 보는 것처럼 바울 서한들에서 "함께"를 접두어로 사용하여 합성어로 쓰이는 전형적인 사례가 그리스도와 "함께 장사되었다"(4절), "함께 십자가에 못 박혔다"(6절) 그리고 "또한 함께 살 것이다"(8절)에서와 같은 그리스도의 죽음과 생명에 함께 참여함이다. 무엇보다 '함께 죽고 함께 살다'가 그리스도와 함께함이다. 이때 "또한 함께 살 것이다"는 어디까지나 함께 죽었다가 대전제이다. 그리스도와 '함께 죽었다'가 없이는 '함께 살 것이다'가 있을 수 없다. 롬 6:8을 온전하게 옮기면 "만일 우리가 그리스도와 함께 죽었으면, 우리가 또한 그와 함께 살리라는 것을 우리가 믿는다"인바, 이처럼 사실적인 현실감의 단정적인 표현이다.

사도 바울에게 그리스도와 함께 죽었다는 표현은 수사적인 은유의 표현이 아니다. 그것은 진실된 그의 심각한 체험이다. 그가 죽는 것이 유익하다고 말하며 육신으로 살고 있다고 고백할 때에도, 그는 실질면에서는 그리스도와 함께 죽었음을 절감하였고 죽는 것은 그리스도와 함께 부활하는 일임을 절감하였을 것임이 틀림없다. 그러니 "내게 있어 사는 것이 그리스도이고 죽는 것이 유익이다"(빌 1:21)라고 말할 수 있었을 것이다. "죽는 것이 유익이다"를 빌 3:8을 원용해 "그리스도를 얻다"라 해석할 수 있다는 것이다.(Garland 2006: 204) 바울의 처지에서 이와 같은 죽음과 삶을 이해한다면, 바로 그 맥락에서, "그와 함께 일으키셨고 그리스도 예수 안에서 그와 함께 하늘 영역들에 앉히셨다"라는 6절이 이해의 걸림돌이 될 까닭이 없다. "그리스도와 함께 살리라"는 바울의 믿음이고 그리고 믿음이므로 그것은 사실이고 진리이고 그의 현실이었을 것이다. 그러므로 특히 6절에 대해 벵겔과 같은 "영적으로는 하늘에 실질로 있다"는 따위의 토를 달 필요가 없다는 마이어의 해설에 우리는 마이어와 함께 공감하지 않을 수 없다. 우리가 그리스도와 함께 십자가에 못박혔다가 진실인 한, 함께 일으키셨고 함께 하늘에 앉히셨다는 일 역시, 이미 일어난 완성된 일은 비록 아니라 하더라도, 그것이 우리의 현실이라 지각하는 것이 올바른 독해일 것이다. 성경을 읽을 때 하나의 절(節)을 통사 형식 분석에 치중하는 문장 분석으로 이해하지 말아야 한다. 전체 맥락적인 의미 관계에 더욱 큰 비중의 무게를 두어 하나의 단어나 문장의 심층적인 의미를 깊이 이해하는 담화 이해의 입장을 취해야 한다.

우리는 이미 앞 단원 말미 보편 교회론에서 "우리를 그와 더불어 일으키셨고 그리고 그리스도 예수 안에서 하늘의 영역들에 우리를 그와 더불어 앉히셨다"의 6절을 인용해 읽었다. 하늘에서 그리스도를 중심으로 성도들이 둘러앉은 모임이 하늘 모임이고 곧 보편 교회라는 오브라이언의 견지를 우리는 그때 개관하였다. 이 견지에서 여기 7절을 함께 읽는 것이 유익할 것이라 지적하였다. "그리스도 예수 안에서 우리에게 친절하심으로써 당신의 은혜의 지극히 풍성함을 오고 있는 여러 세대에 하나님께서 나타내려 하심이니라"의 7절은 하나님의 은혜가 "여러 세대에 나타내다"를 현세에서부터 영원히 계속 진행하리라는 해석이 가능하다면, 그것은 현재 이 땅에서나 종말 이후에 하늘에서나 보편 교회인 에클레시아에 베푸시는 무궁한 은혜일 것이다.

은혜, 그리고 일(행위) 및 자랑(2:8~10)

에베소서의 저자는 5절의 "죄악으로 죽은 우리를 그리스도와 함께 살리셨고"를 쓸 때부터 수신자들에게 하나님의 선물인 은혜에 관해 좀 더 해설해 주려는 의도를 갖고 있었음이 틀림없다. 그리하여 바울의 전형적인 개념들, 은혜, 믿음, 그리고 구원을 서술한다. 이어서 바울의 또 다른 주요 개념인 행위와 자랑이 출현한다. 평신도인 우리들에게는 이들 개념들을 진술한 8~9절을 읽는 데 어려움이 없다. 그런데 학자들은 다른 바울 서한들과 비교하여 난삽한 문제들을 제기한다. 뿐더러, 10절에 이르러 의신칭의(依信稱義)와 좀 동떨어진 선한 행위 혹은 일에 대해 서술한다. 때문에, 이 단락은 에베소서 저작권 시비의 빌미를 제공하기 십상이므로 우리는 이 단락에서 8~9절과 10절의 연속성을 신중하게 독해하기로 하겠다.

> **8** 너희가 그 은혜를 인하여 믿음으로 말미암아 구원을 얻었나니 이것이 너희에게서 난 것이 아니요 하나님의 선물이라 **9** 행위에서 난 것이 아니니 이는 누구든지 자랑치 못하게 함이니라 **10** 우리는 그의 만드신 바라 그리스도 예수 안에서 선한 일을 위하여 지으심을 받은 자니 이 일은 하나님이 전에 예비하사 우리로 그 가운데서 행하게 하려 하심이니라

우선 8절의 전반부는 괄호 속에 넣어 강조했던 5절, 즉 "너희가 은혜로 구원을 얻은 것이라"를 반복한 것이다. 그것에 "믿음으로 말미암아"가 덧붙여졌다. 또 다른 차이가 있다면 은혜에 "그 은혜로"라 관사가 새롭게 덧붙여진 것이다. 관사를 붙임으로써 "은혜의 지극히 풍성함"이라는 7절의 은혜를 특정하게 지칭하고 있음을 분명히 하고 있다. 게다가 8a절은 "그 은혜로 너희가 믿음을 통해 구원

받기 때문이다"라고 "때문이다"를 첨가해 8b절과 인과의 관계를 명시하고 있다. 여러 서한에서 바울은 은혜를 단수로 표현하지만, 통상적으로 "넘치다", "지극하다", "풍성하다" 등의 형용사를 사용하여 수식한다. 구원은 지극히 풍성한 은혜로써, 즉 은혜 때문에(gar chariti) 주어지고, 신자들은 믿음을 통해(dia pisteos) 은혜를 받는다. 이 문맥은 믿음의 공적으로 은혜가 주어지는 것이 아니라 믿음은 은혜를 받아들이는 수단이고 은혜에 대한 반응이다.(O'Brian 1999: 174) 오직 믿음만에 의한 구원을 독립적으로 강조하면 자칫 믿음의 공적으로 구원을 받은 것임을 앞세우는 우를 범하기 십상이다. 여기 에베소서의 그리스도 안에 있는 하나님의 "은혜로 너희가 믿음을 통해 구원받는다"에서처럼 구원은 하나님의 의지(뜻)에 따르는 그리스도의 십자가가 은혜의 총체이다. 믿음은 은혜를 받아들이는 씨가 뿌리를 내리는 토양일 따름이다. 로마서보다 에베소서야말로 "이방에로의 사도로서의 바울의 사역의 중심 동기와 더불어 바울의 저작들의 주제들을 상당한 정도로 압축 요약하고 있다"(Bruce 1984: 229)는 비평이 좀 무리하게 들리지만 우리는 이 비평이야말로 바울 신앙의 정수라 생각한다.

후반부 8절이 "그리고"로 시작함으로써 8절 전반과 후반을 나란히 자리매김하려는 의도를 전하는 것이라면 8b~9절을 함께 읽는 것이 합리적이다. "그리고 이것이 너희들 자신에게서 난 것이 아니라 이것이 하나님의 선물이며 행위(일/業: ergon)에서 난 것이 아니니 그런즉 아무도 자랑하지 말아야 한다"가 8b~9절이다. 우선, 문제는 8b절에서 "이것이" 무엇을 가리키느냐이다. "이것"은 중성 대명사인데 은혜와 믿음은 모두 여성이고 "구원받다"의 동사를 분사로 사용하면 남성이다. 그럼에도 불구하고 은혜, 믿음 혹은 동사 구원받다 중 어느 것을 가리키느냐는 논란이 있다. 이 논란이 제기하는 문제는 무엇이 "하나님의 선물"이냐이다. 우리는 8a절 전체를 받는다는 회흐너와 그리고 슈라이너의 해석을 따르기로 하겠다. 따라서 은혜로써 너희가 믿음을 통해 구원된 것이 너희의 행위(일)에서 보상받은 선한 업보(業報: ex ergon)가 아님을 대전제로 하여, 이 모든 것들이 인간의 노력의 분수와는 동떨어진 애오라지 하나님의 선물임을 분명히 한다.

그런데 에베소 저자의 위명성을 주장하는 학자들은 바울의 다른 서한들과는 달리 여기에 "믿음으로 말미암아 의롭다 하심"(롬 3:30), 특히 "의롭다"가 빠져 있음을 의아하게 생각한다. 하긴, "믿음"과 "구원"이 나왔으니, 바울 신학의 맥락에서 "의롭다 하심"이 함께 나오리라는 기대는 자연스럽다. 만일 에베소서의 구원의 개념이 공인된 바울 서한들과 상치된다면 저자에 대한 비판은 심각한 갈림길에 접어들어 선다. 그러므로 우리는 여기서 현학적인 신학 논쟁을 포함해 장황하게 8~9절 해석을 견강부회하겠다. 다른 무엇보다, 에베소서의 주제는 의신칭의가 중심이 아니라, 그 대신, 은혜가 중심 주제이다. 서한 초두에 "하나님의 은혜의 영광을 찬미한"(1:6) 뒤에 이 8절을 포함해 은혜를 이 서한에 무려 열두 번이나 사용하고 있다. 이 8절 원문의 어순은 "그 은혜를 인하여 너희가 구원되어진다, 믿음을 통해서"인 바 은혜가 먼저이고, "구원되어진다"의 뒤에 "믿음을 통해"가 나온다. 말하자면, 이 문장의 핵심 내용은 '믿음으로 구원을 얻었다'가 아니라 '은혜로 구원을 얻었다'는 것이다. 따라서 의를 믿음과 구원의 기반 위에서 서술하는 로마서의 테두리에서 "의인은 믿음로 살리라"(롬 1:17)가 이 문장 표면에 출현할 것을 기대함은 좀 무리한 요구라 할 수 있겠다. 하지만, 이때에도 우리는 바울 신앙의 구원론에서 은혜가 다름아닌 믿음과 구원의 관계의 본질임을 깨우치면서도, 이때 믿음보다 하나님의 사랑의 본질인 은혜를 앞세우는 것이야말로 오히려 아무 무리 없이 로마서의 의(義)의 개념과 정합적으로 읽을 수 있다. 다시 반복하지만, 믿음은 구원의 은혜를 받아들이는 토양일 따름이다. “자기(참 빛 그리스도) 땅에 오매 자기 백성이 영접치 아니하였으나 영접하는(받아들이는: lambano) 자 곧 그 이름을 믿는 자들에게게는 하나님의 자녀가 되는 권세를 주셨으니”(요 1:11~12)를 신중하게 반추할 일이다.

은혜를 서술한 뒤 이제 9절에 행위와 자랑에 관한 바울 신앙의 요체를 서술한다. “8b이는 너희 자신들에게서 난 것이 아니라 9이것이 하나님의 선물이고 행위에서(ex ergon) 난 것이 아니니, 이는 누구든지 자랑하지 말아야 한다”라는 9절은 은혜에 관한 8절의 문장의 계속이므로 함께 붙여 읽어야 한다. 하지만, 행위(일)와 자랑이라는 주제는, 독립된 단락으로 다루어야 할 만큼, 특히 로마서와 갈라디아서의 주요 논변이다. 그런데 학자들은 이 두 서한에서는 주로 “율법의 행위”라 쓰여 있는데 에베소서에서는 “행위”라고만 쓰여 있음에 주목한다. 오늘날 바울 신학 연구에서 율법의 행위에 관한 논쟁이 주요 의제이므로 여기 9절 역시도 이 논쟁에 표적이다. 에베소서든 다른 서한들에서든 “행위”는 원문의 어휘가 “일(ergon)”이라 적혀 있으므로 정확하게는 구원을 얻은 것이 노력으로 이루어진 것이 아니라는 뜻이다. 다른 한편, 다른 서한들에서 바울은 “율법의 행위로”(ex ergon nomou)라 할 때 그것으로는 사람이 의롭게 될 수 없다고 정죄한다.(롬 3:20; 갈 2:16) 심지어 “율법의 행위에 속한 〔모든〕 자들은 저주 아래 있다”(갈 3:10)라고까지 단정한다. 그리하여 종교개혁 이후 이 율법의 행위는 율법을 지킴으로써 하나님의 은총을 얻을 수 있다고 생각하는 율법주의의 전형적인 개념이라 해석하여 왔다. 율법주의(legalism)라 함은 선한 일을 수행함으로써 의를 얻는 공덕을 쌓는다는 신념을 가지고 율법을 지키는 행위를 일컫는 개념이라는 종래의 통설이다.

그런데 오늘날 유대교 혹은 유대주의(Judaism)가 곧 율법주의는 아니라는 비판이 "새로운 전망"이라는 이름 아래 E. P. 샌더스의 저서 《바울과 팔레스타인의 유대주의(1977)》 이후에 전개되고 있다. 이 저서의 핵심은 덕행으로서의 의를 통해 구원이 이루어진다고 신봉하는 것이 유대주의가 아니라, 언약 준수의 율법(covenantal nomism)을 신봉하는 것이 유대주의이다. 유대인들은 하나님의 선택에 의해 아브라함의 언약에 자리에 임했다는 사실을 신봉한다는 것이다. 샌더스의 새로운 전망의 대표적인 변론자인 제임스 던에 따르면 율법이란 하나님이 당신의 백성과 맺은 언약 가운데 이스라엘의 몫이다. 유대인의 신념은 하나님이 주신 이 언약의 은혜 위에서 하나님의 백성이 된다는 견지가 곧 새로운 전망이다. 그러므로 이러한 신념으로 율법을 지키는 유대주의는 율법주의라기보다 언약 준수의 율법의 이념을 일컫는다. 그런데, 이때 문제는 율법이 이스라엘의 거룩함을 보장하여줌과 동시에 할례, 안식일과 음식 규례를 준수함으로써 이방과 이스라엘을 차별화한다.(Dunn 1998: 355) 사도 바울이 이러한 율법의 행위를 정죄하는 까닭은 하나님의 선민으로서의 유대 민족의 특권 의식과 다른 민족에 대한 차별 의식에 기인한다.(cf. 롬 3:17~20) "자기 의를 세우려고 힘씀"(롬 10:3)이나 유대주의가 곧 죄 자체가 아니라 유대인의 바로 이 배타적인 민족적 특이성이 죄이다. 달리 말하면, 육신의 할례당의 자랑이 하나님을 욕되게 한다는 것이다.

이 새로운 견해는 전통적인 해석이 간과하였던 사실, 즉 왜 유대 기독자들이 왜 이방 기독자들을 그렇게 유대화하려 했는지에 대해 썩 잘 설명해준다. 그러나 오로지 새로운 전망만이 옳다면 행위는 언약 또는 율법 준수에 국한되어야 하고 인간의 행위(일) 일반에 적용하지 말아야 한다. 실제로 로마서와 갈라디아서에서는 빈번하게 "율법의 행위"를 언급하고 있는데, 그런데, 여기 에베소서 9절에서는 율법의 행위가 아니고 단순히 "행위/일"이라고만 적혀 있다. 이 서한의 수신자가 에베소 기독자들 즉 율법이 없는 이방 기독자들이라면, 행위에 율법을 부가적으로 덧붙이는 것이 비록 부적절한 것이 사실이라 하더라도, 행위에 율법이라는 단서가 빠져 있다는 사실 역시 여전히 돋보인다. 바울이 "율법의 행위"를 부정적으로 비판할 때 앞에 서술한 율법주의의 견지든 혹은 언약 준수의 견지든 양자 중 하나에 선다면, 엡 2:8~9에 적힌 "행위"가 "율법의 행위"와 동일한 "행위"일 수 있느냐는 문제가 당연히 제기될 수 있다. 논의가 장황하여졌으니 결론부터 먼저 적는다면, 양자의 행위 모두를 포함한 행위 일반일 수 있다.(Dunn 1998: 354; Schreiner 2008: 528) "행위에서 난 것이 아니다"라는 9a절은 여하한 행위든 행위로 구원받는 것이 아니라는 주창을 천명한 것이다. 바울의 관점에서 보면, 행위로 구원받는다는 것은 율법의 행위든 행위 일반이든 그 일(業)은 인간의 노력에 의한 구원이므로 구원에 있어 인간의 업적을 앞세우는 것이다. 따라서 은혜에 따른 구원을 배제하는 것이다. 행위로 구원받는 것이 아니라는 명제가 우리는 다름아닌 바울의 프로테스탄트주의라 생각한다. "사람이 의롭다 하심을 얻는 것은…믿음으로 되는 줄 우리가 인정하노라"(롬 3:28)고 바울이 판단하는 근거는 "그리스도 예수 안에 있는 구속으로 말미암아 하나님의 은혜로 값

없이 의롭다 하는 자 되었다"(롬 3:24)는 하나님의 은혜에 대한 바울의 믿음으로 말미암아서이다. 던은 이 맥락에서 롬 4:4~5를 인용해 설명한다.(Dunn 1998: 366f.) 개역의 이 부분 기사는 꽤 난해하기에 의역하여 여기에 옮긴다.

> **4** 이제 어떤 사람이 일(행위)하면 그에게 (지불하는) 임금은 선물이 아니라 채무라 여겨야 한다. **5** 하지만 일한 자가 아니라 경건치 않은 자를 의롭다 하시는 이를 믿는 자에게는 그의 믿음이 의롭다 여기심을 받는다.

던은 인용된 로마서가 사람의 노력으로 의를 이루는 것이 아니라 불경한 자를 의롭다 하시는 믿음에 따른 의의 원리를 서술하고 있는 것이라 해석한다. 슈라이너는 롬 4:4~5를 롬 4:1~3에 거슬러 올라가 율법 이전에 살았던 아브라함을 예시하여 해설한다. "아브라함은 하나님에게서 보상을 받기 위해 고용인으로 일한 것이 아니다. 그게 아니라, 그는 하나님께서 그를 위해 일하시도록 뜻에 맡긴 것이고 또 하나님께서 그를 의롭다 해주시리라 신뢰했던 것이다"(Schreiner, 2001: 120)라 해설한다. 그리고 슈라이너는 엡 2:9에 대한 학자들의 견해에 관해 "많은 주해자들이, 내 견해로는 오판하여, 에베소서가 바울 사후의 저작이라 돌린다. … 내 판단으로는 사도 바울 자신이 그 자신의 가르침을 여기에 요약하고 있다"(Ibid.: 123)고 덧붙인다. 관련된 슈라이너의 또 다른 저서를 인용하겠다. "엡 2:9에서 바울은 구원이 일(행위)에 의한 것이 아니라 말하고, 따라서 인간의 자랑은 배제되어야 한다고 말한다. 여기서 말하고 있는 것은 '율법의 일(ergon: 행위)'이나 혹은 할례라 말하고 있는 것이 결코 아니다. 일(행위) 일반을 분명히 겨냥한 말이고, 일 일반이 구원에 기여할 수 없다는 것으로, 그렇지 않으면 은혜가 제외될 수밖에 없고 인간의 자랑이 허용되어야 하기 때문이다."(Schreiner 2008: 528)

"행위에서 난 것이 아니니 이는 누구든지 자랑하지 말아야 한다"에 뒤이어 구원이 인간의 행위에서 난 것이 아닌 배경과 이유를 10절에 적고 있다. 풀이해 번역하면, "우리가 당신의 작품인바, 선한 일(행위)들을 위해 그리스도 안에서 창조되어진 것으로 하나님께서 이들 선한 일들을 우리가 그 일들 안에서 걷도록 하나님께서 이전에 예비하셨다"이다. 우리 개역의 "우리는 그의 만드신 바라"고 함은 하나님께서 손수 지으신 작품(poiema)이라는 것이다. 우선, 초두 "우리가 당신의 작품이기 때문이다"와 뒤이은 "선한 일들을 위해(epi ergois agathois) 하나님께서 이전에 예비하셨다"를 읽으면 우리로 하여금 첫 아담의 불순종을 연상하기 마련이어서 어리둥절해진다.

하지만, 소유격 "당신의"가 앞머리에 쓰여 있어 하나님의 손수 지으신 창조물이 하나님의 소유임을 앞세우고, 이어서 원문의 어순에서는 "하나님의 작품"에 잇대어 "그리스도 예수 안에서 창조되어진"이라는 구절이 곧장 뒤따른다. 이처럼 "우리가 하나님께서 창조하신 작품"이라면, "죄와 허물로 죽은 사람을 다시 살려서 새 사람, 곧 그리스도와 함께 하늘에 앉은 영광스러운 존재로 만드셨다는 말이다."(길성남 2005: 162) 다시 풀이하면, 그리스도와 더불어 하늘에 앉히신 "우리"라면 하나님의 영광을 찬미하는 모임의 우리일 터인데, 우리의 찬양은 당연히 선한 일도 수반할 것이다. "선한 일들을 위해 그리스도 안에서 창조되어진" 작품이 신자들이기 때문이다. 이처럼 새롭게 창조되어진 작품은 "오직 새로 지으심을 받은 자(창조)"(갈 6:15b) 그리고 "누구든지 그리스도 안에 있으면 새로운 피조물(창조)"(고후 5:17)이라는 진술과 맞대어 비교할 수 있는 새로운 종말 피조물이다.(Thielman 2010: 145) 이 새로운 피조물은 죽음과 노예에서 벗어나 생명과 자유를 향유하는 삶이다. 하지만 새로운 피조물이라 하더라도 그들은 자신의 선을 자랑할 여지가 전혀 없다. "그리스도를 신뢰하는 사람들은 성령을 받기 마련이다. 이 성령이 그들의 삶을 변형하여 〔이전과는〕 다른 양식으로 〔선한 일들 속에〕 살게 한다.(Schreiner 2008: 579)

앞 8~9절의 맥락에서 다시 읽기 위하여 10절을 구와 절을 다시 분절해 읽기로 하겠다. "우리가 선한 일들을 위해 그리스도 예수 안에서 창조되어진 하나님의 작품이기 때문인데, 하나님께서 우리가 선한 일들 안에서 걷도록 이전에 예비하셨던 것이다." 이 10절은, 그러므로, 앞 절들의 주제와 맥락이 건너뛴 것이 아니라, 우리의 구원이 인간의 행위의 노력에 인한 것이 아니라 2:8~9에 적힌 대로 하나님의 선물임을 다시 확인하는 것이다.(Hoehner, 2002; Meyer, 1884) "하나님의 작품"이라는 10절의 표현은 하나님께서 손수 지으신 작품이라는 뜻이므로 하나님이 공들여 작업하셨다는 뜻을 지니고 있다. 이 표현은 9절의 "행위에서 난 것이 아니니"에서 "행위"는 사람의 일이므로 하나님의 일과 사람의 일을 대비하고 있는 것이라는 독해도 가능하다. 이때 초자연적인 권세를 이길 힘이 없는 육체가 그리고 이 세상의 풍속과 허망함을 따라 걷는 육체가 어떻게 허물(죄악)들과 죄에서 벗어나 "선한 일들 안에서 걸을" 수 있느냐는 문제가 당연히 제기되어야 한다. 이 문제 또한 하나님의 은혜의 능력으로 말미암아서 가능하다는 것이 그 해답이다. "그리스도 예수 안에서 … 지으심을 받은" 것은 "선한 일들을 위하여"라 적혀 있거니와, 이때 전치사 "위하여"는 목적 혹은 목표의 의미를 갖는다. 따라서 목적이라면 선한 일을 행위하기 위함이요 목표라면 선한 일에 도달하기 위함이다. 하나님의 작품인 우리가 선한 일을 지향하지만, 그러나 이 선한 일은 "하나님이 이전에 예비하셨기에" 비로소 가능하여진 것이다. 이전에 예비하셨다는 것은 넓은 의미에서는 1:4의 구원사의 맥락에서처럼 창세 전에 예정하신 것이라 해석하여도 좋을 것이다. 그뿐만 아니라, "우리가 그의 앞에서 거룩하고 흠이 없게 하시려"(1:4b) 택하셨다가 반어적으로 "선한 일들 안에서 걷는" 목표를 암시하고 있다.

이때에도 역시 중요한 것은 우리가 선한 행위로 구원 받은 것은 아니라는 사실이 강조되어야 한다. "이것이 너희들 자신에게서 난 것이 아니라 이것이 하나님의 선물이며 행위에서 난 것이 아니니 그런즉 아무도 자랑하지 말아야 한다"라 2:9에 적힌 바와 같다. 은혜로 구원된 것이므로 은혜가 선한 행위에 선행한다. 마이어의 해설을 인용하면, 선한 행위는 거듭남의 열매이다. 은혜로 새로운 피조물이 된 우리에게 하나님께서 마련하신 선한 행위이다.(Meyer 1884: 375) 이 마이어의 해석은 골로새서 교인들이 복음의 진리의 말씀을 듣고 하늘에 쌓아둔 소망을 듣고 바울이 감사 기도를 드리는 골 1:6과 또 3:10에 명쾌하게 진술되어 있다. "이것(복음)이 이미 너희에게 이르매 너희가 듣고 참으로 하나님의 은혜를 깨달은 날부터 너희 중에서와 같이 또한 온 천하에서도 〔마찬가지로〕 열매를 맺어 자라는도다"(골 1:6)이다. 여기서 복음의 정수는 하나님의 은혜이다.(Pao 2012: 55) 복음이 너희에게 이르렀던 그 날부터, 하나님의 은혜를 듣고 깨달은 그 날부터 열매를 맺고 또 성장하여 왔다. 그러므로 선한 행위는 우리에게서 비롯된 것이 아니라 하나님께서 만물에게도 공히 하사하신 평화의 은혜이다.(cf. 골 1:15~23) "옛 사람과 그 행위를 벗어버리고(벗어버렸기 때문이다) 새 사람을 입었으니 이는 자기를 창조하신 자의 형상을 좇아 지식에까지 새롭게 하심을 받는 자니라."(골 3:9b~10) 복음이 이르러 하나님의 은혜를 깨달은 것은 예수 그리스도와 함께 죽고 함께 일어나심으로 합체하여 "새롭게 하심을 받다"이다. 그리하여 "새 사람을 입다"의 변환의 정도는 "선한 행위들"에로까지의 변환을 받은 상태이다.

하나님이 "이전에 예비하신 선한 일들" 다음에 선한 일을 예비하신 목적을 "우리가 선한 일들 안에서 걷도록"이라고 10절에 기록하고 있다. 우리는 이 구절의 해설을 회흐너의 것을 그대로 옮겨 우리의 결론으로 받아들이기로 하겠다. 그의 해설은 우연찮게 마이어의 해설과 내용이 합치하고 있어 더욱 흥미롭다. "흥미로운 것은 우리가 '선한 일들 안에서 걷고 있다'이지 '선한 일들 안에서 행위하고 있다'가 아니라는 점이다. 하나님께서 신자들을 위해 선한 일들을 전에 예비하셔 신자들이 당신의 능력 안에서 걸을 때 그들 안에서 또 그들을 통해 하나님이 선한 일들을 수행하신다. 이것은 하나님을 위해 어떤 일을 행위하는 것이 아니라 하나님께서 신자 안에서 또 신자를 통해 어떤 일을 행위하심이다.(빌 2:13) 따라서 선한 일들은 우리의 구원의 경우에서와 마찬가지로 자랑의 원인일 수 없다. … 선한 일들이 나타나지 않으면 그 사람은 신자가 아니라는 증거일 수 있는데, 하나님께서 신자에게 목적하신 바가 이루어지지 않고 있기 때문이다. … 8~10절은 복음의 요체를 서술하고 있거니와, 아마도 바울 서한들 중에서 으뜸가는 요약이다. 그것은 시작부터 끝까지 은혜이다."(Hoehner 2002: 349~350) 아멘! 시작이 언제인가? "창세 전에 그리스도 안에서 우리를 택하신"(1:4) 때가 시작이다. 끝까지가 언제인가? 우리를 "그리스도 예수 안에서 하늘 영역들 안에 그와 함께 우리를 앉히셨다"(2:6)일 것이다. "우리가 알거니와 하나님을 사랑하

는 자 곧 그 뜻대로 부르심을 입은 자들에게는 모든 것이 합력하여 선을 이루느니라."(롬 8:28)

5) (연)합체로서의 교회(2:11~22)

하나님이 기독자들을 그리스도와 함께 살리셨고, 함께 일으키셨고, 또 하늘에 함께 앉히셨다고 기술한 다음, 2장 후반부에 교회론이 나온다. 이 단원을 세 단락으로 나누어 읽는 것이 일반적이다. 이스라엘인들과 이방인들을 하나로 통일하심이 첫 단락(11~13절)이요, 이들 둘을 하나의 새 사람으로 하나님과 화목케 하시는 통일의 성격이 둘째 단락(14~18)이다. 그리고 마지막 단락(19~22절)에서 이와 같은 통일의 귀결로 하나님께서 거하실 처소가 어떻게 건축되어지느냐는 교회론이 나온다.

이 단원의 제목을 〈(연)합체로서의 교회〉라 이름한 까닭은 2장 전반부의 그리스도와 함께라는 개념이 이제 후반부에 통일이라는 개념으로 이어지기 때문이다. 학자들은 특히 교회론을 다룰 때 합체(incorporation; corporate personality)라는 개념을 존중한다. 본래 이 용어는 한 국가를 한 몸이라는 개념으로 표상하는 정치철학의 개념이었다고 한다. 그리하여 구약 연구에서 어떤 한 조상이나 한 군주가 모든 후손이나 백성을 대표하는 관계를 지칭하는 의미로 사용되었던 것을 신약 연구에 도입하였다고 한다. 신약에서 "만일 우리가 그의 죽으심을 본받아 연합한 자가 되었으면 또한 그의 부활을 본받아 연합한 자가 되리라"(롬 6:5)의 "연합되었다(symphtoi)"가 합체의 의미를 뜻하는 것이라 생각한다. 또한 가령, "우리 많은 사람이 그리스도 안에서 한 몸이 되어 서로 지체가 되었느니라"(롬 12:5)라든가 "너희는 유대인이나 헬라인이나 종이나 자주자나 남자나 여자 없이 다 그리스도 예수 안에서 하나이니라"(갈 3:28) 할 때 이 "하나"의 관계를 합체라는 신학적인 용어로 개념화한다. 때로는 바울 서한에서 그리스도로 옷입는다고 할 때(롬 13:14; 갈 3:27), 그것은 단순히 개인적으로 그리스도를 닮는 문제가 아니라 유대인이나 헬라인이나 그리스도 예수 안에서 그리스도와 합체된다는 개념이다.

이방과 이스라엘(2:11~13)

이스라엘과 이방 사이에 하나가 되기 이전 이방인들의 절망의 상태를 우선 기술한 뒤, 13절에 이르러 지금 이방인들도 소망을 갖게 되었음을 기술한다. 본문은 별다른 해설이 필요 없을 정도로 읽기에 어려움이 없다.

> **11** 그러므로 생각하라 너희는 그때에 육체로 이방인이요 손으로 육체에 행한 할례당이라 칭하는 자들에게 무할례당이라 칭함을 받는 자들이라 **12** 그때에 너희는 그리스도 밖에 있었고 이스라엘 나라 밖의 사람이라 약속의 언약들에 대해 외인이요 세상에서 소망이 없고 하나님도 없는 자이더니 **13** 이제는 전에 멀리 있던 너희가 그리스도 예수 안에서 그리스도의 피로 가까와졌느니라

이 단락은 "그러므로 기억(생각)하라"로 시작하여 "이전에 너희가 육체로는 이방인들이라, 손으로 육체에 수행한 이른바 할례당에 의해 무할례당이라 불리우는 자들이라"가 이 단원의 서두이다. 초두의 "그러므로"는 1절부터 10절까지 전체에 연결된 것이라 볼 수 있을

것이다. 유대인들의 입장에서 본 이방인들을 기술한 것인데 우리 개역에서 무할례당이라 번역한 것은 본래 "표피"로서 유대인들이 이방인들을 차별적으로 낮추어 부른 언어 사용의 용례라고 한다. 이러한 서두를 우선 기술한 까닭은 이전에 역사적으로 전제되었던 차별성을 상기하려는 취지일 것이다. 따라서 그렇다면, "기억하라"는 멸시의 대상이었음을 기억하라는 것이다.

그리고 이제 12절에 구체적인 다섯 항목을 열거하여 크리스천이 된 이방인 수신자들에게 이스라엘의 처지에서 유대인들이 누리던 다섯 가지 특권이 그들의 소유가 아니었음을 특별히 강조한다. 첫째 이자 가장 중요한 항목이 "너희가 그때 그리스도 밖에 있었다"는 것이다. 우리는 "그리스도 밖에"를 "그리스도 안에"와 상반된 의미로 읽고 싶으나, 한데, "밖에 있었다"를 여러 번역본에서 그리스도에게서 분리되었다로 번역하는 것이 일반적이다. 유대인들은 메시아를 대망하고 있었던 것도 사실이고 그리고 "육신으로 하면 그리스도가 저희(이스라엘 사람)에게서 나셨으니"(롬 9:5)도 사실이라는 역사적인 사실의 맥락에서 이 구절을 이해해야 되는 모양이다. 이 맥락이라면, 이방인은 "그때에" 그리스도와 아무런 관계없이 분리되어 있었다고 말할 수밖에 없다. 둘째, "이스라엘 나라에서 소외된"이라는 특징을 꼽는데, 이때 "나라"는 시민권이라 번역할 수도 있는 모양이다. 시민권이나 나라나 모두 비슷한 개념이지만, 그러나 앞에서 언급했던 하나를 대표하는 (연)합체의 본래 의미에 관련시킨다면, 하나님이 선택한 나라인 공화국이라는 번역이 더욱 적절할 수도 있다고 한다. 셋째, "약속의 언약들에 외인들"이라 언급한다. 언약은 모세의 십계명을 생각나게 하기 십상이다. 그런데 언약이 복수로 쓰여 있고 또 약속이라는 단서가 붙어 있어, 회흐너는 조건적인 언약인 십계명이 아니라 무조건적인 언약인 아브라함 언약(창 12:1~4 등), 다윗 언약(삼하 7:12~17 등) 및 새 언약(렘 31:31~34 등)을 가리킨다고 주해한다. 나아가서 "세상에서 소망이 없고 하나님도 없는" 자라는 것이 넷째와 다섯째 항목이거니와 이것들에 관해서는 군더더기 해설이 필요 없을 것이다.

이어지는 13절 역시 별다른 해설 없이 잘 이해할 수 있다. 단지 원문의 어순을 그대로 따르면 이해의 깊이가 더욱 정교해진다. "그러나 이제는 그리스도 예수 안에서, 예전에는 멀리 있었던 너희가, 그리스도의 피로 말미암아 가까워졌느니라"가 그것이다. 이처럼 어순을 정리하면 당연히 이 문장을 "그러나 이제는 그리스도 예수 안에서"와 "예전에는 멀리 있었던"을 대비하게 되고, 그 대비가 "너희가 그리스도의 피로 말미암아 가까워졌다"를 통해 연결되어 양자를 통합함으로써 하나님께서 유대인들에게 주신 특전이 이방인에게도 함께 주어짐을 분명히 한다. "예전에는 멀리 있었던 너희"의 상태가 11~12절이므로 "그러나 이제는 그리스도 예수 안에서" 이방 기독교가 유대교 혹은 유대주의(Judaism)와 적대의 관계에 있는 것이 아니라를 13절 초두에 연결시키면 예전의 상태와의 대비의 조화를 잘 이룬다. "멀리"와 "가까이"와의 대조는 구약에서 이방(신 28:49; 29:22)과 이스라엘(시 148:14)을 대조하여 서술하고 있는 것을 찾아볼 수 있다고 한다. 구약에서나 여기서나, 하지만, "멀리 있다"와 "가까워졌다"는 것은 하나님과의 거리를 표현한 것이라는 해석이 통설이다. 우리는 앞 단원의 〈은혜, 그리고 행위와 자랑〉에서 샌더스의 새로운 전망에 대한 제임스 던의 견해를 소개했거니와 여기 뒤이은 11~13절은 이방 기독교가 유대교 혹은 유대주의(Judaism)와 적대의 관계에 있는 것이 아니라 동질의 백성임을 분명히 언명하고 있다.

특히 12절의 "이스라엘 나라에서 소외되어 있고 약속의 언약들에 외인들"이라는 상태는 이방인이 하나님께로부터 멀리 있었던 상태 곧 하나님의 백성이 아니었음을 명세하고 있다. 그러나 13절에서 그리스도의 피로 하나님께 가까워졌다는 진술은 이방인들이 하나님의 선민인 이스라엘인들과 동일한 상태임을 명시하고 있기 때문이다. 이것이 14절 이하의 아래의 단락에서 더욱 분명하게 기술되어 있다.

허물어진 칸막이 중간 벽(2:14~18)

이 단락의 제목은 평화라 붙이는 것이 더욱 적절할지도 모르겠다. 그런데 평화 혹은 화목의 일반론을 서술한 바울 서한들(롬 5:1~11; 고후 5:17~21; 골 1:15~20)에 비교할 때, 이 단원의 에베소서의 특이한 점은 이스라엘과 이방의 평화를 주요 주제로 다루고 있다는 사실이다. 우리는 이 논변의 특이성을 돋보이게 하고자 허물어진 담(칸막이 중간 벽)을 제목으로 선택하였다. 그리고 14~15a절은 그리스도가 어떻게 우리의 평화이신지에 관한 논변이고, 15b~18절은 그 결과로 얻어진 소득에 관한 논변이므로 각각의 소단락으로 나누어 읽을 수도 있을 것이다.

> **14** 그는 우리의 화평이신지라 둘로 하나를 만드사 중간에 막힌 담을 허시
> 고 **15** 원수된 것 곧 의문에 속한 계명의 율법을 자기 육체로 폐하셨으니 이
> 는 둘로 자기 안에서 한 새 사람을 지어 화평하게 하시고 **16** 또 십자가로
> 이 둘을 한 몸으로 하나님과 화목하게 하려 하심이라 원수된 것을 십자가로
> 소멸하시고 **17** 또 오셔서 먼데 있는 너희에게 평안을 전하고 가까이 있는
> 자들에게 평안을 전하셨으니 **18** 이는 저로 말미암아 우리 둘이 한 성령 안
> 에서 아버지께 나아감을 얻게 하려 하심이라

"그는 우리의 평화이시기 때문이다"의 14a절이 이 단락의 핵심 내용이다. 말하자면, 독자들에게 강한 인상을 주기 위해 결론을 앞세우고 있는 것 같다. '그리스도가 곧 우리의 평화이시다'의 배경은 13절 "이제는 그리스도 예수 안에서 전에 멀리 있었던 너희가 그리스도의 피로 가까워졌느니라"이다. 그리고 이 단락은 이제부터 그리스도가 주어로 나타난다. 개역에서의 "화평"은 바울 서한의 초두마다 인사에 쓰이는 "평강" 즉 증오와 적개심을 종료하는 "평화(eirene)"이다. 그리고 14절 후반부 이하에 평화의 구체적인 사항들을 열거하고 있다. 이때 14~15절은 함께 읽어야 한다. 두 절 사이의 연결이 단어와 단어 그리고 구와 구의 통사 분석이 귀에 걸면 귀걸이 코에 걸면 코걸이라서 난해하고, 14절과 15절 사이의 경계조차 불분명하다. 본래 14~19절이 한 문장이지만, 우리는 편의상 14절과 15절을 한 문장으로 읽기로 하고, 원문의 어순을 추적하며 관계적인 의미를 분석적으로 파악하겠다.

"그는 우리의 평화이시기 때문에"를 앞세우고 뒤이어 이어지는 "둘을 하나로 만들었고 그리고 칸막이 중간 벽을 허물었으니 증오를 그의 육체로"라가 14절이다. "칸막이 중간 벽을 허물었으니"가 유대인들과 이방인들 "둘을 하나로 만들었다"에 관련된 대단히 상징적인 표현이다. 이 "칸막이 중간 벽"에 대해, 한편, 이 세계와 천상 세계를 갈라놓는 수직적인 장벽이라는 해석들이 제안되고 있다. 다른 한편, 유대인과 이방인 사이를 갈라놓는 할례의 율법(Hoehner 2002: 370) 혹은 예루살렘 성전 안뜰의 벽(Bruce 1977: 434; Schreiner 2001: 343)이라는 수평적인 적개심의 장벽이라는 해석이 제안되고 있다. 이 후자의 해석들은 장벽이 수평적이라는 점에서 하나의 같은 이해라 묶여질 수 있다. 이방인들이 이 벽을 넘으면 사형에 처하기까지 하는 성전 안뜰의 벽이다. 사도 바울에게는 악몽의 개인적인 체험을 안겨 준 벽이기도 하다. 이방인들이 이 벽을 넘도록 바울이 교사하였다는 혐의로 죽음의 문턱을 넘을 뻔했던(행 21:27f.), 그리고 끝내 바울이 감금의 생활에서 풀려나지 못한 악몽의 벽이다. 우리는 그 "칸막이 중간 벽을 허물었다"가 예루살렘 성전과 이방 교회의 하나됨의 상징을 은유화하고 있다는 해석을 취하기로 하겠다.

우리 개역은 "원수된 것 곧 의문에 속한 계명들의 율법을 자기 육체로 폐하셨으니"가 15절 전반부이다. 우선, "원수된 것"이라 번역한 "증오/적의"는 실상 "칸막이 중간 벽을 허물었으니" 직후에 그리고 "자기(그의) 육체로" 직전에 씌어 있어, 우선 "증오(원수)"가 무엇에 연결되느냐의 문제가 도무지 아리송하다. 우리 개역은 "증오"가 "계명의 율법"에 연결되는 것으로 읽도록 번역하였다. 그러나 어순의 근접성으로 보나 또 율법이 곧 증오 혹은 적의일 수 없다는 바울의 견지로 보나, 증오를 계명들의 율법과 동일시한 "원수된 것 곧 의문에 속한 계명의 율법"이라는 개역은 올바른 독해를 오도한다. 증오를 유대인과 이방인을 갈라놓는 "칸막이 중간 벽"에 대응시켜 읽는 것이 원칙일 것이다. 그렇게 읽으면, 앞 문단에서처럼 "칸막이 중간 벽을 허물었으니"가 또 역시 "증오를 〔허물었으니〕"라 읽는 것이 순리일 것이다.

게다가 또 다른 문제는 우리 개역의 15a절 "원수된 것 儀文에 속한 계명의 율법을 자기 육체로 폐하셨으니"란 번역에서 "자기(그의) 육체"를 어디에 연결시키느냐는 논란이다. 그런데 NEB는 "그의 육체로 증오의 벽을 허물었으니"라고, NRSV는 "그의 육체"가 "둘을 하나로 만들었고"와 "중간 벽을 허물었고"의 양자 모두에 연결시키고 있고, 그리고 NIV는 우리 개역에서처럼 "율법을 폐하셨으니"에

"그의 육체"를 연결시키고 있다. 이처럼 다양한 구문 분석이 가능한 것은 통사적으로는 여하한 연결도 모두가 문법적이기 때문일 것이다. 그렇다면, 어떤 구문 분석이 의미론 상에서 합당한지를 이해하는 일이다. 원문의 어순을 고지식하게 옮기면, "그는 우리의 평화이시기 때문에 〔그는〕 둘을 하나로 만들었고 그리고 칸막이 중간 벽을 허물었으니, 증오를, 그의 육체 안에서 의문의 계명들의 율법을 폐하셨으니(katargesas: 무효화하였으니)"가 14~15절이다. "증오"가 "칸막이 중간 벽을 허물었으니"의 바로 다음에 기술되어 있으므로 "중간 벽"과 "증오"가 동격이라 생각하여 "증오를 허물었으니"라 해석하여도 좋을 것이다. 이 단락 전체가 이방과 이스라엘이 가까워졌다는 것이 총체적인 맥락적 의미를 갖는다. 총체적인 맥락적 의미라 함은 "둘을 하나로 만들었고"든지, "중간 벽을 허물었고"든지, 그리고 "의문의 계명들의 율법을 무효화하였으니"든지, 이들 3자 모두가 하나의 합치되는 맥락일 수도 있는 것이라 독해할 수 있다는 뜻이다. 그러니 NEB, NRSV 혹은 NIV와 같은 번역이 모두 가능하기도 할 것이다.

아직도 15절 후반부 "그의 육체 안에서 의문의 계명들의 율법을 폐하셨으니(katargesas: 무효화하였으니)"의 해석에 미진한 부분이 있다. "의문(儀文)에 속한"이라 함은 '儀式的인 經文을 구성하고 있는'이라는 뜻이라 풀이할 수 있다고 한다. 이 15절 후반부는 골로새서에서에서 이에 상응하는 기록이 골 2:14인바, 우리 개역이 번역상의 문제가 있으므로 의역하여 옮기면 "우리를 거스르는 儀文에 쓴 증서를 그 神經의 계명들과 더불어 삭제함으로써, 이것은 우리를 대적하였던 것인 바라, 이를 십자가에 못박으셔 우리들 가운데서 제쳐버렸다"(골 2:14)이다. 이를 읽으면, 우연찮게, 우리 개역의 "율법을 자기 육체로 폐하셨으니"의 15절의 의미에 올바른 길잡이 구실을 한다. "신경"은 인간의 죄들을 기록한 천국 문서일 수 있지만, 특히 "계명(규정)들"은 모세의 율법일 수 있는 것처럼 보이나, 토라를 십자가에 못박았다는 것이 아니라 토라의 규정들에 대한 금욕적인 거짓 가르침의 손상에서 우리를 벗어나게 하였다는 것이다.(Pao 2012: 170~71)

이 골로새서에 대한 파오의 해석과 마찬가지로, 마이어와 회흐너는 율법의 규례들을 그리스도의 육체로 폐한 "儀文의 계명들의 율법"을 모세의 율법이라 해석하고 있다. 그러나 마이어와 회흐너도 "그의 육체 안에서"를 율법에 직접 연결해 읽으면서 그 의미를 로마서에서 찾는다. 롬 7:4~6과 더불어 "그리스도는 모든 믿는 자에게 의를 이루기 위하여 율법의 마침이 되시니라"(롬 10:4)의 취지에 합당한 해석이 되어야 한다는 것이다. 롬 10:4의 "마침(telos)"은 종료 혹은 목표라는 이중적인 의미를 갖고 있지만 그리스도가 오심으로써 모세 율법이 이제 무효화되었다고 해석하는 것이 정설이다. "의문의 계명(규정)들의 율법"이라는 15절의 "율법"이라 함은 특히 계명이 복수로 씌었기 때문에 모세의 십계명을 가리킨다는 것이 정설이나, 하지만, 우리 개역과 NIV 및 NRSV와 같은 "율법을 자기 육체로 폐하셨다"는 번역과 해석을 피하고 있다.

대신, 학자들은 개역의 "폐하셨으니(katargesas)"를 "무효화하였다"라 바꾸어 번역한다. 마이어는 '율법을 폐하셨다'를 "그리스도께서 우리를 위하여 저주를 받은바 되사 율법의 저주에서 우리를 속량하셨으니"(갈 3:13a)를 인용하여 해설한다. "그리하여 믿음을 통한 의롭다 하심을 열어 놓음으로써 율법의 제도에서 그 구속력을 백지화했다"(Meyer 1884: 384)고 설명한다. 회흐너 역시 "율법을 폐하느뇨? 그럴 수 없느니라"(롬 3:31)를 인용하며 율법의 효력을 상실케 했다는 해설을 강조한다. 접속사 없이 14절과 15절이 연결되었기 때문에, 이를테면, 의식적인 경문의 계명들의 율법을 당신의 육체로 효력을 상실케 함으로써 칸막이 중간 벽을 허물어뜨렸다는 것까지 포괄하는 확장된 해석이 가능하다고 그는 해설한다.(Hoehner 2002: 375) 심지어 "폐하였다" 혹은 "파괴했다"는 번역은 그릇된 어휘 선택이라 한다.

그러므로 14~15a절을 다시 번역하여 옮겨 적겠다. "14그는 우리의 평화이시기 때문에 그는 둘을 하나로 만들었고 〔그의 육체로〕 칸막이 중간 벽을, 증오를 허물었으니, 〔그의 육체로〕 15a의문의 계명들의 율법을 무효화하였다(제쳐놓았다)"가 그것이다. 이 대담한 번역에서 "그의 육체로"를 대괄호 속에 넣어 중복하여 적었다. "그의 육체로"를 14절에서 읽는 방식(Thielman 2010)과 15절에서 읽는 방식(Hohner 2002), 둘을 모두 허용하기 위해 중복해 적었다. "이제는 그리스도 예수 안에서 예전에는 멀리 있었던 너희가 그리스도의 피로 가까워졌느니라"는 13절의 "그의 피로"가 "그의 육체로"와 같은 뜻이라면, "그의 육체로"는 "칸막이 중간벽, 증오를 허물었다"와 "의문의 계명들의 율법을 무효화하였다" 양자 모두에 연결해 읽는 방식이 의미관계에서 허용될 수 있기 때문이다.

이제 15절 후반 이후부터 율법의 효력 상실이 무엇을 목적함인가를 기술하고 있다. 우선 그 목적을 15b절에 "그가 이 둘로 한 새 사람을 그 자신 안에서 창조해, 그리하여 평화케 하기 위함이다"를 적고 있다. 이미 14절에 "그는 우리의 평화이시기 때문이다, 둘로 하나를 만드사"가 진술되어 있거니와, 여기에서 새로운 내용은 "새 사람을 창조하다"이다. 실상 "새 사람을 지어"에 관해서도 앞 단락 선한 일을 언급한 10절을 논의할 때, "지으심"이 창조라는 것, 그리고 창조와 관련하여 죽음과 노예에서 벗어나 생명과 자유를 향유하는 새 사람의 의미를 음미하였다. 물론 여기 15절에서의 "새 사람"은 다른 무엇보다 유대인과 이방인을 하나로 포괄하는 새 사람이다. 그러나 동시에 이 새 사람은 그리스도 "자신의 안에서"이고, 그리고 뿐만 아니라 그리스도 자신이 "창조하신" 새 사람임을 주목하여야 한다. 1장 찬미에서부터 2장 10절까지 줄곧 주어 또는 행위의 주체는 하나님이셨다. 그러던 것이 11절부터 슬그머니 주어 또는 주체가 그리스도로 바뀌고 있다. 그러므로 이 새 사람은 유대인과 이방인의 하나됨을 넘어 그리스도와 합체된 새 사람이다. 이 합체를 통해 온전한 평화가 이루어진다.

율법의 효력 상실의 또 다른 목적을 "그리고 그가 십자가를 통해 증오를 멸하심으로써 이 둘을 한 몸으로 하나님과 화목하게 하려 하심이라"는 16절에 적고 있다. "이 둘을 한 몸으로"는 15절의 "이 둘로 … 한 새 사람"을 반복한 것이므로 그리스도 안에서 유대인과 이방인의 합체된 몸이다. "화목하게 하다(apokatallasso)"라는 동사는 에베소서와 골로새서(1:20~22) 등에서 사용된 용어로, 하나님과 인간의 적대 또는 증오의 관계를 올바른 관계로 회복시킴을 뜻한다. 화목은 새 사람 창조의 근거이고(고후 5:17~19), 따라서 그것은 평화와 동의어이다. "하나의 새 사람이 된", "이 몸은 교회를 표상하는 그리스도 안에서 유대인들과 이방인들 신자들의 합체된 몸이다."(Hoehner 2002: 382) 이방인과 유대인을 하나님과 화목케 하신 것은 그리스도의 십자가로 말미암아서이다. 혹은 16b절을 달리 번역하면 "십자가를 통해 그 안에서 증오를 죽이셨다"인데, 여기 적힌 "증오"는 14절에 적힌 이스라엘과 이방 사이의 "증오"가 아니라 하나님과 온 인류와의 적대 관계이다.(Hoehner 2002: 383; Thielman 2010:

172) "그 안에서"는 '그리스도 안에서'라 해석하기도 하고 혹은 '십자가에서'라 해석하기도 하는데, 십자가로 그리스도가 죽으셨을 때 하나님과 인류 사이의 적대 관계 역시 소멸된 것이라면 양자의 해석이 모두 타당할 것이다. 골로새서에서도 화목은 십자가로 말미암아서이다. "그의 십자가의 피로 평화를 이루사 만물 곧 땅에 있는 것들이나 하늘에 있는 것들을 그로 말미암아 자기와 화목케 되기를 기뻐하심이라"(골 1:20)이므로 십자가에서 우주 만물의 보편적인 평화의 회복이 강조되어 있다.

"그리고 오셔서 멀리 있었던 너희에게 평화를 그리고 가까이 있었던 저희들에게 평화를 전하였다"의 17절은 14절 "그는 우리의 평화이시라"의 배경에서 읽는 것이 올바른 독해이다. 그리스도가 오셔서 "먼 데 있었던 너희(이방인들)에게" 그리고 "가까이 있었던 저희(유대인들)"에게 공히 평화를 전하셨다는 것이다. 이때 문제는 "오셔서"가 언제인가의 의문이다. 예수께서 부활하신 후에 평화를 전한 일이 있긴 하지만(cf. 눅 24:36; 요 20:19, 21, 26), 그때 역시도 공생애에서와 마찬가지로 직접 이방인들에게 평화를 선포했다는 기록은 없다. 벵겔은 "오셔서"를 죽으심에서, 지옥으로의 당신의 하강에서, 그리고 당신의 부활에서 오신 것이라 설명한다.(Bengel 1759: 79) 벵겔의 해석을 따라 "오셔서"를 해석하는 일을 어렵게 생각할 것 없다. 왜냐하면 13절 또는 14절부터 16절까지가 곧 평화를 전하심이기 때문인데, 13절에 "그리스도의 피로," 15절의 "그의 육체로" 그리고 16절에 "십자가로" 평화를 이루신다. "멀리 있었던 너희에게" 또 "가까이 있었던 저희에게", 그러므로, 만방 어디에도 평화 또 평화를 전하신 것은 그리스도의 죽으심 때문이고 그리고 죽으심 그 이후이다.

이제 18절에 그리스도가 평화를 전한 결과를 이야기하고 있다. 의외로 18절 "그리하여 그(그리스도)를 통해 우리 둘 다 한 성령 안에서 아버지께 들어갈 자격을 갖고 있다"는 평화의 본질에 주목하는 학자들이 드물다. 개역에서 "아버지께 나아감을 얻게"라는 번역은 아버지께 접근할 권리를 얻었다는 의미로서의 "아버지께 들어갈 자격을 갖고 있다"인데, 그리스도가 평화를 전한 결과로 얻어진 너무도 어마어마한 보상이기에 주목을 덜 받는지도 모르겠다. "들어감(prosagoge)"은 로마서 5장 1절에 "그러므로 우리가 믿음으로 의롭다 하심을 얻었은즉, 우리 주 예수 그리스도로 말미암아 우리가 하나님과 평화를 누리고 있다"라 한 다음에 2절에 "또한 그(그리스도)로 말미암아 우리가 믿음으로 서 있는 이 은혜에 들어가다(prosagogen)를 얻었으며"라 할 때 "들어감"이다. 하나님의 은혜에 들어감은 신자들이 하나님의 영광을 체험함이다.(Schreiner 1998: 254) "들어감"은 접촉함 혹은 출입함이며 또 알현함의 의미를 갖는다. 우리는 여기서 이러한 의미에서의 들어감의 자격을 "그리스도(십자가)를 통해" 그리고 "한 성령 안에서" 얻은 것임을 주목하여야 한다. "한 성령 안에서"는 한 성령에 의한 수단이라는 의미가 아니라 "한 성령과 함께 통합(하나됨)됨으로써" "아버지께 들어갈 자격을 갖고 있다"(Thielman 2010: 175)는 의미를 갖는다. 성령이 하나이시니 당연히 성령 안에서 유대인들과 이방인들이 "한 새 사람을 창조하여" 하나가 되었다는 해석이다. 유대교인들에게는 예루살렘 성전에 들어간다는 특전이 이미 주어져 있었으나, 이방인의 들어감은 희생 제물을 바치는 성전 의식으로 얻은 자격이 아니다.(Schreiner 2008: 718) 왕을 알현하는 제도적인 권한이 허락하는 것을 묘사한 것이 아니라, 야하웨가 아브라함에게 나타나셨듯이 하나님이신 "아버지"를 뵈옵도록 축복하신 너무도 어마어마한 평화의 묘사이다.

우리가 18절을 읽을 때 아버지께 들어가 뵈올 은혜를 허락하심을 삼위일체의 기반 위에서 기술하고 있음을 놓치지 말고 주목해야 한다. 우선, "그(그리스도)로 말미암아"인데, 이는 그리스도의 육체 안에서 "계명들의 율법을 무효화한" 배경 위에서 그리스도를 통해 하나님께 들어감이다. 아마도 "율법이 가입한(들어온) 것은 범죄를 더하게 하려 함"(롬 5:20)이라는 취지에서 이방인들이 하나님께 접근하지 못하게 한 율법을 무효화한 것일 터이다.(Thielman 2010: 170) 아울러, 18절에 "한 성령 안에서"가 명기되어 있다. 그리하여 성부, 성자 및 성령의 삼위가 18절에 모두 기술되어 있다. 브루스에 따르면, 에베소서의 주요 주제는 성령인데, 성령에 관하여 두 가지 성격이 기술되어 있다.(Bruce 1977: 428~31) 그 하나는 1:13에 기술되어 있는 것으로, 우리에게 후사를 보증하여주는 약속의 성령이다. 다른 하나는 여기 18절 및 22절에 기술되어 있는 것으로, 기독자들을 그리스도의 몸으로 합체시켜 하나되게 하는 성령이다. 이 하나됨은, 우리가 이미 인용하였던 구절인 갈라디아서 3장 28절과 짝을 이루는, "우리가 유대인이나 헬라인이나 종이나 자유자나 다 한 성령으로 세례를 받아 한 몸이 되었고"(고전 12:13)와 맥을 같이 하는 성령이다. "몸이 하나요의 성령이 하나"(엡 4:4)이기 때문에 성령이 하나님의 백성들을 그리스도의 몸에로 하나되게 한다. 이것이 이제부터 에베소서가 강조하는 보편 교회의 근거임에 주목해야겠다.

에클레시아: 모퉁이 돌인 그리스도와 성령 안에서 하나님이 거하시는 처소(2:19~22)

그리스도를 통해 너희와 우리 둘 모두가 하나의 성령 안에서 하나님께 들어감이라는 18절의 진술은 이미 성전의 이미지를 전하고 있다. 유대교 성전은 적어도 세 구획으로 나뉘어 있어 이방인은 외부 바깥 구획에만 접근할 수 있었다. 이제 멀리 있었던 이방인에게나 가까이 있었던 유대인에게나 그리스도가 평화를 전하심으로, "우리 둘" 누구나 하나님이 거하시는 성소에 접근할 수 있다. 사도 바울이 교회(ekklesia)를 성전(naos)이라 부르는 일이 흔하지는 않지만 아주 드문 것도 아니다. 이때 사도의 성전 용어가 갖는 두 갈래의 의미를 함축하는 것 같다. 하나는, 그리스도의 몸인 지체가 신자인 우리라면 성전은 하나님께 우리가 들어감이다. 다른 하나는, 교회를 때로 성전이라 부르는 것은 이방 교회와 유대 성전의 연속성을 함축하려는 의도에서이다. 이때 슈라이너의 비평을 새기는 일이 유익하다. "바울에게는, 하지만서도, 예루살렘 성전은 아무런 중요성도 지니고 있지 않다. 바울은 제사 의식의 기능직에 봉사하는 제사장을 언급하는 일이 없고, 제사를 올리도록 권하는 일이 없다. 오로지 하나의 결정적인 제물은 그리스도라는 제물이었다. 성전, 사제 혹은 제물이 없는 '종교'를 갖는다는 것은 그리스-로마 세계에서 아주 기괴한 것이었을 터이다. 복음의 신선함이 바로 이 점에서 출현한다. 하나님의 새 건물은 어떤 물리적인 구조물에 틀어박혀 있을 수 있는 것이 아니라 이것이 곧 교회인바(고전 3:9), 요컨대, 하나님의 백성이 하나님께서 거하시는 처소이다."(Schreiner 2001: 342)

우리는 이 슈라이너의 해설과 함께 미리 22절 "그(주)의 안에서 너희도 역시 하나님의 거하시는 처소로 성령 안에서 함께 지어져가고 있다"를 읽으며 에베소서의 교회관이 얼마나 혁명적인가를 깊이 반성하기로 하겠다.

> **19** 그러므로 이제부터 너희가 외인도 아니요 손도 아니요 오직 성도들과
> 동일한 시민이요 하나님의 권속이라 **20** 너희는 사도들과 선지자들의 터 위
> 에 세우심을 입은 자라 그리스도 예수께서 친히 모퉁이 돌이 되셨느니라
> **21** 그의 안에서 건물마다 서로 연결하여 주 안에서 성전이 되어가고 **22** 너
> 희도 성령 안에서 하나님이 거하실 처소가 되기 위하여 예수 안에서 함께
> 지어져 가느니라

"그러므로 이제부터"라고 시작함으로써, 18절 "그(그리스도)로 말미암아 우리 둘 다 한 성령 안에서 아버지께 들어갈 자격을 갖고 있기 때문이다"와 관련하여 19절 이하에 결론을 이야기하려는 의도를 분명히 한다. 그리하여 "너희는 더 이상 외인도 아니요 손도 아니요, 반면에 너희가 성도들과 하나님의 권속의 일원과 함께 동료 시민이요"라 하나님 나라가 아닌 다른 곳에서 사는 이방인이 아니라는 뜻을 표명한다. 특히 "손"은 "외인"보다 일시적인 외국 체류자라는 뜻이 더욱 강하다고 한다. 그리고 강한 대조를 표현하는 접속사인 "반면에(alla)"를 앞세워 "반면에 너희가 성도들과 하나님의 권속의 일원과 함께 동료 시민이요"라고 단정한다. "손"에 대조해 "권속"이라, 그리고 "외인"에 대조해 합법적인 시민권을 가진 "시민"이라 부른다. 우리 개역과는 다르게 분절해 번역한 "성도들과 하나님의 권속의 일원들과 함께 동료 시민이요"에 대해 여러 해석들이 있지만, 좁은 의미로 하나님 어전을 출입할 수 있는 천사라든지 혹은 예루살렘 백성을 지칭할 수도 있는 모양이나, 넓은 의미에서 종족의 구

별 없이 구원받은 신자들을 일컫는다는 해석이 오히려 포괄적이다. 그리고 "권속"은 글자 그대로 한 집안 가족의 구성원들이다. 요컨대 19절은 이방 기독자들이 유대 기독자들과 동일한 하나님 백성의 자격을 갖고 있음을 분명히 한다.

이제 20절 이하에 교회 또는 성전에 대한 건물 은유를 전개하여 19절 "하나님의 권속"인 근거를 제시한다. "〔왜냐하면 너희는〕 사도들과 예언자들의 기초 위에 세워졌으며, 〔그 기초에〕 그리스도 예수 자신이 모퉁이 돌이시니"의 20절은 19절에 첨가된 분사절이므로 원문에 없는 "왜냐하면"이라는 접속사를 첨부하였다. 너희가 사도들과 예언자들 기초 위에 그리고 그리스도의 모퉁이 돌 위에 세워졌기 때문에 "너희가 성도들과 하나님의 권속의 일원들과 함께 동료 시민이요"라는 것이다. 이 대목은 학자들 사이에 왈가왈부의 논쟁이 많은 부문이다. 우선, 몸 은유가 보다 일반적이긴 하더라도 건물 은유 역시 바울적인 은유이다. 그보다 문제는 이 20절과 닮은꼴인 고전 3:10~11에서는 "내가(바울이) 지혜로운 건축자와 같이 터(기초)를 닦아 두매 … 이 터는 곧 예수 그리스도라" 적혀 있어 양자 사이의 차이에 관한 논란이 있다. 하지만, 은유들을 비교할 때 어떤 한 은유가 모든 상황에서 상투적으로 틀에 박힌 고정의 형태로 쓰이면 은유가 아니라는 사실을 염두에 두어야 한다. 무엇보다 비판적인 견해는 기초 즉 교회의 터 혹은 토대가 에베소서에서는 사도들과 선지자들의 기초인 반면에 고린도전서에서는 예수 그리스도의 기초라는 차이이다. 게다가 에베소서에 사도들과 함께 예언자들이 느닷없이 나오기 때문에 이들이 구약의 선지자들이냐는 의문을 갖게 한다. 한데, 초대 교회에도 예언자가 있었다는 기록이 있다.(고전 12:28; 엡 4:11; 롬 12:6) "사도들과 예언자들"을 단일 관사를 사용해 표현하고 있으므로, 3:5에 그리스도의 신비를 "성령에 의하여 사도들과 예언자들에게 계시되었다"라 적혀 있는 대로, 사도들과 함께 예언자들을 고지식하게 나란히 읽어도 좋을 것이다.

핵심적인 쟁점은 교회의 기초가 누구이냐는 문제이다. 하지만, 회흐너는 "사도들과 예언자들의 기초"라는 소유격의 표현을 주격과 소유물의 관계로 읽지 말고 사도들과 예언자들이 교회를 처음 형성한 기초의 구성자들이라는 해석을 제안한다.(Hoehner 2002: 399) 우리는 회흐너의 이 해석에 긍정적인 또 다른 각주를 덧붙이기로 하겠다. 소유자-소유의 소유격에 대한 통사적인 기능 분석에 치우친 과잉일반화가 문제를 그릇된 쟁점으로 이끌 수도 있다는 우려 때문이다. 구체적으로, "이 터(기초)는 곧 예수 그리스도이다"라는 고전 3:11에서 기초와 그리스도는 "이다"의 계사(be)관계를 가짐으로써는 양자의 동일성을 표현한다. 이 계사의 동일성에 상응하게 20절의 명사구 "사도들과 선지자들의 기초"를 소유자-소유물의 관계라 읽으면 그것은 지나친 일반화이다. 고린도전서와 에베소서의 표현을 대비하여 읽을 때 문장 전체의 맥락을 읽어야 한다. 가령, "내가 지혜로운 건축자와 같이 터(기초)를 닦아 두매"(고전 3:10a)라는 문맥은 사도가 기초를 세웠다는 의미이지 사도가 기초라는 의미가 아니다. 마찬가지로, "〔너희는〕 사도들과 예언자들의 기초 위에 세워졌으며"의 2:20a를 맥락 전체 틀에서 "기초를 닦아두니"의 고전 3:10a와 같은 의미로 독해해도 아무 무리가 없다. 실제로 슈라이너는 "사도들과 예언자들의 특유한 기초의 역할"(Schreiner 2008: 724)이라 해석하고 있다. "기초의 역할"이라 함은 기초를 위해 일한 활동일 것이다.

이 글의 논리가 지나치게 분석적이 되지 않기 위하여 결론을 앞당기겠다. "이 터는 곧 예수 그리스도이다"라는 고린도전서의 명제는 에베소서의 "그리스도 예수께서 친히 모퉁이 돌이시니"라는 명제와 맞대어 비교하여야 한다. 맞대어 비교하려면 말썽많은 "모퉁이 돌"의 의미부터 우선 해명하여야겠다. "모퉁이 돌(akrogoniaiou)"은 "최상급(akro)"과 "각(角) 위에(goniaios)"와의 합성어이다. 모퉁이 돌은 성전 아치 대문 꼭대기에 놓아지는 관석(capstone)이라는 것도 하나의 유력한 해석이다. 그러나 이 관석은 성전 건축이 완료된 뒤에 올려놓는 일종의 머릿돌이다. 보다 유력한 해석은 건물 전체의 방향과 위치를 잡아 주도록 건물 구조의 각에 기초석으로 놓는 돌이 모퉁이 돌이다. 다른 모든 돌들을 이 돌의 방향에 맞추어 건물의 모양을 잡아 주는 가장 중요한 돌로, "기초돌"이라 번역된 곳(사 28:16)도 있다. 슈라이너는 바로 이 후자의 돌이 모퉁이 돌이라 해석하고, 그렇다면, 예수 그리스도가 유일한 터라고 규정하고 있는 고린도전서의 내용과 동일한 뜻을 에베소서가 전하는 것이라 해석한다.(Schreiner 2001: 343) 혹은 "그리스도를 만물 위에 머리로 교회에 주셨느니라"(1:22b)와 "우리가 범사에 머리이신 그리스도에게까지 성장하여야 한다"(4:15)를 인용하며 모퉁이 돌을 "최상급 기초석"(Thielman 2012: 183)이라 해석하기도 한다. 그렇다면, 모퉁이 돌은 건물의 형태를 잡아 주는 기초이자 전체 형태를 세워 주는 바탕이기도 하다는 사실이, 중언부언으로 강조하건대, 모퉁이 돌의 의미는 "하나님은 그리스도를 만물 위의 머리로 교회에 주셨다"(1:22b)와 다름없다. 우리는 이 슈라이너와 틸먼의 해석을 아래에서 다시 확인할 수 있다.

"그의 안에서 전체 건물이 서로 연결되어져 주 안에서 성스러운 전으로 성장하며"의 21절에서 "그의 안에서"는 20절의 모퉁이 돌인 그리스도 안에서이다. 우리 개역에서 "건물마다 서로 연결하여"에서 "마다"라는 어휘가 '여러 건물들 각각을 서로 연결하다'의 뜻으로 번역하고 있는데 어휘와 문맥상에서는 그럴듯한 상상이다. “건물마다”는 직역하면 “개개 건물(pasa oikodome)”이지만, 학자들은 하나의 복합건물의 건축 장면의 묘사라고 생각하는 바, 여러 번역본에서 “전체 건물” 혹은 “전체 구조”라고도 번역하고 있다. “서로 연결되어”의 연결하다는 ‘합치다’, ‘붙이다’ 혹은 ‘쌓아 올리다’의 뜻을 갖는다고 한다. 그러므로 21절의 전반부는 석조 건물을 쌓아 올리는 복합 건물의 건축 장면을 상상하면 이해가 편하다. 돌과 돌의 연결이 모퉁이 돌을 기준으로 전체 구조를 이루어진다고 상상하면 모퉁이 돌인 그리스도가 다름아닌 기초라는 해석을 존중하지 않을 수 없다. 후반부 “주 안에서 성스러운 전으로 성장하고”에서 “주”는 물론 그리스도이므로, 다시 또 그리스도 안에서를 반복하고 있다. 이 21절의 주동사인 개역에서의 “되어가고”는 “성장하다”이다. “성장하다”는 살아 있는 유기체의 덕성이다. 그러므로 그리스도 안에서 기독자들이 새 사람이 되듯, 그리스도와 합체하여 물리적인 건물이 아닌 유기체로서의 복합 건물이 하나님께서 거하시는 처소 즉 성전으로 성장한다. 이처럼 살아 있는 유기체의 성장의 기반이 모퉁이 돌의 생명과 능력에서 비롯하는 것이라면, 또 역시 모퉁이 돌은 교회라는 생명의 기초이다. 게다가 성전의 건축 과정을 21절은 현재형으로 기술하고 있으므로 20절의 “사도들과 예언자들의 기초”라는 진술이 건설 현장의 사역자들이라는 해석을 보강한다.

“그의 안에서 너희도 역시 하나님의 거하시는 처소로 성령 안에서 함께 지어져가고 있다”는 22절은 신자들에 대해서도 건축 행위의 묘사를 적용한다. 여기 19~22절은 건축 은유의 기술이지만 기본적으로 내용은 생명이며, 22절이 에베소서의 교회론의 클라이맥스다. “그의 안에서”라는 관계대명사는 앞 절의 “주”를 받으므로 주 안에서이다. "그의 안에서 너희도 역시"라는 표현은 1:13의 초두 "그의 안에서 너희도 역시 진리의 말씀과 너희 구원의 복음을 들었고"에서와 동일한 표현을 반복해 서술함으로써 바울이 이방인 독자들을 직접 겨냥해 말하고 있는 것이라 틸먼은 치밀하게 에베소서를 읽고 있다. 이방 신자들 "너희도 역시"라는 표현은 "역시"라 할 그만큼 당연히 하나님의 권속임을 강조하고 있는 표현이다. 이때 특히 "성령 안에서"에 관해서는 하나님께서 거하시는 영적인 처소라든지 혹은 성령으로 지어져 가고 있다든지의 여러 다른 번역과 해석이 있다. 달리 말하면, "성령 안에서"가 처소를 수식한다든지 혹은 동사 '지어져 가다'를 수식한다는 등의 해석의 차이이다. 하지만, 많은 학자들이 22절을 "너희가 하나님의 성전인 것과 하나님의 성령이 너희 안에 거하시는 것을 알지 못하느뇨?"(고전 3:16), 그리고 "우리는 하나님의 살아 계신 성전이라"(고후 6:16)에 근거하여 해석하고 있다. 이 두 곳 모두에서 신자들이 성전이고 성령이 거하시는 곳이다. 따라서 22절을 "너희도 역시 하나님이 당신의 영으로 거하시는 처소가 되도록(to become a dwelling in which God lives by his Spirit) 지어져가고 있다"는 NIV의 번역을 우리는 취하기로 하겠다. 하나님께서 영으로 거하시는 처소가 곧 22절의 성전이고, 그리고 또 "하나님의 백성은 하나님께서 거하시는 처소이다."(Schreiner 2001: 342)

우리는 22절 "주 안에서 너희도 역시 성령으로 하나님의 거하시는 처소가 되도록 함께 지어져가고 있다"라는 언명을 은혜가 주제인 〈죽음에서 생명에로〉의 단원(2:1~10)에 되돌아가 그 의미를 반추하고 싶다. 이 22절이 풍성한 은혜의 극치이기 때문이다. 구원의 은혜에 관하여 "이것이 너희들 자신에게서 난 것이 아니라. 이것이 하나님의 선물이며 행위에서 난 것이 아니니, 그런즉 아무도 자랑하지 말아야 한다"(2:8b~9)에 뒤이어 "우리가 당신의 작품인바, 우리가 선한 일(행위)들 안에서 걷도록 하나님께서 이전에 예비하신 선한 일(행위)들을 위해 그리스도 안에서 창조되어진 작품이기 때문이다"라 2:10에서 설파하고 있다. 게다가, 우리는 이 대목 2:8~10에 관해 "선한 일들이 나타나지 않으면 그 사람은 신자가 아니라는 증거일 수 있는데, 하나님께서 신자에게 목적하신 바가 이루어지지 않고 있기 때문이다"라는 회흐너의 해설을 심지어 인용하였다. 도대체 우리가 어떻게 "하나님의 거하시는 처소"가 될 수 있는가? 무엇보다 하나님의 은혜로 말미암아 우리가 그리스도 안에 있는 "하나님의 권속"이기 때문이다. 아직은 우리가 온전하게 세워진(지어진) "하나님의 거하시는 처소(성전)"가 아니지만, 머리이신 그리스도에게까지 현재 지어져가고(성장하고) 있는 중이다. 은혜를 받은 사람이면 은혜에 합당하게 걸어야 한다. 무엇보다, "우리가 선한 일들 안에서 걷도록 하나님께서 이전에 예비하신 그 선한 일들을 위해 그리스도 안에서 창조되어진 〔하나님의〕 작품이기 때문에" 하나님의 백성인 우리가 "하나님의 거하시는 처소"일 수 있다. 이 언명은 "우리를 우리 주 예수 그리스도 안에 있는 하나님의 사랑에서 끊을 수 없으리라"(롬 8:39b)와 같은 한량없이 큰 은혜와 위로의 말씀이다. 그야말로, "보이는 소망이 〔결코〕 소망이 아니다. 〔지금〕 보이는 것을 누가 바라(소망)리요?"(롬 8:24)이다.

중언부언하지만, "예수 안에서 너희도 역시 성령 안에서 하나님의 거하실 처소로 함께 지어져 가고 있다"는 22절이야말로 에베소서의 교회론의 정수이다. 이 진술에서 돋보이는 것은 성부, 성자 및 성령의 삼위를 함께 기술하고 있다는 사실이다. 바로 이 점에서 22절은 18절과 짝을 맞춘다. 그뿐만 아니라 두 절 모두가 성전 이미지를 전한다. 하나님이 성령으로 거하시는 처소라는 22절이 성전 이미지임은 물론이요, "한 성령 안에서 아버지께 들어감"이라는 18절 역시도 성전 이미지의 표현이다. 제임스 던은 '들어감'에 대해 궁전 시종관의 중개 허락 없이 왕을 알현하는 상황으로 해석한다. 말하자면, 성전의 장막 뒤에 있는 지성소에 성도들이 직접 들어가는 상황이다. 무엇보다 이때 '하나님께서 거하심'도 '신자가 하나님께 들어감'도 성전에 드리는 제사 의식으로써가 아니라는 점이 강조되어 있다. '거하심' 그리고 '들어감', 이 양자 모두가 성령으로써 가능하다고 진술되어 있기 때문이다. 우리는 18절에 대한 해설에서 이 성령이 하나되게 하심이라고 서술하였다. 이러한 성령의 성격은 마땅히 22절에 대한 해설에도 그대로 적용된다.

하나님의 거하실 처소를 서술하면서 22절은 "너희 역시"의 역시라는 부사와 그리고 "함께 지어져 가고 있다"의 함께(syn)라는 접두어를 덧붙이고 있다. 에베소서 저자는 유대인과 이방인을 앞에서 누누이 언급하였으므로, 그것은 이미 전제된 사실로 인정하여, 너희 역시가 누구와 함께인가에 대한 언급은 생략하고 있다. 그리스도의 피로 이 이방인과 유대인을 둘로 하나의 몸, 하나의 새 사람을 만들었다는 것을 에베소서 앞 단락에서 분명하게 천명하였기 때문이다. 리더보스는 로마서 12장 5절과 고린도전서 6장 15절에 대한 해설에서, "신자들이 하나의 몸을 함께 이루는 것은 그들이 상호구성원이기 때문이 아니라 그들이 그리스도의 구성원이기 때문이며 그래서 그의 안에서 한 몸이다"(Ridderbos, 1975: 376)라 해설하고 있거니와, 그의 이 해설은 바로 에베소서 이 부분에 오히려 더욱 적합한 해설이다. 물론, "신약은 그리스도 안에서 성령을 통하여 당신 자신의 영광을 찬양하는(magnifying himself) 하나님에 관해서이다."(Schreiner

2008: 13) 이때 영광 찬양은 인류의 구원과 만물과의 화평으로 드러나고, 구원과 평화를 위해 역사(役事)하는 중심은 그리스도이다. 에베소서의 핵심 단어가 교회임도 바로 이와 같은 영광 찬양의 무대가 교회이기 때문이다. 미리 3:21를 읽기로 하겠다. "하나님께 영광이 교회와 그리스도 예수 안에서, 모든 세세대대로. 아멘."

다른 무엇보다, 하나님 백성인 신자들에게는 삼위 가운데 "그리스도 안에서"가 중심이고 모든 것들의 주춧돌이다. 특히 에베소서에서는 그리스도 안에서가 그리스도와의 합체가 강조되어 있다. 이를테면, 그리스도 안에서 "낱낱의 영적인 축복"(1:3)이고, "우리를 택하셔 … 거룩하고 흠이 없게 하시려고"(1:4), "구속 곧 죄 사함을 받았으니"(1:7), "하늘에 있는 것이나 땅에 있는 것이나...모든 것들을 통일되게 작정하려 하심이고"(1:10), "우리가 후사가 되었다"(1:11), "언약의 성령으로 인치심을 받았다"의 등등에서 모두 "그리스도 안에서" 이룩되어진 것이고, 그리고 "한 새 사람으로 지어져 평화케 하시고"(2:15) 마침내 "너희도 … 하나님이 거하시는 처소로 함께 지어져 가고 있다"(2:22)는 평화와 화목의 극치까지 이런 일들 모두가 그리스도 안에서 이루어진다. 삼위 중의 하나의 위(位)이시지만 이 땅에 오시고 죽으시고 부활하시고 하나님 오른편에 앉으신 분은 예수 그리스도이시니 당연히 인류에게는 중보자이신 메시아가 중심이다.

예전에 유대인들은 하나님께서 돌로 건축한 성전에 거하신다고 생각하였다. 그때 이방인들은 외인이요 먼 데 있는 자들이었다. 이제 하나님께서 거하시는 성전은 석조 건물이 아니다. 그것은 유대인과 함께 이방인 역시 하나님의 권속이 된 이들 새 사람 신자들에게 거하시는 곳이다. 그리고 또 그것은 그리스도 예수께서 친히 모퉁이 돌이 되셔, 이방인 기독자도 유대인 기독자도 모두 다 마찬가지로 성령으로 하나님께 들어가는 하나님의 처소로 지으심을 받은 곳이다. 구약에서는 이스라엘을 하나님의 백성이라 그리고 신약에서는 예수 그리스도의 교회라는 용어를 사용하지만, 그러므로, "이스라엘의 축복은 이제 그리스도의 교회에서 다 이루어진다. 교회는 하나님의 새 백성(사람들)이다."(Schreiner, 2001: 344) 달리 말하면, 예루살렘 성전인 석조 건물이 예수 그리스도의 교회가 아니다.

이런 교회의 성질을 여기 에베소서 2장에서 기술할 때 하나됨의 개념이 주요 특질이다. 요약건대, 우선 11~13절에서 소외되었던 이방의 이질성을 말한 다음에 14~18절에서 유대인들과 이방인들이 하나의 새 사람으로 아버지 하나님께 들어감의 자격을 얻었음을 기술하고 있다. 그리고 그 결과를 이 단락 19~22절에 결론으로 제시하고 있다. 결론을 극명하게 요약한 것이, 미리 읽지만, "몸이 하나이요 성령이 하나이요"(4:4a), "하나의 하나님이고 만유의 아버지시라"(4:6a)이다. 리더보스는 성령보다 몸이 먼저 기술되어 있는 순서도 우연이 아닐 것이라 생각한다. 그리스도에로 합체된 몸인 교회가 하나이다. 그리해야, 다시 말하면, 그리스도 안에서 새 사람으로 창조되어야, 비로소 그 합체된 하나의 몸에 하나님의 성령이 거하신다는 것이 아마도 리더보스의 생각일 것이다. 하나인 성령이 평화의 매는 띠로 하나인 몸에 통일과 결속을 가져온다. 그리고 마침내 결국 만유의 아버지이신 하나님이 하나이시다. 이것이 에베소서가 강조하는 교회의 보편적 특성이다. 그리스도 예수 안에서 너희가 하나님이 거하시는 처소로 성령과 함께 지어져 가고 있는, 이방 교회든 유대 교회든, 모든 교회들의 하나됨을 대표하는 교회가 다름아닌 보편 교회이다.

그런데, 바울의 말기 서한들인 골로새서와 특히 바울의 저작임에 대한 의심이 더욱 심각한 에베소서에 서술된 보편 교회에 대해 학자들이 사시하는 경향은, 다른 무엇보다 새롭게 정의된 "그는 몸의 머리인 교회라"(골 1:18) 그리고 "그를 만물 위에 머리로 교회에 주셨다"(엡 1:23)는 교회론이 주된 불씨이다. 학자들 더러는 바울이 옥중에서 그의 교리를 수정한 것인지 혹은 더러는 에베소서를 바울 아닌 제3자가 바울 사후에 쓴 것이 아닌지를 회의할 지경에 이르게 한 주 개념이 이 교회론이다. 하지만, 예수가 몸인 교회라는 개념을 폐기한 것이 아닌 한, 이 개념은 바울의 새로운 교회론이 아니다. "그의 안에서 전체 건물이 서로 연결되어 주 안에서 성스러운 전으로 성장하며"라 21절에 적힌 바를 여러 학자들이 "개개 건물"을 전체 건물이라 번역하고 복합 건물이라 해석한다. 적어도 단일 건물이 아니라면, 교회가 적어도 복수이므로 보편 교회가 개별 교회들을 부정하는 것은 아니다. "모퉁이 돌"로서의 "몸의 머리" 및 "만물 위에 머리"는 도처의 여러 교회들의 성장 목표라 해석할 수 있다.(Thielman 2012: 181) 그리스도가 하나님의 백성의 주권자이실 뿐만 아니라 우주의 통치자라는 맥락에서 교회의 새로운 목표를 규정하고 있을 따름이다. 하나님께서 그리스도를 만물 위에 머리로 에클레시아에 주셨다는 것은 본래 하나님의 집회(qahal Yahweh)라는 의미라든가 "너희가 교회에 모일 때"(고전 11:18)라는 모임이라는 의미라든가 이 의미를 넘어선 의미론 또는 화용론적인 새삼스러운 개념이 아니다.(Dunn 1998: 537~543) 보편 교회라 할 때 유기체의 개념에서 벗어난 듯싶은 인상 때문에 제도적인 하나의 조직을 뜻하는 듯싶으나, 하지만, 22절은 너희가 그리스도 안에서 하나님의 성전이고 "성령 안에서 하나님이 거하시는 처소"라 함은, 사실상, 여전히 신자들과 하나님의 인격적인 관계를 강조하고 있는 유기체론이라 읽어야 한다. "각각의 개별 기독 집회의 '교회성(church-ness)'이 바울에게는 어떤 보편적인 본체의 부속물로 예속되어 있다는 것이 아니다."(Ibid.: 541) (아마도 church-ness라는 용어는 개별 교회들의 하나임의 표상을 뜻하는 것일 터이므로) 다시 풀어 보완해 말하면, 바울이 가정 교회나 지역 교회가 각자의 독자적인 존재 이유를 갖고 있지 않다고 부정하는 것은 결코 아니라는 말이다.

보편 교회와 연관하여, 바울의 파란 많은 생애를 숙고하고 이 단원 〈(연)합체로서의 교회〉를 끝내기로 하겠다. "나는 사도 중에 지극히 작은 자라. 나는 하나님의 교회를 핍박하였으므로 사도로 칭함을 받기에 감당치 못할 자로라"(고전 15:9) 등의 바울의 교회 핍박에 대한 고해를 여러 다른 서한에서도 찾아 읽을 수 있다. 이때 구약의 용어인 "하나님의 교회"는 본래 예루살렘 성전이지만 여기서는 예루살렘 성전에 상치되는 헬라 또는 이방 에클레시아들이며 바울이 핍박했던 교회들을 지칭한다.[구약의 용어인 "하나님의 교회"가 다른 서한에서는(e.g., 살전 2:14) "하나님의 교회들"이라 복수로 쓰이고 있는 반면에 고린도전서에서는 단수로 씌어 있어 여기 고린도전서에서는 보편 교회를 함의할 수 있다.(Fee 1987: 734 n.107)] 예루살렘 성전 이외의 교회들을 핍박하던 일에 앞장섰던 그가 "사울아, 사울아, 네가 어찌하여 나를 핍박하느냐?"는 예수를 만난 이후, 에클레시아들을 이방에 세우는 선교를 위해 그리스도 예수의 사도로 전환하였다. 그리하여 그는 여기 18절에서 "그(그리스도)로 말미암아 우리(이스라엘과 이방) 둘 다 한 성령 안에서 아버지께 들어갈 자격을 갖고 있다"고 선언한다. 이 18절이 이미 보편 교회이다. 그리하여 "하나님의 백성이 하나님께서 거하시는 처소이다"(Schreiner 2001: 342)라 성전 또는 교회의 개념도 변환한다. 바울은 회심 초기부터 순교의 마지막까지 도처에 보편 교회를 세우는 사도였다.

바울이 이스라엘과 이방이 하나된 이 보편 교회의 개념을 1:22에 "하나님이 만물을 그리스도의 발아래 복종하게 하셨고 하나님이 그를 만물에 위에 머리로 교회에 주셨다"라 만물과 우주로 확장하는 일은 지극히 자연스럽다. 왜냐하면 바울은 그가 받은 계시를 통해 하나님의 선민의 경계를 만민에게 허물었을 뿐만 아니라, 더군다나 하나님은 "하나의 하나님이시고 만유의 아버지이시며, 당신은 만물 위에 그리고 만물을 통해 그리고 만물 안에 계신다"(4:6)는 우주 완성의 진리를 계시받았기 때문이다. 그리하여 예수의 제자가 아니었던 유대주의자 바울은 예수의 사도로서 땅 끝까지 온 세계 도처에 그리스도의 몸을 세우는 보편 교회의 선교 사역에 목숨을 바치고 구약의 연장선에서 신약의 시대를 연다.

결론컨대, "그의 안에서 너희(이방인들)도 역시 하나님이 거하시는 처소로 성령 안에서 함께 지어져 가고 있다"는 22절이 바울의 보편 교회의 첫 걸음이자 기본 목표이다. "할례당에 의해 무할례당이라 불리우는" 멸시받던 이방이 이스라엘과 더불어 하나님이 거하시는 처소로 함께 지어져 가고 있다는 일이 보편 교회의 첫 걸음이다. 유대인만을 위한 유일신 하나님이 만민을 위한 보편적인 하나님이 된 것이다. 게다가, "〔하나님이〕 그리스도를 만물 위에 머리로 교회에 주셨다"를 1:22에 전제한 다음에 "교회는 진정 그의 몸이니, 〔하나님에 의해〕 만물 안에서 만물을 충만케 하시는 그의 충만이시다"(1:23)라고 보편 교회의 개념을 확장한다. 우리는 앞 단원에서 1:22~23을 읽을 때 우주 만물을 창조하신 하나님에게서 하나님 오른편에 앉아 계신 그리스도가 하나님의 모든 충만의 능력을 받아가짐으로써 만물을 거룩하게 만드는 종말 완성의 위임을 받아가진 것이라 해설하였다. "하나님은 하나님의 적대 세력과 당신의 백성을 포함해서 모든 것들(만물)에게 승리자와 머리로서의 그의 역할을 하도록 그리스도를 교회에 주셨다. 그리스도와 그의 몸인 교회는 하나이므로, 그리스도의 승리는 또 역시 교회의 승리이다."(Thielman 2010: 116) 이처럼 "교회는 진정 그리스도의 몸이니"(1:23a)라는 교회의 개념이 하나님의 오른편에 앉아 계신 그리스도를 통해 하나님의 우주 완성의 의지에 따라 보편 교회라는 우주적인 개념으로 확장되는 일은 오히려 지극히 자연스럽다.

6) 그리스도의 신비와 계시 그리고 사역(3:1~13)

"이러하므로"로 시작하는 3장 1절은 본래 기도의 시작이라는 해석이 정설이다. "그리스도 안에서 너희 역시 하나님이 당신의 영으로 거하시는 처소로 지어져가고 있다"(2:22)를 피력한 뒤에 기도를 시작하려다 돌연히 생각이 엇나가, 신비에 관하여 이 서한 수신자에게 덧붙여야겠다는 생각이 들었으리라는 것이다. 무엇보다 그 주요 근거가 14절부터 기도를 시작하면서 다시 "이러하므로"로 시작하고 있다는 사실이다. 다른 하나의 근거는 2장 11절부터의 내용이 자연스럽게 기도로 이어지리만큼 중요하다는 것이다.

사도 바울에게 신비는 감추어졌던 하나님의 지혜이기도 하거니와 그보다는 하나님께서 우리의 영광을 위해 만세 전에 미리 정하신 신령한 축복이다.(cf. 고전 2:6f; 엡 1:3f) 그것은 우선 구체적으로 이방인들 역시 하나님의 백성에 포함된다는 신비이다. 그러나 이미 구약

성서에도, 특히 이사야서와 시편에, 이방 역시 하나님의 구원의 목표임이 기록되어 있으므로 단순히 감추어진 비밀일 수 없다. 그렇다면, 사도 바울이 말하는 신비는 구원의 목표가 예수 그리스도를 통해 이루어졌다는 선포이다. 다른 무엇보다 우선 이방인들이 이제부터 유대인들과 동등한 자격을 갖는 하나님의 권속이라는 신비이다. 그리스도가 오시기 전에는 감추어져 있었던 비밀이지만, 놀랍게도 인류를 죄에로 유인하는 천상의 권세들에게까지 보편 교회를 통해 하나님의 지혜를 알게 한다는 글자 그대로의 신비이다. 그리고 이 신비는 어떤 다른 서한보다 에베소서 2장 11절 이하에 더더욱 분명하게 기록되어 있다. 그러므로 기도를 시작할 요량으로 "이러하므로…"를 꺼내었다가, 느닷없이 신비의 주제로 화제를 바꾸는 것은 오히려 자연스러운 일이다.

기도의 도입부(3:1)

위에 서술한 대로 1절은 기도의 도입부이다. 심지어 REB는 그리하여 2절부터 13절까지도 기도로 간주하여, "이러하므로 내가 너희를 위하여 기도하노라"로 1절 초두를 번역하고 있다.

> **1** 이러하므로 그리스도 예수의 일로 너희 이방을 위하여 갇힌 자 된 나 바울은…

"이러하므로"가 2장 11절부터 22절까지의 내용을 가리키고 있다. 그 내용인즉 유대인과 이방인을 그리스도 안에서 하나의 새 사람을 만들었기 때문에, 그리하여 21~22절에서 이방인 역시 성전으로 성장하고 하나님의 거하실 처소로 지어져 간다는 것이다. 그야말로 이

어마어마한 은혜가 이러하므로, 따라서 이제는 그리스도의 사랑으로 충만하여지기를 기도할 때이다. 그런데 돌연히 기도를 뒤로 미루고, 2절부터 13절까지 하나의 긴 문장이 이어지다. 우선 신비가 계시되었음(2~6절)을 그리고 이 신비의 경륜을 전하는 사역(7~13절)을 하나의 문장으로 진술한다. 실로 다른 누구보다 사도 바울에게는 계시를 받음과 사역을 수행함이 불가분의 관계이다.

실제 기도가 시작되는 14절을 보면, "아버지 앞에 무릎을 꿇고"의 겸손의 자세로 기도한다고 적고 있거니와, 여기 1절에 적혀 있는 "나 바울"이라는 호칭이 매우 친근감 있는 호칭이라 한다. 이처럼 겸손한 "나 바울"이 누구인가 하면 "너희 이방을 위한 그리스도 예수의 수감자"이다. 이 원문을 우리 개역에서 "그리스도 예수의 일로 너희 이방을 위하여 갇힌 자"라 번역하고 있는데 이 개역의 표현이 자칫 원문의 직역인 "그리스도 예수의 수감자"가 야기할 오해를 배제해주고 있다. 바울이 옥에 갇혀 있으므로 낙담하고 있을 이 서한의 수신자들에게 용기를 북돋기 위해 기도한다는 서두가 1절의 내용이다.

그리스도의 신비에 대한 계시(3:2~6)

기도를 뒤로 미루고, 2절부터 13절까지 하나의 긴 문장이 이어진다. 우선 신비가 계시되었음을 수신자들에게 통지하는 2~6절을 독립된 단락으로 읽기로 한다.

> **2** 너희를 위하여 내게 주신 하나님의 그 은혜의 경륜을 너희가 들었을 터이
> 라 **3** 곧 계시로 내게 비밀을 알게 하신 것은 내가 이미 대강 기록함과 같으
> 니 **4** 이것을 읽으면 내가 그리스도의 비밀을 깨달은 것을 너희가 알 수 있

으리라 **5** 이제 그의 거룩한 사도들과 선지자들에게 성령으로 나타내신 것
같이 다른 세대에서는 사람의 아들들에게 알게 하지 아니하셨으니 **6** 이는
이방인들이 복음으로 말미암아 함께 후사가 되고 함께 지체가 되고 함께 약
속에 참예하는 자가 됨이라

에베소서의 저자는 자기가 그리스도의 신비를 알고 있다는 확신을 수신자들에게 확인시킨다. 이 확인에 관한 구절이 2절부터 4절까지이다. 우선 2절 "너희를 위해 내게 주신 하나님의 그 은혜의 경륜(경영)을 정녕 너희가 들었을 터인데"에서 "하나님의 그 은혜의 경륜"이 나오는데, 흔히 그런 것처럼 속격의 의미 해석이 중의적이다. 회흐너의 해석에 따르면, 이것은 하나님의 은혜에 관한 경영함이다. 은혜 앞에 정관사가 쓰인 것은 "하나님의 은혜"를 특정화하기 위한 것이다. 바울이 곳곳에 흔히 사용하는 어휘 "경륜(oikonomia)"은 'oikonomos'를 청지기라 번역하는 것이 일반적이듯 경륜은 오늘날 용어로 청지기의 일 혹은 심부름이라는 뜻에 더욱 가깝다.("경륜"은 경험과 판단력이라는 사전적인 의미 때문에 오도하기 십상이므로 개인적으로는 'oikonomia'를 役事라 번역하고 싶기도 하다) 바울은 전도의 부르심을 언급할 때 곳곳에서 부르심을 하나님의 은혜에 귀인시킨다.(롬 1:5; 15:15; 고전 3:10; 엡 3:7) 이들 맥락을 참조하면 "경륜" 혹은 "경영"은 일꾼 혹은 사도의 직무와 동의어이다. 그 직무가 너희를 위하여 내게 주신 것이므로, 따라서 2절을 '이방 구원을 위해 내게 주신 하나님의 은혜에 관한 직분을 틀림없이 너희가 들었을 터이니'라고 풀어 쓸 수 있을 것이다. 이 2절을 다시 3절에 부연한다. "곧 계시로 신비가 내게 알려졌으니 내가 앞에서 간략하게 기록함과 같으니"에서 "계시"를 앞세움으로써 신비가 알려진 것은 계시에 의한 것임을 강

조하고 있다. 이때 그 기록이 어디냐에 관해 논쟁이 없는 것은 아니나, 6절을 미리 참조하건대, 그곳은 2:11~22이라는 해석이 정설이다. "이것에 따라 너희가 읽으면 그리스도의 신비에 대한 나의 통찰을 너희가 알 수 있으리라"의 4절에서 그 신비가 "그리스도의 신비" 임을 분명히 한다. 어떤 학자들은 이 4절을 바울이 내가 신비에 관해 계시를 받았다는 사도의 권위를 내세우는 진술이라 해석하여 논란하고 있지만, 부질없는 논쟁이다.

이어서 5절과 6절은 신비의 성질을 밝히고 있다. 우리 개역 "이제 그의 거룩한 사도들과 선지자들에게 성령으로 나타내신 것같이 다른 세대에서는 사람의 아들들에게 알게 하지 아니하셨으니"의 5절에서, 우선, 그리스도의 신비가 언제 누구에게 알려졌느냐 여부를 기록하고 있다. 신비를 "나타내셨다"와 "알게 하지 아니하셨다"를 조사인 "같이"를 사용해 연결하여 비교 부사의 연결인지가 좀 모호하기는 하다. 원문 어순에서는 부정의 내용이 긍정의 내용에 선행한다. 우선, 그리스도의 신비를 가리키는 관계대명사의 머리명사가 쓰여 있어, "그것(그리스도의 신비)을 다른 세대들에서는 사람들의 아들들에게 알게 하지는 않았으니"가 5절 전반부(5a)에 선행한 다음에, 뒤이어 후반부(5b)에 "그의 거룩한 사도들과 예언자들에게 성령에 의해 이제 계시된 것만큼/처럼 〔알게 하지는 않았다〕"라는 상반된 진술이 이어진다. 다시 말하자면, 5a절과 5b절이 각기 상반된 내용의 진술이다. 까탈 없이 우리 문법을 들추었지만 수월하게 읽고 넘어갈 수 있는 문장인데도 학자들은 알게 하지 않았던 "다른 세대들"과 성령에 의해 계시된 "이제"는 각각 언제인지 그리고 특히 "사람들의 아들들"과 "그의 거룩한 사도들과 예언자들"이 각각 누구인지 등에 대해 까다롭게 따져 장황한 주해를 보탠다.

마침 골로새서에서 엡 3:5에 상응하는 기사인 "이 신비는 만세와 만대로부터 옴으로(여러 시대와 여러 세대로부터) 감추어졌던 것인데, 〔그러나〕 이제는 그(주)의 성도들에게 계시되었다"(골 1:26)를 우연찮게 찾아 읽을 수 있으므로 에베소서 해당 절의 이해에 참고하겠다. 엡 5a절에서 세대가 복수로 쓰였으므로 여러 세대이거니와 특히 골로새서의 "여러 시대와 여러 세대로부터"라는 표현은 오랜 기간 동안 감추어졌던 것임을 강조하고 있다. 여러 학자들이 "시대들과 세대들"을 시간적인 기간이라 독해하지만 자구대로의 엄격한 어의로 하면 시간과 존재의 오랜 기간이니, 하나님의 우주완성의 기간이 유구한 세월이 소요되는 모양이므로 이것이야말로 또 다른 신비라 아니할 수 없다. "다른 세대들"과 대비하여 원문 5b절에서 "이제"라 때매김하고, 하나님의 구원사의 신비가 성령으로 계시되어 역사적인 현실이 되었다고 5a절에 대비한다. 문제는 "다른 세대들에서는 사람들의 아들들에게 알게 하지 않고"이니 바울 이전의 여러 세대라 해석할 수도 있겠고(Hoehner 2002: 437), 다음에 읽을 6절을 미리 보면 구약 시대라 해석할 수도 있겠다.

그리고 또 엡 5a절에서 "사람들의 아들들"이 누구냐의 의문이 제기되는데, 골 1:26에서는 "주의 성도들에게 계시되었다"라 명세하고 있으니, 이스라엘의 조상이나 예언자들의 특수한 선택된 집단을 제외한 인간 일반에게 알게 하지 않은 것이라 해석한다.(Thielman 2010: 197) 아마도 이 제약적인 해석은 구약 시대에도 그리스도의 신비를 예언자 등의 특수한 사람들에게는 계시하였다는 사실을 시사하는 해석일 것이다. 이처럼 5a절에 쓰인 대로 신비는 적어도 구약의 여러 세대에 걸쳐 백성 일반에게 숨겨졌던 신비다. 에베소서에서는 신비가 계시된 것이 "그의 거룩한 사도들과 예언자들에게"인 반면에 골로새서에서는 "주의 성도들에게"라 기술하고 있다. "주의 성도들에게" 계시되었다는 신비는 "하나님의 말씀의 선포에 반응한 모든 신자들을 위해 하나님의 역사적인 행위"(Pao 2012: 130)로 이루어진 계시이다. 에베소서 "사도들과 예언자들" 양자 모두를 "거룩하다"라 수식하고 복수로 표현하고 있는 "그의 거룩한 사도들과 예언자들에게 계시되었다" 역시도 골로새서에 대한 파오의 해석과 마찬가지로 그리스도를 믿는 신자들 일반이라 해석하여도 좋을 것이다. 골로새서에서 성도들이 교인들이므로 신비가 교회에 주어졌다고 해석한다면 "사도들과 예언자들"을 함께 묶어 해석할 수 있을 것이다. 그리고 이 독해가 실상 회흐너의 주해와 합치한다. 그뿐만 아니라, 누가복음에서는 제자들이 씨 뿌리는 비유의 뜻을 물으니 "하나님 나라의 신비가 너희에게는 알도록 주어졌다"(눅 8:10)라 말하며 예수께서 제자들에게 〔다른 사람들에게와는 달리〕 그 뜻을 풀이해 주는 기사가 있다. 이 맥락에서 "들을 귀 있는 자는 들어라!"(눅 8:8)는 예수의 말씀을 읽으면, 신자들 일반이 신비의 계시에 대한 통찰력을 갖고 있다는 해석이 가능하지만 신실한 신자들이라는 단서를 붙여도 좋을 것이다.

학자들은 5절 전반부와 후반부의 관계를 우리말 비교격 조사 "처럼"의 뜻 즉 "같은 정도" 혹은 "그만큼"의 의미로 해석해, 지난 세대들에서는 현금의 세대와 마찬가지 정도로 신비가 계시된 것은 아니라 해석한다. 이처럼 전반부와 후반부의 관계가 대조의 관계를 갖는 표현임을 부정할 수 없다. 특히 3:9~10을 읽으면 상대적인 비교라기보다 "이제 신비가 성령으로 말미암아 그리스도의 사도들과 예언자들에게 계시되었다"는 사실이 대조적으로 강조되어야 한다.(Thielman 2010: 198) 마찬가지로, 신비가 "그리스도의 신비"라는 의미가 더욱 강조되어야 한다. 그리스도의 신비는 그리스도의 죽음과 일으켜지심을 통해 "당신의 힘의 막강한 역사에 따라" 영광의 소망을 우리에게 베푸신 "하나님의 능력의 막강한 능력"(1:19)이다. 신비에 관한 유명한 기록들이 다른 바울 서한들에서도 찾아볼 수 있다.(e.g., 롬 16:25, 26; 고전 2:7) 그런데 에베소서의 특이한 점은 이 신비가 일차적으로 유대인과 이방인의 하나됨을 강조하고 있다는 사실이다. 우선 이것이 어떻게 그리스도의 신비인지를 아래에서 해명하기로 하겠다.

"이는 이방인들이 그리스도 예수 안에서 복음으로 말미암아 함께 후사가 되고 함께 한 몸이 되고 함께 약속에 참여하는 자가 됨이라"의 6절에서 이방인들과 유대인들의 하나됨을 다시 강조한다. "함께(syn)"를 접두어로 사용하여 복합어를 만들어 사용하는 어법은 바울의 독특한 문체이다. 함께 후사(synkleronoma)가 되고는 종말의 때에 하나님의 백성이 유업을 받는 일이요, 함께 몸(syssoma)이 되고는 그리스도의 몸인 교회의 지체요, 그리고 약속에 함께 참여하는 자(symmetocha)는 아마도 "아브라함의 축복"과 "성령의 약속"(갈 3:14)을 받는 일이다. 이처럼 이방인들과 유대인들이 하나로 함께 됨은 물론 그리스도 예수 안에서 복음으로 가능한 것이니—"그리스도 안에 있는 자들만"(Thielman 2010: 206)의 것이다—이것이 일차적으로 "그리스도의 신비"이다. 앞에서 골 1:26을 참조했지만 잇따르는 27절에서 "하나님이 그(신자)들로 하여금 이 비밀(신비)의 영광이 이방인 가운데 어떻게 풍성한 것을 알게 하려 하심이라, 이 비밀(신비)은 너희 안에 계신 그리스도시니 곧 영광의 소망이니라"(골 1:27)고 적고 있다. 신비의 영광스러운 풍요가 이방인들 가운데 있는 그리스도이고, 이 그리스도가 영광을 위한 종말의 소망이라는 것이다.(Pao 2012:

131) 바울의 세계 전도 이래로 작금의 우리로서는 배타적인 유대인들의 유일신 하나님이 우리의 하나님이심이 신비이기는커녕 조금도 이상한 일이 아니다. 하지만, 유대교의 철저한 신봉자로서 이방 교회를 핍박했던 바울 당시의 유대주의로서는 아브라함의 자손이 아닌 모든 족속에게 하나님 백성의 세계화가 신비일 수밖에 없다. 유대인과 이방인의 하나됨이 신비의 일차적인 특징이라 하였지만, 실상, 이것이 신비의 기초이다.

이 일차적인 신비의 기초 위에 원대하게 설계된 하나님의 의지의 종국적인 신비를 에베소서와 골로새서에서 서술하고 있다. 이 신비를 1장 9~10절에 잠시 언급하였었으나, 이 서한의 수신자들이 2장 11절부터 후반부를 읽으면서 1:9~10을 회상하리라 기대한다는 것은 억지라 아니할 수 없다. 하나님의 의지의 신비는 "하늘에 있는 것이나 땅에 있는 것이나 그리스도 안에서 모든 것들을 하나의 머리 아래 통일하기로 작정하셨다"(1:10)는 것이다. 그것은 그리스도 안에서 "만물을 창조하신 하나님이 여러 세대에 걸쳐 숨겨 두시었던 신비"(3:9)지만, 단순히 숨겨 두었던 비밀이 아니라 만물을 본래의 창조의 의지대로 복원하는 일이 곧 신비이다. 창조에서부터 우주 완성까지의 하나님의 의지의 실현이 신비이다. 그러므로 에베소서의 저자인 바울은 3장 초두에서 기도에 임하려다, 말머리를 돌려 1장에서 언급했던 신비의 계시를 덧붙인다. 그 덧붙임은 단순한 부연이 아니라 에베소서가 전하고자 하는 지극히 당연한 핵심 논리의 전개이고 그리고 "다른 세대들"과는 차별적인 "이제"라는 새로운 세대의 대조의 특이성으로서의 보편 교회론을 전개한다.

바울에게 신비의 계시와 사역의 은혜(3:7~9)

앞서 2장에서 우리는 에베소서의 하나의 주제가 은혜라 하였다. 에베소서의 저자는 "허물로 죽은 우리를 그리스도와 함께 살리셨고"(2:5)도 은혜이고 "믿음으로 말미암아 구원을 얻었나니"(2:8a)도 은혜로 인함이라 서술하고 있다. 이 은혜는 그리스도의 십자가의 죽음을 통해 죄인을 의롭다고 하시는 하나님의 은혜이다. 더욱이 사도 바울에게는 또 다른 은혜가 있다. 앞에서 신비의 계시도 은혜라 하였고(3:2~3) 그리스도가 곧 신비라는 통찰을 바울이 갖고 있다(3:4)라고 하였으니, 그러므로, 이제 7절 이하에 신비의 경륜을 위한 사역도 은혜라 진술한다. 사역의 은혜에 관한 전형적인 진술은 실상 고린도전서에서 찾아볼 수 있다. "그러나 나의 나 된 것은 하나님의 은혜로 된 것이니 내게 주신 그의 은혜가 헛되지 아니하여 내가 모든 사도보다 더 많이 수고하였으나 내가 아니요 오직 나와 함께하신 하나님의 은혜로라"(고전 15:10)가 그것이다. 아래 7절 이하에서도 사역의 은혜가 무엇인지를 명쾌하게 규정하고 있다.

> **7** 이 복음을 위하여 그의 능력이 역사하시는 대로 내게 주신 하나님의 은혜
> 의 선물을 따라 내가 일군이 되었노라 **8** 모든 성도 중에 지극히 작은 자보
> 다 더 작은 나에게 이 은혜를 주신 것은 측량할 수 없는 그리스도의 풍성을
> 이방인에게 전하게 하시고 **9** 영원부터 만물을 창조하신 하나님 속에 감취
> 었던 비밀의 경륜이 어떠한 것을 드러내게 하려 하심이라

"이 복음을 위하여"라 우리 개역이 7절 초두를 앞세운 표현은 깔끔한 의역이다. 실상 6절의 "복음"을 관계대명사(머리명사)로 받은 이 초두를 직역하면 "이 복음의 일꾼이 내가 되었노라"이다. 이처럼

일꾼(종 혹은 집사)이 된 것은 스스로 자원하여 된 것이 결코 아니다. "당신의 능력의 역사함에 따라 내게 주신 하나님의 은혜의 선물에 따라 이 복음의 일꾼이 되었다"가 7절이다. 은혜란 본래 대가도 없고 보답할 수도 없는 것이지만, 7절에서는 아예 선물이라 말하고 있다. 더구나 은혜의 선물을 수식하는 또 다른 단서가 적혀 있다. 하나님의 능력이 역사하심에 따라 은혜의 선물이 내게 주어졌다는 것이다. 말하자면, 7절은 사역자의 직무와 사역하는 일 양자가 모두 나의 자아와 아무 관계없이 피동적으로 주어진 소명임을 천명한다. 이 점에서 앞 서두에 인용한 고전 15:10을 음미하는 것이 이 7절의 해설에 무엇보다 적합하다. "나의 나 된 것" 즉 사도의 사역은 하나님의 은혜로 된 것이다. "내가 모든 사도보다 더 많이 수고"할 수 있었던 것도 "내가 아니요" 전지전능한 하나님의 능력이 역사하신 까닭이다.

이어서 "나에게, 모든 성도들 중에 가장 작은 자인 나에게, 이 은혜를 주셨다"라는 8절 전반부는 7절과 함께 읽는 것이 맥락에 일관성을 부여한다. "일꾼이 된" "나"가 "모든 성도들 중에 가장 작은 자"라는 이처럼 겸손한 자기 비하의 표현은 다른 바울 서한들에서도 찾아볼 수 있다. "죄인 중에 내가 괴수니라"(딤전 1:15c), 그리고 뿐만 아니라 부활하신 예수가 "맨 나중에 만삭되지 못하여 난 자 같은 내게도 보이셨느니라 나는 사도 중에 지극히 작은 자라 내가 하나님의 교회를 핍박하였으므로 사도라 칭함을 받기에 감당치 못할 자로라"(고전 15:8~9)가 그 보기들이다. 게다가 "성도들 중에 가장 작은 자"(엡 3:8)와 "사도들 중에 지극히 작은 자"(고전 15:9)에서 동일한 어휘 최소(elachistos)라는 비교급 어휘가 사용되었다. 이들 모든 자기 비하의 표현은 바울의 회심과 관련된 실질의 표현이지 수사적인 겸양이 아니다. 회흐너는 에베소서의 저작이 바울이 아닌 다른 저자라면, 그가 8절 전반부처럼 바울을 비하할 수 없었으리라 논평하고 있다.

이제 저자는 "모든 성도들 중 가장/지극히 작은 자인 나에게 이 은혜를 주신 것"이 무엇을 위함인지 8b~9절에서 은혜로운 사역의 목적을 기술한다. 우선 8b절 "측량할 수 없는 그리스도의 풍성을 이방인들에게 전하게 하시고"가 직접적인 은혜의 목적이다. "측량할 수 없는"이라 함은 그리스도의 풍성의 크기를 뜻할 수도 있지만, 그보다는 그 풍성의 불가사의한 내용의 깊이를 뜻한다는 것이다. 그 불가사의를 이제 하나님께서 성령을 통해 계시하여 주었기에 그것을 이방인들에게 전하는 일이 사도 바울의 사역의 과제이다. 달리 말하면, "하나님이 그(신자)들로 하여금 이 비밀(신비)의 영광이 이방인 가운데 어떻게 풍성한 것을 알게 하려 하심이라"(골 1:27a)가 바울의 사역의 과제이다. 그리하여 8b절에 적힌 과제를 "그리고 만물을 창조하신 하나님 속에 여러 세대들로부터 감춰졌던 신비의 경영이 무엇인가를 모두에게 밝히 보이게 하려 함이다"라 9절에 달리 진술하고 있다. "모두에게 밝히 보이게 하려 함이다"는 이방인들뿐만 아니라 유대인들을 포함한 만인에게 밝히 보이기 위함이라는 것이다. 앞 2~6절에서의 신비의 계시와 7절 이하의 사역의 은혜가 공유하는 맥락적인 연관성을 8b~9절이 진술하고 있음을 주목해야 할 일이다. 그리고 앞 3:2에서는 "은혜의 경영"이라고 그리고 여기 9절에서는 "신비의 경영"이라고 'oikonomia'가 쓰인 맥락에도 또한 주목해야겠다. 은혜와 신비의 계시를 받았으면 그것을 만인에게 밝히 보여야 한다는 당위성의 고백이다. "여러 세대들로부터(apo ton aionon)"라는 여기 이 번역은 직역인데, 바울 서한의 다른 용례들에 비추어(cf.

골 1:26) 악령의 세대를 지칭할 수도 있고 뒤이은 10절의 문맥에 비추어 전치사(조사) "부터"를 "여러 세대 동안"이라 번역하는 것이 오늘날 정설이다.(Hoehner 2002: 456~57; Thielman 2010: 214)

하지만, "하나님 속에 여러 세대부터 감추어졌던"에서 조사 "부터"를 강조하면 우리 개역처럼 "영원부터 감추어졌던"이라 해석할 수도 있는 모양이다.(O'Brian 1999: 244) "하나님 속에 감추어졌던" 신비가 만일 첫 아담의 금단의 사과와 같은 의미가 숨겨져 있다면 "영원부터 감추어졌던" 신비의 의미도 숙고할 가치가 있다.

우주적 성격으로서의 교회(3:10~12)

영원부터이든 여러 세대 동안이든 이 감추어졌던 신비가, 앞선 에베소서 기사에서 보면, 구체적으로 유대인과 이방인의 하나됨이다. 그런데 그 하나됨은 당연히 하나님의 구원사의 완성의 틀 안에서 이루어지는 것이다. 이제 에베소서는 그 구원사의 완성의 큰 한 걸음을 더 내딛는다. 에베소서가 그리스도의 영광 가운데 나타나시는 '파루시아'를 다루고 있지 않다는 비판이 있지만, 실은 이 서한이 구원사의 완성을 깊게 통찰하고 있다. 에베소서가 다루고 있는 종말론이 교회론의 배경을 갖기 때문에 단지 우리에게는 매우 난해할 따름이다.

> **10** 이는 이제 교회로 말미암아 하늘에서 정사와 권세들에게 하나님의 각종 지혜를 알게 하려 하심이니 **11** 곧 영원부터 우리 주 그리스도 안에서 예정하신 뜻대로 하신 것이라 **12** 우리가 그 안에서 그를 믿음으로 말미암아 담대함과 하나님께 당당히 나아감을 얻느니라

앞 9절에서 "여러 세대 동안 감춰었던 비밀의 경륜의 계략이 무엇인가를 모두에게 밝히 보이게 하려 함이다"라 진술한 뒤, 10절에서 "하나님의 각종 지혜가 하늘의 영역들에 있는 통치자들과 권세들에게 교회를 통해 이제 알려지기 위함이다"가 이어진다. 이 10절에서 하나님의 각종 지혜가 주어인데, 이미 인용한 바 있는 고전 2:6에 기대면, 하나님의 지혜가 곧 신비다. "하나님의 각종 지혜"에서 "각종"이라는 어휘는 아름다운 여러 색깔이라는 뉘앙스를 지니고 있다고 하니 "각양각색"이라 번역할 수도 있을 것이다. 이처럼 감성과 이성으로 판별하기 어려운 신비의 각종 아름다운 지혜를 심지어 하늘의 영역들에 있는 통치자들과 권세들에게 알게 하신다는 것이다. 이 자들은 1:21에도 적혀 있고, 그리고 특히 6:12에서는 이들이 악의 영들의 범주에 속하는 자들이다. 학자들은, 선한 영의 존재를 부정치 않고 있지만, 여기 기록되어 있는 통치자들과 권세들이 악의 영들이라 생각한다. 이들에게 알려 주는 신비의 범위는 인류의 구원을 포함한 만물의 온전한 완성의 복음일 것이다. 유대인들과 이방인들이 모두 함께 하나님의 권속이 된 것처럼, 나아가서 만물을 창조하신 하나님의 신비의 계획이 피조물 모두를 당신과의 화목으로 공존하게 하심을 알려 주는 것일 터이다. 우리는 이 기사를 읽으며 만물의 창조주이신 하나님이 모든 창조물의 온전한 구원의 완성을 표현하고 있는 "이는 하나님이 만유의 주로서 만유 안에(ta panta en pasin: all in all: 모든 것들을 세세부분 총체적으로) 계시려 하심이라"(고전 15:28b)는 하나님의 전지전능한 성격을 올바르게 읽을 수 있어야겠다.

이 신비의 우주적 성격에 주요한 두 특징이 10절에 덧붙여져 있다. 하나님의 지혜를 하늘의 영들에게 알게 하는 두 특징을 10절에 적고 있다. 그 통로가 "교회를 통해"라는 것이 그 하나의 특징이고, 그리고 알리어지는 시기가 "이제"라는 것이 또 다른 하나의 특징이다. "교회를 통해"에 관한 한, 이미 1장 23절 "교회는 진정 그의 몸이니 그의 충만인 바"라 적고 그(그리스도)를 관계절의 머리명사로 표현해 "그는 지속적으로 또 온전하게[만물 안에서 만물을(ta panta en pasin: all in all)] 충만케 된다"고 표현한 것을 읽을 때 우리는 교회가 하나님의 존재, 능력 혹은 영광의 본질에 의해 충만해지는 그리스도의 충만인 그의 몸이라 독해하였다. 그리스도가 교회의 머리라는 에베소서의 은유는 만물을 포괄하는 우주적인 완성의 목표를 함의하는 것이라 1장 말미에서 또 논의하였다. 통치자들과 권세들에게 하나님의 지혜를 알려 주는 일은 이 우주 완성의 목표의 일환에 속한다. 이때 우리에게 참으로 난해한 것은 어떻게 교회가 그의 사역의 영향을 하늘의 영들에게 끼치게 하느냐는 것이다. 그러나 벵겔은 단언한다. "교회가 하나님의 역사(役事)들이 전개되는 활동무대(theatre)이기 때문이다."(Bengel, 1759: 84) 그리고 마이어는 이것을 인용하고 벵겔의 견해에 동의한다. 슈라이너 역시 이 해설을 옹호하여 교회의 힘은 그 자체 내에 내재하는 것이 아니라 하나님 당신 자체에서 생기는 것이라 해설하고, 그리하여 교회는 하나님의 영광의 소재이고 하나님이 역사하시는 활동무대라 해설한다.(Schreiner 2001: 338~39) 이제 여기서 우리는 그리스도가 교회의 머리라는 에베소서의 보편 교회의 진의에 한 발 더 가까이 다가설 수 있다. 그리스도의 몸인 교회는 그리스도가 지닌 하나님의 충만이며, 그리스도가 만물 위에 머리라는 참 뜻을 우리는 특히 슈라이너의 해설에서 의미심장하게 읽는다.

다른 하나의 특징인 "이제"에 관한 한, "이미–아직 아니"라는 바울의 종말론의 특징적인 기술의 의미를 이해할 필요가 있다. 구속은 이미 이루어졌으나(1:7) 동시에 '아직 아니'이며(1:14), 자유 역시 이미 얻었으나(롬 6: 22) 동시에 '아직 아니'이며(롬 8: 21), 그리고 유업(후사)도 마찬가지다.(갈 4:1~7) 제임스 던에 따르면 이미는 '아직 아니'에로의 완성에 다가가고 있고 그리고 '아직 아니'는 '이미'에로 다가오고 있는 팽팽한 긴장의 당김이다. 그러므로 어느 시점이든지 "이제(현재)"는 '이미'와 '아직 아니'의 긴장의 정점이다.(Dunn 1998: 465) 따라서 리더보스에 따르면 "이제"는 구원의 때가 도래한 "이미 이제(already now)"이고, 그리고 던에 따르면 "이제"라는 현재의 시기는 "종말적인 이제"이다. 바로 이 이제를 사용하여 10절은 하나님의 각양각색의 지혜가 하늘의 영들에게 교회를 통해 알려진다고 현재형으로 표현하고 있다. 그러므로 이들 두 특징의 "이제"로 인해 하늘의 악령들에게 하나님의 지혜를 알리는 일이 교회를 통해서라면 교회는 세상적인 이익과 교제를 위한 인간적인 조직일 수 없다는 사실을 심각하게 반성해야 한다. 부활하셔 하나님 오른편에 앉아 계신 그리스도가 교회의 몸이고 우주 만물의 주님이시기 때문이다.

무엇을 기반으로 하여 하나님의 각양각색의 아름다운 지혜를 하늘의 영들에게 알려지느냐가 11절에 적혀 있다. 오늘날 유력한 번역본 NIV, REB 및 NRSV를 참조하면, 11절은 "당신이 그리스도 예수 우리 주 안에서 이룩(집행)하신 영원한 목적에 따라서"이다. "영원한 목적에 따라서"는 9절에 나왔던 "여러 세대들(ton aionon)"의 목적에 따라서이다. 하나님이 그리스도 안에서 하시고자 하는 목적이 미리 그렇게 운명지어져 있었다는 것이다. 우리 개역과의 주요 차이는 개역의 "예정하신"을 "이룩하셨다"의 과거형으로 바꾼 것이다. 본래 이 동사의 의미는 '마음에 품다'라는 뜻으로 쓰일 수 있으므로 '예정하신'으로 번역하여도 크게 엇나가는 것은 아니다. 그러나 많은 번역본에서 '마음에 품다'보다 '성취하다' 혹은 '이룩하다'의 표현을 선호하고 있다. 이때 무엇보다 중요한 일은 구원사의 중심에 그리스도가 계심을 바울의 일반적인 호칭인 "우리 주 예수 그리스도"의 어순을 역순으로 "그리스도 예수 우리 주"라는 장중한 호칭으로 표현하고 있다는 사실이다. 하나님의 의지가 이룩하신 영원한 목적이 다름 아닌 메시아 그리스도 안에서임을 앞세우고 그리고 그 그리스도이신 예수가 "우리의 주"이심을 마지막에 돌리고 있다.

이어서 다시 그리스도 안에서 일어나는 장엄한 일을 진술한다. "우리가 그의 안에서 그를 믿음으로 말미암아 담대함과 당당히 하나님께나아감을 얻느니라"는 12절은 앞 2:18의 "그리하여 그리스도 통해 우리 둘(이방인과 유대인) 다 한 성령 안에서 아버지께 들어갈 자격을 갖고 있다"와 같은 내용을 반복한 것이다. 두 절 3:12와 2:18 모두가 "하나님께 나아가다/들어가다"가 핵심 내용이기 때문이다. 우리 개역 12절 "하나님께 당당히 나아감을 얻느니라"는 본래 원문에는 없는 "하나님께"를 삽입해 번역함으로써 나아감(들어감/접근함)의 목표를 특정화하고 있다. "당당히"는 확신을 가지고라 번역하는 것이 일반적이나 "자유롭게"라는 번역도 가능하다는 것이니, 확신을 가지고를 의역하면 안심하고 하나님께 들어갈 자격을 갖고 있다는 것이다. 게다가 핵심 단어(keyword) 들어가다(prosagoge)가 본래 아데네인들에게 언론자유의 뜻으로 사용되었다는 용례를 아마도 활용하여, NIV는 12절을 "그의 안에서 그를 믿음으로 말미암아 우리가 자유와 확신을 가지고 하나님께 접근할 수 있다"라 그리고 이와 유사하게 NRSV는 담대함을 들어감에 부착되는 부사로 취급하여 "그의 안에서 담대하게 그리고 확신을 가지고 하나님께 들어감을 믿음으로 말미암아 갖는다"고 번역하여 들어감을 더욱 강조하고 있다. REB는 "그의 안에서 그를 신뢰함에서 생기는 확신을 가지고 우리는 하나님께 들어감의 자유를 갖는다"라 번역하여 들어감의 자유를 강조하고 있다.

하나님의 이름을 부르는 일조차 불경하거늘 항차 자유롭게 하나님께 들어가 알현하는 일은 오죽 담대한 일이랴 생각하면 어떤 번역도 일리가 있다. 그러므로 믿음으로 그리스도 안에 있으면 교회를 통해 담대하게 그리고 자유롭게 그리고 안심하고 하나님 앞에 들어가 알현할 수 있다. 하나님을 알현하는 정도를 넘어서 유대인과 이방인 양자가 하나님과 자유롭게 이야기할 수 있다고까지 해설하기도 한다.(Thielman 2010: 219) 더군다나 2:18과는 달리 3:12의 이 알현은 하나님의 불가사의한 지혜에 관해 악의 권세들에게 증언하기 위한 것이라고까지 해설하기도 한다.(Ibid.: 218) 그리스도 안에서 교회가 하나님을 직접 면대하는 자유를 갖는다니 신자들을 "그리스도 예수 안에서 함께 하늘에 앉히셨다"(2:6)일 수밖에 없다.

나의 환난과 너희의 영광을 위한 신비의 본질(3:13)

"이러하므로 그리스도 예수의 일로 너희 이방을 위하여 갇힌 자 된 나 바울은…"으로 3장을 시작하였던 이 단원은 결국 신비에 관한 논변에로 확장하였다. 이제 너희를 위해 옥에 갇힌 나의 환난이 "너희의 영광이니라"로 마무리함으로 그것이 어떻게 너희의 영광일 수 있는지를 이해해야겠다.

13 그러므로 너희에게 구하노니 너희를 위한 나의 여러 환난에 대하여 낙심치 말라 이는 너희의 영광이니라.

초두 "그러므로"는 앞선 12절 혹은 2절부터 12절까지의 신비와 사역의 내용에 연결되는 것이다. 그 내용을 너희로 알게 하였으므로 13절 "그러므로 너희를 위한 나의 여러 환난에 대해 〔너희가〕 낙심치 말기를 내가 청하노라, 이는 너희의 영광이니라"이다. "나 바울은 너희 이방을 위한 그리스도 예수의 수감자이다"(3:1)를 다시 읽으며 여기서 우리는 어떻게 옥에 갇힌 일이 너희를 위한 것인지 또 너희의 영광인지 그 모순과 역설에 당혹하지 않을 수 없다. 이 구절에서 바울은 자신이 겪는 환난을 너희를 위한 환난이라는 것, 그리고 "낙심치 말라"에 주어 '너희'가 생략되어 있는데도 바울이 오히려 수신자들을 위로하고 있음이 분명해진다. 다른 서한들에서도 바울은 오히려 환난 중의 소망이 무엇인가를 역설적으로 표현하고 있으므로 우리는 바울 서한의 다른 곳들을 인용하여 여기 13절을 이해하기로 하겠다. "생각건대 현재의 고난은 장차 우리에게 나타날 영광과 족히 비교할 수 없도다"(롬 8:18), 그리고 "우리의 잠시 받는 환난의 경한 것이 지극히 크고 영원한 영광의 중한 것을 우리에게 이루게 함이니"(고후 4:17), 그리고 "죽은 자 가운데서 다시 살으신 예수 그리스도를 기억하라. 복음을 인하여 내가 죄인과 같이 매이는 데까지 고난을 받았으나 하나님의 말씀은 매이지 아니하리라. 그러므로 내가 택하신 자를 위하여 모든 것을 참음은 저희로도 그리스도 예수 안에 있는 구원을 영원한 영광과 함께 얻게 하려 함이로라"(딤후 2:8~10)가 그 보기들이다. 인용한 서한들에서도 환난이 장차 나타날 영원한 영광이라 규정하고 있거니와 이것이 바울의 일반론이며, 단지 여기 3:13에서는 "너희를 위한 환난"이라 확대하고 있을 따름이다. 여기 3:13을 인용문들과 함께 읽으면, "환난은 일시적이고 영광은 영원히 지속한다"(Klein 2006: 93)라는 의미를 바울 사도가 전하고 있는 것이다. 그의 환난은 그리스도 안에 있는 신자들의 구원에 이르게 하기 때문이다.

아울러, 이 3:13과 더불어 필히 읽어야 할 구절이 골 1:24이다. "내가 이제 너희를 위하여 받는 괴로움을 기뻐하고 그리스도의 남은 고난을 그의 몸된 교회를 위하여 내 육체 〔안〕에 채우노라"가 그것이다. 바울은 그가 겪는 환난들이 예수 자신의 수난에 참여하는 일이라 생각했음이 틀림없다.(Thielman 2010: 222) "그리스도의 남은 고난"이라 함은 바울이 겪는 환난이 "예수의 수난의 당연한 결과"라고 해석할 수도 있다는 것이다.(Schreiner 2008: 725) 그의 수난을 기뻐하고 있음은 그의 사도로서의 수난이 구원의 신비의 복음을 이방 가운데 전하는 주요 수단의 하나이므로 "이(나의 환난)는 너희의 영광이니라"(3:13b)고 적고 있는 것이다. 이 영광이 종말적인 성질이 아니라는 학자들도 있으나 여러 학자들이 이 영광이 종말적인 영광이라는 견해에 찬의를 표명한다. 이 마지막 구절은 이 서한 수신자들을 위한 격려이기도 하지만 차라리 REB처럼 그들을 위한 기도일 수도 있다는 강한 인상을 동시에 풍긴다. 앞에서 읽었던 골 1:27을 원문대로 다시 옮기면, "성도들에게 하나님이 이방인들 가운데 있는 이 신비의 영광스러운 풍성함을 알게 하기를 원하셨으니, 이 신비는 너희 안에 있는 그리스도요 곧 영광의 소망이시라"이다. "알게 하기를 원하셨다"는 감추어졌던 신비를 물론 이제 하나님께서 이방에게까지 소망의 문을 개방한 것이지만, 바울이 기도에서 흔히 간구하는 구절이다.(cf. 엡 1:18~19) 에베소서 기도의 제목인 신비의 내용이 골 1:27절 말미이기도 한데, 바로 이 신비가 이방인 "너희 안에 있는(內住하시는) 그리스도"(Moo 2008: 158)이고 그 그리스도가 우리의 종말 영광을 위한 소망이다.(Pao 2012: 131)

기도하려다 중단하고 바울은 그가 받은 신비의 계시가 무엇인가를 다시 반복해 수신자들에게 알게 한다. 이를 알게 함의 직접 동기는 "너희를 위한 나의 여러 환난에 대해 〔너희가〕 낙심치 말라"(13절)일 터인데, 종국적으로 內住하시는 그리스도와 함께 종말 영광의 소망을 확신시키기 위함이 "낙심치 말라"의 기본 밑바탕일 것이다. 그러므로 "하나님이 그리스도 예수 우리 주 안에서 이룩하신 영원한 목적에 따라서"(11절)이다. "측량할 수 없는 그리스도의 풍성을 이방인에게 전하게 하시고"(8절), 그리고 "하나님의 각종 지혜가 하늘의 영역들에 있는 통치자들과 권세들에게 교회를 통해 이제 알리어지기 위함이다"(10절)의 신비를 전한다. 이 신비는 하나님의 선민의 경계를 그리스도 안에서 만민에게 허물어버릴 뿐만 아니라 심지어 만물 중에서 하늘의 악령들에게조차 각양각색의 아름다운 하나님의 지혜를 교회를 통해 알게 하는 것이니, 단순히 감추었던 비밀이 아니라 문자 그대로 "내주하시는 그리스도가 곧 신비"라 아니할 수 없다. 만물의 창조주이신 하나님의 우주완성의 의지가 우리 주 그리스도 예수를 중심으로 그리고 그의 안에서 이미 열린 것이다. 그러므로 하나님의 모든 충만이 신자들에게 가득차지도록 간구하는 아래의 기도를 읽으면, 기도하려다 중단한 바울의 심정을 짐작하고 남는다. 하나님의 충만을 간구하기 전에 신자들이 필히 알아야 할 하나님의 충만의 기본 밑바탕인 신비를 꿰뚫어 보이고 싶었기 때문일 것이다.

7) 성령으로 말미암아 속 사람이 강하여지고, 그리스도의 사랑의 엄청난 크기를 이해하고, 그리고 하나님의 충만을 간구하는 기도(3:14~21)

이 단원은 에베소서에 나오는 두 번째 기도이다. 첫 번째 기도(1:17~23)는 하나님께서 너희의 마음의 눈을 밝히셔 하나님의 능력의 월등하게 크심을 알게 하시고 지혜와 계시를 간구하는 기도였다. 두 번째 기도의 내용을 요약해 이 기도 단원의 제목으로 삼았다. 첫 번째 기도 말미에는 없었던 "아멘"을 두 번째 기도 말미에 붙인 것을 보면 이 기도가 에베소 신도들을 위한 간절한 기도임을 알 수 있다.

아버지 앞에 무릎을 꿇음(3:14~15)

이 기도의 초두와 말미(3:20~21)가 하나님께 드리는 영광송이라 할 수 있다. 영광의 하나님께 무릎을 꿇고 드리는 기도의 초두가 송영으로 시작해 송영으로 끝나는 대단히 장엄한 기도이다.

> **14** 이러하므로 내가 하늘과 땅에 있는 각 족속에게 **15** 이름을 주신 아버지 앞에 무릎을 꿇고 비노니

앞 3장 1절과 마찬가지로 "이러하므로(이 때문에)"라 기도를 시작한다. 우리는 그때 "이러하므로"가 유대인과 이방인을 그리스도 안에서 새 사람을 만들었다는 2:11~22의 내용을 가리킨다고 하였다. 그때 말문을 연 후에 기도를 뒤로 미루고, 대신, 막간의 틈을 내어 신비의 계시와 사역의 은혜를 적었다. 그러므로 이제 다시 반복하는 "이러하므로"는 2:11~22을 포함한 3:2~13의 내용이라 보아야 한다. 실상 유대인과 이방인을 하나의 새 사람으로 창조하신 것이 구

원의 계획에 속하는 일차적인 신비다. 신비를 해설한 다음에 "이러하므로"를 다시 반복하여 기도를 시작할 수 있을 것이다.

서서 하는 것이 아니라 무릎을 꿇은 기도의 자세가 엄숙한 예배의식의 자세이다. 유대인들의 일반적인 기도의 자세는 서서 눈을 하늘을 향하는 것이므로 "내가 아버지 앞에 무릎을 꿇고"라 적고 있음은 기도의 간절함을 대변하고 있다. 게다가 "하늘과 땅에 있는 각각의 가족에게 이름을 주신 분"이라는 "아버지" 호칭이 친근하고 또 장엄하다. 랍비의 전통에서는 자식은 부친의 이름을 차명해 누구의 아들로 불리움으로써, 자식을 아버지와 동일시하여 왔다. 구약에서는 야하웨께서 부친에게 그의 아들의 이름을 직접 하사한 사례들이 기록되어 있다. 그만큼 이름은 같은 이름을 가진 한 가족의 정체성을 대표한다. 이 정체성은 부권의 절대성이다. 바로 그 "아버지"를 호칭하고 하늘과 땅에 있는 모든 족속에게 이름을 주신 분이라 부연하거니와 이것은 1장 중반부를 연상케 한다. "하늘에 있는 것들이나 땅에 있는 것들이나 모든 것들을 그리스도 안에서 하나의 머리 아래 통일하여"(1:10) 각양각색의 이질적인 것들을 통일함을 하나님께서 기뻐하시고, "우리로 하나님의 영광의 찬송이 되게 하기 위함이라"(1:12b)를 상기케 한다. 기도의 초두 역시 일종의 송영이라 논평한 것은 바로 이 때문이다.

성령의 능력과 그리스도의 사랑, 그리고 하나님의 충만(3:16~19)

이 기도는 성령을 통해 너희 속 사람이 강건하여져 그리스도가 너희 마음 속에 계시기를(3:16~17) 간구하며, 그리하여 신자들이 그리스도의 사랑을 체험하는 일에 성령과 그리스도가 함께 역사하심을 간구한다.(3:18~19a) 성령과 그리스도가 함께 신자들을 위해 역사하신다는 점에서 이 에베소서의 이 단락을 롬 8:9~11과 맞대어 비교하기도 한다.(Schreiner 2008: 489) 내주(內住)하시는 성령과 내주하시는 그리스도 안에서야 신자들은 하나님의 충만으로 가득차질 수 있다(3:19b)는 점에서 이 기도는 삼위일체를 향한 기도의 극치이다.

> **16** 그 영광의 풍성을 따라 그의 성령으로 말미암아 너희 속 사람을 능력으
> 로 강건하게 하옵시며 **17** 믿음으로 말미암아 그리스도께서 너희 마음에 계
> 시게 하옵시고 너희가 사랑 가운데서 뿌리가 박히고 터가 굳어져서 **18** 능
> 히 모든 성도와 함께 지식에 넘치는 그리스도의 사랑을 알아 **19** 그 넓이와
> 길이와 높이와 깊이가 어떠함을 깨달아 하나님의 모든 충만하신 것으로 너
> 희에게 충만하게 하시기를 구하노라

이제 16절부터 기도의 본문인 바, 초두 16절에 "하나님께 간구하오니 당신의 영광의 풍성을 따라"라는 찬미와 간구로 시작한다. 간구의 내용이 우선 "하나님께 간구하오니 당신의 영광의 풍성을 따라 당신의 성령을 통해 능력으로 속 사람이 강하여지도록 하여 주시어, 그럼으로써 믿음을 통해 그리스도께서 너희 마음속에 계셔 주옵소서"의 16~17a절이 첫 번째 간구다. "속 사람(eso anthropos)"은 "내 속 사람으로는 하나님의 법을 즐거워하되"(롬 7:22)에서 적힌 바울의 개념이고 그리고 "후패하는(쇠약해지는)" 겉 사람과 대조를 이루어(고후 4:16) 날로 새로워져야 할 속 사람이다. 속 사람은 2:15 및 다른 서한들에 나오는 "새 사람"과 동일한 맥락에서 성령이 내주하는 곳이고(Bruce 1984: 326), 그리스도의 몸과 하나님의 성전이라는 개념들과 밀접한 연관을 갖는다. 이 속 사람이 강하여지는 것은 "하나님의 성령을 통해 능력으로" 강건하여지는 속 사람이다. 하나님의 성

령을 통한 능력 없이는 누구든 무력한 겉 사람일 따름이다. "믿음으로 말미암아 그리스도께서 너희 마음속에 계셔 주옵소서"의 17a절은 16절과의 연결 관계가 우선 논쟁의 대상이다. 하나의 해석은 REB, NRSV 및 우리 개역에서처럼 16절의 "강하여지도록 하여 주소서"와 "계셔 주옵소서"의 두 부정사(동사)를 "그리고"의 연결 관계로 나란히 병치해 읽는 방식이다. 다른 하나의 해석은 NIV처럼 두 동사를 "그럼으로써"의 인과의 결과로 연결해 읽는 방식이다.

우리가 아래에서 해설한 바처럼, 후자의 "그럼으로써"의 연결 방식을 취하면 성령을 통해 속 사람이 강해짐으로써 그리하여 그리스도가 너희 마음에 계셔 주심이므로, 성령과 그리스도가 함께 역사하심으로 말미암아 이루어짐이다. 통사적으로는 NRSV든 NIV든 양쪽의 번역이 가능한 모양이지만, 통사적인 구문 분석에 의존하기보다는 의미론적인 관계에 따라 해석하는 것이 올바른 길일 것이다. "강하여지도록 하여 주소서"의 대상은 "속 사람"이다. 이 속 사람을 다시 롬 7:22에 의존해 해석하면 "내 속 사람으로는 하나님의 법을 즐거워하는" 마음이다.(Schreiner 1998: 377) "오호라 통제로다(비열하기를 나야말로!)"의 비탄의 부르짖음 직전에 서술된 "내 지체 속에서 한 다른 법이 내 마음의 법과 싸워 내 지체 속에 있는 죄의 법 아래로 나를 사로잡아 오는 것을 보는도다"(롬 7:23)를 읽으면, 내 마음의 법은 죄의 법이 아닌 하나님의 의에 순종하는 마음이다. 그렇다면, 하나님의 법을 즐거워하는 "속 사람을 강하여지게 하여 주소서"라는 죄에 항거하는 우리의 속 사람이 강화되어야 하고 동시에 "믿음으로 말미암아 그리스도께서 너희 마음 속에 계셔 주시는" 일이 일어나야 한다.(O'Brien 1999: 258) 브루스는 롬 8:10~11 "그리스도께서 너희 안에 계시면 몸은 죄로 인하여 죽은 것이나 영은 의를 인하여 산 것이니라(성령이 생명을 가져오리라). 예수를 죽은 자 가운데서 살리신 이(하나님)의 영이 너희 안에 거하시면 그리스도 예수를 죽은 자 가운데서 살리신 이가 너희 안에서 당신의 영으로 말미암아 너희 죽을 몸도 살리시리라"를 인용하여, 16절과 "그리스도께서 너희 마음 속에 계셔 주심"의 17a절을 "그럼으로써"의 관계로 해설하고 있다.(Bruce 1984: 327)

"마음(kardia)"은 성령이 살아 움직여 하나님의 은혜를 체험하는 사람의 깊은 곳이다.(cf. 고후 1:22; 3:2~3; 4:6; 갈 4:6) 하나님의 사랑이 부어지는 곳이 마음(롬 5:5)이고, 신앙이 있는 곳도 마음(롬 10:10)이다. 때로는 "미련한 마음"(롬 1:22) 혹은 "마음의 정욕"(롬 1:24)에서처럼 부정적으로 쓰인 사례도 없지 않으나, "하나님이 저희를 그 상실한(타락한) 마음대로 내버려 두사 합당치 못한 일을 하게 하셨으니"(롬 1:28)라는 진술로 미루어 부정적인 의미로 쓰인 곳이라 하더라도, 차라리 마음이 종교적인 자질을 갖춘 곳임을 반증하는 것이라 할 수 있다. 통사적인 구문 분석으로는 "성령을 통해(dia: 말미암아) 속사람이 강하여지도록 하여 주소서"의 16절과 "믿음을 통해(dia: 말미암아) 그리스도가 너희 마음속에 계셔 주소서"라의 17a절 사이에 나란히 적힌 마음과 속 사람을 위한 기원을 "그리고"의 병치적인 관계로 독해할 수 있다. 가령, "하나님께 간구하오니 당신의 영광의 풍성을 따라 당신의 성령을 통해 능력으로 너희 속 사람이 강하여지도록 하여 주시고, 그리고 믿음을 통해 그리스도께서 너희 마음속에 계셔 주옵소서"라는 NRSV 번역이 그 예이다. 하지만, 이때에도 "강하여지도록"과 "계셔 주옵소서"가 동일한 행위를 두 가지 방식으로 말하고 있는 것이라는 독해를 권장하고 있다.(Thielman 2010: 229) "속 사람"인즉 "마음"이기 때문이다.

그런데, "믿음으로 말미암아 그리스도께서 너희 마음속에 계셔 주소서"의 17a절을 읽을 때 자칫 놓치기 쉬운 특이한 어휘 의미가 있다는 점이다. "믿음으로 말미암아 그리스도께서 너희 마음속에 계신" 것은 입신한 당초부터 그리고 계속해 언제나 그런 것이 아닌가? 이 의문에 관련해 "계시다"는 '거주하다'의 뜻을 넘어 '정주하다'의 뜻을 갖는다고 하니, '영원히 계시다'의 뜻을 표현하고 있다는 사실을 자칫 놓치기 십상이다. 말하자면, 그리스도가 신자들의 마음 속 깊이 계셔서 그리스도 안에 상주하는 신자들의 체험이 그리스도 안에서 구원받고, 살고, 그리고 행위하는 모든 일체가 그리스도께서 우리 마음에 살아 있는 체험으로 드러나기를 17a절이 간구하고 있는 것이 이 간구의 요체라는 점이다. 이때 "신자들의 생에 성령이 능력을 더 많이 부여하면 할수록 신자들의 그리스도에의 닮음으로의 변형이 더욱 커질 것이다"(O'Brian 1999: 259)라는 해설에 수긍이 간다. "하나님의 성령을 통해 능력으로 속 사람이 강하여지도록"이라는 바로 이 이유로 인해 우리는 NIV처럼 16절과 17a절을 "그리고"가 아닌 "그럼으로써"라는 접속사를 매개로 연결하는 해설을 선호하기로 하겠다. "개인의 바로 중심(마음)이 성령에 의해 강해짐으로써 믿음으로 말미암아 그리스도가 그의 마음속 깊이 내주(內住)하심의 효력을 가질 수 있다"(Hoehner 2002: 482)는 효력을 강조하려면, 16절과 17a절이 "그럼으로써"의 관계로 연결되어야 심층적인 이해가 가능하다.

"〔너희가〕 사랑 가운데서 뿌리가 박히고 기초가 세워져"의 17b절 역시 마찬가지 해석상의 논란이 있다. 주요 논란은 "뿌리가 박히고 기초가 세워져"라는 분사구가 어느 문맥에 연결되느냐는 독해의 문제다. 독해의 한 방식은 17절 후반부를 17절 전반부에 연결시켜 읽는 방식이다. 그리하여 NRSV는 “믿음으로 말미암아 그리스도가 너희 마음 속에 거하옵소서, 너희가 사랑 가운데서 뿌리가 박히고 기초가 세워짐으로써”처럼 같은 한 단위로 연결하는 번역을 취한다. 링컨은 이 방식을 취하여 독해한다. 하지만, 독해의 또 다른 방식은 17절 후반부를 전반부에서 분리하여 오히려 18절에(우리 개역에서는 19절 전반부에) 연결시키고 그리고 또 19절과 함께 읽는 방식이다. 그리하여 “사랑 가운데서 뿌리가 박히고 기초가 세워짐으로써 그 넓이와 길이와 높이와 깊이가 어떠함을 너희가 모든 성도들과 함께 깨우칠 수 있기를, 그리하여 지식을 뛰어넘는 그리스도의 사랑을 알기를”과 같은 번역을 취하는 것이다. 실상 KJV 및 NIV를 비롯하여 많은 번역본과 여러 주해서가 이 후자의 방식을 선호한다. 회흐너는 이 방식을 취하여 그리스도의 사랑을 이해할 능력을 갖기 위해 뿌리가 박히고 터가 굳어지기를 간구하고 있다고 독해한다. 이들 양자 이외의 또 다른 방식은 제3의 또 다른 제안이 있다.(Thielman 2010: 232~33) 이 17b절을 앞뒤 절과 독립적으로 괄호 속에 넣어진 감탄문으로 즉 “〔너희가〕 사랑 가운데서 뿌리가 박히고 기초가 세워져 있다!”라 독해하자는 제안이다. 실상 이 제안은 제3의 방식이라기보다 통사적인 연결이 어떤 방식으로도 가능하므로 17b절을 17a절 또는 18절과 공히 함께 독해하려는 중립적인 의도의 묘수풀이인 것 같다.

어떤 방식을 취하여 독해해도 심상찮은 의미가 읽힌다. 문제는 농사의 은유와 건축의 은유인 “사랑 가운데서 뿌리가 박히고 기초가 세워져”가 어떤 의미를 갖는지 그리고 어느 문맥에 더욱 정합적인지가 관건이다. 바울 서한에서 에베소서의 이들 은유와 비교할 수 있는 두 곳을 인용하겠다. “우리는 하나님의 동역자들이요 너희는 하나님의 밭이요 하나님의 집이니라”(고전 3:9)가 교회에 대한 농사와 건축의 직접적인 은유이다. 아울러 특히 17b~18절과 관련하여 "그러므로 너희가 그리스도 예수를 주로 받았으니 그(그리스도) 안에서 행하되(걷기를 계속하고) 그(그리스도) 안에 뿌리를 박으며 세움을 입고(세워져) 감사함으로 가득차 교훈(가르침)을 받은 대로 믿음 〔안〕에 굳게 서라"의 골 2:6~7를 함께 읽고 싶다. 이들 두 인용절에서 농사의 은유와 건축의 은유는 모두 그리스도의 복음을 심고 혹은 세우는 과정에서의 강건하여짐 또는 신앙의 성장을 은유로 표현한 것이다. 고린도전서에서의 밭과 집은 사역자들이 심고 기초를 세워 믿음을 갖도록 복음을 전한 교회다. 그리하여 심어진 밭은 '뿌리박다'의 은유를, 그리고 세워진 건물은 '기초가 세워지다'의 은유를 사용할 수 있는 근거를 마련한다. 골로새서에서는 "그리스도 안에서 뿌리를 박으며 세워져"와 그리고 "믿음 안에 굳게 서다"가 "그리스도 안에서 걷기를 계속하라"는 정초를 위한 풀이이다. 골로새서의 "그리스도 예수를 주로 받았으니"는 고린도전서와 마찬가지로 교회 은유를 표현한 것이라 이해할 수 있다. "그리스도 예수를 주로 받았으니" 이제 "그리스도 안에서 걷는 일은 그리스도 안에서 뿌리를 내리는 일이다."(Still 2006: 309) "가르침을 받은 대로 믿음에 굳게 서라"는 복음을 배운 대로 그 복음의 내용에 굳게 서서 "감사함으로 가득차" 그리스도를 주로 모시며 예배하라는 것이다.(Pao 2012: 158)

"뿌리가 박히고 기초가 세워져"라는 진술을 공유하고 있는 골로새서와 에베소서를 심층적으로 비교하며 읽어야겠다. "그리스도 예수를 주로 받았으니"로 시작되는 골 2:6~7은 "골로새서의 심장"(Moo 2008: 177)이라 해설하거니와, 다른 무엇보다, 가르침이나 말씀을 받았다는 정도가 아니라 주이신 그리스도 자신을 받았다는 것이기 때문이다. "그리스도 안에서 걷기를 계속하고"(골 2:6b)라 함은 "믿음으로 말미암아 그리스도가 너희 마음속에 계셔 주소서"(엡 3:17a)의 결과일 수 있을 것이다. 에베소서의 "사랑 안에서"가 골로새서에서 "그리스도 안에서"라 달리 쓰였지만, "사랑 안에서 뿌리가 박히고 기초가 세워져"의 엡 3:17b가 "믿음 안에서 굳게 서, 그리스도 안에서 뿌리를 박으며 세워져"(골 2:7a)와 맞대어 비교할 수 있을 것이다. 동질의 내용을 에베소서는 교회론이라는 특정한 목적에 부합하게 사랑이라는 교회의 실천적인 측면에 무게를 두고 있고, 골로새서는 교회의 거짓 가르침을 경고하고 있는 특정한 집필 목적에 부합하게 그리스도론의 교의적인 측면에 무게를 강조하여, 두 서한이 각기 달리 표현하고 있을 따름이라고 이해해도 좋을 것이다.

그런데 "사랑 안에서 뿌리가 박히고 기초가 세워져"에서 관사 없이 쓰인 "사랑 안에서"가 누구의 사랑인지가 명세되어 있지 않다. 신자들의 사랑이라는 해석도 가능하나(Hoehner 2002: 483), 신자들의 사랑이라 하더라도 하나님께서 은혜로 주신 것이므로 "이 사랑의 원천은 하나님의 사랑이다"(Ibid.: 484)이고 또 "그리스도를 통해 나타난 하나님의 사랑이다."(Thielman 2010: 233) 여기서 논하고 있는 'agape'는 그리스도 안에서 계시된 그리고 성령에 의해 당신의 백성에게 부어진 하나님의 사랑이기도 하다.(cf. 롬 5:58; 8:35~39) 에베소서에서는 이미 하나님의 사랑이 우리의 구원의 원천임을 보여주고 있다.(2:4; cf. 5:2, 25; O'Brian 1999: 260) "사랑 안에서"는 신자들을 창세 전에 선택하시고, 성령으로 인치시고, 하늘 영역에 앉히신 하나님의 사랑 가운데서 뿌리와 기초를 강건하게 하려 하심이다.(Hoehner 2002: 484) 이처럼 17b절의 "사랑 안에서"가 하나님의 사랑 가운데서라면, 그렇다면, "너희가 사랑 안에서 뿌리가 박히고 기초가 세워짐으로써 믿음으로 말미암아 그리스도가 너희 마음 속에 거하옵소서"라는 NRSV의 17a~b절을 비판적으로 읽을 필요가 있다. 이 번역은 그 자체로서는 바울의 신앙에 비추어 아무 저항 없이 읽힌다. 이 NRSV를 그리스도가 너희 마음 속에 계시는 일이 사랑과 믿음이 밀접한 관계에 있다는 사도 바울다운 교의의 의미 관계로 읽을 수 있기는 하다. 하지만, 이때 문제는 17a~b절을 한 문장 단위로 읽으면, 강변인지 모르지만, 그때 교회라는 그 쓰인 맥락으로 보아 "사랑 안에서"가 하나님의 사랑이라기보다 신자들 사이의 사랑에 더욱 잘 어울린다. 학자들이 "사랑 안에서"가 하나님의 사랑이라 해석하는 설명과는 어긋난다. 우리는, 이에 따라 대신, 17b~19절을 잇대어 함께 하나의 문맥으로 번역하고 있는 기도 본문의 전문을 NIV를 좇아 다시 읽기로 하겠다.

> **16** 내가 기도하노니 당신의 영광의 풍성으로 당신이 당신의 영을 통해 능력으로 너희를 너희의 속 사람에 있어 강하게 하여 주시어, **17** 그럼으로써 그리스도가 너희 마음 속에 믿음으로 말미암아 계셔 주옵소서. **17b** 그리고 내가 기도하노니 너희가, 사랑 안에서 뿌리가 박히고 기초가 세워져, **18** 모든 성도들과 함께 더불어, 그리스도의 사랑이 그 넓이와 길이와 높이와 깊이가 어떠함을 파악하는 능력을 지니어, 그리고 **19a** 지식을 뛰어넘는 이 사랑을 알기를 구하노라 **19b** 너희가 하나님의 모든 충만의 계량(計量)에까지 채워지게 하옵소서.

이 NIV는 반드시 원문의 직역은 아니지만 절과 절 사이의 의미 관계면에서 충실한 번역이다. NIV는 17a절과 17b절 사이의 직접적인 연결을 피하고, 17b~18~19a절을 함께 묶어 그리스도의 사랑 즉 "우리 주 그리스도 예수 안에 있는 하나님의 사랑"(롬 8:39)을 알기를 간구하고 있다는 진술이 명료하게 드러난다. 실제로 "넓이와 길이와 높이와 깊이"라는 네 공간 차원은 측량할 수 없는 그리스도의 사랑을 표상한다는 해석이 학자들의 정설이다. 롬 8:39에서도 "높음이나 깊음이나 다른 아무 피조물이라도 우리를 우리 주 예수 그리스도 예수 안에 있는 하나님의 사랑에서 끊을 수 없으리라"고 적혀 있다. 이 "그리스도의 사랑"을 "모든 성도들과 함께" 파악한다는 서술은 그것이 개인적인 체험이 아니라 공동체 내의 집합적인 체험임을 분명히 한다.(Klein 2006: 99; Lincoln 1990: 220) 그리고 19a절에 "지식을 뛰어넘는 이 그리스도의 사랑"이라 인간의 지적인 능력으로는 이 사랑을 알 수 없음을 부기하고 있다. "그리스도의 사랑이 이처럼 넓고 길고 높고 깊은 것이므로 그것을 체험하는 일은 하나님의 영으로 강해지고 그리스도가 내주하심으로써 비로소 가능할 수 있다"(Thielman 2010: 237)면, 18절은 "사랑 가운데서 뿌리가 박히고 기초가 세워져"의 17b절과 마땅히 함께 읽어야 할 것이다.(O'Brian 1999: 260) 왜냐하면 이 17b절로써 하나님이 창세 전에 선택하시고 성령으로 인치시고 하늘 영역에 앉히신 하나님의 사랑 가운데서 그리스도의 사랑을 교회 안에서 한마음으로 체험할 수 있기 때문이다.

그리고 NIV는 마침내 "너희가 하나님의 모든 충만의 계량(計量)에까지 채워지게 하옵소서"의 19b절을 독립시켜 결국 하나님의 모든 충만이 가득해지기를 간구하고 있다. 그리스도 안에 있는 하나님의 사랑을 파악하고 또 아는 일이 하나님의 충만에 채워지는 일임을 19b절은 밝히고 있다. 우리는 "〔교회는〕 그의 몸인 바, 그가 우주를 모든 그 세세부위에 충만케 하는 그의 충만이시다"(NEB)의 1:23을 읽을 때 충만(pleroma)은 완전이기도하고 완성이기도 하다고 독해하였다. "신자들이 하나님의 사랑을 체험한다는 것은 하나님의 능력이 있어야만 한다. 오직 하나님만이 하나님에 대한 사랑을 창조하신다."(Schreiner 2001: 298)가 하나님의 충만에 채워지는 일이다. 교회인 그리스도가 하나님에 의해 충만해져 우주 만물을 충만케 하신다 이니 하물며 몸의 지체들인 신자들이야 더 말할 나위 없다. 하지만, 하나님의 충만이 가득한 "그리스도 예수 안에 있는 하나님의 사랑"을 알지 못하면 누구든 하나님의 충만을 체험할 수 없다.(Bruce 1984: 329) 결국, 이 기도는 하나님의 충만으로 너희가 채워지는 영광을 간구하고 하나님의 구원사의 완성을 간구하고 있는 기도이다.

이 기도의 본문은 종국적으로 신자들에게 하나님의 모든 충만이 가득차도록 간구하고 있거니와, 이에 우선하여 간구하는 것이 성령을 통해 능력으로 너희 속 사람이 강해지기를, 그럼으로써 믿음을 통해 너희 마음에 그리스도가 계심으로 그리스도의 사랑을 파악하고 또 알기를 간구하고 있다. 성령을 통해 속 사람이 강해지는 일과 그리스도가 너희 마음에 거하시는 일이 다른 측면이지만 동등한 효력을 활성화한다. 그럼으로써 이 기도는 "내주(內住)하시는 성령과 그리스도를 지닌 신자들은 하나님의 충만이 채워지기를"(Schreiner 2008: 489) 종국적으로 간구하고 있다. 바로 이 점에서 일체이신 삼위의 축복을 응축한 것이 이 기도의 특징이다. 하나님의 충만이 일차적으로 인류 구원의 완성이라 할진대 그 완성은 삼위가 일체하여야 마침내 이루어질 수 있는 것이다. 삼위일체는 복음서를 통해 이해할 수 있는 교리이긴 하지만 바울 서한들에서 더욱 분명하게 명시되어 있다. 슈라이너는 이 점에서 이 기도가 롬 8:9~11에 상응함을 강조한다.(Schreiner 2008: 489) 신자들에게 내주하시는 하나님의 성령은 그리스도의 영과 동일하여 그리스도의 성령이 없는 사람은 그리스도의 사람이 아니다.(롬 8:9) 이어서 "그리스도께서 너희 안에 계시면"(롬 8:10)이라, 성령에서 그리스도에로 넘나들어, 모든 점에서 성령과 그리스도는 한 연장선 속에 존재한다. 내주하시는 그리스도와 내주하시는 성령이 있는 신자들이 아니면 "하나님을 기쁘시게 할 수 없다."(롬 8:8) 에베소서의 첫 번째 기도(1:15~23)와 더불어 이 기도는 결코 신자들의 사사로운 기복의 간구가 아니라 신자들이 지향하여야 할 성부와 성자와 성령의 삼위와의 관계를 향한 기도이다. 그러므로 사도 바울의 신앙과 교리에 합당한 기도답다. 따라서 에베소서가 바울의 저작임을 부인하려 해도 부인할 수 없는 신뢰성을 굳힌다. 이제 이 기도의 말미가 다시 하나님의 영광송으로 이어진다.

하나님의 영광송(3:20~21)

이 기도의 시작과 마찬가지로 이제 종료함에 있어 장려한 하나님의 영광을 찬미하는 송영으로 끝난다. 하나님의 모든 충만이 너희에게 채워지기를 간구하였으니, 그리고 놀랍게도 채워질 것을 확신하고 있으니, 이제 하나님을 찬미하는 로마서 8장과 같은 장려한 기도로 종료함은 지극히 바울답다. 하나님께 드리는 기도가 하나님의 영광송임은 참으로 사도 바울다운 기도이다.

> **20** 우리 가운데서 역사하시는 능력대로 우리의 온갖 구하는 것이나 생각하
> 는 것에 더 넘치도록 능히 하실 이에게 **21** 교회 안에서와 그리스도 예수 안
> 에서 영광이 대대로 영원 무궁하기를 원하노라 아멘

우리 개역에서 이 영광송을 읽는 데 어려움이 없지만 원문의 생기를 살려 분석적으로 읽기 위해 원문 어순대로 다시 옮긴다. "이제 당신께, 우리 가운데서 역사하시는 능력에 따라 우리가 구하고 생

각하는 온갖 것 이상을 넘치도록 해 주실 수 있는 당신께"가 영광송 전반부 20절이다. 영광송에서 영광을 받으실 분을 대명사로 부르는 것이 상례라는 것인데 여기 적힌 "당신"은 물론 하나님이시다. 그 하나님이 우리가 요구하고 바라마지 않던 것 이상을 훨씬 초월해 은혜를 베푸신 하나님을 당신이라 얼굴을 맞대듯 정중하게 호칭한다. 그리고 21절에서 하나님을 수사적으로 반복하여 다시 부르며 "당신께 영광이 교회 안에서 〔그리고〕 그리스도 예수 안에서 모든 세세대대로 영원무궁하도록! 아멘"이라 찬양한다. 그런데 21절의 "교회 안에서 〔그리고〕 그리스도 예수 안에서"는 어떤 사본에는 등위 접속사 "그리고"로 연결되어 있지만 아예 접속사가 없는 사본들이 있다는 것이다. 게다가 그리스도 예수보다 교회가 먼저 기술되어 있는 어순의 선후가 심상찮은 표현임을 암시하고 있다.

여러 논란이 제기되는데, 하나님의 영광과 관련하여 교회와 그리스도는 각각 외적인 지역과 영적인 영역이라는 차이가 있을 수 있다.(Meyer 1884: 429~30) 혹은 "그리하여 여기서 영광은 교회 안에서 하나님께 귀속되는 것인데, 그 교회는 그리스도의 몸이고 그의 현재의 활동의 일차적인 주요 영역인바, 그리고 그리스도 예수 자신 안에서라 함은 교회의 머리인 일으켜지신 분이고 교회의 찬양의 활동과 바로 교회의 존재 자체가 그 분께 의존해 있는 그 분 안에서이다."(Lincoln 1990: 217) 그리하여 하나님과 그리스도 그리고 교회라는 관계의 모형이 이 찬양송에 요약되어 있다. 혹은 또 다른 하나의 대안을 KJV가 제시하고 있다. 아마도 롬 16:27을 참조하여 KJV는 "그리스도 예수 안에서"를 "by Christ Jesus"라 번역한 것이 이 논란의 극단이다. 말하자면 이 번역은 하나님께 영광이 영원무궁함이 "교회 안에서" 그리고 "그리스도 예수 안에서"의 이들 양자를 등가적으로 나란히 독해하지 않으려는 해석을 의도적으로 취하는 것이다.

"당신께 영광이 교회 안에서 〔그리고〕 그리스도 예수 안에서 모든 세세대대로 영원무궁하도록!"이라는 21절 전체를 한 단위의 명제라 독립적으로 읽어도 사도 바울 정신에 어긋나는 점이 없다. 그가 곳곳에 교회의 터를 세운 것은 신자들이 그리스도 예수 안에서 하나님께 영광을 드리게 하기 위함이기 때문이다. 그런데 본래 이 21절 초두의 어순은 "당신께 영광이 교회 안에서"이다. 뿐더러, 이어지는 "교회 안에서"와 〔그리고〕 "그리스도 예수 안에서" 사이에는 어떤 사본들에는 "〔그리고〕"라는 접속사가 본래 빠져 있다는 것이다. 따라서 KJV가 교회와 그리스도 예수에 해당하는 전치사 en을 각각 다르게 번역하듯이, 뒤이은 "그리스도 예수 안에서"를 선행하는 "당신께 영광이 교회 안에서"를 하나의 같은 명제 단위로 묶어 읽지 말고 "그리스도 예수 안에서"를 독립하여 선행 명제를 수식하는 첨가적인 부가 명제로 읽는 방식은 불가능할까? 바울 서한들에 나오는 영광송에서 "교회 안에서 그리고 그리스도 예수 안에서"라고 양자를 함께 붙여 쓰인 일이 없다니, "그리고"를 삭제하고 "당신께 영광이 교회 안에서"를 하나의 명제로 독해하고 "그리스도 예수 안에서"를 이 명제에 부가적인 첨가라 해석할 수만 있다면, 제기된 논란의 대안이 될 성싶다. 이를테면, [당신께 영광이 교회 안에서(그리스도 예수 안에서)]와 같은 명제 표상의 방식이 한 예시일 수 있겠다.

견강부회지만, 비교적 중도적인 견해인 링컨의 주해와 관련해 위의 논란을 좀 첨삭하겠다. 링컨이 "교회 안에서와 〔그리고〕 그리스도 예수 안에서"의 접속을 딱히 분리해 읽는 것은 아니나, 하지만, "신자들은 그리스도와 합체되어 있기 때문에 그리스도가 그들의 하나님 찬양이 일어나는 영역이라 보는 것이다. 하나님의 영광을 교회에 귀속시키는 것은 다른 무엇보다 인류에 대한 하나님의 활동의 중보자이신 그리고 하나님 찬양의 인류의 반응의 중보자이신 그리스도에 의존하고 있음을, 〔서한의〕 저자는 강조하고 있다"(Lincoln 1990: 217)는 링컨의 해설은, 하나님 영광의 찬양에서 교회와 그리스도의 역할을 등가적으로 주해하고 있는 것이 아님을 알 수 있다. 하나님의 영광송은 교회의 신자들이 직접 올리는 찬양이고, 링컨에 따르면 그들이 직접 찬양할 수 있는 기반은 하나님과 신자들 사이의 중보자로서의 교회의 머리이신 그리스도 예수에 신자들이 의존해 있음으로써 비로소 가능한 일이다. 그렇다면, 21절 초두를 [하나님의 영광이 교회 안에서 있으리로다(신자들이 그리스도 예수 안에서)]라는 복합 명제로 읽을 수도 있을 것이다. 말하자면, 대괄호 속이 주 명제로, 하나님의 영광은 교회 안에 있는 찬미다. 그리고 소괄호 속이 주 명제를 부연하는 부가적인 부속 명제로, 그리스도 예수 안에서 구원받은 신자들이 하나님의 영광을 찬미하는 송영으로 읽자는 제안이다.

하나님께 드리는 기도 말미의 영광송이 "모든 세세대대로 영원무궁하도록! 아멘"으로 끝났다. "아멘"으로 하나님께 드리는 영광송을 끝내고 있지만, 동시에 제1부 직설 서법인 교리부도 역시 종결한 것이다. 우리는 에베소서의 핵심 단어(keyword)와 주요 주제가 은혜라 하였지만 또 동시에 하나님의 영광이기도 하다. 하나님께서 주신 낱낱의 영적인 축복이 은혜로 드러남으로써 동시에 하나님의 영광의 찬양으로 현시된다. 이때 하나님과 신자들과의 관계는 단순히 영광과 은혜의 수여자와 수혜자의 관계가 아니다. 은혜를 수혜받은 신자들의 "마음의 눈이 밝아짐"으로써 하나님의 영광을 볼 수 있게 된 것이다. 은혜와 영광을 창세 전부터 시작된 하나님의 구원 또는 우주 완성의 계획을 세 장에 걸쳐 짧게 기술하고 있거니와, 여기에 바울의 교리 전반이 응축되어 있다. 응축되어 있는 정도가 아니라 다른 어떤 바울 서한들보다 교회를 통한 하나님의 우주 완성의 계획을 삼위일체의 개념의 토대 위에서 상술하고 있다. 우리는 제1부를 통해 에베소서가 "바울 사상의 정수"임을 확인하였다. 그리고 "그리스도를 만물 위에 머리로 교회에 주셨다"(1:22)는 진술이 갖는 논쟁의 쟁점들은 주로 오해에서 빚어진 것임을 논증하였다. 하나님의 영광송을 드리는 현장이 다름아닌 예수 그리스도의 활동 무대인 "교회 안에서"임을 다시금 깊이 되새기며 하나님의 은혜와 하나님의 영광에 관해 교회론을 주제로 전개하는 에베소서 제1부를 끝내었다. 이제 제2부가 교회의 윤리이므로 실천 윤리를 해명하며 바울의 보편 교회론의 세부적인 실질 내용을 더불어 독해하겠다.

2. 교회의 윤리(4:1~6:24)

1) 윤리적 교훈, 그리고 교회의 하나됨의 토대(4:1~6)

앞에서 1장부터 3장까지 하나님의 구원 혹은 우주 완성의 신비를 기술한 뒤, 이제 4장부터 6장까지 신자의 윤리적 교훈을 기술한다. 브루스가 4장부터 시작되는 윤리적인 교훈을 〈지상의 생에 있어 새로운 인간성〉이라는 제목을 표제로 단 사실이 참으로 인상적이다.(Bruce 1984) 3장 말미 기도까지 지상의 생에 대해 한마디 간구도 없었기에, 제목이 암시하는 바가 윤리적인 교훈이라기보다 신자들은 하늘나라의 백성으로 지상에서도 살아야 하는 당위성을 브루스의 제목이 암시하는 게 아닌가 싶다.

바울 서한의 구성은, 전반부에 교리를 전개하고 후반부 혹은 말미에 윤리적인 권면을 보태는 것이 상례이다. 교리 다음에 교훈이 이어지는 구성이 매우 자연스러운 것이긴 하지만, 이 구성이 모든 서한들에서 정형화되어 있는 것은 아니다. 가령, 빌립보서에서는 교리와 실천의 말씀이 엇바뀌어 서로 교체되어 있다. 이 점에서 로마서 6장을 읽으면, 교리는 이미 윤리적인 실천의 문제를 그 안에 내포하고 있다. 에베소서의 구성은 교리와 교훈의 비율이 반반이니, 할당된 양에서 교훈의 비율이 상대적으로 어느 서한보다 높다. 이 서한을 바울이 쓴 것임을 우리는 이미 논증하였으므로, 옥중에서 자신의 죽음을 예견하며 "나의 여러 환난에 대해 낙심치 말라"고 기도하는 마음으로 이 유훈을 썼다면, 윤리적인 권면의 비중이 다른 서한들보다 상대적으로 더욱 무게가 실려 있다는 사실은 당연한 일이다. 이어서 우리는 사도 바울에게 교리와 윤리적 교훈의 관계가 어떠한가를 본문을 읽기 전에 우선 상자 속의 부록으로 살펴보겠다.

부록 1 : 직설과 명령(indicative and imperative)

본래 직설과 명령의 서법(mood)이라는 용어는 언어분석에서 사용하던 용어이다. 서법에서 직설로 표현하면 '그것이 그러하다(it is so)'의 의미로 표현되고, 명령으로 표현하면 '그리하여 그것이 되어야 한다(so be it)'의 의미를 갖는다. 이 용어가 불트만 등의 신학자들에게 차용되면서, 직설은 하나님이 그리스도 안에서 신자들을 위해 행하신 바인 교리를 가리킨다. 물론 예수의 죽으심과 부활하심이 내용의 핵심이다. 반면에 명령은 신자가 하나님의 영광을 위해 어떤 방식으로 살아야 하느냐는 바로 윤리적 교훈을 가리킨다. 이 직설과 명령의 불가분의 관계가 바울 서한들의 구성의 두 성분들이다. 대표적인 구절 하나를 인용한다. "그러므로 우리가 그의 죽으심과 합하여 세례를 받음으로 그와 함께 장사되었나니 이는 아버지의 영광으로 말미암아 그리스도를 죽은 자 가운데서 살리심(살리시기 위함)과 같이, (그리하여) 우리로 또한 새 생명 가운데서 행하(걷)게 하려 함이니라"(롬 6:4)가 좋은 본보기다. 여기서 그리스도와 함께 우리가 장사되었다는 것이 직설 즉 교리의 내용이다. 그렇게 장사되었음이 무엇을 위한 것인가 하면 하나님의 영광을 통해 그리스도가 죽음에서 일으켜지심을 위한 것이라는 접속절(hina)이 교리에 관한 진술이고, 이 접속절에 병기하여 그리하여 우리가 생명의 새로움 속에서 걷기 위한 것이라는 접속절(hina)이 명령에 관한 진술로, 두 절이 나란히 병렬적으로 대응하고 있다. 이처럼 우리가 새로운 생명 안에서 걷게(행하게) 하기 위함인 것이 명령 즉 교훈이다.

이때, 여러 학자들의 일치된 견해는 명령은 직설의 기반 위에 선다는 것이다. 직설이 명령에 선행하는 것이지 명령이 직설에 앞설 수 없다. 아울러, 교리와 실천 사이의 이 당연한 선후의 관계를 좀 다른 관점에서 이해하는 것이 또 중요하다. 그리스도의 죽으심과 부활하심은 이미 이루어진 것이지만, 우리의 구원의 완성은 아직 아니다. 명령은 우리의 구원이 아직 아니기 때문에 그것의 완성을 지향하는 것이 목표이다. 명령으로서의 윤리적인 권면은 이미와 아직 아니라는 종말적인 긴장 사이에 있다. 따라서 이 긴장 사이에 있는 지금은 "그러므로 나의 사랑하는 자들아 … 두렵고 떨림으로 너희 구원을 이루라"(빌 2:12)가 요구되는 지금이다.

그럼에도 직설 서법이 반드시 명령 서법에 주도(主導)적인 것은 아니다. 가령, 5장에 적힌 가정 규례를 읽으면 규례 자체가 그리스도의 사랑의 본질이 무엇인가를 감격적으로 해명해 준다. "남편들아, 너희의 아내들을 사랑하되 그리스도께서 교회를 사랑하사 교회를 위하여 스스로를 바치셨던 것과 꼭 같이 〔사랑하라〕"(5:25)고 적은 후에 5:26~27에 그리스도가 교회를 어떻게 사랑했는가의 모범을 보여주고 있다. 이 대목의 명령 서법의 기사를 읽으면 어떤 직설적인 기사보다 그리스도의 사랑을 훨씬 더 실감하게 된다. 말하자면, 직설과 명령은 상호보완적일 수 있다.

윤리적 교훈의 덕성들(4:1~3)

직설과 명령의 관계가 이러하므로, 먼저 교리를 기술한 후에 "그러므로"를 잇대어 윤리적 교훈이 시작되는 것이 전형적인 서술 방식이다. 그 좋은 본보기가 로마서 12장 서두이다. "그러므로 형제들아 내가 하나님의 모든 자비하심으로 너희를 권하노니 너희 몸을 하나님이 기뻐하시는 거룩한 산 제사로 드리라."(롬 12:1a~b) 이 구절을 우리는 에베소서 4장 1절과 함께 읽기로 하겠다. 그리하여 교리와 교훈의 관계가 직설과 명령의 관계임을 이해한다. 잇따라 2~3절에 적힌 윤리적인 교훈의 테두리 안에서 바울의 덕성과 악덕의 성질을 살펴본다.

> **1** 그러므로 주 안에서 갇힌 내가 너희를 권하노니 너희가 부르심을 입은 부름에 합당하게 행하여 **2** 모든 겸손과 온유로 하고 오래 참음으로 사랑 가운데서 서로 용납하고 **3** 평안의 매는 줄로 성령의 하나 되게 하신 것을 힘써 지키라

에베소서 4장 1절은 "권하노니, 그러므로, 너희에게 내가"로 시

작하는바, 이것은 이미 인용한 로마서 12장 초두와 같은 어구의 형식을 취하고 있다. 이때 "그러므로"가 앞 본문 어디를 받느냐는 논란이 제기된다. 앞 3장 마지막 절이냐 혹은 기도 전반이냐를 따지지만, 우리는 회흐너의 주해에 따라 1장부터 3장까지 교리 전반을 가리키는 것으로 해석하겠다. 그것이 직설과 명령의 관계에 대한 우리의 논의에 부합하기 때문이다. 달리 말하면, 교리가 1~3장에 적힌 바처럼 이러하므로, "그러므로" 이제 1인칭 주어 "내가"를 사용하여 윤리적 교훈을 권면하는 수사적인 표현이 이 대목이다. 수사적인 표현은 "내가"를 "주 안에서 수감자인(갇힌) 나"라 수식하는 표현으로 이어진다. 앞 3:13에서는 자신이 수감자가 된 것을 낙심치 말라고 안심시켰었는데, 이번에는 오히려 수감자임을 강조한다. "주 안에서"라 함은 그리스도와 함께 하나임이라는 일반적인 뜻을 표현한 것일 수도 있고, 혹은 그리스도 예수 안에서라는 표현 대신에 "주 안에서"라 표현하고 있으므로 주로 말미암아 수감자가 된 특수한 상태를 표현한 것일 수도 있을 것이다. 여하간, 권면의 간절한 심정을 호소하는 효과를 나타내는 표현이다.

"너희가 부름심을 받은 바에 따라 부르심에 합당하게 행하여"라고 이어지는 1절에서 명령의 본질적인 성질을 분명하게 표현한다. 우선, 동사 "행하여"는 "걷다(peripatein)"로, 사도 바울이 윤리적인 행위를 표현할 때 즐겨 사용하는 동사다. 그리고 "부르심"에 "너희가 부름을 받은 바에 따라"라는 수동태의 구절이 표현된 것을 보면, "곧 창세 전에 그리스도 안에서 우리를 택하신 바에 따라(같이)"(1:4a) 부르심이라 바꿔 읽을 수 있을 것이다. "부르심"은 하나님의 섭리로 택하여 주신 구원의 은혜이다. 이 은혜에 대응하여 어떻게 살아야 할 것을 권면하는 "부르심에 합당하게"라는 목표를 4:1

에 제시한다. 어구상에서 같은 어휘는 아니지만 이 "부르심에 합당하게"가 직설과 명령의 관계를 의미심장하게 표현하고 있다. "합당하게"는 쓰인 맥락으로 보아(e.g., 빌 1:27; 골1:10; 살전 2:12) 자랑스러운 공적과는 상반되는 의미로 사용된 것이고 "부르심에 합당하게"는 하나님께서 주신 은혜로 말미암아 도덕적으로 거룩하게 됨이고(Ridderbos 1966: 262) 또 그 거룩을 보존하여 지킴이다. 리더보스의 이 해설을 우리는 앞에 인용한 1:4a의 후반부, 즉 "우리를 사랑 안에서 그 앞에 거룩하고 흠이 없게 하시려고"(1:4b)에서 확인할 수 있다.

에베소서 4장 1절을 1장 4절과 비교하였다. 흥미롭게도, 직설로서의 1장 4절을 명령서법으로 변형하면 4장 1절이 되는 셈이다. 명령은 직설에 합당하게 삶의 길을 걷기를 요구하는 것이므로 직설을 명령으로 변환시킬 수 있음은 자연스럽다. 직설은 명령을 조건적으로 수반할 수 있는 반면에, 명령은 항상 직설에 조건적인 것은 아닐 수 있으므로 명령을 직설로 변환한다는 것은 필연적일 수 없다. 직설의 구성요소는 의를 위한 진리의 해명이고, 명령의 구성 요소는 악덕을 삼가고 덕성을 권면하기 위한 교훈이다. 바울 서한 여기저기에서 덕성과 악덕의 항목들이 열거되어 있는 것을 찾아 읽을 수 있다. 그런데 덕성의 목록보다 악덕의 목록이 훨씬 더 다양하다. 가령, 악덕의 항목들이 가장 많이 열거되어 있는 로마서 1장 29~31절에 무려 21개의 목록이 기록되어 있는데, 덕성의 항목들이 가장 많이 열거되어 있는 갈라디아서 5장 22~23절에는 고작 6개의 목록이 기록되어 있다. 덕성이든 악덕이든 그것들이 인간 행위의 선의 행위(아마도 선한 일들: erga agatha)와 악의 행위의 분류 목록이라 한다면, 인간의 삶 또는 행위가 선과 악 어디에 기울여져 있는가에 대한 사도 바울의 견지를 읽고 남는다.

흥미로운 일은, 사도 바울의 덕성이나 악덕 목록들이 반드시 기독교 입장에서 만들어진 목록이 아니라는 점이다. 그 목록들은 유대의 지혜에 통용되는 것이기도 하고 헬라의 지혜에 통용되는 것이기도 하다. 제임스 던은 이 사실을 들추면서 로마서 2장 두 곳을 인용한다. "악을 행하는 각 사람의 영에게 환난과 곤고가 있으리니 첫째는 유대인에게요 또한 헬라인에게며, 〔그러나〕 선을 행하는 각 사람에게는 영광과 존귀와 평강이 있으리니 첫째는 유대인에게요 또한 헬라인에게라."(롬 2:9~10) 그리고 "율법 없는 이방인이 본성으로 율법의 일을 행할 때는 이 사람은 율법이 없어도 자기가 자기에게 율법이 되나니 이런 이들은 … 그 마음에 새긴 율법의 행위를 나타내느니라"(롬 2:14~15)를 예시하고 있다. 율법 없는 이방인이 율법의 일을 행하면 그 행위 자체가 곧 구원의 길을 걷고 있는 것이라는 언급은 없다. 여하튼, 심지어 이방인 또는 이교도에게도 하나님에 관한 지식은 이해력 또는 마음(nous)을 통해 인식할 수 있는 보편적인 도덕률을 갖고 있다고 사도 바울은 생각했던 것이 분명하다.(cf. 롬 1:19~20)

하지만, 덕성들 가운데서도 참 기독교인다운 덕성들이 있다. 여기 1절에 잇따르는 "모든 겸손과 온유로, 인내로, 사랑 안에서 서로를 용납(관용)하며"라고 2절에 기록된 덕성들이 곧 기독교인다운 덕성들이다. 우리는 틸먼의 주해에 따라, 그리고 명령과 윤리적인 목록들을 별개의 단원으로 묶은 우리의 논리에 따라, 첫째 2a절의 "모든 겸손과 온유로"와 둘째 2b절의 "인내(오래 참음)로"가 기독자다운 세 덕성들이라 범주화하겠다. 이들 세 덕성들은 1절 "부름을 받은 바에 따라"에 상응하는 덕성의 목록이다. 우선 겸손이 출현한다. 겸손이라는 덕성은 헬라 문화에서는 덕성일 수 없는 노예근성이라 생각하였던 모양이다. 우리는 이 덕성이 어떻게 기독교적인 덕성인가를 리더보스의 해설을 그대로 옮겨 적어 이해하기로 하겠다. "이 단어는 … 바울에 따르면 스스로를 낮추시는 그리스도의 사랑과 밀접하게 관계되어 있는 것인바(cf. 빌 2:3, 8), 나아가서 '각각 자기보다 남을 낫게 여기고' 또 '높은 데 마음을 두지 말고 도리어 낮은 데 처하며'(롬 12:16)라든가 '서로 우애하고 존경하기를 서로 먼저 하며(서로를 우위로 존경하며)'(롬 12:10)라 정의되어지는 것이다. 이 겸손에서 그러므로 문제되는 것은 하나님과 자신과의 관계가 아니라, 그리스도의 모범과 자기포기(self-surrender)로 말미암아 고양되는, 따라서 기독자에 의해 고양되는 교회 안에서의 서로들 사이의 사랑의 발현에 관한 것이다."(Ridderbos, 1975: 297)

이제 또 다른 덕성 "온유"가 출현한다. 에베소서는 하나의 같은 도구격 전치사 'meta(with)'를 사용하여 "겸손과 온유로"를 하나로 묶어 표현하고 있다는 점에 우선 주목해야 한다. 실제로 하나로 묶을 수 있는 것이 서로들 사이의 사랑의 발현이라는 점에서 온유는 겸손과 밀접한 관계를 갖는 개념이다. 게다가 "그리스도의 온유"(고후 10:1)라 표현하고 있듯이 온유의 모범은 그리스도라는 점에서도 온유는 겸손과 같다. '온유하다'는 '거칠다'는 뜻의 반대어이지만, 온유한 심령은 남의 죄와 짐을 나누어 짐으로써 그리스도의 법을 성취하는 일이다.(갈 6:1ff.) 온유는 또 자만과 반대어지만, 회흐너에 따르면 약한 것과는 다르다. 이 표현은 동물을 조련하는 일에도 사용되는 어휘로, 따라서, 올바른 상황에서는 온순하지만 그릇된 상황에서는 공격적일 수 있는 것이 온유임을 회흐너는 강조한다.

그리고 동일한 도구격 전치사 'meta'를 거듭 사용하여 "인내(오래 참음)로"를 기술한다. 우리는 회흐너의 해석에 좇아 "겸손과 온유"와 더불어 “인내”를 “부름을 받은 바에 따라 합당하게 행하라”에 직접 연결시켜 읽기로 하겠다.(Hoehner 2002: 508) 사도 바울이 즐겨 사용하는 인내, 즉 ‘오래 참음’은 주로 두 가지 맥락에서 애용하는 표현이다. 그 하나의 맥락은 하나님께서, 또 주 그리스도께서 진노를 오래 참으심으로 관용하신다는(롬 2:4; 9:22; 딤전 1:16) 배경이다. 다른 하나의 맥락은 신자들이 약속의 후사를 받기까지 인내한다는 오래 참음이다.(골 1:11; 힙 6:12~15) 아마도 성령의 열매로서의 오래 참음(갈 5:22)이 후자에 적합한 것이겠지만, 동시에 무엇보다 하나님께서 진노를 인내해 주심으로써 인간 역시 소망을 가지고 인내의 덕성을 키울 수 있을 것이다. 이 인내가 다름아닌 “당신이 너희를 부르신 소망이 무엇인지를 너희로 알게 하시기를”(1:18)이라 기도하였던 에베소서 저자의 기도이기도 하다.

요컨대, 겸손과 온유는 주로 사랑에서 맺는 열매이고, 인내는 주로 소망에서 맺는 열매이다. 우리는 에베소서 저자가 이 열매의 종류 때문에 겸손과 온유를 함께 묶고 인내를 별개의 항목으로 기술하였다고 믿는다. 그럼에도 이 세 덕성들은 모두 “부름을 받은 바에 따라”에 합당한 덕성들이고, 따라서 영생의 길을 걷는 데 유익한 덕성들이다. 이들 덕성을 열매라고 표현한 것은 “거룩함에 이르는 열매”(롬 6:22)를 염두에 둔 때문이다. 명령의 테두리에서 덕성을 키우라는 권면이 곧 거룩함에 이르는 열매를 맺으라는 교훈이다. 에베소서 2a~b절에 도구격 전치사를 사용하여 덕성들을 열거하여 윤리적 교훈의 서두를 시작하였다. 로마서 1장에 악덕부터 열거한 것에 비교하면 이 서한의 서술 방식은 특이하다. 뒤이어 2c~3절을 읽으면 그 특이한 이유가 쉬 짐작이 간다. 그것은 에베소서의 윤리적인 교훈이 주로 에클레시아 공동체 안에서의 교훈이기 때문에 덕성을 먼저 들추어냈을 것이다.

이제 "사랑 안에서 서로를 관용하며, 평화의 매는 띠 안에서 성령의 하나임(통일성)을 지키도록 모든 노력을 경주하며"라는 2c~3절은 각각 두 분사구를 사용한 표현이다. 여러 번역본에서 2절 전반과 후반을 함께 묶어 읽고 3절을 따로 읽는 독해의 방식을 취한다. 그러나 문법적인 구성의 형식으로 보아 2c절과 3절은 분사로 시작하고 그리고 'en'을 사용한 전치사구로 마감하므로 2c절 및 3절의 두 분사구문이 서로 대응하는 표현이라 읽어야 한다.(Lincoln 1990: 237) 개역의 "서로 용납하고(관용하며)"와 "애써 지키라(지키도록 모든 노력을 경주하며)"가 각각 분사이고, 그리고 "사랑 안에서(en)"와 "평안의 매는 띠 안에서(en)"가 'en'을 사용한 전치사 구이다. 따라서 2b와 3절은 마치 짝을 맞춘 글귀인 대구(對句)와 같다. 이들 두 분사구문은 겸손과 온유, 그리고 인내라는 덕성들을 가지고 걸어야 할 기독자다운 삶이 어떤 길인지를 말하고 있는 명령을 수식하는 절이다. 우선, "서로 용납하라" 혹은 "서로를 관용하다"는 바울 서한 곳곳에서 "참다"(고전 4:12; 살후 1:4) 혹은 "용납하다"(고후 11:1, 19, 20; 골 3:13)라 번역된 단어로 여러 맥락에서 "참고 받아들이다"와 "용납하다"를 혼용하고 있다. 예컨대, REB는 이 구절을 "사랑의 영으로 남의 결점들(failings)을 참고 견디라(putting up with)"고 문맥적인 의미로 해석해 번역해 풀이하고 있다. 남의 결점들의 문맥에서는 "참고 견디라"는 어휘 선택이 적절하지만, 회흐너에 따르면 남의 결점이 아니라 신자들 사이의 다른 점이므로 "참고 받아들이다"보다 "관용하다"가 적합할 것이다.

그런데 에베소서 4장 2~3절과 직접 비교할 수 있는 곳은 골로새서 3장 12~14절이다. 우선 엡 4:1의 "너희가 부름을 받은 바에 따라"에 상응하는 표현을 골 3:12에서는 "거룩하고 사랑하는 하나님의 택한 자"라는 표현으로 대신 호칭하고, "긍휼(동정), 자비(친절), 겸손, 온유, 오래 참음(인내)"을 열거하여 이들 덕성들을 옷 입으라고 서술한다. 이어서 골 3:13~14에 "누가 뉘게 혐의(불만)가 있거든 서로 용납하여(관용하며) 피차 용서하되 주께서 너희를 용서하신 것과 같이 너희도 그리하고, 〔그리고〕 이 모든 것〔들〕 위에 사랑을 더하라(입으라). 이(사랑)는 온전하게 매는 띠니라"고 적혀 있다. 용서와 관련하여 엡 4:32에서도 "친절"과 "동정"의 덕성을 내세우고 있다. 이들 덕성은 "하나님이 그리스도 안에서 베푸신 은혜"이기도 하다.

개역 골 3:13의 "혐의"가 곧 "불만"이라는 단어이다. '관용하라'든 '용납하라'든 그것이 엡 4:2b에서도 남에 대한 불만에 연결되는 것이라면, 회흐너처럼 공동체 안에서 신자들 사이의 차이점을 관용 또는 '용납하라'는 해석이 온당하겠다. 그렇다면, 엡 4:2의 "사랑 안에서 서로를 관용하며"와 골 3:13의 "주께서 너희를 용서했던 것과 마찬가지로"라는 문맥의 배경에서는 "관용하라"든가 혹은 우리 개역에서처럼 "용납하라"는 번역어가 훨씬 의미의 맥이 살아난다. 신자들이 서로가 다른 점들을 "참고 견디라"는 부정적인 의미보다는 차라리 긍정적인 의미의 "관용하라" 또는 "용납하라"는 단어가 썩 잘 어울린다. 이처럼 2절 후반을 남의 결점들을 참고 견디라로 읽느냐 혹은 서로의 차이점을 용납하라로 읽느냐는 2절 후반을 전반과 함께 읽고 3절을 따로 읽느냐(REB, NIV 및 개역 참고), 아니면 NRSV에서처럼 2절 후반을 3절의 대구로 읽느냐의 문제이기도 하다. 우리는 이 단락이 부르심과 구원의 은혜에 합당한 윤리라 하였기에 "사랑 안에서 서로를 관용하며, 평화의 매는 띠 안에서 성령의 하나임을 지키도록 모든 노력을 경주하며"라는 2c~3절을 함께 묶어 앞선 1~2절에 연결해 읽기로 하겠다.

"사랑 안에서 서로를 관용하며, 평화의 매는 띠 안에서 성령의 하나임을 애써 지키라"의 2c~3절에서 핵심 단어는 "사랑 안에서"와 "성령의 하나임(henotes)"이다. 성령이 하나이므로 신자들이 하나일 수밖에 없고 골 3:14b에 "사랑은 온전히 매는 띠이다"라 적혀 있다. 앞 2장 18절에 "이는 저(그리스도)로 말미암아 우리 둘(이스라엘 사람과 이방인)이 한 성령 안에서(en heni pneumati) 아버지께 들어감을 얻게 하려 하심이라"와 맥을 같이 한다. 게다가, 학자들은 "성령이 하나임을 애써 지키라"에서 "지키라(terein)"의 단어에 주목한다. 이 단어는 본래 이미 존재하고 있는 것을 보존함을 뜻하는 것이라고 한다. 제임스 던은 "교회의 하나됨은 성령의 하나임의 직접적인 결과"라 해설하면서 'terein'에 주목하여, "성령의 하나임은 주어진 어떤 것인 하나임의 근거이지, 그들(신자들)이 창조해(만들어)낼 수 있는 어떤 것이 아니다. 모든 에베소 교인들이 할 수 있는 일은 이 하나임을 보존하든지 아니면 상실 또는 파괴하든지 둘 중의 하나이다"(Dunn, 1998: 562)라 단언한다. 신자들이 성령의 하나임을 보존한다는 것은 그들이 성령을 함께 체험함으로써 그들 모두가 성령과 함께 하나됨이다.

이 3절 해석의 다른 하나의 문제는 "평화의 띠 안에서(en)"라는 전치사구가 "성령의 하나임을 애써 지키라"와 어떤 관계가 있느냐는 논쟁이다. 여러 학자들이 "안에서"라는 전치사를 도구격으로 해석하여 "평화의 띠로 말미암아"라 번역하고 있다. 그러나 자연스럽기는 "안에서"를 장소 또는 위치로 해석하는 것이다. 마이어에 따르면 평화의 띠는 신자들 상호를 묶는 윤리적인 관계이다. 서로가 서로에게 평화의 관계를 가지면, 그것이 서로를 묶는 띠가 된다. 이 평화의 띠 안에서야 성령의 하나임이 보존된다.(Meyer 1884: 438) 이 해석이 자연스럽다는 것은 이렇게 3절을 읽어야, 그것이 "사랑 안에서"와 "서로 관용하라/용납하라"는 2절 후반부와 짝을 맞춘 대구가 되기 때문이다. 앞에서 우리는 "평화의 띠"와 대구가 되는 골 3:14 "이 모든 것들을 넘어서 사랑을 입으라, 사랑은 온전하게 매는 띠이다"를 인용하였다. 이 골로새서에서는 에베소서의 "평화의 매는 띠 안에서 성령의 하나임을 애써 지키라"는 표현이 빠져 있으나, 두 서한 모두에서 그리스도의 몸 안에서 하나됨을 조성하는 "매는 띠"의 맥락이므로 진술 내용에 차이가 없다고 해석하기도 하고(Moo 2008: 281), 마찬가지로 "평화의 띠"와 본래 원문에서의 "온전함의 띠"는 그리스도 몸 안에서 모든 신자들이 공동체 안에서 하나가 되어 온전하여진다고 해석하기도 한다.(Pao 2012: 245) 그리고 이들 골로새서 해설은 마이어의 해설과 합치한다. 그리하여 사랑 안에서 각기 다른 점들을 서로 관용하는 것이 어떤 것인지를 3절의 내용이 분명하게 천명한다. 하나이신 성령이 신자들 가운데 임재하시면 공동체 안에서 신자들 사이의 각기 다른 점들이 서로의 눈엣가시가 될 리 없다. 이 점에서 "성령의 하나임"을 우리 개역에서 "성령의 하나되게 하신 것"이라는 번역이 일리가 있다고 수긍하지 않을 수 없다.

삼위일체의 유일신교 하나님 찬미(4:4~6)

앞 3절까지는 윤리적 교훈인 명령 서법이었으나 이제 돌연히 4절부터 6절까지 "하나"를 일곱 번 반복해 하나임의 요소들을 열거하고 있어 주제와 맥락이 도약하고 있다는 인상을 준다. 대체로 바울 서한에서는 주제가 바뀔 때에 적절한 접속사를 사용해 앞 단락과 새 단락의 관계를 명시하는데, 하지만, 여기서는 접속사도 없이 이어지는 사실에 주목해야 한다. 성령의 하나임이 앞 절에서 언급되어 있으므로, 마이어 그리고 회흐너 등은 4절 초두에 '왜냐하면'이 삽입되었으면 앞뒤 단락의 이해가 잘 될 것이라 생각한다.

그런데 이 단락을 읽어 보면, 에베소서가 바울 사상의 정수(quintessence)라는 F. F. 브루스의 평가가 참으로 실감이 있다. 일곱 가지의 하나임을 마음에 마구잡이로 솟아 분출하여 쓴 것이 아니라, 성령과 그리스도와 하나님의 삼위에 관한 핵심어들(keywords)을 정연하게 뽑아 적어 놓고 있다. 일곱은 유대교와 초기 기독교에서 대단히 중요한 숫자이고, 이 단락은 초기 기독교 신경(信經)이었다고 해석하기도 한다.(Bruce 1984: 335; Thielman 2010: 255) 마침내 이 신경의 마지막 6절은 유일신 만유의 아버지 하나님 찬양으로 마감한다. 에베소서가 바울 사상의 정수라면, 정수라 함은 그의 신앙과 신학을 가장 온전한 형태로 응축해 드러냄이니, 골로새서뿐만 아니라 바울의 온갖 서한들 곳곳을 탐색하여 그 깊은 의미를 이해해야겠다.

> **4** 몸이 하나이요 성령이 하나이니 이와 같이 너희가 부르심의 한 소망 안에서 부르심을 입었느니라 **5** 주도 하나이요 믿음도 하나이요 세례도 하나이요 **6** 하나님도 하나이시니 곧 만유의 아버지시라 만유 위에 계시고 만유를 통일하시고 만유 가운데 계시도다

접속사 없이 "하나의 몸이고 하나의 성령이니 이와 꼭 같이 너희가 너희의 부르심의 하나의 소망으로 부르심을 받았느니라"의 4절로 하나임의 찬미 단락을 시작한다. 앞에서 이 단락이 앞 단락에서 돌연히 벗어났다고 하였다. 그러나 리더보스는 3절과 4절의 연결이 매우 자연스럽다고 생각한다. "이 〔3절의〕 권면에 더 큰 힘을 실어주

기 위해 사도는 신자들에게 그들이 결국 한 몸임을 상기시킨다. … 성령의 하나임을 지킨다는 것은 따라서 몸의 하나임에 의해 동기를 부여받는다. 하나의 몸 그리고 하나의 성령이다. 이 〔몸과 성령의〕 어순이 우연적인 것이 아니다. 몸이 하나이기 때문에 하나의 성령이라 말할 수 있게 되는 것이고, 또 교회가 성령이 하나임을 지키라고 분부할 수 있는 것이다. 원칙상 성령은 몸을 전제하는 것이지 그 반대일 수 없다. 왜냐하면 그리스도 안에서 한 몸인 신자들에게 당신의 한 성령을 채워 주시려 이제 의도하시는 분은 그리스도이시기 때문이다."(Ridderbos, 1975: 378) 그리스도 안에서 하나의 몸이 곧 교회이고, 그리고 교회가 성령의 공동체이며 성령의 공유된 체험에서 교회가 성장한다는 맥락을 전제한다면, 리더보스의 진술을 이해하는데 아무 어려움이 없다.

그렇다면, "평화의 매는 띠 안에서 성령의 하나임을 지키도록 모든 노력을 경주하며"의 3절과 함께 4절을 읽어야겠다. "하나의 몸이고 그리고 하나의 성령이니"의 4a절에 뒤이어 4b절 "이와 꼭 같이 너희가 너희의 부르심의 하나의 소망으로 부르심을 받았느니라"가 이어진다. 성령의 하나임을 통해 그리스도의 몸의 하나임 안에서 신자들이 하나가 되도록 애써 보존하라는 문맥으로 4절을 읽을 수 있다. 이에 따라 직설로 유명한 구절, 즉 "유대인이나 헬라인이나 종이나 자유자나 〔진정〕 우리가 다 한 성령으로 세례를 받아 한 몸이 되었고 또 다 한 성령을 마시게 하셨느니라"(고전 12:13)을 상기하지 않을 수 없다. "하나의 몸이고 하나의 성령이다"의 다음에 하나의 소망이 출현하는 바, 이 구절은 가장 가까이는 "너희가 부름을 받은 부르심에 합당하게 행하여"(4:1b)를 상기케 한다. 동시에 에베소서 안에서는 이미 "부르심의 소망"(1:18) 그리고 "약속의 성령으로 인치심을 받았으니 이는 우리의 후사의 보증이 되사"(1:13b~14a)가 기록 되어 있다. 1장 13절 이하에 근거하여, 벵겔은 여기 적힌 하나의 소망은 성령이 후사의 소망을 인치심이라 생각한다.(Bengel 1759: 88) 아닌 게 아니라, 약속의 성령이 인치심은 도장이 하나이면 족할 것이다. 벵겔처럼 읽으면, 3절과 4절 모두가 성령의 하나임에 관한 기사이다.

"하나의 몸이고 그리고 하나의 성령이니" 다음에 5절에 다시 "하나의 주"가 나온다. 물론 주는 그리스도이고, 그리고 그리스도가 하나임에 대해 더 이상 부연하면 그것은 군더더기다. 그런데 "주도 하나이요 믿음도 하나이요 세례도 하나이요"라는 우리 개역 5절은 본래 접속사 없이 "하나의 주, 하나의 믿음, 하나의 세례"이어서, 그것은 4절의 "하나의 몸"에 관련된 일종의 운율로 적혀 있다. 이 때문에 우리는 4절 이하를 찬미로 읽을 수 있다. "하나의 주" 다음에 "하나의 믿음, 하나의 세례"가 적혀 있다. 주가 하나이므로 믿음도 하나이고 세례도 하나이다. "우리가 유대인이나 헬라인이나 종이나 자유자나 다 한 성령으로 세례를 받아 한 몸이 되었고 또 다 한 성령을 마시게 하셨느니라"(고전 12:13)와 같다. 유대인과 이방인에게 별개의 다른 믿음이 있을 수 없고 그리고 성령도 하나이고 주도 하나이므로 당연히 세례도 하나이다. 믿음도 세례도 신자들의 그리스도와의 합체의 관계가 본질이므로 하나에 관한 추가적인 설명이 필요없다. 단지 바울 서한의 한 구절을 인용하겠다. "너희가 세례로 그리스도와 함께 장사한 바 되었고 또 죽은 자들 가운데서 그를 일으키신 하나님의 역사를 믿음으로 말미암아 그(그리스도) 안에서 함께 일으키심을 받았느니라."(골 2:12) 믿음과 세례는 그리스도와의 전적인 합체의 구성요소이다. 하나님의 역사를 믿음으로 신자들은 그리스도의 부활을 자신들의 몫으로 갖는다. 골로새서와 마찬가지로 롬 6:4에서도 신자들은 세례를 통해 그리스도의 죽으심과 합하여 장사를 치렀고, 아버지의 영광에 말미암아 그리스도가 죽음에서 일으켜지심과 같이 생명의 새로움 가운데서 걷는 일이 믿음의 길이다.

"하나의 몸이고 하나의 성령이다"(4절) 그리고 "하나의 주, 하나의 믿음, 하나의 세례"(5절)라 찬미하고, 이제 6절에 "하나의 하나님 그리고 만유의 아버지이시니, 당신은 만유 위에 그리고 만유를 통해 그리고 만유 안에 계신다"는 찬미의 절정에 삼위일체이신 유일신 하나님이 계신다. 네 번씩 6절에 반복하는 "만유"는 중성으로 쓰인 "모든 것들(panton, pasin)"인데, 모든 신자들인지 우주 만물인지 모호하다. 그러나 "하늘과 땅에 있는 각 족속에게 이름을 주신 아버지"(3:14)라는 이 에베소서의 배경으로 보아 모든 신자들을 포함한 우주의 만물들이라 해석해야 할 것이며, 그렇다면 첫 절에 쓰인 "모든 것들의 아버지(pater panton)"도 우리 개역에서처럼 "만유의 아버지"라는 번역이 합당할 것이다. 유일신 "하나의 하나님"이 "만유의 아버지"이시다.

이미 에베소서 1장에서 삼위를 각각 서술한 바 있다. 하나님은 창세 전에 당신의 백성을 택하시고 당신의 기쁘신 뜻에 따라 양자로 예정하셨다.(1:4~5) 예수는 그의 피로 신자들을 구속하였다.(1:7) 성령은 신자들의 후사의 보증으로 인치셨다.(1:13~14) 그리고 "하나의 하나님 그리고 만유의 아버지"라 진술하는 우주 만물의 유일신을 강조하는 여기 이 4장의 맥락에서조차 "하나의 성령"과 "하나의 주"를 병존시킴으로써 삼위일체의 신성이 하나임을 공식화한다.(Schreiner 2008: 334) 고린도후서의 마지막 절도 삼위 각각의 축복으로 끝내고 있다. "주 예수 그리스도의 은혜와 하나님의 사랑과 성령의 교통하심이 너희 무리와 함께 있을지어다."(고후 13:13 혹은 13:14) 단, 에베소서에는 성령, 주 그리고 하나님의 순서인데 고린도후서에서는 주, 하나님 그리고 성령의 순서로 적혀 있다. 삼위가 쓰인 맥락에 따라 어순도 각각 다른 만큼의 정도로 삼위는 일체이시다. 고정된 삼위의 어순이 없다는 사실이 삼위 각각이 신성(神性)의 일체임을 증언한다.

"당신은 만유 위에 그리고 만유를 통해 그리고 만유 안에 계신다"라 6b절은 "하나님의 보편적인 지배와 존재"(O'Brian 1999: 284)를 찬미하고 있다. "하나님은 '만유 위에 그리고 만유를 통하여 그리고 만유 안에(over all and through all and in all)' 계신 분이라는 진술은, 머리이신 그리스도를 통해 교회를 다스리시며(1:20~23), 성령으로 말미암아 하나님을 알현함을 허락하시고(2:18), 당신의 백성 안에 내주(內住)하시는(2:22), 그런 하나님의 형상에 다른 무엇보다 썩 잘 조화롭다."(Thielman 2010: 259) "만유 위에"는 만물을 창조하신 궁극의 초월자임을 뜻하고, 그리고 "만유를 통하여 그리고 만유 안에"는 하나님이 편재하시고 내재하신다는 뜻으로 당신의 의지가 계획하시는 바에 따라 모든 일들을 이룩하심(1:11)을 뜻할 것이다. 결국, "우리에게는 한 하나님 곧 아버지가 계시니 만물이 그(당신)에게서 났고 우리도 그를 위하며 〔살며〕, 또한 한 주 예수 그리스도께서 계시니 만물이 그로 말미암고 우리도 그로 말미암아 〔사느니라〕"(고전 8:6)이다. 만물을 창조하신 하나님은 만물을 그리스도 안에서 압축하심으로 완성하시는 분이시기에 하나님의 영광송은 동시에 성자와 성령의 거룩하심의 찬양이기도 하다.

틸먼의 요약과 더불어 이 단원이 교회의 윤리라는 슈라이너의 총평을 함께 읽으며 이 단원의 이해를 마감하겠다. 슈라이너는 하나이심의 토대 위에서 전개된 이 윤리적인 교훈이 "하나님의 각종 지혜가 하늘의 영역들에 있는 통치자들과 권세들에게 교회를 통해 이제 알리어지기 위함이다"(3:10)의 보편 교회 위에 정초한 실천 윤리라 생각한다. 무엇보다 4:1~3은 "그리스도의 피로 말미암아 세워진 교회의 하나됨"은 "교회가 하나님의 영광이 계신 곳, 당신이 당신의 은혜와 사랑을 펼치시는 무대이다. … 이 교회가 하나님이 목표하시는 바의 중추이기 때문에 바울은 부르심에 합당하게 행하라고 교회에 주문한다. … 교회가 '평화의 띠 안에서 성령의 하나이심'(4:3)을 지켜야 교회가 그 부르심을 완수한다."(Schreiner 2008: 716) 이때 슈라이너와 던도 교회가 하나임을 만들어 내도록 요청하는 것이 아니라 이미 존재하고 있는 하나임을 보존하라는 명령이라 해설하고 있거니와, 삼위가 하나임의 통일이 그 본래적인 성격이기 때문에 보존하라는 것이라고 이야기한다. 그리고 그 하나임의 근거를 4~6절에 선언적으로 명시하고 있다는 것이 슈라이너의 총평이다.(Schreiner 2008: 716)

그러므로 삼위일체인 유일신교를 믿는 신자들이라면 에베소서의 보편 교회관을 흘겨볼 이유가 없다. 보편 교회는 삼위가 하나이신 그 하나임을 보존하는 "그리스도에 중심을 둔 하늘의 모임(heavenly gathering)이다. … 회중이든 가정 교회든 지역 집회들은 일으켜지신(부활하신) 그리스도를 중심으로 모인 하늘의 모임의 지상의 발현이었다"(O'Brian 1999: 26)이기 때문이다. 그것은 일차적으로 유대인이든 이방인이든 한 몸 안에 하나인 모임이다. 보편 교회는 이런 집회 또는 모임의 성격의 이상적인 실체의 본질일 따름이지 제도의 거대한 공중누각이나 신기루가 아니다. 신실한 신자들에게 주어진 실천 윤리는 각자가 각자의 교회에서 "모든 겸손과 온유로", "오래 참음으로", 그리고 "사랑 속에서 서로를 관용함으로써" "평화의 매는 띠 안에서 성령의 하나임을 애써 지키라"에 모든 노력을 경주하는" 일이다. 몸이 하나임의 통일에 관해 이제 4:7~16에 교회에 주어진 영적인 선물들의 다양성과 관련한 논변에서 교회의 성숙이 어떻게 이루어지는지의 논변이 계속되어 보편 교회 개념에 대한 오해를 일소한다.

2) 그리스도의 몸을 세우는 하나됨의 다양성(4:7~16)

성부, 성자 그리고 성령의 삼위가 하나이심을 분명히 한 뒤에 그 하나임의 논변이 에클레시아의 실제론에 이어진다. 우선 7절부터 11절까지 은사들의 다양성을 진술한 후에 12절에 은사 또는 사역의 직접적인 목적을 서술한다. 그리고 13절부터 16절까지 그 다양성 위에서 각 지체의 분량대로 그리스도의 몸이 자라야 할 것을 말씀한다. 이 단원의 제목을 하나됨의 다양성이라 하였지만, 실상 이 단원의 다양성 논변은 앞 단원 하나임의 논변과 상치되는 듯싶어 우리를 당혹케 한다. 당혹하게 할수록, 다양성이 몸의 하나임에 어떻게 기여하는가를 곰곰이 따져 읽어야 할 것이다. 이 단원의 담화들 사이에 정합성을 위한 독해를 위해 앞 1:22b~23의 보편 교회론과 앞 단원의 마지막 문단을 이 단원의 서문으로 읽음으로써 이 단원의 말미에 첨가한 〈부록 2 : 다시 보편 교회론〉을 위한 이해에 도움을 줄 수 있기를 바란다.

하늘에 오르신 이가 우리 각자에게 은혜를 주심(4:7~10)

우선 영적인 선물들이 어떻게 마련되었느냐를 적고 있다. 이 단락의 특히 8~10절에서 시 68:18을 인용하고 그리고 그것에 대한 주석이 기술되어 있는데, 읽기에 매우 껄끄러운 곳이다.

> **7** 우리 각 사람에게 그리스도의 선물의 분량대로 은혜를 주셨나니 **8** 그러
> 므로 이르기를 그가 위로 올라가실 때에 사로잡힌 자를 사로잡고 사람들에
> 게 선물을 주셨다 하였도다 **9** 올라가셨다 하였은즉 땅 아랫곳으로 내리셨
> 던 것이 아니면 무엇이냐 **10** 내리셨던 그가 곧 모든 하늘 위 오르신 자니
> 이는 만물을 충만케 하려 하심이니라

앞 단원과 이제 7절 사이에 원문에서는 접속사 "그러나"로 연결되어 있다. 이 그러나는 앞 단락에서 줄곧 내세웠던 하나임의 통일과 7절의 "우리 각 사람"을 대비시키려는 것이다. 그처럼 하나이심을 강조한 후에 7절 초두의 원문을 자구대로 옮기면 "하나인 그러나 각각의 우리에게"라 서술하고 있다. "그러나 각각의 우리 한 사람에게 그리스도의 선물의 계량에 따라 은혜가 주어졌다"가 7절이니 하나임과 개별성이 참으로 절묘하게 어울리도록 서술하고 있다. 이 은혜(charis)는 "우리 각 사람에게" 주어진 것으로 개개의 한 사람 한 사람에게 주어진 과제를 수행하는 데 필요한 양을 그리스도가 계량해 주셨다는 것이니(Thielman 2010: 264), 은사를 주신 것이다. 하긴, 주어진 은사의 개인차에 대한 언급은 다른 바울 서한들에서도 흔히 찾아 읽을 수 있는 내용이다. 공인된 바울 서한에 "각각 하나님께 받은 은사가 있으니 하나는 이러하고 하나는 저러하니라"(고전 7:7b)고 이미 일찍이 언급하고 있기 때문이다. 에베소서는 이 은사의 개인차에 관해 "그리스도의 선물의 계량에 따라 은혜가 주어졌다"라 기술하여, 우선, 교회 지도자들뿐만 아니라 모든 평신자들에게도 고루 주어진 것임을 밝히고, 그리고 주어진 과제를 수행하는 데 필요한

적절한 선물의 양을 그리스도께서 각 신자에게 "계량에 따라" 재어서 나누어 주었다는 것임을 밝힌다.(Ibid.: 264)

다음 8~10절에서 "그러므로 이르기를"라는 서두를 도입하여 "높은 곳에 오르사 그가 포로를 붙잡아 사람들에게 선물들을 주셨다"라고 어떻게 은사가 주어졌는가를 시편 68을 인용해 해설한다. 인용문은 시편의 원본과 꽤 다르기 때문에 여러 논란이 있다. 우리는 이 부분의 해설을 주로 브루스(Bruce 1977: 436~438; 1984: 341~344)에 의존하기로 하겠다. 우선 8절에서 인용한 시 68:18은 시온산을 올라오는 개선 행진을 그린 문맥으로 보인다. 승리의 영웅이 앞서고 포로들의 행렬이 뒤따르며, 연도에는 기뻐하는 시민들이 줄 서 있다. 성전의 성가대는 승리의 영웅이 포로들에게서 받은 선물들에 대해 "선물을 인간에게서 받으시니"(시 68:18)라고 노래한다. 아마도 이 승리의 행진의 영도자는 사람이 아니라 시편에서는 "당신"이라 적혀 있는 야하웨 자신일 것이다. 그렇다면 그가 받은 선물은 속국들이 이스라엘의 하나님께 바친 공물이다. 그런데 가장 놀라운 점은 시편에서 "〔당신이〕 선물을 인간에게서 … 받으시니"를, 여기 에베소서에서 "우리 각 사람에게 선물들을 주셨다"라 옮겨 적고 있다는 점이다. 이렇게 적고 있는 고대 다른 사본이 없는 것은 아니나, 그런 사본에서는 모세가 시나이산에 올라가 율법의 돌판을 받아 그 하나님의 선물들을 사람들에게 주셨다는 맥락으로 쓰인 것이다. 그러나 여기 에베소서는 그리스도께서 하늘에 오르셔 영적인 적대 세력들에 대항해 승리하셔 교회가 성숙하게 성장하는 데 필요한 선물들을 사역자들에게 그리고 평신도들에게 주셨다는 뜻으로 표현하고 있다.

그리고 9~10절에서 인용한 시편을 에베소서 저자가 직접 해설한다. 우리 개역은 9절의 의미를 이해의 편의를 위해 의역한 것임이 분명한데 차라리 적절한 번역일 듯싶다. 직역하면, "그렇다면, '그가 올라가셨다'라 한 것은 무슨 뜻이냐? 그가 또한 땅 아래 곳으로 내리셨다는 것을 제쳐둔다 〔치더라도〕"가 9절이다. 저자가 "'그가 올라가셨다'가 무슨 뜻이냐?"의 의문을 제기하는 것이 아니라 예수가 땅으로 내려오셨다는 것이 자명한 것처럼 "그가 올라가셨다"는 것도 자명하다는 사실을 의문문으로 수사적인 표현을 구사한 것이라 해석해야 한다는 것이다.(Thielman 2010: 268) 브루스에 따르면, 문제는 "땅 아래 곳이" 지구인 이 땅을 가리키느냐 아니면 지하의 세계를 가리키느냐는 것이다. 로마서 10:6 이하에 따라 해석하면 지하의 세계일 가능성이 있고, 반면에 요한복음 3:13에 따라 해석하면 이 땅의 세계일 가능성이 있다. 전통적으로 이 구절은 음부로 내려가셨음이라 해석하여, 8절의 "사로잡힌 자를 사로잡고"를 음부의 포로들이라 생각하여 왔다. 그러나 브루스는 그리스도의 충만을 묘사하고 있는 골 2:15 "정사(통치자들)와 권세를 벗어버려(무장해제함으로써) 그가 그들을 밝히 드러내시고(공개적인 웃음거리로 만들고) 십자가로 승리하셨느니라"고 십자가의 승리를 인용하면서, 확실하게 단정하긴 어렵지만 "땅 아래 곳"이 바로 이 땅 그 자체라는 해석을 선호한다. 왜냐하면 8~9절에 적힌 일들이 십자가에서 일어난 일이라 해석하는 것이 합당하기 때문이다. "땅 아래 곳으로 내리셨다"에 "제외하다"가 덧붙여 잇따르지만, "내리셨다"는 사실이 무슨 뜻이냐가 의문의 여지없이 자명하다는 뜻이라면 '제외하다'의 번역보다는 "제쳐두다"의 번역이 적절할 것이다. 본래 칼뱅의 해설인 바, '땅 아래 곳으로 내리셨다'라 함은 어렵게 생각할 일이 아니라 그리스도의 성육신화라는 자명한 사실을 뜻한다는 해석에 털먼도 동의한다. 이러한 의미를 쉽게 전달하도록 REB는 "'오르셨다'는 말은 그가 또 역시 최저

층인 바로 이 땅으로 아래에 내려오셨다는 것을 함축하고 있다"라 9절을 우리 개역 "올라가셨다 하였은즉 땅 아랫곳으로 내리셨던 것이 아니면 무엇이냐?"와 유사하게 의역하고 있다.

주로 브루스의 9절까지의 해설을 요약하였다. 그런데 "내려오셨던 그가 또한 자신이 모든 하늘들 위에 오르신 그 분 자신이니 만물을 충만하게 하려 하심이라"는 10절은 9절의 반어적인 수사 기교에 합치하게 표현한 강조이다. 개역의 9절에 쓰여 있는 "내려오셨던 것"은 주어를 넣어 "그가 내려오셨다"라 번역할 수 있으므로, 10절의 "내려오셨던 그가"는 앞 9절 "그가 내려오셨음"을 다시 반복한 것이다. 그리고 다름아닌 바로 그분이 오르셨다는 것을 강조한다. 우리 개역의 "그가 곧 … 오르신 자니"에서 "곧"이라는 표현이 바로 그 동일한 분이라는 의미를 전달하는 표현일 것이다. 그리고 어디로 오르셨는지를 "모든 하늘들 위에라 진술하고 있다. 여러 번역본에서 "모든 하늘들보다 훨씬 높은 데"라 옮기고 있으니, 그 곳은 하나님 우편을 가리킬 것이다. 그 곳에 오르신 목적이 10b절에서 "그럼으로써 만유(우주)를 충만케 하려 하심이니라"이다. 그리스도는 하나님 오른편에로 오르심으로써 새로운 차원의 권능과 주권을 소유하신다. 충만의 의미가 완성이라 하였지만 만물을 그의 주권의 영역에 두시고 통치하시는 권능이 충만이다.(Schreiner, 2001: 167) "만물을 충만하게 하려 하심이라"의 10b절을 골 1:19~20a에 "〔하나님께서는〕 그리스도 안에 모든 충만이 거함을 그리고 그로 말미암아 만물이 당신께 화목케 되기를 기뻐하셨다"고 기술하고 있다. 적대 세력인 악령이라 하더라도 "예수의 십자가의 피로 말미암아 평화를 만듦으로써, 땅에 있는 것들이나 하늘에 있는 것들이나"라 골 1:20b에 기술하고 있으니, 원수를 쳐부수는 일인즉 예수의 피로이다. 예수의 피는 차라리 평화로써 화목케 만드는 일이다. 충만하게 하다가 에베소서에 빈번히 출현하는 충만(pleroma)의 동사형이고(1:23; 3:19; 5:18), 예수의 피는 우주 완성의 결정체이다.

이처럼 성서의 한 부분을 인용하여 자유자재로 내리심과 오르심을 9~10절에서 강조한 것이야말로 사도 바울답다. 예컨대, 신명기 30:12~14를 인용하여 "네 마음에 '누가 하늘에 올라가겠느냐?' 하지 말라〔라고 함은〕 그리스도를 모셔 내리려는 것이요. 혹 '누가 음부에 내려가겠느냐?' 하지 말라〔라고 함은〕 그리스도를 죽은 자 가운데서 모셔 올리려는 것이라"(롬 10:6~8)고 바울이 기록하고 있거니와, 오로지 하나님만이 하실 수 있고 사람으로서는 불가능한 일을 말하지도 말라는 것이다.(Schreiner 1998: 558~559) 사람의 행위로 할 수 있는 일 이 아니므로 하나님이 하신 일을 오직 마음으로 믿어 구원에 이른다는 의를 신명기의 생명의 말씀을 인용해 자유자재로 해석하는 논변의 양식이 바울의 방식이기 때문이다. 실상 그 가장 좋은 본보기가 갈라디아서 3장에 서술되어 있는 아브라함의 진정한 후손이 누구냐는 유대주의 성서 해석인 미드라쉬적 논변이다.

은사들과 그리스도의 몸을 세우는 사역(4:11~12)

앞에 인용된 7절 "그리스도의 선물의 계량에 따라 우리 각자에게 은혜를 주셨다"에서 선물(dorea)이 롬 12:6의 "우리에게 주신 은혜대로 받은 은사(charismata)"와 다름없다. 은사(恩賜)는 글자 그대로 '은혜로 주심'이며, 나아가서 '은혜로 주심'을 받은 결과로 발현되는 행위이다. 에베소서가 선물이라 칭한 것은 시편을 인용했기 때문이며, 그 내용에서는 바울 신학의 독특한 용어인 은사와 다름없다. 리더보스는 이 은사가 에클레시아를 성숙 또는 성장케 하는 영적인 소양이라 생각한다. 은사의 특징은 갖가지 다양성에 있다. 병 고치는 일을 포함하여 예언 등의 여러 언변과 그리고 봉사의 일을 수행하는 여러 사역의 직분의 다양성이다. 우리는 우선 에베소서에 쓰인 은사의 목록을 로마서와 고린도전서의 것들과 비교할 수 있도록 목록(Schreiner 2001: 351)을 옮겨 적은 뒤에 본문을 읽기로 하겠다.

은사의 목록			
롬 12:6~8	고전 12:8~10	고전 12:28~30	엡 4:11
예언하는 일	지혜의 말씀	사도들	사도들
섬기는 일	지식의 말씀	선지자들	선지자들
가르치는 일	믿음	교사들	복음전도
권위하는 일	병 고치는 일	기적들	목사/교사
구제하는 일	기적	병 고치는 일	
다스리는 일	예언	도움	
긍휼	영들을 분별함	다스림	
	방언 말함	방언 말함	
	방언 통역함	방언 통역함	

우리는 에베소서 본문 11~12절을 읽으면서 앞에 제시한 은사의 목록을 함께 참조하기로 하겠다.

> **11** 그가 혹은 사도로, 혹은 선지자로, 혹은 복음 전하는 자로, 혹은 목사와 교사로 주셨으니 **12** 이는 성도를 온전케 하며 봉사의 일을 하게 하며 그리스도의 몸을 세우려 하심이라

본문을 읽기 전에 7절 "그리스도의 선물의 계량에 따라 우리 각자에게 은혜를 주셨다"를 우선 상기할 필요가 있다. 그리고 또 역시 10절 "내리셨던 그가 또한 자신이 모든 하늘들 위에 오르신 그 분

자신이니 이는 만물을 충만하게 하려 하심이니라"도 상기할 필요가 있다. 이 10절에 뒤이어 11절은 접속사 "그리고"를 사용하여 서술하고 있는데, 이 접속사는 "그런즉"이라고도 해석될 수 있는 모양이다. 그리하여 여러 번역본들에서 "그가 주신 선물인즉 어떤 이들은 사도들, 어떤 이들은 예언자들, 어떤 이들은 복음 전하는 자들, 어떤 이들은 목사들 및 교사들이게끔 하셨다"(NRSV)라 번역하고 있다. 우리 개역의 문장과는 달리 NRSV처럼 번역하면, 이들 선물들이 제도 교회의 고정된 직분이라는 인상에서 벗어나게 한다. 왜냐하면 이 번역 문장의 의미가 그리스도의 선물의 계량에 따라 사도, 선지자, 복음 전도자 그리고 목사 및 교사의 여러 사역들의 각 한 사람에게 제각기 고루 분배되었다는 인상을 전하고 있기 때문이다.

앞에 제시한 은사의 목록들을 음미하면 흥미로운 특징들이 찾아진다. 첫째, 사도 바울에게 은사들은 다른 무엇보다 매우 다양하다. 둘째, 실제 은사들은 제도적인 직임(Amt; office)이 아니다. 로마서는 아예 사람으로 대표되는 사역에 대한 언급조차 없다. 이를테면, 예언(선지)자가 아니라 예언하는 일이다. 이 특징은 고전 12:8~10에서도 마찬가지다. 그러나 이보다 더욱 중요한 것은, 셋째, 롬 12장과 고전 12:8~10의 은사들의 항목이 대부분 일치하지 않는다. 이처럼 은사들이 판에 박은 고정적인 것이 아니라면, 그것들은 상황 의존적인 것이고 또 각 개인에게 특이한 것이라 해석할 수밖에 없다. 그리고 마지막으로, 고전 12:28a에서야 비로소 사도, 선지자 등등의 기성의 제도적인 직분처럼 보이는 사역들을 언급하고 있다. 게다가, 그 서술 양식이 "첫째는 사도요 둘째는 선지자요 셋째는 교사요…"라 진술되어 있어 학자들 더러는 마치 제도적인 보편 교회의 직임이라고 해석하기도 하지만, 이것은 제임스 던이 지적하는 바인데, 첫째 및 둘째 등이라 순번을 매긴 것은 개별 사역을 열거한 차례 이상의 표현은 아니라는 것이다.(Dunn 1998: 540~41) 곧이어 고전 12:28b에 직임이 아닌 교회의 기능을 열거하고 있다는 사실도 직임에 대한 반증이고, 고전 12장 전체로 보아도 이들 직임들이 주변적인 기능으로 적혀 있다. 마찬가지 오해가 특히 엡 4:11에 대한 해석이 안고 있다.

우리 개역의 11절 "그가 혹은 사도로, 혹은 선지자로, 혹은 복음 전하는 자로, 혹은 목사와 교사로 주셨으니"를 읽으면 그 오해의 위험이 더 커진다. 대신, "그가 주신바 선물들은 어떤 이들에게는 사도들, 어떤 이들에게는 예언자들, 어떤 이들에게는 복음 전도자들, 어떤 이들에게는 목사들과 교사들이니"의 NRSV를 읽으면 여러 각각의 사람들에게 갖가지 사역들을 고르게 주었다는 사실을 열거하고 있다는 인상을 주므로 위계적인 교회 직임을 열거한 것과 같은 오해가 썩 줄어든다. 앞에서 은사들은 제도적인 직임이 아니라 하였거니와 11절에 적힌 선물들은, 'men(on the one hand)'에 뒤이어 사용된 접속어들(de…de…de: on the other hand/and)로 보아 전자 사도와 후자 직분들과 대조하는 것이 아니라 각각의 사역을 나란히 열거하는 각각의 선물 받은 사람이 수행하는 활동들이다.(Thielman 2010: 289~290) 우리가 에베소서를 공부하는 일차적인 목적이 에베소서의 교회론에 관한 이해이므로 좀 장황하게 이 논변을 논의하겠다.

2:20 및 3:5에 "사도들과 선지자들"을 나란히 병기하고 있고 어순은 사도들이 앞세우는 것이 사실이다. 하지만, 바울이 사도들을 앞세우는 것은 교회의 터를 닦는 사역의 중요성을 시사하는 것일 따름이다. 특히 갈라디아서는 바울 자신의 사도의 권위에 대해 여러모로 언급하고 있는 것도 사실이다. 그러나 그 권위는 복음의 권위일 뿐

이다. 고후 8:23에서 바울은 디도에 관해 나의 동무요 동역자라 그리고 빌 2:25에서 에바브로디도를 나의 형제, 나의 동료 동역자 및 나의 동료 군사인 너희의 사자(使者: messenger)라 호칭하고 있을 따름이다. 예언자들은 계시의 영감으로 예언하는 자이지만, 그러나 "믿음의 분수대로"(롬 12:6) 예언하는 것이며 그 예언을 "다른 이(평신도)들이 분별"(고전 14:29) 즉 평가를 받아야 한다. 복음 전도자들은 교회 내에서가 아니라 교회 밖에서 전도하는 한국 교회의 전도사와 같은 역할일 것이고, 전도자라 불리는 빌립과 디모데의 사례에서는 여러 곳에 여행하며 전도하였다.(행 8:4~5, 35, 40; 딤후 4:9, 21) 양치기라는 뜻을 갖는 목사들은 때로는 "장로들"이라 불렀고(행 20:28) 교사들은 때로는 예언자들과 함께 묶기도 하지만(행 13:1), 목사들과 교사들은 모임에서 "피차 가르치며 권면하며"(골 3:16) 덕을 세우는 역할을 한 것 같다. 제임스 던 그리고 토머스 슈라이너에 따르면 이들 모든 직분은 임명된 직임이 아니라 기능의 명칭이다. 따라서 이들 명칭은 모두가 영적 선물들의 효력을 나타내는 각각의 은사의 표출일 따름이고 각자가 받은 은사는 공공의 유익을 위한 것이다.(고전 12:7)

위의 논의를 심각하게 기술하고 있는 것이 12절이다. 이러저러한 네다섯 직분의 기능을 각자에게 그리스도가 준 목표가 무엇인가를 12절이 기술하고 있다. 우리 개역은 "이는 성도를 온전케 하며 봉사의 일을 하게하며 그리스도의 몸을 세우려 하심이라"고 12절을 번역하고 있다. 이 번역의 특징은 세 전치사 구들을 나란히 병치해 놓고 있기 때문에 세 구들 각각이 등가적인 기능을 수행하는 것처럼 읽힌다는 점이다. 세 개의 전치사구가 쓰이고 있는 것이 사실이고 우리 개역처럼 세 별개 구의 구성으로 번역하는 것이 가능하다. 하지만,

반드시 올바른 이해는 아니라는 것이 오늘날 주해자들의 뜨거운 논쟁이다. 오늘날 이 논쟁은 번역과 주해 자체에서 빚어졌다기보다 11절에 적힌 직분들과 관련하여 12절에 적힌 "성도들"이 누구냐의 교회의 제도관 때문에 빚어진 논쟁인 것 같다.

그러므로 12절을 차근차근 분석적으로 읽어야 한다. 첫 번째 전치사구인 "성도들을 온전케 하며"라는 우리 개역에서 온전케 하다가 어떤 의미인지부터 우선 따져야 한다. "온전케 함(katartismon)"은 사전적으로는 온전함의 의미를 갖고는 있지만, 두 번째 및 세 번째 전치사구의 문맥으로 보아 "준비/갖추어줌"의 뜻이 적합하고 "무장함"의 의미로 확장할 수도 있다고 하니 "준비를 갖추어줌"이라 번역하는 것이 바람직하다. 따라서 "성도들을 온전케 하며"의 올바른 맥락적 의미는 "성도들의 준비를 위하여(pros)"이고, 11절에 적힌 대로 그리스도가 주신 각각의 직분에 따라 "성도들에게 준비를 갖추게 하여"라 의역할 수 있을 것이다. 두 번째 전치사구인 "봉사의 일을 하게하며"는 "사역의 일을 위하여(eis)"가 직역이다. 이때 첫 번째 전치사구의 "성도들에게 준비를 갖추게 하여"가 무엇을 위한 것인지를 두 번째 전채사구가 명세한 것이라 이해할 수 있어야 한다. 더군다나, 세 번째 전치사구 "그리스도의 몸을 세우기 위하여(eis)"에서 그리스도의 몸, 즉 "하나님의 거하실 처소"(2:22)인 교회에 대해 건축 은유인 "세우다" 용어로 기술하고 있다. 이 세 번째 마지막 구 역시 "성도들에게 준비를 갖추게 하여"에 연결하여 모든 성도들이 그리스도의 몸을 세우는 일에 참여하도록 포함하는 것이라 이해해야 한다. 말하자면, 첫 구가 독립적인 구절이 아니라 뒤따르는 두 전치사 구들이 그 첫 구와 의존적인 의미 관계를 갖는다는 것이 오늘날의 통설이다. 세 전치사구들의 구문 분석에서도 첫 구의 전치사는

'pros'이고 관사를 수반하고 있고, 반면에 둘째 및 셋째 구의 전치사는 'eis'로 관사를 수반하지 않고 있어 세 전치사구들이 등가적인 구성을 갖는 것이 아니라 읽어야 한다.

그리하여 오늘날 여러 번역본들에서 12절 "그리스도의 몸을 세우기 위하여 사역의 일을 위한 준비를 이들 성도들에게 갖추게 하여"라 세 전치사절들의 의미관계를 유의미하게 연관시키고 있다. NRSV는 "사역의 일을 위한, 그리스도의 몸을 세우기 위한 성도들에게 준비를 갖추어 준다"라 그리고 NIV는 "봉사의 일들을 위해 하나님의 백성에게 준비를 갖추어 주어, 그럼으로써 그리스도의 몸을 세울 수 있게 한다"로 그 뜻을 풀어 의역하고 있다. 이들 모든 번역에서 성도들이 준비를 갖추는 최종적인 목표가 그리스도의 몸을 세우는 일이다.

결국 11~12절에 관한 두 주해자의 개관을 옮겨 적겠다. "요약하건대, 승천하신 승리의 그리스도께서 적절한 분량의 은혜를 개개의 신자에게 주셨다. 그리스도가 선물한 사람들 가운데 다른 신자들에게 사역의 일을 하도록 특히 준비를 갖추어준 다섯 집단을 바울은 꼽고 있는데, 사도들, 예언자들, 복음 전도자들, 목사들, 그리고 교사들이다. 이들 말씀의 사역을 선물로 받은 〔11절에 적힌〕 이들과 이들이 사역의 일 준비를 갖추어준 다른 신자들도 모두 함께 그리스도의 몸을 세우기 위해 일한다."(Thielman 2010: 280) "요컨대, 요점인즉 11절에 열거된 각각의 선물을 받은 사람들은 기본 선물들의 역할을 다함으로써 모든 성도들이 사역하도록 갖추어야 할 직접적인 목적에 그 선물들이 사용해져야 한다. 그리하여 모든 신자가 사역의 일을 필히 수행해야 한다."(Hoehner 2002: 549)는 것이다. 앞 11절에 적힌 다섯 선물들이 언어적인 봉사의 사역을 열거하고 있거니와 미리 15a절을 읽으면 "〔우리가〕 오직 사랑 안에서 참된 것(진리)을 말하여"라 각각의 신자가 모든 신도들에게 복음 전하는 일을 권면하고 있기 때문이다.(Thielman 2010: 279)

이렇게 풀어 해설하면, 마치 동어반복적인 진술인 것 같아 무미건조하게 들릴 수도 있지만, 그러나 이 진술은 그리스도의 선물의 계량에 따라 받은 각각의 은사에 바탕을 둔(cf. 7절), 교회 안에서의 만인제사라는 사역의 공리를 전개한 말씀이라 이해해야겠다. 더군다나 7절에 우리 각자 모두에게 은혜의 선물이 주어졌다고 하였고, 11절에 은혜로 주신 선물의 여러 역할 수행을 열거하였다. 그리하여 12절은 봉사의 일들을 위해 준비를 갖추어 성도들 모두가 그리스도의 몸을 세우는 각자의 사역의 일(ergon: 業)을 수행하는 주역이 되어야 함을 서술하고 있다. 특히 12절의 세 번째 전치사구 "그리스도의 몸을 세우기 위하여"에서 그리스도의 몸인 "하나님의 거하실 처소"(2:22)인 교회를 건축 은유인 "세우다"라 기술하여, 단연 다시 확언하지만, 만인 제사를 강조하고 있다. 이처럼 보편 교회가 만인제사를 지향한다면, 가톨릭은 더 말할 나위가 없을 뿐만 아니라 종교개혁 이후의 개신교 교회보다 에베소서의 보편 교회가 훨씬 개혁적이다. 우리는 이 단원 마지막 16절을 읽을 때 보편 교회에 관한 제도적인 성격의 여부를 다시 음미하겠다.

머리이신 그리스도에게까지 성장함(4:13~15)

각각의 은사를 받은 신자들의 모임인 각각의 공동체가 에클레시아이며 그것이 곧 그리스도의 몸이다. 은사들을 성도들에게 마련하여 주신 것은 그리스도의 몸을 세우려 함이라고 12절 후반에 기록하고 있다. 에베소서가 에클레시아에 대해 건축의 은유와 유기체 또는 농사의 은유를 번갈아 표현하고 있음을 우리는 이미 알고 있다. 몸을 12절에 건축의 은유인 "세우다"를 사용하여 표현한 뒤 이제 13절 이하에 유기체의 은유인 "성장하다"를 사용해 에클레시아가 지향해야 할 목표를 기술하고 있다. 따라서 12절을 13절 이하와 함께 읽기로 하겠다. 개개 은사의 공동체가 지향하여야 할 최종의 목표가 13절 이하에 기록되어 있다. 머리이신 그리스도에게까지 성장하는 것이 최종의 목표인데 이 목표와 직접 연결되어 있는 것이 "그리스도의 몸을 세우기 위하여"의 12절 후반이다.

> **13** 우리가 다 하나님의 아들을 믿는 것과 아는 일에 하나가 되어 온전한 사람을 이루어 그리스도의 장성한 분량이 충만한 데까지 이르리니 **14** 이는 우리가 이제부터 어린 아이가 되지 아니하여 사람의 궤술과 간사한 유혹에 빠져 모든 교훈의 풍조에 밀려 요동치 않게 하려 함이라 **15** 오직 사랑 안에서 참된 것을 하여 범사에 그에게까지 자랄지라 그는 머리니 곧 그리스도라

"그리스도의 몸을 세우는 일"이 어디까지 도달할 것인지 최종의 목표를 13절이 기술하고 있다. 이때 주목하여야 할 표현은 "우리 모두가"라는 표현이다. "우리 모두가 믿음과 하나님의 아들에 대한 지식의 통일성에, 성숙한 사람에, 그리스도의 충만함의 키의 분량에 도달하기에까지"의 13절에서 "우리 모두가"라는 표현에 주목해야겠다. "우리"는 11~12절에서 각기 다른 사역을 위해 각기 다른 은사를 부여받은 직분의 사람들 그리고 성도들인 "우리"이고 또 "모두"이다. 앞에서 만인제사를 운운하였지만, "우리 모두가"라는 13절의 주어는 신자들 개개인인 전체이다.(Thielman 2010: 280) 그리고 이 13절에는 어디까지 도달할 것인지에 관한 세 연속적인 목표들이 기술

되어 있다.

신자들인 우리 모두가 도달하여야 할 목표의 첫 번째 측면은 13a절 "믿음과 하나님의 아들에 대한 지식의 통일성(하나됨)에" 도달하기까지다. 그런데 이 구절에서 메시아와 동의어인 "하나님의 아들"은 지식에만 연결되고 믿음에는 연결되지 않는다고 주해하는 학자들이 있다. 그렇다면, 우리 개역과는 달리 이 구절을 '믿음의 하나됨과 그리고 하나님의 아들에 대한 지식의 하나됨에 도달하기까지'라 번역하는 것이 온당할 것이다. 문법적으로는 문장 구성을 그렇게 분석하는 것이 옳을 수도 있고 그리고 이 통일성(하나됨)은 "믿음도 하나이요"(4:5)라 했던 하나됨이기도 할 수 있을 것이다. 그렇다 하더라도, 믿음이 하나됨은 "하나님의 아들에 대한 지식"에 도달함으로써 얻어지는 것이라 해석하면(Schreiner 2008: 716) 믿음과 지식 양자를 연결해 읽어도 무리가 없다. 하나님이 하나이고 주도 하나이고 성령도 하나이고 믿음도 하나이기 때문이다. 이것이 곧 하나님의 아들에 대해 우리가 갖는 믿음이고 그리고 우리가 갖는 지식이기 때문이다. 우리는 이미 1장 17~19절 에베소서 첫 번째 기도에서 믿음과 지식이 불가분의 것임을 살펴보았다. 믿음이 의식적이고 지향적이며 확신인 것은 그리스도에 대한 지식에 근거하기 때문이다. 예컨대, 그 지식은 "그리스도께서 죽은 자 가운데서 사셨으매 다시 죽지 아니하실(죽음이 그를 제어하지 못할) 줄 알기 〔때문에〕"(롬 6:9) 또 "우리가 또한 그와 함께 살 줄을 믿노니"(롬 6:8)라든가 그리고 "예수를 살리신 이가 예수와 함께 우리도 다시 살리사 너희와 함께 그 앞에 서게 하실 줄을 아노니"(고후 4:14)와 같은 지식을 믿음이 전제하고 있음을 뜻한다.(Ridderbos 1975: 242ff.)

신자들 모두가 도달하여야 할 목표의 두 번째 측면은 13b절 "성숙한 사람에" 도달하기까지이다. "온전한(teleion)"은 '완전하다' 혹은 '충분히 성장하다'의 의미로 사용되는 형용사이지만, 우리 개역과 마찬가지로 여러 번역본에서 후자의 의미를 취하여 "성숙한 사람"이라 번역하는 까닭은 14절에 나오는 "어린아이"와 대비시켜 문맥을 해석하기 때문이다. 하지만, 성숙이라는 번역어는 문맥에 합당한 어휘의 선택이긴 하더라도 완전하다의 단어 의미를 배제하는 것은 아니다. 나아가, 달성하여야 할 목표가 "성숙한 사람"이라고 할 때, 최근의 주해자들, 예컨대, 회흐너(Hoehner, 2002), 링컨(Lincoln, 1990), 오브라이언(O'Brien, 1999) 그리고 틸먼(Thielman, 2010) 등은 12절의 "성도들" 그리고 13절의 "우리 모두"라는 복수 표현과는 달리 "사람"이라는 단수로 쓰여 있음을 주목한다. 그리하여 성숙한 사람은 신자들의 그리스도와의 합체의 몸(the corporate body)인 즉 교회라 해석하는 것이 대세다. 그렇다면, 우리 모두가 도달하여야 목표가 온전한 교회에까지이다.

도달하여야 할 목표의 세 번째 측면이 13c절 "그리스도의 충만함의 키의 분량에" 도달하기까지이다. 이 축어적인 번역을 NEB는 "그리스도의 온전한 키보다 결코 모자람이 없는 만큼 측량된 성숙한 인간다움"이라 그 뜻을 알기 쉽게 의역하고 있다. 교회가 이루어야 할 완성 혹은 완전의 의미를 갖는 충만이 여기 다시 에베소서에서 네 번째로 나오는데, 이번에는 개역에 쓰인 "장성" 그리고 NEB의 번역어 "키"인 'elikia'와 함께 나온다. 이 단어의 의미는 연령이 일차적인 것이지만 여기 이 단락의 주제가 성장인 까닭에 "키"라 번역하는 것이 일반적이다. 여하튼, 신자들인 우리 모두 각각이 그리스도의 몸을 세우는 일에 주역을 맡지만, 그러나 "그리스도의 충만의 키의 분량에까지"이므로 어디까지나 그리스도가 이 주역의 모델이다. 우리는 앞에 인용한 네 주해자들의 이 구절에 대한 주해를 종합하여 옮겨 적기로 하겠다. 우선 "각각의 우리 한 사람에게 그리스도의 선물의 계량에 따라 은혜를 주셨다"(4:7)가 대전제이다. 따라서 각자가 자기가 받은 은사와 사역을 다 이루어, 영광의 그리스도가 표준이므로 합체의 몸인 교회가 그리스도의 완전에까지 도달한다는 것이라 이들의 주해를 집약할 수 있다.

이처럼 엄청난 목표에 언제 도달할 것인가? 이 물음에 대한 브루스의 해설이 명쾌하다. "이 장관이 그리스도와 함께 신자들이 영광에 이르는 그 날에 이르기까지는 온전하게 나타나는 것은 아니다. 그러나 그 날에 대한 기대가 영적으로 성숙하는 일에 강력한 자극으로 현재의 시간에 작용하리라"(Bruce 1961: 88)인데, 온전한 도달은 종말이지만 이 종말 실현이 강력한 자극으로 현재에도 작용하고 있다는 해설이다. 마찬가지 해설로, "교회에 대한 이 비전은 구속의 그 날까지 완전하게 이루어지지 않겠지만, 그러나 이 시대에도 어느 정도 달성되어질 것을 바울은 기대하고 있는 것이다"(Schreiner 2008: 716)를 덧보태겠다. 이처럼 에베소서는 종말의 완성을 위한 신자들의 살아 움직이고 있는, 성장하고 있는 믿음을 진술하고 있는 것이다.

이미 진행하고 있으나 아직 온전한 목표에 도달하지 못한 상태에서 현재에 겪을 수 있는 위험을 14절이 적고 있다. 우선 "이는 우리가 이제부터 어린 아이가 되지 아니하여"를 14a절이 전제하고 있다. 이어서 어떤 위험에 처한 어린아이인가를 장황하게 서술하고 있는데, 축어적으로 번역하면 "사람들의 교활로 사기로 그릇된 책략에 이끌려, 파도에 앞뒤로 요동치고 가르침의 온갖 바람에 이리저리 밀리는 어린아이들이 더 이상 아니다"이다. 어린아이들은 13절의 "성숙한 사람"의 반대어이므로 미숙한 교인들이다. 이 미숙함을 파도와 바람에 요동치고 밀리는 불안정한 이미지로 묘사하고 있는데, 두 분사가 모두 수동태이므로 외부의 힘에 의해 좌지우지되는 모습이다. 그 힘은 무엇보다 "믿음과 하나님의 아들에 대한 지식의 하나됨에"(4:13) 이르지 못한 거짓된 가르침에 의해서이다. 주해자들은 "가르침(교훈)"이 단수로 쓰인 것에 주목하여, 비기독교의 외부의 힘이 아니라 기독교 교리의 가르침이라 해석한다. 그리고 그 교리가, 우리 개역이 "풍조"라 번역하였듯이, 바람 혹은 유행에 따라 나부끼는 어리석음이다. 나아가서 미숙한 교인들을 이처럼 나부끼게 하는 수단 및 방편을 "교활(궤술)"과 "사기"라 단정하고, 그리하여 "그릇된 책략에로" 이끌어 간다고 통탄한다. 에베소서 저자는 신자들에 대한 비기독교인들의 박해보다 신자들을 혼미에 빠뜨리는 목회의 가르침을 더 두려워했던 것 같다.

"오직 사랑 안에서 참된 것을 하여 범사에 그에게까지 자랄지라 그는 머리니 곧 그리스도라"라는 개역 15절은 14절과 극명한 대조를 이룬다. 우리 개역에서 번역한 "오직"은 대조를 나타내는 접속사 '그러나' 혹은 '반면에'라 읽어야 한다. 그리고 우리 개역에서처럼 "사랑 안에서 참된 것을 행하여(신봉하여)"라는 번역을 취하는 학자들도 없지 않으나 "그러나 사랑 안에서 진리를 말함으로써 우리가 모든 면에서 그에게까지 자랄지라, 그는 머리이신 그리스도라"는 번역을 취하는 것이 더 일반적이다.(Lincoln 1990; O'Brian 1999; Thielman 2010) 이들에 따르면 이 번역이 "진리를 너희에게 말함으로써"(갈 4:16)라는 문맥에 합치하기도 하려니와 교회가 진리를 말함으로써가 14절의 "사기로 그릇된 책략에 이끌려" 혼미에 빠지는 것과도 차이가 분명해진다는 것이다. 그리고 모든 학자들이 진리가 사랑과 함께 쓰인 것에 주목한다. 교활과 사기로 가르치는 것이 아니라, 진리의 핵심이 사랑 안에 있어야 그 사랑이 진리를 구현한다. 그뿐만 아니라 진리가 사랑 안에 있어야 성숙한 사람에로 자란다. 달리 말하면, "사랑 안에서 뿌리가 박히고 기초가 세워짐으로써 믿음으로 말미암아 그리스도께서 너희 마음 속에 계시게 하옵소서"(3:17b)가 곧 성장의 원동력이다. 이 15절은 "그런즉 믿음, 소망, 사랑, 이 세 가지는 항상 있을 것인데 그중의 제일은 사랑이라"로 끝막음한 사랑의 장 고전 13장 전체의 요약이라 읽고 싶다. "그중의 제일은 사랑이라"인 까닭을 15절의 기반 위에서 해석하면 "믿음, 소망이 항상 있을" 수 있는 것은 성장의 원동력으로 사랑이 믿음과 소망을 뒷받침하기 때문이다.

"사랑 안에서 진리를 말함으로써" 얻어지는 결과가 15b~c절 "우리가 범사에 그에게까지 자라야 하나니, 그는 머리인 그리스도시라"이다. 우선 15b절에서 "자라다"가 타동사인지 자동사인지가 논란되고 있다. 만약 타동사라면 "범사(ta panta)"를 '만물'이라 직역하여 '만물을 자라게 하다'로 읽어야 한다. 그러나 오늘날 대부분의 주해서들은 "자라다"를 자동사로 취급하여 우리 개역과 같은 번역을 선호한다. 그리하여 어린아이로 남지 않고 "우리가 그(그리스도)에게까지 모든 면에서 자라야 한다"는 번역을 취한다. 그리고 15c절에서 "그(그리스도)를 관계대명사로 받아 "〔그는〕 머리시니 곧 그리스도라"에서 "그를 만물 위에 머리로 교회에 주셨다"(1:22)고 하였던 머리 은유가 다시 나온다. 그리스도가 에클레시아의 머리라 할 때 그리스도가 에클레시아의 기원이시고 통치하신다는 의미이고, 그리고 여기 성장의 맥락에서는 에클레시아가 성장하는 데에서 그리스도가 원천이시고 목표라는 의미이다.

이제 우리 개역의 어순을 좀 바꾸어 15a~b~c를 함께 읽으면, "사랑 안에서 진리를 말함으로써 우리가 모든 면에서 머리인 그에게까지 자라 마지않아야 하는 바, 그는 머리인 그리스도이다"이다. 풀어 말하면, 이제는 우리가 어린아이가 아니므로 그리스도의 온전한 키에 이르도록 교회가 자라야 한다는 것이다. "그럼에도 불구하고 성장은 분명 하나님의 백성에게 일어나는 일이지 바울의 어느 서술에서도 우주(만유)가 그리스도에게까지 자라야 할 것이라 말한 적이 없다."(O'Brian 1999: 312) 우리는 여기서 몸과 머리가 단절적인 은유라는 앞선 논의를 다시 상기해야겠다. "이 15절은 신자들이 사랑 안에서 진리를 말해야만 한다는 당위성을 진술하고 있을 뿐만 아니라 복음의 진리가 사랑과 더불어 공적으로 전해져야 함을 진술하고 있는바, 이 맥락은 복음을 말하도록 그리스도가 교회에 주신 선물(은사)들에 초점을 맞추고 거짓된 가르침의 위험에 대해 경고하고 있기 때문이다."(Schreiner 2008: 716~17) 슈라이너는 "그리스도가 교회에 주신 선물들"이 초점이라 해설하고 있거니와, 교회에 주신 선물들에 연관해 12절을 중심으로 교회 안에서의 만인 제사의 권면이라 우리는 해설하였다. 그리하여 15절에 머리이신 그리스도에게까지 교회가 자라야 할 것을 특히 13절에 신자 개개인 모두가 믿음과 하나님의 아들에 대한 지식에서 하나됨에 도달하여야 할 것을 강조하고 있다.

낱낱의 개인 몫(4:16)

앞 15절에 "사랑 안에서 진리를 말함으로써 우리가 모든 면에서 머리인 그에게까지 자라야 하는 바, 그는 머리인 그리스도이다"라 교회의 성장의 원천과 목표를 머리인 그리스도라 하였다. 이제 성장에 기여하는 몸 전체의 역할을 결론적으로 16절이 기술하고 있다. 당연히 15절과 16절을 함께 읽어야 하지만, 이 16절은 에베소서의 보편 교회 개념을 이해하는 데 대단히 귀중한 가치를 지니고 있는 절이어서 독립해 읽기로 하겠다. 별개의 단락으로 읽기로 하되 16절의 이해를 7절 이하의 전체 맥락의 틀에서 되돌아보기로 하겠다.

> **16** 그에게서 온 몸이 각 마디를 통하여 도움을 입음으로 연락하고 상합하여 각 지체의 분량대로 역사하여 그 몸을 자라게 하며 사랑 안에서 스스로 세우느니라

워낙 이 16절은 통사 구성에서 연결과 분절이 난해하여 주절과 종속절을 우선 두 단위로 나누어 읽기로 하겠다. 우리 개역 "그에게서부터 온(전체) 몸이 그 몸을 자라게 하며 사랑 안에서 스스로(그 자체를) 세우느니라"가 주절이다. "그에게서부터"는 15절 말미의 "머리인 그리스도"를 관계대명사로 받아 연결한 것이다. 우리 개역에서 "그 몸을 자라게 하며"를 축어적으로 번역하면 "그 몸의 성장을 촉진/창출한다"이고 이때 "촉진/창출하다"가 주동사다. 따라서 몸의 성장을 창출하는 원천을 "그리스도에게서부터"라 그리스도는 교회의 성장의 목표이자 원천이라 적고 있다. 그리고 성장의 최종 목표를 "사랑 안에서 스스로 세우느니라"고 적고 있는데 우리 개역 "스스로"라는 표현이 자칫 저절로라 잘못 독해하기 십상이다. 그 뜻이 그리스도의 머리를 원동력으로 신자들의 능동적인 참여 자체를 가리킨다고 하니, "세움(oikodomen) 그 자체를"이라는 원문대로 읽는 것이 차라리 적절할 듯싶다. 이 단락에서 여러 번 출현한 "세우다(oikodomen)"는 우리 개역 특히 고린도전서에서 '교회를 세우다'의

의미로 "덕을 세우다"의 맥락에서 번역되어 있고 또 여러 번역본에서 굳건하게 세우다라 번역하고 있다. 실상 교회에 관한 건축 은유인 "세움"은 유기체 은유의 "성장"과 함께 동일한 맥락적 의미로 쓰이고 있다. 무엇보다 중요한 것은 "사랑 안에서"이다. 앞 성장의 맥락에서 "사랑 안에서 진리를 말하다"(4:15)를 이미 읽었거니와, 같은 맥락에서 "사랑 안에서"를 또 언급하고 있다. 사랑이 없으면 몸의 성장은 있을 수 없다. 링컨의 해석에 따르면 사랑은 성장을 위한 생명의 피다.(Lincoln 1990: 264) 따라서 주절을 다시 번역하면 "그에게서부터 전체 몸이 그 몸의 성장을 창출하여 사랑 안에서 그 자체를 세우는 데에 이른다"는 16절의 주절은 그리스도와 합체하여 전체로서의 교회의 성장 목표를 진술하고 있다.(O'Brian 1999: 313)

아울러, 우리 개역 "각 마디를 통하여 도움을 입음으로 연락하고 상합하여 각 지체의 분량대로 역사하여"는 주절을 수식하는 종속절인 바, 주절인 "전체 몸이 그 몸의 성장을 창출하다"를 수식하는 분사구문이다. 이 분사절이 에베소서의 보편 교회론을 이해하는 데 필수불가결의 요체이다. "연락하고 상합하여"라는 두 동사는 주동사가 아니고 "전체 몸"을 수식하는 분사이므로 "연결(연락)되고 결합(상합)하여짐으로써"라 읽어야겠다. 그리고 연결과 결합된 것이 무엇을 통해 이루어졌느냐 하면, "지탱(도움)하여 주는 각 연결(마디)을 통해"인데, 연결(마디)은 본래 뼈와 뼈를 잇는 결합 조직체인 인대(靭帶)가 본래의 용어인 모양이다. 우리 개역에서 "각 지체(몫)의 분량대로 역사하여"라는 번역에 오류가 있는 것은 결코 아니지만, 축어적으로 번역하는 것이 의미를 더욱더 생생하게 살린다. "하나의 개개의 개인 몫(부분)의 계량대로(en metro henos hekastou merous) 일함에 따라"가 그것이다. 토머스 슈라이너는 이 구절을 "every and each individual part"라 옮겨 "낱낱의 각각의 개인 몫의 공헌을 통해"라 번역하였다.(Shreiner 2001: 354) 이처럼 교회인 몸을 성장하는 일은 개별 신자 누구든 예외없이 참여해야 하는 몫이다.

결국 종속절과 주절을 연결하여 16절을 다시 옮기면, "낱낱의 개인 몫의 계량대로 역사함에 따라 지탱하여 주는 각 인대를 통해 연결되고 결합되어, 그리스도에게서부터 전체 몸이 그 몸의 성장을 창출하여 사랑 안에서 그 자체를 세우는 데에 이른다"고 16절을 다시 옮길 수 있겠다.

이제 4:7~16의 단원 〈그리스도의 몸을 세우는 하나임의 다양성〉 전체를 독해한다. 요컨대, 몸이 하나임이라는 주제를 이 단원에서는 신자인 우리 각 사람에게 그리스도의 선물의 계량에 따라 은혜가 주어졌다는 새로운 관점에서 전개한다. 승천하여 승리하신 그리스도께서 개개 신도에게 주신 선물이 그리스도의 몸의 성숙함을 양육함으로써 그리스도의 승리가 교회의 승리에 도달하는 과정을 진술하고 있다. 교회의 하나됨이 교회의 성숙이다. 무엇보다 교회 전체가 성장하고 세워지는 원천과 목표는 머리이신 그리스도이심이 본질이다. 이때 우선 "선물들을 그가 주었으니 어떤 이들에게는 사도들, 어떤 이들에게는 예언자들, 어떤 이들에게는 복음 전도자들, 어떤 이들에게는 목사들과 교사들을 주었다"(NRSV)의 11절을 읽으며 이 봉사의 일들이 제도적인 직무(Amt; office)가 아니라 해명하였다. 실은 이처럼 대표적인 사역들을 적은 것은 신자들 모두의 다양한 봉사의 역할을 권장하고 있음을 여기서 새삼 확인할 수 있다. 그리하여 16절에서 "낱낱의 각각의 개인 몫의 공헌을 통해" 다양함 안에서 교회가 하나임에로 성장하고 그리고 "그리스도에게서부터 전체 몸이 그 몸의 성장을 창출하여 사랑 안에서 그 자체를 세우는 데에 이른다"고 사랑이 성장의 원동력임을 새삼 강조한다. 다양한 은사들의 공통분모가 사랑이므로 "하나임"의 목표를 지향할 수 있다. 여하튼 에베소서의 보편 교회의 개념이 이처럼 다양한 개인의 몫을 존중한다는 것이 참으로 이채롭다. 이 16절을 다시 읽으면, 우리는 에베소서의 보편 교회라는 개념이 지역 또는 가정 교회들을 존중하여 포괄하는 하나임(통일)의 상위 개념이라 추론하지 않을 수 없다. 우리는 회흐너의 해설을 우리의 현실에 비추어 결론으로 삼겠다. "〔또한〕 주목하여야 할 중요한 것은 교회의 사역은 몇 사람의 의무가 아니라 개개 신자의 책임임을 이 대목이 분명히 하고 있다는 것이 중요하다. 성직자(사제직)와 평신도의 차별화는 사람이 만들어낸 것이다."(Hoehner 2002: 579)

교회의 윤리를 논하고 있는 제2부에 들어와서 교회의 하나임의 토대(4:1~6)와 그리스도의 몸을 세우는 하나임의 다양성(4:7~16)에 관해 두 단원으로 나누어 읽었다. 두 단원을 별개로 읽으면 장님이 코끼리 만지는 식양의 독해가 되고 만다. 두 단원을 하나의 테두리에서 읽어야 온전한 모습이 찾아진다. 교회의 하나임의 보편성이라는 맥락과 그리스도의 몸을 세우는 만인제사의 맥락을 별개로 읽으면 모자람이 지나쳐 두 단원 모두의 정수를 놓친다. 이제 우리는 다음 상자 속 부록의 〈다시 보편 교회론〉에서 두 단원을 하나의 맥락의 테두리로 엮어 두 단원 모두의 온전한 정수를 찾아 읽기로 하겠다.

부록 2 : 다시 보편 교회론

에베소서의 저자는 그의 서한에서 보편 교회라는 용어를 사용한 일이 없고 바울 서한 어디에서도 보편성이라는 용어를 사용한 일이 없다. 바울의 보편성을 가장 잘 대표하는 구절은 여러 번 인용하였던 상위한 종족, 상위한 사회적인 신분, 상위한 성에 차별 없이 그리스도 안에서 하나이라는 그의 인류관이다.(cf. 갈 3:28) 이 인류관의 보편성 이외에도 학자들 중에서 어떤 이들은 "아담 안에서 모든 사람이 죽은 것 같이 그리스도 안에서 모든 사람이 삶을 얻으리라"(고전 15:22)는 바울 서한들의 구원론에 있어 "모든 사람"이라는 표현이 인류 전체를 지칭한다는 해석으로 보편성의 용어를 사용하기도 한다. 하지만, 롬 5:15~19에서 아담과 그리스도와의 대비 주제에서 보듯, 예컨대 "한 사람의 순종치 아니함으로 많은 사람이 죄〔인들이〕 된 것 같이 한 사람의 순종하심으로 많은 사람이 의인이 되리라"(롬 5:19)에서처럼, "모두"가 "많은 사람"이라 교체되어 쓰였듯이 모든 사람들이라는 보편성을 구별 없이 일률적으로 포괄해 사용하고 있는 것은 아니다. 다른 보기로 이를테면, "하나님은 모든 사람이 구원을 받으며 진리를 아는 데 이르기를 원하시느니라"(딤전 2:4)라든가 또 "그(그리스도)가 모든 사람을 위하여 자기를 속전(몸값)으로 주셨으니"(딤전 2:6)라든가의 보편 언어의 사용은 만인구원의 결론에 자칫 도달하기 십상이지만, 보편 언어의 "모두"라는 표현이 예외 없이 모든 사람들인지는 앞뒤 맥락을 따져 보아야 한다. 그러므로 이 점을 에베소서를 읽을 때에도 유념하며 보편 교회를 숙고해야겠다. 다시 보편 교회론을 논함은 여러 상위한 견지들을 정합적으로 정리함으로써, 더불어, 1장부터 4장까지의 에베소서의 직설과 명령의 논지들을 학자들이 이야기하는 보편 교회라는 관점에서 종합적으로 독해하기 위한 노력이다.

에베소서에서 보편 교회라 함은, 한편, 국가와 인종의 구별 없이 모든 신자들이 속해 있는 교회 총체라는 포괄적인 의미를 일차적으로 갖는다. 이를테면, 전에는 약속의 언약들에 대해 외인이었던 이방인들이 이제는 이스라엘의 언약의 백성들과 함께 "십자가로 이 둘을 한 몸으로 하나님과 화목하게 하려 하심이라"(2:16)는 하나님 백성의 하나임(통일)의 강조에 기초한다. 이때 학자들이 보편성이라 하는 것은 이를테면 어떤 특정 교회, 특히 예루살렘 성전만이 하나님의 교회임을 인정한다는 특정성(particularism)에 상반되는 보편성(universalism)의 개념이라 보아야 한다고 생각한다. 이 보편성은 너무도 당연한 생각이므로 우리의 논의에서는 교회의 이 특정성에 관련해 갑론을박할 아무런 흥미가 없다. 우리의 논의의 관심은, 다른 한편, "하나임"의 개념의 기반 위에 전개된 에베소서의 보편 교회론의 논변이다. 교회의 총체성 또는 전체로서의 보편 교회인데, 실상, 이 보편성은 학자들이 "하나임"의 개념 위에서 에베소서에 서술된 에클레시아를 해설한 가설적인 조어에 지나지 않는다. 이제 우리는 에베소서의 이 에클레시아의 개념을 다시 한 번 정리해 살펴보아야 할 때에 이르렀다고 생각한다.

에베소서에서 보편성에 대한 강조는, 한편, "하나의 몸이고 하나의 성령이니, 이와 꼭 같이 너희가 너희의 부르심의 하나의 소망으로 부르심을 받았느니라"(4:4)라든가 "하나의 하나님 그리고 만유의 아버지이신 당신은 만유 위에 그리고 만유를 통해 그리고 만유 안에 계신다"(4:6)라든가의 하나임(통일)의 강조에서 드러난다. 이 하나임의 개념은 에베소서에서 그리스도가 교회의 머리라는 새로운 개념과 맞물려 보편 교회라는 새로운 용어와 개념으로 학자들이 고안해냈다. 따라서 에베소서 저자의 위명성을 논구하는 학자들 사이에 보편 교회론에 대한 비판적인 논변이 제기되어 있는 것이 작금의 실상이다. 에베소서의 이러한 보편 교회의 개념은 하나임의 토대 위에서 모든 개별 교회들이 공유하는 하나의 교회성(church-ness)의 개념을 함의하고 있을 수 있겠지만(Dunn 1998: 541), 학자들의 보편 교회의 논변에서 보편성의 개념은 실상 모호하다.

보편 교회는 그리스도와 합체된 실체로서의 모든 교회들이 공유하는 교회 일반의 고유성일 수 있겠다. 그러나 "신자들이 하나의 몸을 구성하고 있다는 것은 그들이 상호간에 구성원들이기 때문이 아니라 그들이 그리스도의 구성원(지체)들이기 때문이다. 그런고로 그들이 그리스도 안에서 한 몸이다(롬 12:5; 고전 6:15)"(Ridderbos 1966: 376)가 핵심이다. 만일 이 핵심 개념이 보편 교회라면, 이제부터의 우리의 논의에서 더욱 분명해지겠지만, 바울의 종래의 교회관과 본질적으로 다른 바 없다. 그러므로 이때 개별 지역(local) 교회의 실재를 부인하고 있느냐가 주요 논쟁이어야 한다. 제임스던은 바울이 지역 교회의 실재를 어디서든 부정하고 있지 않음을 길게 그리고 설득력 있게 논변하고 있다.(Dunn 1998: 537~543) 우리는 이미 1장 말미에서 어떤 개별 교회에 속하든 모든 신자들이 그리스도 안에서 한 몸임을 개관하였거니와, 한 몸이라는 틀 안에서 개별 교회들은 보편 교회를 지향하고 있는 것이라 이해해야 한다.

에베소서(1:22; 3:10, 21; 5:23~32)와 골로새서(1:18, 24)에서 유별나게 총체성으로서의 교회의 보편성의 색깔이 두드러진 것은 사실이다. 이들 서한에서 대표적인 본보기 하나씩 예시하겠다. "그리고 당신이 그를 만물 위에 머리로 교회에(te ekklesia) 주셨다"(엡 1:22)와 "그는 몸의 즉 교회(tes ekklesias)의 머리다"(골 1:18)가 각각의 좋은 본보기이다. 에베소서든 골로새서든 교회 앞에 관사를 붙이고 있어 반복을 통해 강조하고 있다. 만물 위에 머리라는 것은 그리스도가 모든 창조물의 지고의 지배자라는 뜻이다.(Bruce 1984: 274) 이때 특히 골로새서에서는 몸과 교회를 동격으로 기술하고 있으므로 그리스도의 우주에 대한 지고의 지배권이 다름아닌 교회에도 적용된다는 사실을 서술하고 있다. 말하자면, 몸이 하나인즉 하나의 교회라는 특징적인 서술 기법이 보편 교회를 특징짓고 있다. 그리하여 이 세상 어디든 모든 교회들은 하나라는 보편성을 함축하고 있다. 비록 그리스도가 머리라는 은유가 그리스도가 몸이라는 은유와 별개의 성질이라 하더라도, 엡 1:22를 "당신이 그를…주셨다"의 "주셨다(edoken)"가 "임명하였다"의 의미라 생각하여 NIV처럼 "하나님이 그리스도를 교회를 위해 만물 위에 머리로 임명하였다"라 번역하기도 하므로, 만물 위에 머리이신 그리스도는 그리스도인 몸인 교회와 불가분의 관계를 갖는다. 가령, 골 3:11b에 "그리스도는 만유시고 만유 안에 계시니라"이다. 여기서 "그리스도는 만유시고"라 함은 "만물 곧 땅에 있는 것들이나 하늘에 있는 것들"(골 1:20)이 "그로 말미암고 그를 위해 창조되었다"(골 1:16)는 말이다. 그리고 그리스도가 "만유 안에 계시다"라 함은 새 사람이 된 모든 사람들 안에 그가 내주하신다는 말이다.(Moo 2008: 273) 결국 우주 창조부터 종말 완성의 하나님의 의지는 그리스도 중심으로 이루어진다는 그리스도 중심론이다.

그런데 바울은 에클레시아를 본래 "모든 모임(집회)들"(고전 14:34) 혹은 "모든 교회들"(롬 16:4)이라 표기했던 다른 서한들에서도 보편 교회의 뉘앙스를 갖는 "하나님의 교회"(e.g., 고전 1:1; 10:32; 15:9)라는 용어로 표현하고 있으므로(Ridderbos 1966: 330), 교회의 이 보편성은 골로새서를 포함한 에베소서만의 고유한 언표와 논변은 아니다. 이때 도대체 에베소서의 교회가 다른 바울 서한들과는 다른 어떤 보편성의 의미를 갖는다고 주창하는 학자들 사이에서도 이견이 분분하다. 가장 과격한 견해로는, 초기 가톨릭(catholic: universal)주의의 성격을 갖는다는 해설이 있다. 이 용어의 출현은 엡 1:22~23와 골 1:18 등에서의 교회의 개념이 교회 일반(Gesamt-gemeinde)의 느낌의 뜻을 풍길 뿐만 아니라, 이밖에 가외의 맥락적 의미 해석에도 기인하는 것 같다. 풀이하면, 메시아의 급박한 재림 기대가 쇠퇴함에 맞물려, "너희가 들은 이 복음은 천하 만민에게 전파된 바요 나 바울은 이 복음의 일꾼이 되었노라"(골 1:23) 및 "너희가 그리스도 예수를 주로 받았나니"(골 2:6) 등이 바울 사도의 권위에 대한 보편적인 직무를 내세우고 있다는 해석이 그것이다. 그러나 이 견해는 과잉일반화이다. 다른 무엇보다, 이스라엘의 언약의 백성과 이방인들, 모두를 한 몸으로 하나님과 화목케 하는 에베소서에서의 보편 교회 정립은 차라리 교회의 제도적인 제약 또는 의식(儀式)을 허물어 초월한 교회론이라는 의미에서 보편성이라 이해해야 마땅하다.

더욱 심각한 문제는, "하나님의 각종 지혜가 하늘의 영역들에 있는 통치자들과 권세들에게 교회를 통해 이제 알리어지기 위함이다"(3:10)라는 교회관의 생소함이 비판적인 보편 교회관의 불씨를 지피고 있다. 어떻게 교회가 하늘에 영역들에 있는 악령들에게 각양각색의 아름다운 하나님의 지혜를 알게 할 수 있는가? 우리는 이 불가해한 의문에 대해 이미 1:22~23절 "하나님은 만물을 그리스도의 발아래 복종케 하셨고 당신이 그를 만물 위에 머리로 교회에게 주셨으니 교회는 진정 그의 몸이고, 〔교회는〕 지속적으로 또 온전하게 충만하여지는 그의 충만이다"라는 틸먼의 번역을 여러 번 읽으며, 이 불가해한 의문이 결코 얼토당토않음을 해명하였다. 골로새서의 그리스도론인즉 "그리스도는 보이지 않는 하나님의 형상이고"(골 1:15) 또 "그의 십자가의 피로 땅에 있는 것들이나 하늘에 있는 것들을 화평을 이룸으로써 만물을 자기와 화목케"(골 1:20) 하시는 하나님 우편에 앉으신 그리스도이다. 이 그리스도의 승리 때문에, 그리고 그리스도와 교회가 하나이기 때문에, 하나님이 당신의 백성에게 적대하는 모든 우주적인 권세에게 교회를 통해 각양각색의 아름다운 하나님의 지혜 또는 신비를 알게 할 수 있다는 것이 에베소서의 논지다.

교회 일반이 갖는 이러한 능력은 교회 내에 내재한 능력이 아니라 그리스도의 죽음과 부활로 말미암아 교회를 충만케 하시는 그리스도의 충만이므로 결국 하나님께로부터 발현하는 능력이다. 그리스도 중심론은 지고의 그리스도가 우주 만물의 주님이심이라는 보편성이다. "보편 교회라는 개념은 … 바울의 보편적인 그리스도론의 산물이다."(Pao 2008: 66) 뿐더러, 보편 그리스도론 그리고 보편 교회론은 실상 이 때문에 "신자들이 이미 참여하고 있는 그리스도를 에워싼 하늘의 모임"(O'Brian 1999: 246)이라는 보편 교회에 대한 해석과 합치한다고 우리는 생각한다. 그리스도가 하나님 우편에 앉아계심으로 그의 몸인 교회 역시 하늘의 모임이기 때문이다. 그리스도의 승리를 직접적으로 증거하는 하나님의 우편 그리고 승리하신 그리스도의 몸인 교회이기 때문에 하늘의 모임으로서의 교회가 하늘의 영역들에 있는 권세들에게 하나님의 지혜를 알게 할 수 있겠기 때문이다. 이것이 〈다시 보편 교회론〉에 대한 우리의 결론이다.

이 결론에 대해 부차적인 보완을 덧보태야겠다. 하늘의 모임에 관련해 참으로 부정할 수 없는 현실적인 사실은, 그 그리스도를 에워싼 하늘의 모임의 실재가 이 지상에서는 유대와 이방이 통일된 하나의 그리스도의 몸인 지역 교회들일 수

밖에 없다는 사실이다. 왜냐하면 "신자들이 이미 참여하고 있는"의 오브라이언의 진술에서 "이미"라 함은 3:10에서의 "이제"와 마찬가지로 그 시기가 현재임을 명세하고 있으므로, 현재 지상의 교회가 승리하신 그리스도와 함께 역사하는 일이겠기 때문이다. 그럼에도 불구하고 또 그렇기 때문에, 지상의 모임인 교회가 어떻게 하늘의 모임일 수 있느냐가 여전히 어리둥절하다. 이 문제의 실마리를 우선 우리는 2:5~6에서 찾고 싶다. "은혜로 너희가 구원을 얻은 것이다"(2:5c)가 무슨 의미를 갖느냐에 관해 〔학자들 중 더러는 실현된 구원론/종말론이라 비판하는〕 2:6의 "우리를 그와 함께 일으키셨고 그리고 우리를 그리스도 예수 안에서 하늘의 영역들에 그와 함께 앉히셨다"를 함의한다고 해석하고 싶다. 이 2:5~6을 "하나님이 그리스도에게 행하신 바가 동시에 신자들에게도 행하신 것이다"(O'Brian 1999: 170)라 이해할 때 비로소 에베소서가 기술하고 있는 실현된 종말론의 진술인 2:5~6에 대해 올바른 해석에 들어설 수 있다. 현재 구원을 얻은 것이 사실이라면 현재 신자들은 현재 하나님 오른편에 앉아 계신 그리스도와 함께(syn) 있다는 사실을 현실적인 사실로 받아들여야 한다.

한 번 더 부차적인 설명을 덧보태야겠다. 하늘의 모임으로서의 보편 교회는, 이처럼 역시 '아직 아니'지만 그럼에도 실현된 종말론의 틀에서 에베소서를 정합적으로 이해할 수 있다. 학자들은 에베소서를 실현된 구원론의 신학이라 비판하지만, "은혜로 너희가 구원을 얻은 것이다"(2:5c)가 사실이라면 아직 온전하게는 아니지만 구원을 얻은 은혜를 현실이라 받아들여야 한다. 실현된 구원론이 신자들의 현실이라 받아들여야 신자들은 "부르심을 받은 바에 따라 부르심에 합당하게"(4:1) 걸을 수 있는 것이 '이미'와 '아직 아니'의 종말 긴장의 현실 체험이다. 그러므로 "지역 모임들은, 그것들이 어떤 집회에서 모이든 혹은 가정교회에서 모이든, 일으켜지신 그리스도를 빙 둘러앉은 하늘의 모임이 지상의 현시이다"(O'Brian 1999: 147)가 교회의 현실이어야 한다. 사실이 그러해야 하므로, 오브라이언의 하늘 모임으로서의 보편 교회의 개념은 트집을 잡힐 까닭이 없다. 실현된 구원론을 지나치게 고지식한 해석으로 받아들이지 말아야 한다. 그리스도가 계신 곳에 교회가 있기 때문이다. 게다가 시 68:18을 인용하여 "내려오셨던 그가 또한 자신이 모든 하늘들 위에 오르신 그분 자신이니 그가 만물을 충만하게 하려 하심이라"가 4:10이다. 하나님의 우주 완성의 의지를 위해 "만물을 충만하게" 만드는 그리스도의 역사 현장에 마땅히 지상의 교회가 동참해야 한다. '교회인 그리스도의 몸은 그의 충만이다'가 1:23이다. 에베소서에서 그리스도의 몸을 세운다는 표현은 우주 만물을 충만하게 하심과 불가분의 관계이다.

뿐더러, 에베소서의 교회론에 있어 오해해서는 안 될 또 다른 주요 특질이 있다. 그리스도와 하나이고 약속의 함께 참여함이 보편 교회인 한에 있어, "에베소서에 있어서 보편 교회란 유기체이고 고린도전서의 지역 교회와 매마찬가지로 조직이 아니다"(Bruce 1984: 239)라는 특질이 그것이다. 제반 교직자들과 함께 사도들과 예언자들 등을 언급하면서도(2:20; 4:11), 이들이 모든 신자들을 사역하게 하여 전체 몸의 성장을 촉진하는 각자의 구실을 수행케 한다. 아울러 브루스는 예루살렘 교회를 위한 바울의 이방 교회들로부터의 대대적인 모금 운동의 사례를 예시한다. 이 거대한 구제 사업에서도 교회들 사이에는 아무런 조직적인 활동이 없었다는 사실을 그는 특기하고 있다. "하나의 주, 하나의 믿음, 하나의 세례"(4:5)라 진술하고 있지만 믿음도 세례도 하나라는 것은 주가 하나이므로 믿음과 세례로 그리스도와 합체된 모든 신자들도 주와 함께 하나이다. 이 하나임을 위해 "그리스도 함께"라는 그 이상의 다른 어떤 것, 다른 군더더기, 특히 조직이 필요없다.

그러므로 에베소서는 교회의 제도론을 전개하고 있는 것이 아니다. 실상, 바울 초기 서한들과 마찬가지로 그리스도와 그의 몸인 교회가 하나라는 일체의 개념이다. 에베소서는 단지 하나님 오른편에 계셔 만물을 통치하도록 위임 받은 그리스도와 교회가 하나임을 강조하고 있다. 어떻게 하나인가? "봉사의 일들을 위해 하나님의 백성에게 준비를 갖추어 줌으로써 그리스도의 몸을 세울 수 있게 한다"의 4:12와 "개개의 개인 몫의 계량대로 역사함에 따라 지탱하여 주는 각 인대를 통해 연결되고 결합되어, 그리스도에게서부터 전체 몸이 그 몸의 성장을 촉진하여 사랑 안에서 그 자체를 세우는 데에 이른다"의 4:16을 함께 읽으면, 유기체론으로서의 보편 교회가 어떻게 하나인가를 이해할 수 있다. 그리스도의 몸인 "교회의 사역은 몇 사람의 의무가 아니라 개개의 신자의 책임임을 이 대목이 분명히 하고 있다는 것이 중요하다"(Hoehner 2002: 579)라는 이 대목의 해설을 여기서 다시 음미하여야겠다. 이에 따라 에베소서의 교회는 만인제사를 위한 교회라 우리는 앞에서 해설하였다. 그리스도와 그의 몸인 교회가 하나인 것은 신자들 개개인의 몫으로, "너희 역시도 성령 안에서 하나님의 거하실 처소가 되기 위하여 예수 안에서 함께 지어져가고 있다"(2:22)이고 그리고 "우리가 그에게까지 모든 면에서 성장해야 하나니, 그는 머리이신 그리스도라"(4:15)이기 때문이다. 교회인 그리스도의 몸을 세우는 일에 몸의 지체인 신자들 개개인의 몫이 이처럼 중차대하다면, 지역(local) 또는 가정교회의 독자성의 토대를 에베소서가 부정하고 있다는 과장된 견지로 비약하지 말아야 한다.

우리의 논의는 에베소서의 보편 교회가 "그리스도 중심

에 있는 하늘의 모임"(O'Brian 1999: 26)이라는 개념 규정에 매달려 왔다. 이제 하늘의 모임과 이 지상의 지역 모임과의 실질적인 관계를 새삼스럽게 규명키로 하겠다. 재삼 강조하지만, 오브라이언에 따르면 "집회든 가정 교회든 지역 모임은 부활한 그리스도가 중심에 있는 하늘 모임의 이 지상의 발현이었다."(Ibid.: 26) 이 진술에서 "지상의 발현이었다"라는 오브라이언의 과거형 표현은 지상의 어떤 지역 교회도 하늘 모임이 '아직 아니'라는 사실을 오히려 강하게 분명히 표현하고 있는 것일 터이다. 다른 한편, 슈라이너는 오브라이언의 "하늘 모임"으로서의 보편 교회 개념에 동의하면서 에베소서에서 "보편 교회에 초점이 주어지긴 하지만, 보편 교회와 지역 교회의 경계선은 다소 구별이 불명료하다"(Schreiner 2008: 714)는 총평을 부가하고 있다. "다소 구별이 불명료하다(somewhat indistinct)"라는 표현은 지상의 지역 교회들과 하늘 모임과의 경계선이 명료하지 않다는 것이다. 지역 교회들이 하늘 교회에 영광에 온전히 미치지는 못하지만, 그럼에도 보편교회와 지역교회가 배척의 이접(離接) 관계에 있는 것이 아니라 연속의 연접(連接) 관계에 있음을 뜻하는 것이라 이해해도 좋을 것이다. 지상의 지역 교회들에서도 예수는 교회 위의 주님이시고 "머리이신 그리스도"임이 현실이라면, "당신께 영광이 교회 안에서 〔그리고 그리스도 예수 안에서〕 모든 세세대대로 영원무궁하도록!"(3:21)이라는 본질을 보편 교회가 실현하여야 할 현실이어야 할 것이다. 다른 한편, "보편 교회와 지역 교회의 경계선은 다소 구별이 불명료하다"는 슈라이너의 논평은 역으로 하늘 교회와 지상 교회가 이접 관계일 수 없다는 논평이기도 하다. 달리 말하면, 지상의 지역 교회들이 종말 완성의 목표인 하늘의 보편 교회에 아직 온전히 도달하지 못하였으니, 각자의 다양성을 보존하면서 결국 하나임의 교회의 통일성이라는 온전한 보편 교회를 지향해야 한다는 당위성의 과제를 안고 있다고 이해해야겠다.

끝으로 바울 서한 전반에서의 교회라는 용어의 사용과 개념 규정, 특히 그리스도의 몸으로서의 교회에 관한 주석을 이 논의 말미에 덧붙여 에베소서의 보편 교회의 이해를 보완키로 하겠다. 바울이 'ekklesia'라 할 때 본래 이 용어는 qehal yhwh(민 16:3; 20:4 등)의 번역어인 보편 교회 "하나님의 교회"이다. 이 하나님의 교회는 때로는 지역명을 첨가해, "고린도에 있는 하나님의 교회"라 부르기도 하고 혹은 "갈라디아의 교회들"이라 복수로 부르기도 하고 혹은 이를테면 "모든 교회들"이라 전체 집합으로 부르기도 한다. 그 어느 경우에도 물론 두말할 나위 없이 그 밑바탕의 의미는 엡 2:20에서 그리스도가 교회의 모퉁이 돌이라 했던 것과 마찬가지로 교회의 "터(기초)는 곧 예수 그리스도이다"(고전 3:11)라는 것이 자명하다.

그런데 고린도전서 11장에 여러 번 출현하는, 예컨대, "너희가 교회에 〔함께〕 모일 때"(고전 11:18)라 함은 교회의 용어 또는 개념에서 필히 숙고해야 할 유의미한 요절이다. 이들 요절이 함축하고 있는 의미는 어떤 장소나 건물에 모이는 것이 교회라는 뜻이 아니라 개개인이 함께 모이다(집합하다: synerchesthai)가 곧 교회라는 말이다.(Dunn 1998: 542; Garland 2003: 536) 여러 학자들이 "함께 모이다"를 "교회 안에(en ti ekklesia)" 모이다가 아니라, 대신 'en'을 동등 비교의 접속사인 영어의 'as'로 번역하여 "교회로서의(en ekklesia = as a church) 함께 모이다"라 해석하여 "함께 모임"과 "교회"를 등가적으로 해석하고 번역한다. 개개인이 교회로서 함께 모이다라 할 때 개개인은 그리스도의 지체, 다시 말하면 그리스도의 몸으로서의 교회의 지체이다. 롬 12:3 이하에서 개개인의 다양성을 논하면서 오히려 "우리가 많은 사람이지만 그리스도 안에서 한 몸이라"(롬 12:5) 결론짓는 것은 여러 많은 사람이 그리스도 안에서 모두가 합체된 통일성의 하나라는 것(Ridderbos 1966: 871; Schreiner 1998: 654)과 같은 뜻이다. 에베소서에서도 다른 서한들에서도 이 하나임이 그리스도의 몸이라는 교회의 은유의 요체이다. 하나님의 창세 이래로 "한 몸"이라는 창 2:24의 표현 이상으로 하나임을 적합하게 표상하는 상징어는 달리 있을 수 없다. 그리스도와 하나임의 모임이 에베소서 교회론의 요체라는 사실을 우리는 누누이 강해하였다. 이 점에서 바울 옥중 서한과 그 이전 서한들과 사이에 기본적으로 교회관의 차이가 없다.

에베소서의 보편 교회는 신자들이 그리스도의 몸의 구성원인 지체이기 때문에 모든 바울 서한들의 공통적인 교회관 위에 하나인 통일이 강조된, 하지만, 한층 더 정교화된 바울의 옥중 메시지이다. 그 메시지는 구체적으로 승천하셔 하나님 오른편에 앉아 계신 그리스도의 몸이라는 새로운 관점에서 전개된 교회관이다. "하나님이 만유의 주로서 만유 안에 계시도록"(고전 15:28c) 역사하기 위해 하나님 우편에 앉아 계신 그리스도와 함께 모인 교회라는 에베소서의 교회관은 이 지상의 각양각색의 교회들과 당연히 차별성을 갖는다. 그리하여 이 관점을 극명하게 나타내는 구절이 "〔하나님이〕 그리스도를 만물 위에 머리로 교회에 주셨으니, 교회는 진정 그의 몸이니 지속적으로 또 온전하게 충만하여지는 그의 충만이다"의 1:22b~23이다. 이 관점에 관한 틸먼의 해설을 옮겨 적겠다. "기본 관점은 분명해졌다. 메시아인 왕, 그를 하나님이 당신 백성에게 대항하는 적대적인 모든 우주적인 적대 세력들에게 승리하게 하셨고, 그가 교회와 하나로 연합하여, 교회가 이 연합으로 말미암아 이들 악의 세력들에 또한 승리한다"(Thielman 2010: 116)라 지상의 교회들을 하늘의 모임으로 승화한다. 바울이 당초 교회를 "야하웨 에클레시아"라 칭하였거니와 옥중의 그가 지역 교회들 모두가 하나의 하늘 모임이라 규정한 것이야말로 교회관의 정합적인 전개이다. 뿐더러, 에베소서의 보편 교회는 어떤 장소나 건물 또는 제도의 개념이 아니라는 사실이 바울의 초기 서한들에서보다 훨씬 더 분명해졌다. 오늘날 참담한 현실 교회의 실상을 목도하면서, 그리스도의 승리가 또한 교회의 승리일 수 있는 '하늘에 함께 모이다'라는 개념이 되어야 마침내 교회의 진정한 정체가 분명해진다.

3) 새 사람을 입어라 그리고 하나님의 거룩한 영을 슬프게 하지 말라(4:17~5:2)

그리스도를 굳건히 세움에 이르도록 각자 모두가 받은 은사대로 교회인 몸을 성장하는 일에 이바지하라고 진술한 다음에, 이제 사도 바울 특유의 용어인 옛 사람을 벗어 버리고 새 사람을 입으라는 명령 서법의 윤리적 교훈의 권고가 나온다. 교훈의 권고는 세 단락으로 구분할 수 있는데, 첫 단락이(4:17~19) 옛 사람의 성격이고, 두 번째 단락이(4:20~24) 새 사람의 성격이고, 세 번째 단락(4:25~30)이 새 사람에 관한 구체적인 권면이다.

학자들 가운데는 4:17~32를 한 단원으로 묶어 읽는 학자도 없지 않으나(Thielman 2010) 여러 학자들이 4:25~5:2를 새 사람을 입으라의 단원에서 분리하여 독립적인 단원으로 읽고 있다. 이제 4:25는 "그러므로"라 시작하여 새 사람이 금기해야 할 혹은 실천해야 할 구체적인 윤리적 교훈의 항목들을 들추어내고 있다. 특히 30절의 "하나님의 거룩한 영을 슬프게 하지 말라"는 새 사람에 대한 간곡한 경고임이 분명하다. 뒤이어 31~32절에서 이들 교훈을 요약하듯 "서로 용서하기를 하나님이 그리스도 안에서 너희를 용서하심과 같이 하라"는 새 사람에 관한 구체적인 교훈의 요체로 4장을 마감한다. 그리고 5장 1~2절을 이들 지침의 본질 또는 결론이 이어진다. 따라서 우리는 4:17~5:2 전체가 옛 사람을 벗어버리고 새 사람을 입으라의 동일한 주제라 생각하여 한 단원으로 묶어 읽기로 하겠다.

옛 사람의 성격(4:17~19): 방탕, 불결 및 탐욕

본문의 표면 진술에 충실하려면 하나님의 생명에서 떠나 있는 옛 사람 이방인의 성격이라 제목을 달아야 할 것이다. 제목이야 어떻든, 우리는 이 단락을 읽을 때 그 심층적인 의미에서 하나님의 생명에서 떠나 있는 이방인의 존재 양식이 죄의 본질임을 깊이 생각하며 17~19절을 함께 읽어야겠다.

> **17** 그러므로 내가 이것을 말하며 주 안에서 증거하노니 이제부터는 이방인이 그 마음의 허망한 것으로 행함 같이 너희는 행하지 말라 **18** 저희 총명이 어두워지고 저희 가운데 있는 무지함과 저희 마음이 굳어짐으로 말미암아 하나님의 생명에서 떠나 있도다. **19** 저희가 감각 없는 자 되어 자신을 방탕에 방임하여 모든 더러운 것을 욕심으로 행하되

이 17절의 초두 "그러므로"는 명령 형식의 윤리적 교훈을 시작하는 4장 1절의 "그러므로"를 새삼 반복한 것이라는 해석이 정설이다. 우리 개역은 17a절 "그러므로 내가 이것을 말하며 주 안에서 증거하노니"라 기술하고 있는데 이것은 직역이다. 실제로 증거하는 것

은 아니므로, "말하며 증거하다"가 책망하다를 뜻할 수 있으니 링컨은 "주 안에서 엄숙하게 선언한다"라 번역하거니와 이 번역이 이방 신자들에게 보내는 서신 저자의 의도에 더욱 합당할 것이다. 그리고 앞 1절에서 "그러므로 … 너희가 부르심을 입은 부름에 합당하게 행하여"(4:1b)라 할 때 "행하여"는 "걷다"를 번역한 것임을 재차 지적하여야겠다. 이 윤리적인 삶과 관련된 동사 "걷다"가 여기 17절에도 쓰이고 있다. 그리하여 이제부터는 이방인이 행위하고 살아가는 그런 걸음을 걷지 말라고 당부한다. 그 권면의 내용이 19절까지 부정적인 윤리의 내용들이다. 우리는 그 내용들을 되도록 로마서 1:18 이하와 맞대어 비교하면서 읽기로 하겠다. 물론 에베소서와 맞대어 비교할 수 있는 서한은 골로새서이다. 또 실제로 여기 17~19절의 내용들이 골로새서와 많이 중복되어 있다. 그러나 공인된 그리고 비교적 초기의 바울 서한과 비교함으로써 에베소서의 이해와 진가를 더욱 깊이 처리해야겠다.

첫째, 서두에 잇따라 17b절에 "이방인들이 저들의 마음의 허망함 속에 걷듯이 너희는 지금부터는 그렇게 걷지 말라"가 이어진다. "마음의 허망함 속에 걷다"가 부정적인 윤리의 측면이다. 허망함은 덧없음, 공허함, 우둔함 등의 단어 뜻을 가지고 있다고 한다. "마음(nous)"은 일차적으로 지각하고 이해하며 사유하는 능력이므로 합리적인 자아일 수 있다. 하지만 또한 도덕적인 태도라는 뜻으로도 쓰인다고 한다. 성서 도처에 사용되고 있는 'nous'는, 따라서, 그 쓰인 문맥에 따라 그때그때 달리 번역하는 것이 적절한 모양이다. 여기서는 "마음"이 도덕적인 태도라는 뜻에 어울린다. 이 대목에 관해 합리적인 자아일 수 있는 마음이 다른 한편 덧없는 우둔함에 포로가 될 수 있다는 해석을 취하기로 한다. "허망함"이 나오는 롬 1:21을 인용하겠다. “하나님을 알되(앎에도 불구하고) 하나님으로 영화롭게도 아니하며 감사치도 아니하고 오히려 그 생각이 허망하여지며 미련한 마음이 어두워졌나니”가 그것이다.

로마서 같은 장 19~20절을 보면, 하나님의 영원한 능력과 신성을 저들의 마음이 이해할 수 있는데도 하나님께 영광과 감사를 드리지 않고 그들의 생각이 허망하여졌다는 것이다. “허망하여졌다”는 것은 하나님의 영광을 버리고 우상숭배에 빠진 것(Schreiner 1998: 87)이 대표적인 허망함이다. 따라서 이처럼 허망하여짐은 저들의 마음 혹은 생각 속에 하나님이 없기 때문이다. 상응하는 에베소서 기사도 이와 마찬가지로 해석할 수 있다. “마음의 허망함”은 마음이 곧 허망하다는 것이 아니다. 마음이 하나님을 아는 일에 지적(知的)일 수 있는데도 유일신 하나님 대신 다른 신을 찾는 허망의 길에 들어섬이다. 이방인의 마음이라 하더라도 하나님을 알고 이해할 수 있는데도, 오히려 우상숭배에 빠지는 등 허망하여지기에, 다시 로마서를 인용하면 “저희가 핑계치 못할지니라”(롬 1:20b)이다. 그리고 이것이 바로 “이방인이 걷는”(4:17) 길이고 신자들이 행하지 말아야 할 금기이다.

둘째, “저들의 마음의 허망함 속에 걷는” 일이 어떤 성질인지를 18절이 서술하고 있다. 이 18절을 널리 통용되는 번역에 따라 “저희의 총명(생각)이 어두워져, 저희 마음이 굳어져 저희 가운데 있는 무지함으로 인해 하나님의 생명에서 떠나 있나니”라 옮겨 적겠다. 개역에서 “총명”이라 번역한 ‘dianoia’는 생각 혹은 추론이다. 이방인들의 생각이 어두워졌다면 그들은 더 이상 진리를 깨달을 수 없는 상태이다. 이것은 “우리 주 예수 그리스도의 하나님, 영광의 아버지께서 당신에 대한 지식에 있어 지혜와 계시의 영을 너희에게 주시기를"(1:17)에와 정반대 방향에로 향함이다. 앞에 인용한 롬 1:21에서 "미련한 마음이 어두워졌나니"도 같은 맥락이다. 로마서에 쓰인 마음은 'kardia(heart)'이지만, 링컨에 따르면 'kardia'는 에베소서에 쓰인 'nous(마음)' 혹은 'dianoia(생각/추론)'과 바꿔 쓸 수 있는 단어이다. "저희 마음이 굳어져 저희 가운데 있는 무지함으로 말미암아 하나님의 생명에서 떠나 있나니"에서 하나님의 생명에서 "떠나 있나니"는 2:12에서 신자 이전의 이방인이었을 때 "이스라엘 나라 밖의 사람이라"에서 "밖에 있다"와 같은 어휘이다.

그런데 이 18절에서 "하나님의 생명에서 떠나(밖에) 있나니"가 17절의 "마음의 허망함 속에서 걷다"와 어떤 것이 원인이고 결과인지 그 인과관계의 해석이 대단히 어렵다. 이에 상응하는 롬 1:28에서는 "저희가 마음에 하나님 두기를(하나님을 아는 일을 간직하기를) 싫어하매 하나님께서 저희를 그 상실한(부당한) 마음대로 내버려 두었다"라 진술하고 있다. 이 롬 1:28에 적힌 "하나님을 아는 일을 간직하기를 싫어하매"가 엡 4:18에 적힌 "저희 가운데 있는 무지함"일 터인데(Bruce 1984: 355), 그 무지함이 "하나님의 생명에서 떠나 있었다"의 결과가 아닌 원인으로 진술되어 있다. 그런데, 회흐너는 17절과 18절 두절의 기록된 출현 순서가 인과관계에서 역순서라 생각한다. "하나님을 향한 저들의 마음이 굳어짐이 저들의 무지를 유발했다. 하나님과 당신의 뜻에 관해 무지함이 하나님의 생명에서 떠나 있게 만들었다. 저들의 떠나 있음이 저들의 마음을 어두워지게 했고, 저들의 어두워진 마음이 저들을 마음의 허망함 속에서 걷게 만들었다. 이들 원인과 결과의 연속이 이방인의 〔행위와 판단을 지배하는〕 신념과 지식 체계라는 사실을 반드시 명기해 두어야겠다. 이 인과의 체계는 신자들이 갖고 있는 인과의 체계와 정반대이다."(Hoehner 2002: 588~89) 말하자면, 이방인 윤리의 인과관계는 신자의 인과관계와는 상반되게 "하나님의 생명에서 떠나 밖에 있는 것"이라는 18절이 원인이고 "마음의 허망함 속에 걷다"의 17절이 결과라는 해설이다.

다시 풀이하건대, "하나님의 생명에서 떠나 있는" 이유가 18b절에 첨가되어 있다. "저희 마음이 굳어짐으로 인해 저희 가운데 있는 무지함 때문에"가 그 이유이다. 무지함이 있는 곳을 저희 가운데라고 잘라 말한다. 따라서 무지함은 단순한 무식이 아니라 분명한 것을 포기함이다. 하나님께서 분명히 보여주는데 보기를 포기하는 까닭에 "핑계치 못하리라"로 못박는 로마서 1장 19~20절이 이 뜻을 분명히 하고 있다. 에베소서 원문의 어순에서는 "무지함이 저희 가운데 있다"고 말한 뒤에 "저희 마음이 굳어짐으로"가 뒤따른다. "저희 마음(kardia)"이 곧 "저희 가운데" 있는 것임을 암시한다. 그 마음은 사람의 종교적 또는 도덕적 중추이다. 그 중추가 굳어졌다고 말함으로써 하나님에 대해 완고하다고 유죄를 선고한다. 회흐너는 또다시 여기 기록된 출현 순서가 인과관계에서 역순서라 해석한다. 하나님에 대해 저희의 마음이 굳어짐이 저희의 무지함을 낳고 그리고 그 무지함이 하나님에게서 나오는 생명에서 떠나 있게 한다는 것이다. 마음이 굳어짐에 따르는 무지함이라 함은 아마도 "하나님을 알 만한 것이 저희 속에 보임이라"(롬 1:19) 또 "하나님을 앎에도 불구하고 … 저희의 어리석은 마음이 어두워졌나니"(롬 1:21)와 다름없을 것이다. 이처럼 하나님을 향한 마음의 문을 닫았으므로 하나님에게서 오는 생명에서 떠나 소외되어 있다는 것이다. 따라서 진리를 알 수 없도록 어두워지게 한 것이요 그리고 마음이 어두워져 있으므로 도덕적인 허망한 삶을 산다는 것이다. 결국, 18절의 요점인 "하나님의 생명에서 떠나 있다"의 결과로 17절의 "마음의 허망함 속에서 걷는" 이방인의 윤리적인 죄에 빠진다는 것이다. 이 회흐너의 해석이 넓게는 롬 1:18~32의 내용과 정합적이고 또 신앙의 입장에서도 타당한 논리일 것이다. 로마서에서는 "저희가 마음에 하나님을 아는 일을 간직하기를 싫어하매 하나님께서 저희를 부당한 마음대로 내버려 두었다"(롬 1:28)고 진술하고 있다. 마찬가지로 에베소서에서도 하나님이 저들 이방인을 포기한 것이 아니라 저들이 하나님을 포기하면 하나님께서도 저희를 포기하여 저희를 비천한 마음대로 내버려두신다. 결과적로, 저희 이방인들의 마음은 "하나님의 진리를 거짓으로 바꾸어"(롬 1:25) 놓는 마음의 소유자들이다.

이제 19절에 이와 같은 도덕적인 파산에 대해 "저희가 무감각하여져 자신들을 방탕함에 내어줘 탐욕으로 모든 종류의 더러운 것을 실천하되"라 선고한다. "저희가 무감각하여져"는 소망을 잃은 무기력의 상태의 표현일 수도 있고(Thielman 2010: 299) 또는 앞 18절의 마음이 굳어짐에 대해 도덕적으로 무감각하게 되었다고 달리 표현한 것일 수도 있다. 이 도덕적인 무감각을 전제로 하여 악덕을 표현하는 세 단어가 차례로 나온다. 우선 "자신을 방탕에 내어줘"라고 하여 "방탕"을 꼽는다. 왕왕이 바울 서한에서 무엇보다 음탕을 악덕의 예로 꼽는 방탕은 부끄러움 없고 자제할 줄 모르는 악덕의 항목이다. 그것에 "내어줘"라 함은 "하나님께서 마음의 정욕대로 더러움에 내버려 두사 저희 몸을 서로 욕되게 하셨으니"(롬 1:24)의 "내버려 두다(넘겨주다)"와 같은 어휘이다. "자신들을 내어줘"라 함으로써 스스로의 동의 없이는 방탕에 빠지는 것이 아님을 분명히 하고 있다. 스스로 육체를 방탕에 맡기면, 아마도 하나님께서도 악을 저지르도록 내버려 두시는 모양이다.(롬 1:24, 26, 28) 방탕 다음에 "더러운 것"이

나온다. 이 단어는 불결을 뜻하는 것인데, 그것에 "온갖(모든)"이라는 형용사를 달아 여러 종류의 도덕적인 불결들이 있음을 함축하고 있다. 원문 19절에서는 말미에 "탐욕(pleonexia)"을 꼽는다. 이 단어는 '더 많이 가지기를 원하다'라는 중성적인 의미로 쓰일 수 있는 단어이기도 하지만, 크리스 스톰은 탐욕이 악덕의 원흉이라 해설했다는 것이다. 실제로 탐욕으로 말미암아 모든 종류의 불결을 실천한다는 것이다. '실천하다'는 '전념하다'라는 뉘앙스를 갖고 있다고 한다. 그리하여 NRSV는 "방탕에 자신들을 내버려 온갖 불결을 줄곧 실행(practice)하기를 심히 탐욕한다"라 번역하고 있다. 비록 탐욕이 설혹 일상에서 중성적인 의미를 갖고 있다 하더라도, NRSV의 번역에서처럼 사람의 마음이 탐욕에 전념하면 조물주를 경배하고 섬길 자리가 없어지기 마련이다.

이 19절을 앞 절들과 같은 문맥에서 읽어야겠다. 그렇다면, 방탕, 온갖 불결 및 탐욕이라는 악덕 또한 죄악들을 실행하는 궁극적인 원인은 "하나님의 생명에서 떠나 있기"(4:18b) 때문이다. 달리 말하여, 이들 악덕들의 원인들이 17절 후반과 18절의 내용이라면, 이미 회흐너를 인용하여 서술한 대로, 그 모든 원인들의 중심에 저희가 "하나님의 생명에서 떠나 있음"이 자리하고 있기 때문이다. 이것은 "하나님께서 저희를 … 내버려 두사"라는 로마서의 진술과 대조되는 것처럼 읽힌다. 그러나 실은 이들 양자의 진술은 제각기 상반되는 것이 아니라 단지 맥락상의 대조일 따름이다. 이들 대조는 동전 앞뒤의 다른 측면의 진술임을 "하나님께서 저희를 마음의 정욕대로 더러움에 내버려 두사 … 이는 저희가 하나님의 진리를 거짓으로 바꾸어 피조물을 조물주보다 더 경배하고 섬김이라"(롬 1:24~25)를 읽으면 분명해진다. 여기서 저희를 더러움에 내버려 두시는 24절의 원인이 25절이다. 하나님께서 저희를 죄악에 내버려 두시는 까닭이 진리를 거짓으로 바꾸어 피조물을 조물주보다 더 경배하고 섬기기 때문이다. 그러므로 에베소서에 기록되어 있는 저희의 불경, 즉 저희가 하나님을 떠나 있음이 앞면이고, 그리고 로마서에 기록되어 있는 하나님이 저희를 내버려 두심이 뒷면이다. 하나님에게서 떠나 있다는 것은 하나님이 저희를 내버려 마귀에게 그 자리를 양보해 악덕 또는 죄악을 저지르도록 허용하신다는 것이다.

진리에서 발현하는 의와 거룩의 새 사람(4:20~24)

앞 단락에 따르면 옛 사람은 하나님을 떠나 있는 사람이다. 그리하여 로마서 5장에 기대면, 위의 19절까지의 옛 사람의 성격은 죄와 죽음의 지배 아래 있는 첫 아담의 삶의 방식이다. 이와 달리 다시 로마서에 기대면, 새 사람은 "주 예수 그리스도를 옷 입은"(롬 13:14) 사람이다. 에베소서는 이제 20절 이하에 옛 사람을 벗어 버리고 새 사람을 입으라는 사도 바울 특유의 권면이 나온다. 우리는 이 부분을 로마서 6장 1~11절과 함께 읽을 필요가 있다. 특히 "만일 우리가 그의 죽으심을 본받아 연합한 자가 되었으면 또한 그의 부활을 본받아 연합한 자가 되리라"(롬 6:5)를 마음에 새기고 에베소서를 읽어야 한다.

> **20** 오직 너희는 그리스도를 이같이 배우지 아니하였느니라 **21** 진리가 예수 안에 있는 것 같이 너희가 과연 그 안에서 듣고 또한 그 안에서 가르침을 받았을진대 **22** 너희는 유혹의 욕심을 따라 썩어져 가는 구습을 좇는 옛 사람을 벗어 버리고 **23** 오직 심령으로 새롭게 되어 **24**하나님을 따라 의와 진리의 거룩함으로 지으심을 받은 새 사람을 입으라

원문 20절 초두의 어순은 "너희는 그러나 아니다"로 표현되어 있어 17~19절의 이방인의 생의 방식과에 강한 대조를 앞세운다. 이 "아니다"의 내용을 "너희는 그러나 그리스도를 이같이 배우지 아니하였느니라!"고 적고 있다. 성경 어디에도 '어떤 사람을 배우다'라는 표현이 없다고 하는데, 여기서는 그리스도 자신을 신자들이 배워야 할 가르침의 본질이라 적고 있다. 이 땅에 오셔 복음을 가르치셨던 예수, 십자가에 달리시고 부활하신 그리스도, 이제는 하나님 우편에 앉아 계신 메시아가 새로운 생명의 원천이시다. 잇대어 20절을 21절에서 다시 해설하고 있지만 본래 표현이 매우 난해하다. 원문은 "만일 진정"으로 시작해 마치 조건문이라 읽히기 십상이나, 우리 개역에서 "너희가 과연 그에게서 듣고 또한 그 안에서 가르침을 받았을진대"라 표현하고 있는 것처럼 학자들은 오히려 강한 긍정이라 해석하고 있다. 브루스는 21절을 "내가 가정하거니와 너희가 그에 관해 듣고 그의 안에서 가르침을 받았던 그것처럼 진리가 예수 안에 있다"라 번역하고 있다. "그에 관해 들었다"라는 것은 사도와 다른 사역자들의 가르침에 의해 복음을 듣고 신자가 되었다는 것이다. "그 안에서 가르침을 받았다"라는 것은 믿음을 얻은 이후에 복음의 가르침을 받아 더욱 정진한 것이라는 마이어의 해석을 다른 주해자들도 일반적으로 따르고 있다. "그것처럼 진리가 예수 안에 있다"에서 그리스도 대신에 개인 예수의 이름을 적고 있다는 사실은 이처럼 듣고 배운 가르침이 역사적인 인물인 예수에게 진리가 있음을 강조하는 것이다.(Meyer 1884: 472) 따라서 진리가 주어의 기능을 한다고 해석하여(Lincoln 1990: 281; Thielman 2010: 301), 십자가에 달리신 예수가 진리를 구현하였음(Hoehner 2002: 597)이라 해석하기로 하겠다.

요컨대, 진리의 복음이 곧 예수이다. 이 21절 해석을 뒷받침하는 것이, 앞당겨 읽으면, 새 사람의 성격을 규정한 24절의 맥락이다. 특히 자구대로의 어순의 원문 "의와 거룩함"이 뒤이어 소유격 "진리의"가 이어지고 있는 구절이 "진리가 예수 안에 있다"에 연결되기 때문이다. 우리 개역은 이 구절을 "의와 진리의 거룩함"이라 옮기고 있지만, 실상, "진리에서 나오는 의와 거룩함"이라는 해석이 올바른 번역이다. 우리는 24절을 읽을 때 다시 언급하겠지만, 이 대목에서처럼 의와 거룩함이 진리에서 나오는 것이라면, 관사 없이 쓰인 21절의 진리가 추상 명사로 사용된 것은 아닐 것이다. 그것은 17~19절의 이방인의 삶의 방식과 정반대인 그리스도 예수 안에 있는 진리의 삶의 구체적인 방식일 것이다. 그것을 들었고 가르침을 받았으므로 "그러나 너희는 그리스도를 이같이 배우지 아니하였느니라!"고 단정적으로 말할 수 있는 것이다.

이 단락 전체가 한 문장이지만 그 내용을 세분하면, 앞에 서술한 20~21절이 전반부이고 이제 살펴볼 22~24절이 후반부이다. 우리는 이미 앞에서 22~24절이 21절의 "그의 안에서 가르침을 받았다"에 연결되는 하나의 문장임을 언급하였다. 실제로 가르침을 받았다에 연결되는 세 부정사 구문, 즉 어떤 가르침을 받은 것인지에 대한 기술이 이어진다. 첫째 22절에 "옛 사람을 벗어버리라"이고, 둘째 23절에 "너희 마음의 심령으로 새롭게 되어지라"이고, 그리고 셋째 24절에 "새 사람을 입어라"라는 가르침을 받았다는 것이다.(영어 번역에서는 "벗어버렸다" 그리고 "입었다"처럼 과거형으로 표현한 것은 부정사 구문이 아닌 영어의 'that' 이하의 보문으로 번역하였기 때문에 "가르침을 받았다"라는 동사 시제와 동일한 과거 시제를 종속절에서 사용하여야 하는 영어의 통사적인 제약 때문이다)

"너희는 유혹의 욕심을 따라 썩어져 가는 구습을 좇는 옛 사람을 벗어버리고"의 개역 22절을 읽을 때 자칫 오해의 소지가 있다. "유혹(기만)의 욕심(욕망)을 따라 썩어져 가는"이라는 구절은 "구습을 좇는" 것에 직접 연결되는 것이 아니라 "기만의 욕망을 따르는 옛 사람"에 연결되는 구절이다. 개역의 오역에 기인하는 것이 아니라 희랍어의 어순과 우리말의 어순이 다른 데서 비롯된 오해이다. 옛 사람을 벗어버리라는 가르침을 말하는데 그 옛 사람은 "구습을 좇는" 즉 "예전의 삶의 방식에 따르는" 사람이다. 그리고 또 그 옛 사람은 "유혹의 욕망을 따라 썩어져 가는", 환언하면 "거짓된 욕망에 따라 썩어져 가는 옛 사람"이다. 그러므로 22절은 "예전의 삶의 방식에 따르는 옛 사람을 너희는 벗어버리라고 〔배웠거니와〕 그 옛 사람은 거짓된 욕망에 따라 부패해진 사람이다"라 번역하는 것이 온당할 것이다. 여기서 옛 사람을 거짓에서 비롯된 욕망에 따라 혹은 기만의 욕망에 따라 파멸하는 사람이라 기술하고 있다. 여기서 쓰인 욕망(epithymia)은 이미 19절에 나왔던 탐욕(pleonexia)과 바꿔 쓸 수 있는 맥락적 의미를 갖고 있다. 이 욕망과 탐욕은 "심령이 가난한 자는 복이 있나니 천국이 저희 것임이요"(마 5:3)에 정반대의 악덕이다. 그리고 에덴동산에서 뱀의 유혹 "너희가 … 하나님과 같이 되는"(창 3:5) 욕망에 넘어간 탐욕이고, 모든 죄의 기원인 파괴적인 자기탐닉이다.

"옛 사람을 벗어버리라"에 "배웠거니와"를 덧붙인 것은 21절의 "가르침을 배웠다"에 연결시켜 22절을 21절과 함께 읽기 위함이다. 그런데 이 때문에 문제는 부정사에 동사 원형이 첨가된 표현이 옛 사람을 '이미 벗어버렸다'인지 혹은 '앞으로 벗어버리라'인지가 불분명하다는 독해의 어려움이 생긴다. 상응하는 골로새서에 "이제는 너희가 이 모든 것을 벗어버리라"(골 3:8a)에 뒤이어 "그 행위를 벗어버리고"라는 개역은 실상 "너희가 옛 사람을 벗어버렸기 때문이다"(골

3:9b)라는 과거 시제가 명시되어 있다. 따라서 "벗다"라는 동사 원형이 뜻하는 바는 신자들이라면 옛 사람을 벗어버려야 마땅했었다는 당위성을 함축하는 것으로, 에베소서 수신자들에게도 마찬가지 뜻을 전하고 있다고 읽어야겠다. 이 문제는 "새로워지다"의 23절과 "입다"의 24절에도 공히 적용되어야 할 해석상의 문제다.

옛 사람을 벗어버린 다음에 마땅히 일어나야 할 일을 계속하여 이어서 23절에 "오직 심령으로 새롭게 되어"라 기술하고 있다. 이 우리 개역에서의 "오직"을 여러 주해서가 22절과의 대조를 표현한 것이라 해석하여 "그러나"로 대치하여 "그러나 너희는 너희 마음의 영에 있어 새롭게 되어지라"고 번역하고 있다. 게다가, 여러 주해자들이 강조하고 있는 점은 "새롭게 되어지다"라는 현재 동사 수동형이 계속 현재 진행하고 있는 과정을 가리킨다고 해석한다. "옛 사람을 벗어버리고"와 "새 사람을 입다"의 시제는 "가르침을 받았다"의 과거형에 따라 과거형으로 해석할 수 있다. 그러나 이 23절에 상응하는 골 3:10에 비추어 보나 맥락적 의미에 비추어 "새롭게 되어지다"는 반복하여 일어나는 현재형이라 해석하여야 한다는 것이다. 회흐너는 그의 사역(私譯)에서 아예 현재 진행형 수동태로 "그러나 너희는 너희 마음에 있는 영에 의해 새롭게 되어가고 있다"라 번역하고 있다. 따라서 비록 옛 사람을 벗어버렸고 새 사람을 입었더라도 신자들은 계속 새로워짐을 받아야 한다는 것이다.

다른 한편, 학자들 간의 또 다른 쟁점은 우리 개역 23절에서 번역한 "심령(너희의 마음의 영)"이 사람의 영이냐 혹은 성령이냐는 논쟁이다. 어떤 이들은 에베소서의 다른 어디에서도 영이라고 할 때 사람의 영을 가리킨 사례가 없으므로 성령이라 주창한다. 반면에 다른 이들은 여기 원문의 본래의 표현이 "너희 마음의 영"이므로 성령을 이렇게 표현할 수 없다고 주창한다. 실제로 성경에 사람의 영에 대한 언급은 드물다. 하지만, "내가 만일 방언으로 기도하면 나의 영이 기도하거니와 나의 마음은 열매를 맺히지 못하리라"(고전 14:14)에서 보면, 사람의 영과 마음이 양립하여 병존하고 있으며, 게다가 서로 대립할 수도 있다. 그뿐만 아니라, "우리의 속〔사람〕은 날로 새롭도다"(고후 4:16b)를 읽으면 23절의 심령을 연상하지 않을 수 없다. 따라서 학자들의 최근 추세는 우리 개역에서와 마찬가지로 영을 사람의 영이라 해석하여, "너희 마음의 영" 혹은 "너희 마음속에 있는 영"이라 번역하는 것이 대세이다. 그러면서도 "새롭게 되어지다"라는 피동형에 주목한다. 그리하여 새롭게 되어짐은 사람의 영에 의해서가 아니라 하나님의 영이 사람의 영에 생명을 불어넣어줌으로써 비로소 가능하다는 해설을 잊지 않고 덧붙인다.(Lincoln 1990; O'Brien 1999; Hoehner 2002)

이 단락의 핵심이 우리 개역 24절 "하나님을 따라 의와 진리의 거룩함으로 지으심을 받은 새 사람을 입으라"이다. 바울 서한 곳곳에 기록된 옛 사람과 새 사람의 대비에 비추어 보면 새 사람이 무엇을 뜻하는지는 분명하다. "우리 옛 사람이 예수와 함께 십자가에 못 박힌 것은 죄의 몸이 멸하여 다시는 우리가 죄에게 종노릇하지 하지 아니하려 함이니"(롬 6:6)를 읽으면, 새 사람은 부활한 예수와 함께 다시 살아나 죄에서 벗어난 사람이다. 그런데 에베소서 전체 맥락에서 보면, 특히 새 사람을 언급한 2:15에 비추어 읽으면, 새 사람은 교회일 수도 있다. 한데, 위에 인용한 주해자들에 따르면 새 사람의 의미는 4장의 맥락에 국한하여야 한다는 것이다. 그렇다면, 새 사람은 교회라기보다 개인 개인이다. 심지어 12~16절 사역의 직분을 열거할 때에도 개개인에게 주어진 은사의 사역을 기술했기 때문이다.

그러므로 새 사람은 그리스도와 합체된 몸의 각 지체인 개인을 가리킨다는 것이 중요하다.

에베소서가 바울 사상의 정수라 하였지만, 아마도 그렇기 때문에, 역시 에베소서는 어렵다. 원문에 충실하면, 24절은 "새 사람을 입어라"를 앞세우고 그리고 새 사람을 관계대명사로 받아 "〔그 새 사람은〕 하나님을 닮음에 따라 창조되어졌다"이고, 이어서 어떤 점에서 하나님을 닮음에 따라 창조되었느냐에 관해 "진리의 의와 거룩 안에서"라는 전치사구를 부사적으로 표현하고 있다. 이때 무엇보다 "하나님을 닮음에 따라 창조되었다"는 표현의 의미 해석이 대단히 심장하다. 물론 이 표현은 창 1:27의 "하나님의 형상대로 사람을 창조하신"을 원용한 것이로되, 타락한 첫 사람 아담이 아니라 그리스도 안에서 다시 태어난 새 사람일 것이다. "그런즉 누구든지 그리스도 안에 있으면 새로운 피조물이라: 옛 것은 지나갔으니, 보라, 새 것이 되었도다!"(고후 5:17)가 넓은 의미로서의 새 사람의 개념 규정일 것이다. 한데, 에베소서에서의 새 사람의 규정은 훨씬 더 세밀하고 정교하다.

따라서 24절에 대한 여러 번역본을 참고하겠다. NRSV와 NIV는 서로 유사하게 "진정한 의와 거룩함에 있어 하나님을 닮음에 따라(닮도록) 창조된 새로운 자아를 입으라"고 24절을 번역한다. 그리고 REB는 24절 초두를 "하나님을 닮음으로 창조되어진 새 본성을 입으라"고 번역하고, 그리고 "하나님을 닮음"을 관계대명사로 받아 "그 닮음은 진리에 의해 요청되어지는 올곧고 독실한 생에서 그 자체를 드러내는" 것이라고 "의와 거룩"을 "진리"의 기반 위에서 풀이해 번역하고 있다. 우리는 REB의 번역에 좇아 24절을 읽기로 하겠다. "거짓된 욕망에 따라 썩어져 가는 옛 사람"이라는 22절에 대비한 것이

24절이라면, 반면에 새 사람은 예수가 전한 복음의 진리에 바탕 위에 세워진 의와 거룩함의 하나님의 백성이겠기 때문이다.(Thielman 2010: 307) 왜 REB의 번역에 좇아 24절을 읽는 일이 적합한지를 부연하기로 하겠다. "하나님을 닮음에 따라 지으심을 받은" 성격을 "의와 진리의 거룩함으로"라 첨가하여 수식하고 있는 우리 개역의 표현은 진리가 거룩함만을 수식하는 것으로 번역하였다. 그러나 진리가 의와 거룩함 양자 모두를 수식한다고 읽는 것이 일반적인 해석이다. 앞에서 21절을 읽었을 때 이미 논의 하였거니와, 진리가 "진리의"라는 속격 전치사와 더불어 쓰여 있지만 이 속격은 'from'과 같은 소유 이행의 기점(source)격으로도 쓰인다고 한다. 복음서 요한 17:17에서도 예수께서 제자들을 위해 "저희를 〔당신의〕 진리로 거룩하게 하옵소서. 아버지의 말씀은 진리니이다"라 기도하셨다. 링컨과 그리고 회흐너 역시 틸먼과 마찬가지로 "진리에서 나오는 의와 거룩함"이라는 의역을 취한다. "진리에 의해 요청되어지는"이라는 REB의 번역과 마찬가지 의역이다. 이 의역에 따라 새 사람이 진리에서 발현하는 의와 거룩 안에 있는 사람이라 읽으면, 그 사람이 곧 "하나님의(을) 닮음에 따라 창조되어진 새 사람"일 것이다. 아울러 그 새 사람은 18절 "하나님의 생명에서 떠나 있는" 옛 사람이 아니라 마땅히 하나님의 생명 안에 있는 새 사람이어야 할 것이다. "진리"가 무엇인가? 창세 전부터 하나님의 섭리이고 그리스도의 복음이다. "하나님을 닮음에 따라 창조되어진" 피조물인 인류의 의와 거룩은 이 섭리와 이 복음으로 말미암아 가능한 것이다.

바울 서한들에서 새 사람에 대한 일반론에 되돌아가면, 새 사람은 아담으로 표상되는 옛 사람이 예수와 함께 십자가에 못박혔고 이제 "주 예수 그리스도를 옷 입은"(롬 13:14) 새 사람이다.(Schreiner

2008: 308) 롬 5:17에 적혀 있는 대로, "한 사람의 범죄로 인하여 사망이 그 한 사람으로 말미암아 왕노릇(통치)하였은즉"에 대비하여 "〔항차〕 은혜와 의의 선물을 넘치게 받는 자들이 한 분 예수 그리스도로 말미암아 생명 안에서 왕노릇하리로다(더더욱 통치받을 것이니라)"(롬 5:17b)와 같다. 뿐더러, 엡 4:24에 대응하는 골로새서는 "새 사람을 입었으니 이는 자기를 창조하신 자의 형상을 좇아 지식에까지 새롭게 하심을 받는 자니라"(골 3:10)고 기술하고 있다. "창조주의 형상에 따라(kat' eikona) 지식에 있어 새로워진 새 사람"에서 "창조주의 형상은 "보이지 아니하시는 하나님의 형상"(골 1:15)인즉 곧 "그리스도 자신"(Pao 2012: 227)이고, 그리고 "그들의 창조주의 상(像)에 따라 지식에 있어 새로워진 새 사람"인즉 곧 "그리스도에 닮음으로 새로워진"(Still 2006: 329) 새 사람이다. 다시 에베소서에 되돌아오면, 한데, 새 사람은 "진리에서 발현하는 의와 거룩에 있어 하나님을 닮음에 따라 창조되어진"(4:24) 새 사람이고 이 "진리는 예수 안에 있다"(4:21b)라 기술하고 있다. 그러므로 에베소서에서의 새 사람이야말로 다른 서한들에서보다 더욱 복음적이고 더욱 의미심장하다.

마지막으로, 여기 20~24절까지의 서술 양식이 직설의 서법이냐 명령의 서법이냐의 논쟁이 있다. 옛 사람과 새 사람의 성격 자체는 교리적인 직설의 진술일 수 있으나, 그 진술이 21절의 "그의 안에서 가르침을 받았다"에 연결되는 것이므로, 기본적으로 윤리적 권면인 명령 서법이라 보아야 할 것이다. 우리가 4:1~2의 개관에서 명령은 직설의 기반 위에 선다고 하였거니와, 여기 20~24절에서 양자가 밀접한 상관관계를 가짐을 본다. "하지만 직설이 명령의 바탕임을 의심할 여지가 없다.(Schreiner 2008: 658) 가령, 24절의 새 사람은 그리스도와 합체된 몸이지만 동시에 삶의 방식이다. 그렇다면, 새 사람을 입어야 한다는 것은 의롭고 거룩하게 살라고 명령하는 것이다. 게다가 하나님의 형상에 따라서이므로 하나님이 의롭고 거룩하신 것처럼 너희도 의롭고 거룩하라는 구약에서부터의 윤리적인 권면이(레 19~2) 그 출처이다. 동시에, 하나님처럼 의롭고 거룩하라는 엄청난 권면이야말로 "교회는 그리스도의 충만이다"(1:23)로써 비로소 가능해질 수 있을 것이다. 왜냐하면 "너희가 실로 그에 관해 듣고 그의 안에서 가르침을 받았던 그처럼 진리가 예수 안에 있나니"(4:20) 또 "우리 모두가 믿음과 하나님의 아들에 대한 지식이 하나됨에, 성숙한 사람에, 그리스도의 충만함의 키의 분량에 도달하기에까지"(4:13) 도달할 수 있기 때문이다. 이처럼 4:13에 적힌 목표에까지 도달할 수 있는 것은, 하지만, 신자들 자신들의 자원을 통해 이룩할 수 있는 자력이 아니라, 하나님 오른편에 앉아 계신 그리스도가 주신 선물로 말미암아 비로소 가능하다.

옛 사람과 새 사람에 관한 구체적인 권면들(4:25~30)

이제 25절부터 명령 형식의 구체적인 윤리적인 행동 지침이 적혀 있다. 이들 권면들은 골로새서(3:8, 9a, 12~14a)와 매우 흡사하다. 윤리적 교훈들은 거짓(25절), 화냄 혹은 분(26, 27절), 도적질(28절) 및 더러운 말(29절)에 대한 네 부정적인 윤리를 다룬다. 이 윤리를 다룰 때 네 부정적인 행위를 앞세우고 이어 각각에 대조적인 권장할 가치 있는 덕성을 기술하고, 그리고 각각의 윤리적 지침에 관한 밑바탕의 동기를 기술하고 있다. 네 번째 지침 뒤에 "하나님의 성령을 근심하게(슬프게) 하지 말라"는 매우 포괄적인 배경의 바탕을 진술한다. 성령을 좇아 걸으면 율법의 요구가 완성된다는 테두리에서 이 단락 전체를 읽어야겠다.

25 그런즉 거짓을 버리고 각각 그 이웃으로 더불어 참된 것을 말하라 이는
우리가 서로 지체가 됨이니라 **26** 분을 내어도 죄를 짓지 말며 해가 지도록
분을 품지 말고 **27** 마귀로 틈을 타지 못하게 하라(마귀에게 틈을 주지 말
라) **28** 도적질하는 자는 다시 도적질하지 말고 돌이켜 빈궁한 자에게 구제
할 것이 있기 위하여 제 손으로 수고하여 선한 일을 하라 **29** 무릇 더러운
말은 너희 입 밖에도 내지 말고 오직 덕을 세우는 데 소용되는 대로 선한
말을 하여 듣는 자들에게 은혜를 끼치게 하라 **30** 하나님의 성령을 근심하
게 하지 말라 그 안에서 너희 구속의 날까지 인치심을 받았느니라

"그러므로 거짓을 벗어버림으로써, 너희들 중 각자가 그의 이웃과 더불어 진리를 말하라 우리는 서로의 지체이기 때문이다."의 25절에서 "그러므로"는 "옛 사람을 벗어 버리고 … 새 사람을 입으라"는 앞 단락에 관련한 귀결을 표현한 것이다. "거짓을 벗어버리고"가 곧 "옛 사람을 벗어버리고"와 같은 어휘인 "벗어버리다"이다. "각자가 그의 이웃으로 더불어 진리(참)를 말하라"는 새 예루살렘을 재건하려 했던 스가랴 8장 16절의 인용이다. 하지만, 여기 맥락에서는 새 사람을 입었으니 새 사람의 첫 번째 계명이 "각자는 그의 이웃과 더불어 참을 말하라"는 것이다. "진리(참)"는 거짓말이 아닌 참이기도 하고 1:13의 "구원의 복음인 진리"이기도 하다. 그 밑바탕의 동기인즉 "우리가 서로의 지체이기 때문이다." 물론 지체란 그리스도의 몸의 지체를 가리킨다는 사실은 의심의 여지가 없다. 따라서 25절 이하가 공동체 안에서의 윤리임을 알 수 있다.

참과 거짓에 관하여 우리는 로마서에서 "하나님의 진리를 거짓으로 바꿔 피조물을 조물주보다 더 경배하고 섬김이라"(롬 1:25)고 질책함을 읽을 수 있다. 그리고 에베소서에서 이미 15절에 "그러나 사

랑 안에서 진리를 말함으로써 우리가 그리스도에게까지 모든 면에서 자라야 한다"가 진술된 바 있다. 인용한 이들 두 곳 기사보다 이 25절의 진술이 어찌 보면 좀 진부하다. 구태여 진부하다고 표현한 까닭은 바울의 윤리적 교훈에서 악덕들은 당시 바울 시대의 관례적인 윤리가 망라되어 있기 때문이다. 그것들은 반드시 기독교만의 윤리가 아니다. 이때 덕성들과 그것들이 쓰인 맥락이 단지 기독교적인 성격을 갖는다. 이웃과 더불어 참을 말하라는 맥락, 즉 "이는 우리가 서로의 지체이기 때문이다"라는 맥락이 기독교적인 성격이다. 그러므로 25절을 읽을 때, 그리스도의 몸의 지체들 사이에 거짓이 개입하지 않도록 진실 또는 진리를 말하여야, 한 성령으로 세례를 받은 하나의 공동체임일 수 있다는 배경이 강조되어야 한다.

"분을 내어(도) 죄를 짓지 말며"의 26a절은 시 4:4의 "너희는 떨며 범죄치 말지어다"의 인용이다. 시편에서 "떨며"는 역시 분노로 떨림을 말하는 것이다. 시편의 맥락은 시인이 부당하게도 죄를 뒤집어씀을 당한 배경이다. 이 맥락에서 시인이 그의 적에게 읊은 구절이 바로 이 구절이다. 에베소서의 이 구절은 70인역을 그대로 옮긴 것이라 한다. 원문에서는 "분을 내고 그리고 죄를 짓지 말며"라 "그리고"의 접속사로 연결되어 있다. 이 "그리고"의 연결이 해석상의 어려움을 자아낸다. 게다가 화냄과 죄의 관계에서 화냄 그 자체가 죄짓는 것은 아니므로 또 다른 해석상의 어려움을 안고 있다. 그리하여 우리 개역에서처럼 비록 분을 낸다 하더라도 죄를 짓지 말라고 번역하는 역본들이 꽤 있다. 그러나 오늘날의 여러 번역본들이 양자 사이의 "그리고"의 관계를 살려 "화를 내어서 죄를 짓지 말라"는 식양의 번역을 선호한다. 이 번역을 뒷받침하는 것이 "해가 지도록 분을 품지 말고"라는 이어지는 26b절이다. 실제로 이 비슷한 격언이 당시에 있었던 모양이다. 그 날의 분노가 그 날의 화해로 이어져야지, 오랜 화냄이어서 자칫 죄 짓기 십상이라 생각하면, "분을 내다"와 "죄를 짓지 말라"가 "그리고"의 관계로도 연결될 수 있다.

"마귀로 틈을 타지 못하게 하라"의 27절이 26절의 밑바탕의 동기이다. "틈을 타지 못하게 하라"의 "틈"은 사전적인 의미에서는 장소이지만 기회라고도 읽을 수 있으므로 개역의 틈은 우리 어휘의 적절한 선택이다. 화냄이 오래가면, 아무리 그것이 의분(義憤)이라도, 그 감정의 흥분에 마귀가 틈을 포착하기 마련이다. 주해자들은 27절을 로마서 12장 19절 "내 사랑하는 자들아, 너희가 친히 원수를 갚지 말고 진노하심에 맡기라. 기록되었으되, '원수 갚는 것이 내게 있으니 내가 갚으리라'고 주께서 말씀하시니라"에 대응시킨다. 원수 갚기, 즉 정죄함에 대한 이 로마서의 구절이 화냄과 죄에 대한 에베소서와 시편 4:4의 맥락과 잘 어울리기 때문이다. 나아가서, 하나님의 진노하심에 "맡기라"는 표현과 "마귀에게 틈을 타지 못하게 하라"는 "틈을 타다"라는 표현이 양자가 모두 "장소/기회를 주라"를 경고하는 동일한 원문의 자구이다. 따라서 "마귀에게 틈을 타지 못하게 하라"에 대한 적극적인 대응이 하나님께 맡기라는 것이라 해석할 수 있겠다.

학자들은 28a절 "도둑질 하는 자는 더 이상 하지 말고"에서 도둑질하는 자가 도대체 누구를 가리키느냐를 논쟁한다. 당시 사회에서 노예 신분을 가리키는 것이라는 등등으로 논쟁하면, 특정 집단에 국한된 권면으로 제한된다. 그러나 우리는 앞에서 거짓을 보편적이고 관례적인 윤리상의 악덕이라 하였거니와, 에베소서 저자는 도둑질도 마찬가지의 관점에서 다루고 있다고 보아야 한다. 28b절에 "대신 그 자신의 손으로 선한 일을 행함으로써 수고하라"가 무엇이냐는 것이 문제이다. 우선 "그 자신의 손으로 선한 일을 행함으로써"라는 점에서 그것은 도둑질과 대조된다. 도둑질도 손으로 하는 것이지만 그것은 비도덕적인 손버릇이다. 반면에 도둑질의 악덕과는 달리 덕성에서는 "수고하여"를 강조하고 있다. 이것을 "열심히 노동하다"로 번역한 사역본도 있다. 나아가서 그 노력은 "선한 것(agathon)"을 행하는 것이다. 갈라디아서에서 찾아볼 수 있는 같은 표현 "모든 이에게 착한 일을 하되"(6:10)라는 "선을 행하라"를 읽으면 착한 일 즉 선한 일이란 도덕적으로 가치 있는 일일 뿐만 아니라 다른 사람들에게도 유익이 되는 일이다. 따라서 도둑질하던 옛 사람을 벗어 버리고 선한 일을 자신의 손으로 열심히 노동하는 새 사람이 되라는 권면이다. 이 권면의 밑바탕의 동기가 28c절 "그가 궁핍한 자에게 함께 나누기 위함"이다. 열심히 노동하여 얻어진 선한 열매를 필요로 하는 사람과 나누어 가지라는 것이다. 에베소서 저자의 공동체는 타인을 위한 이웃 사랑이다.

앞 28절에서는 손을 수단으로 하는 악덕과 덕성에 대해 권면하였는데, 이번에는 입을 수단으로 하는 악덕과 덕성을 29절에 권면한다. "해악한 말을 너희 입 밖으로 나오지 않게 하라"고 29a절에 또 역시 부정적인 명령을 앞세운다. 이 명령은 "입에서 나오는 그것이 사람을 더럽게 하는 것이니라"(마 15:11)를 연상케 한다. "부패한(해악한) 말"에 상반되는 긍정적인 명령이 29b~c절에서 "그러나 결여되어 있는 것을 세우기 위한 유익한 것이 있다면 그것을 말하여 듣는 자들에게 은혜를 끼치게 하라"고 한다. 무엇을 위해 유익한 것을 말하는가 하면, 우리 개역에서는 "덕을 세우는 데 소용되는 대로"라 적혀 있지만, "〔덕을〕 세우다"의 'oikodomen'은 영어의 'edifying'보다 'building up'에 더 가깝고, 게다가 에베소서(4:12, 16)의 문맥에서 읽으면 "세우다"는 그리스도를 세우는 것이다. 여기서도 에클레시아를 세우는 데 필요한(결여되어 있는) 유익한 것을 말하라고 해석함이 온당할 것이다.(실상, 결여와 필요 또는 요구는 서로 같은 뜻의 다른 면이니 어떻게 번역하여도 무관하다) 그리하여 공동체를 세우기 위해 필요한 선을 말하라는 뜻일 수 있겠다.(Thielman 2010: 316) 유익 또는 선을 말하라는 명령의 목적이 29절 말미 "듣는 자들에게 은혜를 끼치게 하라"를 위함이다. 그런데 "은혜를 주다"에서 은혜가 구체적으로 어떤 목적을 위한 것인지를 학자들은 논의한다. 어떤 면에서 유익한 말로써 공동체 안의 개개인이 강건해지도록 세우는 일이 선의 효력을 발생한다면, 두루뭉수리로 은혜가 모자람을 채우는 능력을 가져온다거나 혹은 신자들은 자기 말에 책임을 지라는 뜻으로(Hoehner 2002: 630~311) 이해해도 수월하게 넘어간다. 하지만서도, "은혜를 주다"가 쓰인 3:2, 7, 8에 맥락에 비추어 은혜가 주어짐으로써 은혜를 받은 사람들로 하여금 하나님께서 그들에게 주신 과업/섬김(diakonia)을 성취할 수 있도록 선물을 주신 것이라 해석하면(Thielman 2010: 317), 구체적인 사항을 지적한 해석이어서 설득력이 더 크다.

해악한 말과 선한 말의 29절 교훈에 관한 밑바탕의 동기를 추론할 때 30절 "그리고 하나님의 성령을 근심하게(슬프게) 하지 말라, 성령의 의해 너희가 구원의 날을 위해 인치심을 받았다"에서 초두가 "그리고"로 시작하는 표현이 한 단서를 제공한다. 접속사 "그리고"로 연결되어 있기 때문에 회흐너는 29절과 30절을 함께 읽어야 한다고 생각하고 30절이 29절의 밑바탕의 동기라고 논평한다. 하지만, 링컨과 오브라이언은, 그것이 29절과 더욱 관계가 깊다 하더라도, "하나님의 성령을 근심하게 하지 말라"는 구절의 의미가 몹시 심장한 까닭으로 앞의 네 권면 모두에 관한 밑바탕의 동기라 생각한다. "하나님의 성령"을 직역하면 "하나님의 거룩하신 영"이므로 어휘가 장중한 표현이다. 그냥 영이 아니라 불결과는 온전히 단절된 거룩한 영이고, 그리고 그 성령은 하나님 당신 자신의 영일뿐더러, 그 영은 희로애락의 정서를 지닌 인격체이다.(Hoehner 2002: 632) 이 맥락에서 피터 오브라이언은 24절을 인용한다. 그 하나님의 성령은 "진리로부터 나오는 의와 거룩함으로 하나님을 따라 지으심"을 받은 새 사람 속에서 역사하시는 영이신데 새 사람이 아닌 옛 사람의 구습을 좇아 그 분을 "슬퍼하게 하지 말라"는 것이라 해석한다.(O'Brian 1999: 348)

마찬가지 맥락은 아니지만, 틸먼은 "성령에 의해 너희가 구속의 날을 위해 인치심을 받았느니라"의 30b절의 밑바탕의 의미를 읽어야 할 것이라 풀이하는데, 이 맥락이 30a절에 직접 연결되어 있으므로 당연히 함께 읽어야 할 것이다. 아직 아니지만, 이미 도장이 찍혔으니 온전한 구원이 보장된 하나님의 백성이긴 하지만, 30a~b절을 함께 읽으면, 이 보장된 "구속의 날"에 대한 참담한 낙담의 우려가 30a절이다. 어떻게 얻은 구속인가? "우리가 그리스도의 피로 말미암아 구속 곧 죄의 용서를 받아가지고"(1:7a) 그리고 성령이 하나님의 길을 걷도록 이끌어주는데도 잘못된 길을 헤맨다면, 당연히 "하나님의 거룩한 영"이 슬퍼하지 않을 수 없다. "구속의 날"의 본래의 의미는 하나님께 반역했던 자들을 위한 장차 있을 축복의 날이어야 할 터인데, 여기서는 하나님의 진로의 날을 함축하는 의미로 "하나님의 성령을 슬프게 하지 말라"고 서술하였다는 것이다.(Thielman 2010: 318) 이것은 마치 하나님께서 이스라엘 백성을 애굽에서 구출하시고 광야에 인도하셨을 때 "그들이 반역하여 주의 성신(성령)을 근심케 하였으므로 그가(당신이) 돌이켜 그들의 대적이 되사 친히 그들을 치셨더니"(사 63:10)와 동질적인 우려라 생각한다.

보장된 하나님의 백성인 새 사람이라 하더라도 27절에 적힌 대로 자칫 마귀에게 기회와 틈을 주어 "구속이 날"이 비극의 날이 될 우려를 여기서 "하나님의 거룩한 영을 슬프게 하지 말라"고 피력하고 있다.

하나님을 닮는 사람들이 되라(4:31~5:2)

앞에서 해악한 말(29절)에 대한 네 번째 윤리적 교훈이 거짓(25절)에 대한 첫 번째 교훈에로 되돌아갔듯이 이제 31~32절은 화냄(26절)에 대한 두 번째 교훈에로 되돌아간다. 이 교훈의 밑바탕의 동기로 보면, 하지만, 31절부터 5장 2절까지 함께 묶어 읽어야 한다. 여기서 옛 사람과 새 사람에 대한 극명한 대조를 보여주는데, 새 사람의 핵심 내용이 우리 개역 5:1의 "하나님을 본받는 자가되라"이다. 이때 전지전능하신 하나님을 본받는 일이 사람으로서 가능할 수 있는 일인지의 문제 제기가 당연히 이해에 어려움을 준다. 그러니 5:1의 이 말씀은 4:32 및 5:2의 앞뒤 맥락의 테두리에서 읽어야 한다. 그리고 이 때문에 4장 31절부터 5장 2절까지는 한 단락으로 묶어 읽는 것이 올바른 읽기 방식이라 할 수 있겠다.

31 너희는 모든 악독과 노함과 분냄과 떠드는 것과 훼방하는 것을 모든 악의와 함께 버리고 **32** 서로 인자하게 하며 불쌍히 여기며 서로 용서하기를 하나님이 그리스도 안에서 너희를 용서하심 같이 하라 **5:1** 그러므로 사랑을 입은 자녀 같이 너희는 하나님을 본받는 자가 되고 **2** 그리스도께서 너희를 사랑하신 것 같이 너희도 사랑 가운데서 행하라 그는 우리를 위하여 자신을 버리사 향기로운 제물과 생축으로 하나님께 드리셨느니라

우선, 26절에서 언급했던 화냄에 대해, 다섯 가지 화냄을 열거하고 그것들을 악의와 함께 제거하라고 31절에서 권고한다. "각종의 악독(냉혹)과 노함(분노)과 화냄과 떠드는 것(고함)과 훼방하는 것(욕지거리)을 각종의 악의와 함께 벗어버리라"이다. 첫째로 "냉혹(bitterness: 쓰라림)"을 꼽고 있는데 이것은 남의 감정을 고려하지 않는 쓰디쓴 불쾌한 냉혹함의 감정 노출이라 한다. 이어서 둘째와 셋째로 "분노"와 화냄"이 나오는데 이들 두 단어는 유사어이지만, 전자는 격한 감정의 표현이요 후자는 지속적인 감정의 표현이라 한다. 넷째와 다섯째로 언급하고 있는 "고함"과 "욕지거리"는 말투면에서 고함침과 모독함의 표현이라 한다. 이들 다섯 가지 화냄을 열거하고 이들 모든 화냄을 "비열한 악의"라 요약하며, 그것들을 너희에게서 제거하라고 권면한다. 따라서 우리는 이들 화냄이 공동체의 하나됨의 인간관계를 훼손하는 감정 표현임을 알 수 있다. 뒤이은 32절과 대조하여 읽으면, 아마도 이들 화냄은 친절하지 않고 인정 없고 남의 잘잘못에 대해 용서하지 않는 자기중심적인 감정 표현일 것이다.

부정적인 악의를 31절에 기술한 다음 공동체 안에서 지켜야 할 긍정적인 서로의 관계를 "그러나 서로에게 인자(친절)하고 불쌍히(동정심으로) 대하여 하나님께서 그리스도 안에서 너희들을 용서하셨음같이 서로 용서하라"라고 32절에 기술하고 있다. "친절하고"와 "동정심을 갖고"는 하나님께서 우리에게 대하시는 심정이시다. 성경의 다른 곳을 인용하기 전에 에베소서의 구절을 인용하겠다. "긍휼에 풍성하신 하나님이"(2:4) "그리스도 예수 안에서 우리에게 자비(친절)하심으로써 그 은혜의 지극히 풍성함을 오는 여러 세대에 나타내려 하심이니라"(2:7)에서 보는 바와 같다. 이 2장 7절 전후의 문맥은 하나님께서 은혜로 우리에게 베푸신 구원의 문맥이다. "서로 친절하고 동정심으로 대하라"는 긍정적인 권면의 맥락과 "하나님이 그리스도 안에서 너희를 용서하셨다"라는 의미심장한 표현도 "우리가 그리스도 안에서 … 그의 피로 말미암아 구속 곧 죄사함을 받았으니"(1:7)와 다르지 않다.(Bruce 1984: 365) 따라서 32절은 베풀어 주신 이 구원의 배경에서 읽어야 한다. 서로 용서함으로써 친절하고 동정적으로 대하라는 이들 긍정적인 권면의 밑바탕은 "하나님이 그리스도 안에서 우리를 용서하심 같이"이다. 다시 말하면, 하나님께서 그리스도 안에서 우리를 용서하셨기에 그와 같이 너희들 역시 서로를 대하라는 것이다.

우리는 "사랑 안에서 서로 관용하며, 평화의 매는 띠 안에서 성령의 하나임을 애써 지키라"의 4:2c~3을 앞에서 읽으며 그때 골 3:12~14를 함께 읽었다. 그런데 4:2c~3보다 이 32절이 골 3:12~13에 실상 더욱 흡사한 구절이다. "주께서 너희를 용서하신 것 같이 너희도 또 역시 서로를 용서하라"(골 3:13c~d)가 엡 4:32와 거의 중복되기 때문이다. 골 3:12를 다시 옮기면 "그러므로 하나님의 택하신 거룩하고 사랑하시는 자처럼 동정과 친절과 겸손과 온유와 인내를 옷입으라"이다. 우연찮게 에베소서에도 골로새서에도 용서의 덕성인 "동정"과 "친절"로 말미암아 "하나님이 택하신" 신자들을 하나의 온전한 공동체로 묶는 것은 사랑의 띠이다. 공통적인 인류의 윤리인 동정과 친절이 기독교적이 윤리인 용서와 심층적으로 연결되어 있다. 용서는 죄 사함에 상응하고 죄 사함은 구속에로 이어진다.

이제 5장으로 넘어가는바, 5:1~2는 함께 읽는 것이 여러 주해서들의 대세이다. 그런데 원문에서는 4:32의 "하나님이 그리스도 안에서 너희들을 용서하셨음같이 하라"에 뒤이어 5:1~2이 서술되어 있다는 사실도 동시에 주목해야 한다. 따라서 5:1~2의 긍정적인 권면은 앞 4:25~32의 요약이라 독해하는 것이 바람직하다. 우리 개역을 원문의 어순을 존중하여 다시 옮기면 "5:1 그러므로 (하나님의) 사랑하는 자녀답게 하나님을 닮는 사람들이 되고, 2 그리고 사랑 안에서 걸으라, 그리스도께서 우리를 사랑하사 향긋한 향기로 제물과 희생으로 하나님께 스스로를 우리를 위해 바치신 것 같이"이다.

우선 5:1은 하나님의 사랑을 본받는 모방자들이 되라는 것이지 하나님과 동일하게 되라는 것이 결코 아니다. 당신의 사랑하는 자녀라면 자녀답게 아버지 하나님을 닮는 사람들이 되어 당신을 기쁘게 하여야 한다는 것은 지극히 당연한 자녀의 도리이다. 이것은 "사랑하는 자녀답게"라는 구절에서 분명해진다. 하나님을 닮는 첫 덕성이 4장 32절에 적힌 서로 용서함이요, 둘째 덕성이 5장 2절 "그리고 사랑 안에서 걸으라, 그리스도께서 우리를 사랑하사 향긋한 향기로 제물과 희생으로 하나님께 스스로를 우리를 위해 바치신 것 같이"이다. "사랑 안에서 걸어라"는 덕성의 핵심 내용은 군더더기 설명이 필요없다. 모든 윤리적 교훈들의 밑바탕은 사랑의 원리 위에서 있기 때문이다. 로마서는 모든 덕성들을 "사랑은 거짓 꾸미기가 없다"(롬 12:9) 즉 순수하다고 요약하고 있고, 그리고 이 원리를 롬 13:8~10에서 다시 확인하고 모든 계명이 "네 이웃을 네 자신과 같이 사랑하라 하신 그 말씀 가운데 다 들어 있느니라(요약되어 있느니라)"고 압축하고 있다. 오히려 주목할 사실은, 그런데, 1절의 "하나님을 닮는 사람들이 되라"가 2절과 "그리고"의 관계로 연결되어 있으므로 하나님을 본받는 것이 다름 아닌 "사랑 안에서 걸으라"는 권면이기도 하다는 점이다.(Hoehner 2002: 646)

그런데 이제 "사랑 안에서 걸으라"의 전형으로 2절 후반부에 그리스도가 우리를 사랑하셨고 우리를 위해 스스로를 제물로 하나님께 내어주신 사실을 예시하고 있다. 그리고 "향긋한 향기"는 하나님이 제물을 기꺼이 받으심의 뜻을 갖는다고 한다.(Thielman 2010: 322) 브루스는 한편 "그리스도께서 하나님 곧 우리 아버지의 뜻을 따라… 우리 죄를 위하여 자기 몸을 드리셨으니"(갈 1:4)와 다른 한편 "자기 아들을 아끼지 아니하시고 우리 모든 사람을 위하여 내어 주신 이가…"(롬 8:32)를 함께 인용하며, 그리스도의 사랑과 하나님의 사랑에 관해 "아버지와 아들은 하나로 행위하시다"(Bruce 1984: 368)라고 해설한다. 이 십자가의 희생적인 사랑을 하나님께 드리는 향기로운 제물과 희생이라 표현한 것에 접하면, 우리는 우리의 십자가를 어디까지 짊어져야 하는지 우리로 하여금 두려움에 떨리게 한다. 그러나 향기로운 제물과 희생이라는 표현은 "친절"과 "동정"이라는 사랑의 행위에도 쓰이는 표현이다. 사도 바울이 빌립보 신도들의 선물을 에바브로디도를 통해 전해 받았을 때에 "이는 받으실 만한 향기로운 제물이요 하나님을 기쁘시게 한 것이라"(빌 4:18b)라 기록하고 있기 때문이다. 이 빌립보서 기사에 관해 "그들의 선물이 하나님을 기쁘게 하고 향긋한 향기가 되는 까닭은 그 선물이 하나님을 신뢰함에 연유하여 하나님께서 그들의 필요로 하는 것을 모두 마련하여 주시리라 믿기 때문이다"(Schreiner 2001: 442)라 해석할 수 있으므로 향기로운 제물이라는 용어는 하나님을 기쁘게 한다는 맥락에서 이처럼 넓은 의미로 사용할 수 있다.

요약건대, 4장 25절부터 5장 2절까지 옛 사람을 벗어버리고 새 사람을 입은 상태가 어떤 것인가를 명약관화하게 그리고 질서정연하게 서술하고 있다. 우선 부정적인 권면을 앞세운 뒤, 긍정적인 권면을 적고, 나아가 이들 권면의 밑바탕의 동기를 서술하는 명령 서법이다. 부정적인 권면을 앞세우는 것은 4:17~24에서 율법의 바탕 위에서 방탕, 불결 및 탐욕으로 하나님의 생명에서 떠나 있었던 옛 사람을 벗어버리라는 권면이다. 그리고 새 사람을 입은 긍정적인 윤리의 덕성들을 권면한다. 이들 덕성은 단순히 보편적인 인류의 삶의 덕성들이 아니라 공동체 내에서의 기독교의 규범에 근거하여 "너희 마음 속에 있는 영이 〔성령으로 말미암아〕 새롭게 된, 새 사람을 입은"(4:23~24a) 사랑의 윤리이고, 아울러 종말 구원의 날을 보증해 주시는 성령이 새 사람의 능력이시다. 이들 권면의 밑바탕의 동기인즉 새 사람이 되어 구속의 날까지 성령의 인치심을 받았는데 행여 너희에게 마귀로 틈타게 하여 성령을 슬프게 하지 말라는(4:30) 것이다. 그러므로 본래 "진리에서 나오는 의와 거룩함에 있어 하나님을 닮음에 따라 창조되어진 새 사람"(4:24)이므로 "하나님을 닮는 사람들"이 되라고 한 마디로 요약하고 있다. 하나님은 그리스도 안에서 너희를 용서하신 사랑의 아버지시다. 그리고 우리가 하나님을 닮아야 함에서 그리스도가 우리를 사랑하셔 자신이 십자가로 하나님께 향기로운 제물을 드리신 모범을 보인 분이 그리스도이시다.

또 달리 다시 요약건대, 이 단원 4:17~5:2는 구약의 연속선상에서 윤리적인 계명들을 새삼 확인하면서, 가령, 4:24에서 새 사람을 진리에서 발현되는 의와 거룩에 있어 하나님을 닮도록 창조된 새로운 인간성이라 규정하고 "하나님을 닮음으로 창조되어진 새 사람을 입어라"고 권면하고 있다. 서법이 아마도 직설이라 하여야 할 골 3:10과 더불어 새 사람에 관한 바울 신학의 의미심장한 논의이므로 우리로서는 에베소서의 명령법의 서술을 율법에 관한 로마서의 직설법의 서술 기반에서 아담과 그리스도론의 테두리에서 접근하였다. 구약과 신학이 모두 하나님의 말씀이지만, 신약과 구약 사이에 차별성도 부정할 수 없다. 구약에서 예언되었던 그리스도가 이 땅에 오셨고 십자가에 죽으셨고 그리고 다시 오심이 신약시대이기 때문이다. 구약시대의 율법이 폐해진 것은 아니지만, 율법이 사랑으로 새 옷을 입는다. 그럼으로써 부정의 법이 긍정의 새 옷을 입는다. 〈새 사람을 입다(4:17~5:2)〉의 이 단원은, 결론컨대, "그리스도 예수 안에 있는 하나님의 사랑"(롬 8:39)을 율법에 덧입힌 의미심장한 명령 서법이다.

부록 3 : 율법의 행위에 관련된 명령 서법

본문 4:25~5:2는 옛 사람을 벗어버리고 새 사람을 입으라는 권면들인데, 본문을 읽으면 우선 우리를 당혹케 하는 내용이 있다. 이 단락에서 25절 "거짓을 벗어버리라"와 28절 "도적질하지 말라" 등은 모세 십계명에 쓰여 있는 윤리적인 권면들이다. 그뿐만 아니라, 5장에서도 구약의 계명을 읽을 수 있으며, 게다가 네 부모를 공경하라는 계명에서는 아예 "이는 네가 잘 되고 땅에서 장수하리라"(6:3)는 인용문을 구약에서 옮기고 있다. 다른 한편, 우리는 사도 바울이 율법에 관련해 강조하는 상반된 측면을 잘 알고 있다. "우리가 육신에 있을 때에는 율법으로 말미암는 죄의 정욕이 우리 지체 중에 역사하여 우리로 사망을 위하여 열매를 맺게 하였더니, [그러나] 이제는 우리가 얽매였던 것에 대하여 죽었으므로 율법에서 벗어났으니"(롬 7:5~6a)가 한 예이다. 그럼에도 로마서에서조차 신자들에게 모세의 계명으로 기독교 윤리를 권면하고 있다. 우리는 바울의 이 모순된 것처럼 보이는 율법의 양면을 갈라디아서 5장을 포함한 로마서 7장을 통해 해명함으로써 율법 실천에 관련된 엡 4:17~5:2의 이해를 보완하겠다.

율법으로부터의 자유와 율법에 준거한 윤리적 권면은 서로 모순되는 일이 아닌가? 이 물음은 바울 서한의 평신도 독자인 우리를 혼란케 할 뿐만 아니라 심지어 바울 전문 연구자들에게도 여러 모로 혼란스러운 모양이다. 그리하여 이미 앞에서 소개한 대로 율법주의에 대한 논란이 오늘날에도 바울 신학에 주류를 이룬다. 율법관이야말로 바울 신학에 있어 복합적이다. 어떻게 복합적인가를 난삽하게 논의한 뒤, 우리는 여기서 제임스 D. G. 던, 토머스 R. 슈라이너, 그리고 고든 D. 휘 등의 학자들의 해석을 간추려 신앙생활과 율법준수의 의문을 해소키로 하겠다. 주목할 점은 이들 학자 모두가 성령 안에서의 삶이라는 주제 아래 이 모순을 해결하고 있다는 사실이다. 또 주목할 점은 슈라이너 그리고 휘 등의 여러 학자들이 이 문제 해결에서 가장 귀히 여기는 바울 서한의 구절은 "할례 받는 것도 아무것도 아니요 할례 받지 않는 것도 아무것도 아니로되, 오직 하나님의 계명을 지킬 따름이니라"(고전 7:19) 등을 비롯한 관련 기사이다.

바울 서한들과 이들 학자들의 논변을 개요하기 앞서 필자 나름으로 이들의 결론을 압축하면, 그것은 "내가 율법이나 선지자나 폐하려 온 줄로 생각지 말라. 폐하려 온 것이 아니요 완전케 하려 함이로라"(마 5:17)가 그 요지라고 해설할 수 있겠다. 예수께서 말씀하신 율법을 완전케 하려 함이란 무엇인가? 결론부터 앞세우면 무엇보다 그것은 사랑의 기반 위에서 완전케 하려 함이다. "간음하지 말라, 살인하지 말라, 탐내지 말라 한 것과 그 외의 다른 계명이 있을지라도, '네 이웃을 네 자신과 같이 사랑하라' 하신 그 말씀 가운데 다 들어 〔있〕느니라(이루어지느니라)"(롬 13:9)이기 때문이다. 그렇다. 계명이 요구하는 "하지 말라"는 명령들 각각의 항목은 모두 사랑이라는 축과 상반 관계에 놓이기에 "하지 말라"는 금지령을 내리는 것이다. 율법을 폐하려 오신 것이 아니라 완전케 하려 오셨다는 예수의 산상수훈의 말씀을 우리는 "사랑은 율법의 완성이니라"(롬 13:10b)는 바울의 말씀으로 이해할 수 있다. "하지 말라"는 부정적인 계명들이 사랑이라는 긍정적인 복음에로 승화됨으로써 율법으로부터의 자유가 성취된다는 사실이 중요하다.

그럼에도, "무릇 율법의 행위에 속한 자들은 〔누구든지〕 저주 아래 있나니"(갈 3:10a)는 어떻게 읽어야 할 것인가? 이어서 저주 아래 있는 이유를 갈 3:10b에 "기록된바 '누구든지 율법책에 기록된 대로 온갖 일을 항상 행하지 아니하는 자는 저주 아래 있는 자라' 하였음이니라(하였기 때문이다)"가 적혀 있다. 온갖 모든 율법을 행하여야 의로운 자라는 것이 대전제이다. 그런데 그것이 실제로 사람에게는 불가능하다는 것이 실상 우리의 일상적인 행위의 체험에 비추어 인간의 현실인 것은 사실이다. 뿐더러, 바울의 교리에 있어서는 인간의 현실 이상으로 인간의 죄와 하나님의 구원의 신비가 여기에 숨어 있다. 이 심오한 의미에 관한 바울 자신이 개인적인 체험의 심각함을 로마서 7장에 공공연히 토로하고 있다. "24 〔오호라〕 나는 곤고한 사람이로다! 이 사망의 몸에서 누가 나를 건져내랴? 25 우리 주 예수 그리스도로 말미암아 하나님께 감사하리로다. 그런즉 내 자신이 마음으로는 하나님의 법을, 〔하지만〕 육신으로는 죄의 법을 섬기노라"(롬 7:24~25)의 맥락이 행위의 체험에서 비롯된 절규이다. "이 절규는 율법 아래 있는 한 유대인의 부르짖은 것이긴 하지만, 그리스도 안에 있는 한 유대인이 그의 과거의 조건이 진정 얼마나 '비참한(곤고한)' 것이었던가를 깨달아 알게 된 기록이기도 함을 우리는 인정해야 한다."(Moo 1991: 494) 참으로 통찰력 있는 더글러스 무의 이 논평에 따라 우리는 율법 아래 있는 사도 바울의 삶을 로마서 7장을 더 거슬러 올라가 이해하기로 하겠다.

우선 율법에 관한 바울 자신의 모순적인 체험이 얼마나 심각하였던가를 이해하기로 하겠다. 롬 7:21~23 "21그러므로 내가 한 법을 깨달았노니 곧 〔내가〕 선을 행하기 원하는 〔그 때〕 악이 함께 〔바로 그 곳에 또한〕 있는 것이로다. 22 내가 내 속 사람으로는 하나님의 법을 즐거워하되 23 내 지체 속에서 한 다른 법이 내 마음의 법과 싸워 내 지체 속에 있는 죄의 법 아래로 나를 사로잡아 오는 것을 보는도다"가 바로 그것이다. 여기 22절에서 "하나님의 법"이든 "내 마음의 법"이든 그 법(nomos)은 모세의 율법이라는 해석이 정설이다. 하나님의 법으로서의 모세의 율법을 내 마음으로 순종하기를 원한다는 뜻이다. 하지만 23절의 "다른 법"과 "죄의 법"은 논란의 여지가 많으나, 법 자체는 모세의 율법이라 하더라도 함축하는 뉘앙스가 다르다. 특히 "죄의 법"이 곧 "다른 법"을 지칭하는 것이 사실일진대, 다른 법은 "내 지체 속에 있는" 죄의 요구를 충족하고자 하는 내 육신의 다른 법이다.(Moo 1991: 492) 그것은 하나님의 선한 율법을 사악한 목적으로 사용하도록 유혹하는 권세의 법이다. 이 악의 권세를 이기지 못하고 유혹 당하는 "내 지체 속에 한 다른 법"이 하나님의 법을 따르지 못하게 하기 때문에 바울은 "나는 비참한 사람이로다!"라는 탄식을 토로한다.(Schreiner 1998: 375~79)

그런데도 율법과 죄의 관계가 아직도 선명치 않다. 따라서 롬 7:12~14 이하를 한층 더 거슬러 올라가 읽은 다음에 롬 7:21~23를 다시 함께 읽기로 하겠다. "12 이로 보건대 율법도 거룩하며 계명도 거룩하며 의로우며 선하도다. 13 그런즉 선한 것이 내게 사망이 되었느뇨? 그럴 수 없느니라! 〔그러나〕 죄가 죄로 드러나기 위하여 선한 그것을 통해서 나를 죽게 만들었으니 이는 〔죄가〕 계명을 통해서 죄로 심히 죄가 되게 하려 함이니라. 14 우리가 율법은 선한 줄 안다. 〔그러나〕 나는 육신에 속하여 죄〔의 권세〕 아래 팔렸도다"가 우선 롬

7:12~14이다. 우선, 12~13a에서 율법도 계명도 "거룩하다" 또 "선하다"라고 모세의 율법을 하나님의 속성으로 규정한다. 그리고 "죄가 기회를 타서 계명으로 말미암아 나를 속이고(속였고) 그것으로(계명으로 말미암아) 나를 죽였는지라"의 앞선 롬 7:11을 상기하여, 12절에 "그런즉 선한 것이 내게 사망이 되었느뇨? 그럴 수 없느니라!"고 바울의 심각한 문제제기와 난해한 해답이 주어진다. 뒤이어, "그러나"로 시작하는 13b절에 율법을 "선한 그것"이라 칭하며 "선한 그것을 통해서"라 또 "계명을 통해서"라 이중으로 기록하여, 죄가 율법을 악의 목적을 위한 수단으로 이용하고 또 죄가 계명을 통해 더욱 죄답게 변모한다는 역설을 밝힌다. 그리고 14b절에 적힌 대로 "죄 아래 팔린 내가 육적이다."라고 죄와 더불어 악의 값을 치루는 또 다른 변수를 적고 있다. "율법은 영적인데" 반해, 나(자아: ego)는 육체에 속하여 "육적"이어서 죄가 육체적인 자아의 탐욕을 도구적으로 이용해 계명을 죄 아래 팔아 나의 사망의 원인이 되었다는 모순을 기록한다.

이제 다시 7:21~23에 되돌아가야 하겠다. "그러므로 내가 한 법을 깨달았노니 곧 내가 선을 행하기 원하는 그때 악이 바로 그 곳에 또한 있다"는 21절의 자아의 이중성에 되돌아가야 하겠다. 우선, 자아가 하나님의 법 즉 율법 책에 기록된 모든 것들을 실천할 수 없다는 통찰에서 빚어진 비탄이다. 그뿐만 아니라, 죄가 "내 〔육체의〕 지체 속에 있는 다른 법이 내 마음의 법과 전투를 수행함으로써"(롬 7:23) 육체와 상합하여 내 자아가 죄 아래 팔림으로써 죽음에 이르게 함에서 빚어진 비탄이 더욱 기본적이다. 탐욕의 자아가 죄와 상합함으로써 "율법의 행위에 속한 자들은 〔그 누구든지〕 저주 아래 있나니"(갈 3:10a)에서 빚어진 비탄이 더욱 기본적이다. 이 율법 실천(행위)의 자가당착을 죄와 자아의 관점에서 논변해야겠다.

본래 죄의 법은 율법의 행위를 실천하려는 자아를 사로잡으려는 책략을 의도하고 있다는 것이 바울의 견지일 것이다. 죄가 율법을 수단으로 이용해 “내가 원하는 바 선은 하지 아니하고 도리어 원치 않는바 악은 행하는도다. 만일 내가 원치 아니하는 그것을 하면 이를 행하는 자가 내가 아니요 내 속에 거하는 죄니라”(롬 7:19~20)이기 때문이다. 자아가 악을 행하기를 원하는 것은 아니라 하더라도 내 속에 거하는 죄가 율법의 기반 위에서 악을 행하도록 나를 유도한다.

바로 이 모순 때문에 율법의 행위가 아닌 바울의 의신칭의(依信稱義)가 대신 출현한다. “그런즉 우리가 무슨 말 하리요? 의를 좇지 아니한 이방인들이 의를 얻었으니 곧 믿음에서 난 의요 〔그러나〕 의의 법을 좇아간(추구했던) 이스라엘은 법에 이르지 못하였으니, 어찌 그러하뇨? 이는 저희가 믿음에 의지하지 않고 행위에 의지함이라”(롬 9:30~32)에서 왜 이스라엘은 의의 법에 이르지 못하였는가? 슈라이너는 31절에 “법의 의”라 하지 않고 “의의 법”이라 적은 사실에 주목한다. “의의 법”은 율법이 의롭다는 뜻이 아니라 “의를 위해 법을 추구했다”(Schreiner 1998: 537)는 의미라 해석한다. 이스라엘이 율법에 도달하지 못한 이유는 믿음에서가 아니라 행위(業: ergon)로써 도달하려 하였기 때문이다. 불트만은 율법의 행위가 이스라엘의 자랑이었기 때문에 스스로 의롭다고 생각함으로써 죄를 범한 것이라 해석한다. 스스로 율법을 준수한다는 육신의 자랑이(빌 3:3) 나를 죄의 법에 사로잡히게 만든다는 것이다. 최근 연구의 개관에 따르면, “율법 책에 기록된 대로 온갖 일을 항상 행하지 않는”(갈 3:10) 그 행위의 무능성 자체가 문제라기보다는 자아의 정체성을 “율법의 행위(일: ergon)로써” 규정하는 의가 곧 문제라는 것이다.(Moo 2013: 202~203) 그러므로 의의 법을 이룩할 수 있는 것은 율법의 행위로써가 아니라

"의인은 믿음으로 〔말미암아〕 살리라"(갈 3:11b)이고, 의를 위해 법을 행위하고자 하는 의의 법은 "믿음의 법"(롬 3:27)이어야 한다.

물론, 죄와 사망의 연결 사슬은 율법과 육체의 연결 사슬과 불가분의 관계이고 이 사슬에서의 해방은 본질적으로 그리스도의 십자가에서 비롯한다가 바울 신앙의 본질이다. "율법은, 선한 것이라 하더라도, 변형(회개)과 갱신(새 사람)의 주역일 수는 없다. 율법 자체는 율법의 계명들을 준수할 능력을 부여하는 것은 아니기 때문이다."(Schreiner 1998: 379) 이 해설을 강하게 환언하면, 율법이 곧 속죄와 구원을 가져오는 것은 아니라는 사실이 본질이다. 그러므로 행위(일)로써 율법을 추구하는 일은 "하나님의 의를 모르고 자기 의를 세우려"(롬 10:3) 하는 허망한 노력이다. 그렇다면 "율법은 무엇이냐?"(갈 3:19) 이 의문에 대해 또 역시 바울은 역설의 대답을 제시한다. 십자가로 말미암는 해방은 율법을 폐하는 것이 아니라 율법을 완성한다는 것이 더욱 옳다. 왜냐하면 "생명의 성령의 법이 그리스도 예수로 말미암아(안에서) 죄와 사망의 법에서 너희를 자유케 하였음이라 … 육신을 따라 걷지 않고 성령을 따라 걷는 우리 속에 〔하나님이〕 율법의 〔의의〕 요구를 이루어지게 하심이니라"(롬 8:2, 4)이다. 우선 롬 8:2에서 모세 율법은 성령의 영역 안에 있는 것이기도 하고 또 죄와 사망의 영역 안에 있기도 하다는 사실을 전제로 하고 있다. 그리고 8:4에서 죄와 사망에서 자유케 되는 길은 성령을 따라 걸으면 율법이 생명의 길이라는 역설을 이끌어 낸다. "그리스도 예수 안에 있는" 사람들은 정죄함이 없다는 롬 8:1의 근거를 롬 8:2에서 "생명의 성령의 법이 죄와 사망의 법에서 너희를 자유롭게 하였다"라 말하고 있음에 주목하여야 한다. 육신의 능력 아래 있는 사람은 그의 행위로 율법을 실행할 수 없고, 반면에 그리스도와 합체된 사람이어야 성령의 능력으로 율법을 실행할 수 있다는 것이다.(Schreiner 1998: 407~408; Moo 1991: 516)

바울은 갈라디아서 5장 "성령의 열매" 말미에서도 "만일 우리가 성령으로 살면 또한 성령으로 행할지니"(갈 5:25)라 즉 "성령에 따라 걷다(kata Pneuma peripatein)"가 크리스천의 존재의 삶이 육에 따라 걷는 것이 아니라 성령에 따라 걷는 일임을 분명히 하고 있다. 무엇보다 "성령을 따라 걷는 우리에게 율법의 요구가 완성되어진다"는 롬 8:4는 롬 7:7부터 율법을 방어해 온 바울의 결론이다.(Dunn 1998: 646~47) 한 걸음 더 나아가, 이것이 "모든 믿는 자에게 의를 이루기 위하여 그리스도는 율법의 마침이 되시느니라"(롬 10:4)이다. 슈라이너의 롬 10:4에 대한 해석이 명쾌하다. "믿는 사람들에게는 자기 자신의 의를 이루기 위해 율법을 이용하는 일에 그리스도는 마침(終止)이다"(Schreiner 1998: 548)라 해석하는바, 이 해석은 율법은 이제 폐기되었다는 것이 아니라 율법을 자기 자신의 의를 위해 이용하려는 기도(企圖)를 그리스도가 종료한다는 해석이다.

"하나님은 홀로 유대인의 하나님뿐이시뇨? 또 이방인의 하나님은 아니시뇨? 진실로, 이방인의 하나님도 되시느니라"(롬 3:29) 등을 인용하여, 제임스 던에 따르면, 사망에 이르는 율법에 대응하는 육체와 그리고 생명에 이르는 율법에 대응하는 마음(nous)의 갱신, 이 육체와 마음이 서로 대비되는 쌍이라 생각한다. 그렇다면 롬 7:7~8:4의 율법론에서, 한편 행위에 기반을 둔 율법과 육체에 따르는 죄와 사망의 연결 사슬, 다른 한편 반면에 믿음에 기반을 둔 율법과 마음에 따르는 성령과 생명의 연결 사슬, 이 두 갈래의 다른 법의 길을 사도 바울은 논변하고 있는 것이다. 바울은 롬 7:9~11에서 사망을 위한 열매를 논하고, 반면에 갈 5:22~23에서 성령의 열매를 논한다. "전에 법을 깨닫지 못할 때에는 내가 살았더니 〔그러나〕 계명이 이르니 나는 죽었도다. 생명에 이르게 할 그 계명이 내게 대하여 도리어 사망에 이르게 하는 것이 되었도다"(롬 7:9~11)가 율법을 도구로 죄가 탐욕을 유인해 내어 사망을 위한 열매를 맺게 한다는 것이다. 다른 한편, 율법을 긍정적으로 전개할 때에 사도 바울은 여러 번 성령의 능력을 언급한다. 고든 휘는 "오직(그러나) 이면적(내면적인 사람인) 유대인이 〔진정한〕 유대인이며, 〔진정한〕 할례는 마음에 할지니(마음의 할례이어야), 성령에 의해서지 의문(책/글자)에 의한 것이 아니어야 한다"(롬 2:29)를 인용하며 성령을 수반하지 않은 율법의 언약은 단지 기록에 불과하다고 해석한다. 진정한 토라의 성취는 성령이 하나님의 백성을 하나님의 길로 인도함으로써 가능하다는 것이다.(Fee 1996) 그러므로 "오직 성령의 열매는 사랑과 희락(기쁨)과 화평과 오래 참음(인내)과 자비와 양선(선함)과 충성(신실)과 온유와 절제니, 이 같은 것을 금지할(이 같은 것들에 상치되는) 법이 없느니라"(갈 5:22~23)이다. 특히 성령의 첫 열매가 무엇보다 사랑이 첫째이므로 토라가 본래 의도했던 하나님의 의를 이루는 것이 곧 성령의 법이라 아니할 수 없겠다. "성령을 따라 걸음으로 우리 속에 율법의 요구를 이루어지게 하심이니라"(롬 8:4)에서 "율법의 요구"가 복수가 아닌 단수로 적혀 있다는 사실은 "아마도 사랑의 계명을 표시하는 것일 터인데, 왜냐하면 사랑이 율법의 내용들을 요약하는 것이기 때문이다."(Schreiner 2008: 482)

바울에게 있어 새 시대의 새 사람에게는 도덕적인 규준인 율법이 없다는 것이라 해석한다면 그것은 큰 오해이다. 성령의 열매들인 "이 같은 것들(성령의 열매)에 상치되는 율법은 없다"(갈 5:23b)이기 때문이다. 율법 자체가 구원의 복음은 아니라 하더라도 "계명은 거룩하고 의롭고 선한" 행위 지침이므로 사랑의 법에서 배제될 수 없다. "참으로, 구약의 계명들 중 어떤 것들은 그리스도의 법의 부분이기도 하여, 간음, 도둑질, 살인 등등은 금지되는데 이것들이 사랑의 법에 모순되기 때문이다."(Ibid.: 661~662)

이상의 앞 논의를 극명하게 요약한 것이 우리는 갈 5:2~6이라 생각한다. "5:5 우리가 성령에 의해 믿음으로 〔인해〕 의의 소망을 〔간절히〕 기다리〔고 있다〕. 5:6 왜냐하면 그리스도 예수 안에서는 할례〔도〕 무할례〔도〕 효력(의미)이 없되, 〔그러나〕 사랑〔을 통해〕 역사하는 믿음〔뿐〕이기 때문이다"가 갈 5:5~6이다. 우선 5절의 "의의 소망"이 구속임은 의심의 여지가 없다. 여러 학자들이 이 소유격을 원천 소유격이라 생각하여 "의에 기반을 둔 소망"이라 해석한다. 그리고 "의의 소망을 기다리고 있다"의 현재형 표현이 '종말의 심판에서 하나님 앞에 의롭게 서는 기다림'일 수 있다고 해석한다. 구속 또는 영생이 신자들의 믿음에 성령이 인치심으로써 주어지는 은혜라는 것은 두말할 나위가 없다. 이때 5절과 6절 사이에 접속사 "왜냐하면(gar)"으로 연결되어 있는 것이 중요하다. "하나님께 받아들여지는 수단이 할례냐 무할례냐의 율법이 문제가 아니라 왜 성령과 믿음이냐를 바울이 설명하고 있는 것이다."(Moo 2013: 329) 그리하여 "그리스도 예수 안에서는 할례도 무할례도 의미가 없다"고 6절에 적고 있다. 갈 6:15에 "할례나 무할례가 아무것도 아니로되 오직(그러나) 새로 지으심을 받은 자뿐이니라"고 반복해 적고 있는 것으로 보아도 진정한 할례는 성령의 역사라는 뜻을 전하고 있다.

이제 바울은 갈 5:6b에 "그러나 사랑을 통해 역사하는 것은 믿음뿐이다"라 결론짓는다. 일반적으로 개신교에서는 이 구절을 진정한 믿음은 사랑을 통해 현시된다고 해석하고, 이와 달리 로마 가톨릭에서는 사랑에 의해 믿음이 형성된다고 해석한다. 이를테면 믿음이 먼저냐 사랑이 먼저냐는 논쟁이기도 한데, 적어도 율법의 행위와 의에 관한 한, 이 논쟁은 닭이 먼저냐 달걀이 먼저냐의 은유이다. 이 논쟁은 바울의 신앙에서 직설이 먼저냐 명령이 먼저냐는 논쟁과 마찬가지로 명령이 필연적으로 직설에 의존한다는 사실이 자명한 것처럼, "사랑은 믿음의 열매로 나타나진다"(Schreiner 2008: 651)라는 갈 5:6의 해설 역시 자명하다. 더글러스 J. 무는 갈 5:5~6을 함께 읽고, "믿음으로 '그리스도 안에' 있는 사람들은 믿음으로 살아야만 하고 이 믿음은 성령으로 말미암아 하나님을 기쁘게 하는 사랑의 역사를 산출하는바, 이렇게 삶으로 말미암아 그 사람들은 의의 확실한 소망을 가질 수 있는 것이다"(Moo 2013: 331)라 해설한다. "사람이 의롭다 하심을 얻는 것은 율법의 행위(일)에 있지 않고 믿음으로 되는 줄(의롭게 됨을) 우리가 인정하노라"(롬 3:28)의 직설을 함께 읽어야겠다. 결론컨대, "의의 소망"은 율법 행위의 준수가 아니라 "성령에 의해" 그리고 "믿음으로 인해" 그리하여 사랑을 통해 역사하여야 도달할 수 있는 은혜, 즉 구속의 주어짐이다.

이 결론을 위해 우리는 엡 4:30 "하나님의 성령을 슬프게 하지 말라, 성령의 의해 너희가 구원의 날을 위해 인치심을 받았다."를 읽으며 또 롬 8:23의 "성령의 처음 익은 열매를 받은 우리까지도 속으로 탄식하여 양자될 것 곧 우리 몸의 구속을 기다리느니라"를 함께 읽으며 율법의 행위에 관한 각주를 덧붙이겠다. 엡 4:30과 롬 8:23은 양자 모두가 구속의 완성에 관한 기사이다. 로마서에서 "성령의 첫 열매를 갖고 있는 우리가 속으로 탄식하는" 것은 성령이 인치신 온전한 양자이기를 위한 탄식이다. 에베소서에서 "하나님의 거룩한 영을 슬프게 하지 말라"를 사 63:9~10을 인용한 것은 양자로 인치신 성령을 배신하지 말라는 경고이다. 이 맥락에서 "성령이 말할 수 없는 탄식으로 우리를 위하여 친히 간구하시느니라"(롬 8:26b)가 또 역시 의미심장하다. 우리가 약하고 실족하여 성령을 슬프게 할 때라도 우리를 위한 말할 수 없는 탄식으로 성령이 간구하면 "모든 것이 합력하여 선을 이루느니라"(롬 8:28b)를 성취할 수 있기 때문이다.

이 단락 서두에서 바울의 율법관이 복합적이라 하였다. 그 복합성은 율법에 관한 그의 직설과 명령 사이에 전개된 상치된 대립 때문이다. 이들 양자의 서법을 분리해 읽으면 복합적이라기보다 차라리 단순명료하다. 바울의 직설 서법은 율법의 행위로 구속을 얻어 갖는 것이 아님을 분명히 선포하고 있다. 반면 동시에, 바울의 명령 서법은 구속을 위한 길을 걷는 일에 있어 믿음의 기반 위에서 성령의 열매인 사랑의 능력으로 율법의 행위를 준수하기를 권면하고 있다. 두 서법 사이에 상치된 대립이라 하였지만, 그럼에도 불구하고, 이 상치된 대립에서 명령이 직설의 기반 위에 서 있다는 것을 놓치면 바울의 복음의 핵을 빗나가고 만다.

율법의 행위와 관련하여, "우리가 당신의 작품인 바, 우리가 선한 일(행위) 안에서 걷게 하도록 하나님께서 이전에 예비하신 선한 일(행위)들을 위해 그리스도 안에서 창조되어진 작품이기 때문이다."의 엡 2:10을 다시 읽기로 하겠다. 아울러 이 구절에 관한 의미심장한 회흐너의 해설을 다시 여기 옮겨 적어 읽기로 하겠다. "흥미로운 것은 우리가 '선한 일들 안에서 걷고 있다'이지 '선한 일들 안에서 행위하고 있다'가 아니라는 점이다. 하나님께서 신자들을 위해 선한 일들을 전에 예비하셔 신자들이 당신의 능력 안에서 걸을 때 그들 안에서 또 그들을 통해 하나님이 선한 일들을 수행하신다. 이것은 하나님을 위해 어떤 일을 행하는 것이 아니라 신자 안에서 또 신자를 통해 일을 행하시는 분은 하나님이시다.(빌 2:13) 따라서 선한 일들은 우리의 구원의 경우에서와 마찬가지로 자랑의 원인일 수 없다…선한 일들이 나타나지 않으면 그 사람은 신자가 아니라는 증거일 수 있는데, 하나님께서 신자에게 목적하신 바가 이루어지지 않고 있기 때문이다. 일(행위)은 구원의 수단이 아니고 오직 믿음만이 구원의 수단이다. 엡 2:8~10은 복음의 요체를 서술하고 있거니와, 아마도 바울 서한들 중에서 으뜸가는 요약이다. 그것은 시작부터 끝까지 은혜이다."(Hoehner 2002: 349~350) 우리는 이 회흐너의 해설을 통해 바울의 다른 서한들에서보다 에베소서의 핵심 개념이 곧 은혜라는 바울 사상의 정수를 읽는다.

4) 어두움에서 빛에로(5:3~14)

앞선 4장 25절부터 5장 2절까지 옛 사람과 새 사람의 대조를 다루었다. 이제 다시 5장 3절에서 14절까지는 양극의 대조를 더욱 강조하고 있다. 이 단원을 두 단락으로 나눌 수 있다. 그 첫 단락이 3~7절까지인데 악덕들을 우선 서술하고 있고 그리고 그 악덕에 뒤따르는 무시무시한 귀결을 진술한다. 그리고 다음 단락 8~14절에서는 신자인 너희들은 주 안에서 빛이니 빛의 자녀처럼 걸으라는 교훈이 제시된다. 빛의 자녀의 주요 역할은, 특히 11절 이하에서는, 어두움의 열매 없는 일들에 밝히 빛을 비추는 복음의 전파다. 첫째 단락은 "하나님의 생명에서 떠나 있었던" 따라서 어두움 속에 있었던 옛 사람의 성격(4:17~19)을 되풀이한 묘사이다. 둘째 단락은 그리스도의 빛을 감지해 빛의 열매를 맺으라는 권면이다. 그러므로 〈어두움에서 빛에로〉라는 제목이 이 단원의 요약이기도 하다.

악에서 벗어나라(5:3~7)

이 첫 단락을 읽으면 "사람이 의롭다 하심을 얻는 것은 율법의 행위(일)에 있지 않고 믿음으로 되는 줄 우리가 인정하노라"(롬 3:28)의 오로지 믿음만(sola fide)으로의 구원에 관한 바울의 원리적인 교리가 공허한 명제라는 생각조차 금할 수 없다. 부도덕한 자는 그리스도와 하나님 나라에서 후사를 얻지 못한다고 정죄하고 있기 때문이다. 그러나 5절에 기록되어 있는 대로, 신자들의 믿음이 여전히 세상의 어두움 속에서 탐욕으로부터 벗어나지 못한다면 그 믿음은 우상숭배나 다름없다고 보아야 할 것이다. 실상 이 점에서 여기서의 질책은 불신에 대한 하나님의 진노라 읽어도 좋을 것이다.

> **3** 음행과 온갖 더러운 것과 탐욕은 너희 중에서 그 이름이라도 부르지 말라 이는 성도의 마땅한 바니라 **4** 누추함과 어리석은 말이나 희롱의 말이 마땅치 아니하니 돌이켜 감사하는 말을 하라 **5** 너희도 이것을 정녕히 알거니와 음행하는 자나 더러운 자나 탐하는 자 곧 우상숭배자는 다 그리스도와 하나님 나라에서 기업을 얻지 못하리니 **6** 누구든지 헛된 말로 너희를 속이지 못하게 하라 이를 인하여 하나님의 진노가 불순종의 아들들에게 임하나니 **7** 그러므로 저희와 함께 참예하는 자 되지 말라

원문은 2절의 "사랑 안에서 걸어라"에 대비시켜 접속사 "그러나"를 삽입하여 "그러나 음행과 온갖 불결 혹은 탐욕은 너희들 중에서 그 이름이라도 부르지 말라, 이는 성도들에게 마땅한 바니라"고 3절을 시작하여 세 악덕을 꼽고 있다. 음행을 첫머리에 꼽고 4장 19절에 이미 언급하였던 온갖 불결과 욕심을 꼽는다. "불결(akatharsia)"이라는 어휘 역시 "음행"과 마찬가지로 성적인 부도덕이라는 의미

로 사용되기도 한다.(살전 4:3, 7; 갈 5:19; 고후 12:21 참고) 여기서도 "음행과 온갖 불결"은 "그리고"로 연결되어 있는 반면, 이들 양자와 "탐욕(pleonexia)"은 접속사 "혹은"으로 연결되어 있다. 따라서 에베소서의 저자는 음행과 불결을 하나의 범주 유목의 죄로 생각하고 탐욕은 다른 유목의 죄로 분류하고 있는 것 같다. 탐욕에 대해 이미 4장 19절에 그 의미를 해설한 바 있지만, 탐욕은 하나님보다 부와 재물을 더 사랑하는 불신의 악으로서의(Thielman 2010: 329) 우상숭배이다. 탐욕에 대해 다시 5절에서 언급하고 있으므로 그 곳에서 그 의미를 되새기기로 하겠다. 그리고 이들 세 악덕을 "너희 중에서 그 이름이라도 부르지 말라"고 세상 풍속을 비하하는 강한 어조로 당부한다. 덧붙여 "이는 성도들에게 마땅한 바니라"고 부기한다. 너희들 거룩한 성도들 사이에서 그 따위 천한 것들을 입에 올리는 것조차 부적절하다는 것이다. 여기서 12절을 미리 읽을 필요가 있다. "저희의 은밀히 행하는 것들은 말하기도 부끄러움이라"고 진술하고 있으니, 음행과 온갖 불결 혹은 탐욕에 관해서 입에 올리지도 말라는 것은 단지 수사적인 표현이 아니라 실제적인 금기의 교훈으로 권면하고 있음을 알 수 있다.

"그 이름이라도 부르지 말라"는 3절의 권면이 4절에 계속 이어진다. "누추함과 어리석은 말이나 희롱의 말"은 "외설(猥褻), 어리석은 말 혹은 상스러운 농담은 합당치 않으니"라 번역하는 것이 오늘날 일반적이다. 외설은 성적인 추악함이고, 어리석은 말과 상스러운 농담 역시 주정뱅이의 음탐한 말이라는 뜻을 함의한다고 하니, "합당하지 않다"는 이들 어휘가 성적인 추잡함을 함축하고 있다. 그러니 합당치 않은 말을 돌이켜 "감사하는 말을 하라"고 권면한다. 감사의 말이 외설 또는 어리석은 말 혹은 상스러운 농담의 반대어로 제시되고 있다는 것이 놀랍다. 이들 추잡한 말의 반대어는 품위 있는 고상한 말이어야 할 터인데, 성도들에게는 "범사에 우리 주 그리스도의 이름으로 항상 아버지 하나님께 감사하는"(5:20) 그 감사의 말이 추잡한 말의 반대어이다. 추잡한 말의 반대어가 감사의 말임도 놀랍지만, 공동체 안에서의 피차의 대화가 "범사에" 그리고 "항상" 하나님의 은혜를 감사하는 대화라는 점에서 그 깊은 의미를 읽어야 한다. "아버지께 감사드리는" 골로새서 1:12의 내용은 아버지께서 "빛 가운데서 성도들의 후사를 공유하게 하심을 우리로 합당하게 하신" 것이라 기도하고 있다. 에베소서와 골로새서의 저자가 동일하다는 가정에서 두 서한을 함께 읽으면, 성적인 추잡한 말을 입에 담지도 말라는 것은 하나님 나라의 후사를 얻기에 부당하다는 역(逆)의 뜻일 수도 있겠다.

이제 5절에서 3절에 적힌 악덕들의 목록을 반복하면서 이들 악덕에 말미암아 빚어지는 비참한 귀결을 매우 엄중한 질책으로 표현한다. "이것을 명심하라, 음행하는 자, 또는 불결한 자, 또는 탐욕하는 자 〔이런 자가 우상숭배자이니〕, 이런 자들은 아무도 그리스도와 하나님 나라에서 후사를 얻지 못한다"가 5절이다. "이것을 명심하라"는 3~4절에 언급한 바를 이미 알고 있는 대로라는 뜻이므로 질책의 엄중성을 예견케 한다. "이런 자가 우상숭배 자이다"를 "탐욕하는 자"의 괄호 속에 넣은 것은 본래 관계대명사인 "이런 자"가 단수로 쓰였기 때문에 여러 주해자들과 번역본들이 우상숭배자를 "탐욕하는 자"에 국한하려는 것이다. 우리 개역에서 "탐하는"이라 번역한 즉 탐욕(pleonexia: covetousness/greed)은 이미 4:19에 출현한 바 있고, 그리고 4:22에 나왔던 단어 욕망(epithymia: covetousness/desire)과 동의어임을 앞에서 서술하였었다. 우리 개역의 "모든 더러운 것을 욕심으로 행하되"의 4:19를 우리는 앞에서 NRSV의 "온갖 불결(akatharsia)을 줄곧 실행하기를 탐욕하여"로 대치하여 독해하였다. 그리고 4:22에 "유혹의 욕심을 따라 썩어져 가는"이라 기록되어 있는 것을 "기만의 욕망을 따라 썩어져간다"고 독해하였다. 에베소서에 상응하는 골로새서 3장 5~6절에 적힌 바에 따르면 "그러므로 땅에 있는(이 세상의) 지체〔들〕을 죽이라 곧 음란과 부정과 사욕(쾌락)과 악한 정욕(욕망)과 탐심(탐욕)이니, 탐심(탐욕: pleonexia)은 우상숭배니라. 이것들을 인하여 하나님의 진노가 임하느니라"고 단정하고 있다. 우상숭배의 결과로 탐욕의 자기탐닉에 빠지는 것이 아니라, 탐욕 자체가 우상숭배다. 골 3:5에서 탐욕 앞에 열거된 "이 세상의 지체들인" 음란, 부정, 쾌락 및 욕망이라는 네 악덕들의 동기와 원천이 탐욕이다.(Moo 2008: 255) 아울러, 탐욕은 십계명의 제십 항목에 나오는 "탐욕"이 제일 항목의 "너는 나 외에는 다른 신들을 네게 있지 말지니라"를 요약해 반영한 악덕이다.(Pao 2012: 220~21) 따라서 탐욕은 모든 악덕들의 중심핵이다.

관련된 로마서를 읽으면 "〔저희가〕 피조물을 조물주보다 더 경배하고 섬기기 때문에"(롬 1:25) "하나님께서 저희를 마음의 정욕대로 더러움에(eis akatharsian: 불결에) 내버려 두사 저희 몸을 서로 욕되게 하셨으니"(롬 1:24)이다. 우리는 여기서 동성애를 포함하는 성적인 죄인 불결 역시 우상숭배와 밀접한 관계가 있음을 읽는다. 우리가 조물주 하나님을 경배하지 않고 우상숭배하면 "저희를 마음의 정욕대로 불결에 내버려 두신다"고 한다. 이 로마서에서 우상숭배와 불결의 인과관계를 돋보이기 위해 우리는 일부러 25절을 24절에 앞세워 적었다. 이때 아마도 우상숭배의 원인에 따르는 결과는 "마음의 정욕" 그 자체보다는 오히려 "불결에 내버려 두신다(넘겨주다)"에 무게를 두어야 할 것이다. 우상숭배자의 으뜸가는 탐욕이 육체의 쾌락을 추구하는 동기이므로 저희들이 좋을 대로 자기탐닉에 빠지게 내버려 둔다는 진노이다.

로마서를 이렇게 읽으면 에베소서의 기사가 명료해진다. 에베소서 여기 5절에 따르면 "이런 자(탐욕하는 자)가 우상숭배자다"이고, 그리고 이어서 "〔이들은〕 그리스도와 하나님의 나라에서 후사를 얻지 못한다"라고 기록되어 있다. 여기 "하나님 나라에서 후사를 얻지 못한다"의 서술은 시제의 해석이 애매하다. 한데, 신자들과 하나님 나라에 관해 골로새서에서는 "그(아버지)가 우리를 흑암의 권세에서 건져내사(구출하셨고) 그(당신)의 사랑하는 아들의 나라로 옮기셨다"(골 1:13)라 과거형으로 표현하고 있어 이미 현세에서 하나님 나라로 옮기신 것으로 실현된 종말론의 시제를 사용하고 있다. 게다가 이 골로새서의 "당신의 사랑하는 아들의 나라"라는 표현은 에베소서의 "그리스도와 하나님의 나라"라는 희귀한 표현과 맞대어 비교할 수 있다.(Pao 2012: 77) 따라서 "그리스도와 하나님의 나라에서 후사를 얻지 못한다"는 현재형 표현 역시 현세에서도 종말에서도 후사의 자격이 박탈되어 있는 것이라 해석하여도 무리가 없다. 여기 엡 5:5를 읽으면 그것은 단순한 질책을 넘어서는 정죄이다. "그리스도와 하나님 나라에서"라 예외적으로 이중의 표현으로 기록하고 있고 그리고 "후사를 상속할 수 없다"는 동사가 다른 바울 서한(고전 6:9~10; 갈 5:19~21)에서와는 달리 미래형이 아닌 현재형으로 기술되어 있으므로 이 경고가 실로 엄중하다는 것을 독자들에게 강조하는 것임을 알 수 있다.

이 엄중한 정죄 때문에 음행하는 자 또는 불결한 자 또는 탐욕하는 자가 이 서한의 수신자인 교회 안의 신자들을 가리키는지 혹은 교회 밖의 불신자들을 가리키는지가 예부터 학자들 사이의 논란이 되어 왔다. 바르트는 이 엄중한 경고가 교회 밖의 사람들이 아니라 신자들 내부에 준 경고라 해설하였다고 하며, 오늘날의 주해자들도 바르트의 견해에 동조하는 이들이 꽤 있다. 실상 쾌락의 탐욕이 우상숭배라면, 오늘날의 기독교 신자들인 우리 역시도 우상숭배하는 일에서 벗어나 있다고 장담할 사람이 있을지 의심스럽다. 이 때문에 이들 악덕을 입에 올리지도 말라고 3절에서 권고하였을 것이다.

여하튼, 5절의 말씀이 신자들을 겨냥한 것이라면, 그것은 후사가 성도들에게 보증되어 있다고 했음(1:14, 18)에 모순되는 진술이 아닌가? 그런데 틸먼은 '후사를 상속할 수 없다'를 여기서 현재형으로 쓰고 있는 이유를, 그냥 하나님 나라가 아니라, 관사를 사용해 "그 그리스도와 하나님의 왕국(나라)"이라 이중으로 적고 있다는 사실에서 찾아 읽는다. 이 현재형의 표기는 메시아가 현재 하나님 오른편에 앉아 계셔 신자들과 더불어 우주를 통치하고 계시므로 모든 죄악에 대해 하나님의 승리를 신자들이 현재 함께 공유하고 있기 때문이라 해석한다.(Thielman 2010: 334) 이 서술 방식에 관해 오브라이언 역시 불신자들처럼 성적인 욕망의 노예가 된 신자들에게는 현재도 미래도 하나님 나라가 그리스도와 하나님으로부터 제거된다고 같은 견해를 피력하고 있다.(O'Brian 1999: 364)

그러나 여기에 적힌 악덕들을 포함한 무려 10가지 악덕들을 고린도전서에 열거하면서 과거형과 미래형의 동사를 겸용하여, "(이런) 자들은 하나님의 나라를 유업으로 받지 못하리라(못할 것이다). 너희 중에 이와 같은 자들이 있(었)더니, (그러나) 주 예수 그리스도의 이름과 우리 하나님의 성령 안에서 씻음과 거룩함과 의롭다 하심을 얻었느니라"(고전 6:10b~11)를 읽으면, 한때 죄에 빠짐이 곧 불의한 자의 영원한 낙인은 아님을 알 수 있다. 마찬가지로 오브라이언이 강조하는 것은 부끄러움도 없고 또 회개도 없이 이들 악덕에 빠지면 비록 기독자라 하더라도 하나님 나라에서 제외된다고 전제한 다음, 그럼에도, 그는 신자가 한때(ever) 이들 죄에 빠졌다고 무조건 하나님 나라를 박탈당하는 것은 아니라는 또 다른 단서를 붙인다.(O'Brian 1999: 363) 아마도 회개하면 다시 받아들여질 수 있기 때문에 에베소서 저자는 3절의 권면에 보태어 이번에는 엄중한 경고를 신자들에게 전달하는 것일 터이다. 우리는 이 단원 서문에서 "사람이 의롭게 되는 것은 믿음으로 말미암아"라는 롬 3:28를 원용했었지만, 에베소서의 이 정죄의 대목에서 정죄의 대상이 비신자라가보다 신자들이라 주해자들에 의해 논변하고 있음에 새삼 주목할 일이다. 이 끔찍한 논변에 우리는 두 가지 촌평을 보태기로 하겠다. 신실한 신자라면 탐욕에 사로잡힐 수 있을까? 혹은 한때 탐욕에 빠진다 하더라도 신실한 신자라면 회개하여 다시 평화를 회복하지 않을 수 있을까?

같은 주제가 6절에도 계속된다. "누구든지 헛된 말로 너희를 속이지 못하게 하라"가 전반부인데, 이 전반부의 의미는 3절과 5절에 적힌 악덕들의 죄목이 아니라 너희를 속이지 못하게 하라는 뜻이다. "헛된 말"은 진리가 아닌 공허한 말이다. 그런데 이렇게 속이려 하는 "누구든지"가 어떤 사람들인지에 대해 명시되어 있지 않다. 바르트는 교회의 신도들이라 해설하고, 이와 달리 마이어는 불신자들이라 해석하였다는 것이다. 그런데 오늘날에도 학자들 중 더러는 전반부에 이어지는 "이를 인하여(이런 일들 때문에)"라는 후반부 구절에서 "불순종의 아들들"이라는 표현에 비추어 불신자들일 것이라 해석하기도 하고, 혹은 더러는 스스로 신자라 자칭하면서 "지금 불순종의 아들들 가운데서 역사하는 영"(2:2)이라 해석하기도 한다. 후자의 해석을 취하는 틸먼의 견지를 소개하겠다. 그는 벧후 3:3~4 및 유 14~15, 18~19를 원용하여 부정(不淨)한 자들이 정죄받는다는 심판에 대해 조롱하는 자칭 신자들이 당시 꽤 있었다는 견지에서 후자의 해석을 옹호한다.(Thielman 2010: 334) 틸먼의 해석이 옳다면, "주의 강림하신다는 약속이 어디 있느뇨?"(벧후 3:4)라 코웃음치는 자칭 신자들일 것이다. 종말을 믿지 않는 신자들이 사이비 신자들이겠기 때문이다.

이제 6절 후반부와 7절은 기독교 신자들이 속지 말아야 할 이유를 기록한 것이므로 함께 읽기로 하겠다. "이런 일들 때문에 하나님의 진노가 불순종의 아들들에게 임하고 있다. 그러므로 저희와 함께하는 자가 되지 말라"가 6b~7절이다. "이런 일들 때문에"라는 6b절 초두는 음행과 온갖 불결과 탐욕의 악덕들 때문에 하나님의 진노가 임하고 있다는 현재 진행형의 표현이라고 한다. 그들이 신자이든 불신자이든 누구든지 간에 이 따위 악덕들에 몰입한 그들을 정죄받아야 할 "불순종의 아들들"이라 명시하고 있다. "그리스도와 하나님 나라에서 후사를 상속할 수 없다"이기 때문일 것이다. 그러므로 순종의 아들들인 신자들은 이들에게 속아 같은 패거리가 되지 않기 위해 하나님의 진노가 어디에 임하는지를 알고 있어야 할 것이므로 7절 역시 6절과 함께 읽어야 한다.(Thielman 2010: 335) "그러므로 저희와 함께하는 자가 되지 말라."에서 "함께하는 자"는 3장 6절에서 "그리스도 안에서 약속에 참여하는(함께하는) 자"라고 긍정적인 관계의 뜻으로 씌어 있다. 반면에 여기 7절에서는 "저희"는 즉 불순종의 아들들과 함께하는 것이니, 부정적인 관계의 의미로 씌어 있다. 회흐너는 음모의 공범자라고 주해한다. "그러므로"로 시작되는 이 7절에서 이들과 함께하는 자 되지 말라는 것은 8절 이하와 연결되는 것이 아니라 행여 하나님의 진노가 신자에게조차 임할 수 있다는 3절 이하의 권면 또는 경고의 결론이라 읽고 싶다.

마지막으로, 여러 학자들이 고전 5:9~10의 맥락에서 이곳을 해설하면서 생활의 모든 면에서 이교도와의 관계를 단절하라는 것은 아니라고 부연한다. "내가 너희에게 쓴 것에 음행하는 자들을 사귀지 말라 하였거니와 이 말은 이 세상의 음행하는 자들이나 탐하는 자들과 토색하는 자들이나 우상숭배하는 자들을 도무지 사귀지 말라 하는 것이 아니니 만일 그리 하려면(그렇게 이들 악덕들을 단절하면) 세상 밖으로 나가야 할 것이라"가 고전 5:9~10이다. 이교도와의 모든 관계의 단절은 세상 밖으로 나가는 것이라는 은유적인 언명을 찾아 읽을 수 있다. "세상 밖으로 나가다"가 "죽다"라고 해석할 수도 있는 모양이다.(Garland 2003: 187) 그런데, 회흐너는 에베소서에 기록된 "함께하는 자들이 되지 말라"는 것은 관계를 단절하라는 것이 아니라 해석한다. 다음 단락에서 다시 언급할 터이나, 관계를 단절하면 신자들이 "이 세상에서 빛으로 작용할 기회가 없어지기"(Hoehner 2002: 669) 때문이라 해석하고 있다.

너희는 주 안에서 빛이라(5:8~14)

"그러므로 저희와 함께하는 자들이 되지 말라"는 7절의 권면의 까닭을, 다시 말하면 불순종의 아들들과 같은 패거리가 되지 말아야 하는 까닭을, "너희가 전에는 어두움이었지만, 그러나 이제는 너희가 주안에서 빛이다"로 시작하는 8절 초두 이하에 기록하고 있다. 빛이 어두움을 비추이면 모든 것이 밝게 보이는 빛이 된다는 것이다. 이처럼 빛의 자녀들은 모든 선과 의와 진리 안에 있는 빛의 열매를 맺는 복음 전파의 책무를 다하여야 한다는, 바울 서한들 가운데서도 희귀한 메시지를 에베소서가 전한다.

> **8** 너희가 전에는 어두움이더니 이제는 주 안에서 빛이라 빛의 자녀들처럼
> 행하라 **9** 빛의 열매는 모든 착함과 의로움과 진실함에 있느니라 **10** 주께
> 기쁘시게 할 것이 무엇인가 시험하여 보라 **11** 너희는 열매 없는 어두움의
> 일에 참예하지 말고 도리어 책망하라 **12** 저희의 은밀히 행하는 것들은 말
> 하기도 부끄러움이라 **13** 그러나 책망을 받는 모든 것이 빛으로 나타나나니
> 나타나지는 것마다 빛이니라 **14** 그러므로 이르시기를 잠자는 자여 깨어서
> 죽은 자들 가운데서 일어나라 그리스도께서 네게 비취시리라 하셨느니라

"전에는"이라는 시제와 "이제는"이라는 시제를 대비하여 8절은 어두움과 빛을 대조한다. 어두움에 대한 앞 4:18을 다시 읽으면 그것은 "하나님의 생명 밖에 있는" 무지함과 마음의 굳어짐이다. 그리하여 이어서 4:23b~24에 "옛 사람을 벗어버리고 오직 심령으로 새롭게 되어"라 권면하였다. 이에 대응해 읽기 위해 8a절만을 우선 따로 옮기면, "너희는 전에는 어두움이었던 때문인데, 그러나 이제는 너희는 주 안에서 빛이다"이다. 오브라이언에 따르면 이 8a절의 진술에서 돋보이는 것이 너희 자신이 전에는 어두움이었고 너희 자신이 이제는 빛이라는 것이다. 달리 말하면, 주변 환경이 전에는 어두움이었고 이제는 빛이라는 것이 아니라, 너희 자신이 어두움이었고 이제는 빛이라는 것이다.(O'Brian 1999: 367) 틸먼도 유사한 견지를 피력하여, 8a절에서 돋보이는 서술 양식은 '전에는 너희가 어두움 안에 있었다'는 표현이 아니라 어두움 자체였고, 반면에 이제는 "너희는 주 안에서 빛이다"가 너희가 빛 자체라는 것은 아니라 하더라도

“주 안에서 빛이다”라 진술한다.(Thielman 2010: 338) 실상 빛은 그리스도의 속성이다. 그리스도와 빛에 대한 명료한 진술은 “나는 세상의 빛”이라는 요한복음의 진술(8:12; 9:5; 12:46)에서 읽을 수 있다. 그리스도 자체가 곧 빛이다. 그렇다면, 그리스도가 빛인 것처럼 기독자도 빛일 수 있는 것은 회심을 통해 그리스도를 따름으로써 비로소 가능하다. 이것을 에베소서는 어두움에서 빛에로의 변신이 “주 안에서”라고 기술하고 있음에 새삼 주목하여야겠다. “‘너희는 주 안에서 빛이다’가 도구격일 수도 있고 또한 그리스도와 합일함을 뜻할 수도 있다.”(Schreiner 2008: 316) 그렇다면 너희 자신이 이제 빛이라는 것은, 주 그리스도 안에 있음으로써 기독자가 비로소 빛일 수 있다는 것이다.

이 8절 전반부는 마치 직설 서법의 진술처럼 읽히지만 후반부의 “빛의 자녀들답게 걸어라”를 읽으면, “걷다”가 윤리적인 행위이므로 8절이 명령 서법의 맥락에서 씌었음을 알 수 있다. “빛의 자녀답게 걸어라”에 대한 설명을 괄호 속에 넣어 부연하고 있는 9절 “모든 선과 의와 진리 안에 있는 빛의 열매” 혹은 달리 번역하면 “빛의 열매는 모든 선과 의와 진리 안에 〔있다/이루어져 있다〕”를 우리는 8b절과 함께 읽기로 하겠다. 신자들이 빛의 자녀라면 마땅히 빛에 합당한 열매를 맺어야 할 것이다. 이 9절은 동사가 생략되어 있지만 독해에 어려움이 없다. “빛의 열매”라 표현함으로써 빛이 재배 또는 배양할 수 있는 힘 혹은 능력임을 암시하고 있다. 이것이 “열매 없는 어두움”이라는 11절의 표현에 대비하면 더욱 분명해진다.

“빛의 열매”는 대뜸 갈라디아서의 “성령의 열매”를 연상케 한다. 여기 기록된 열매의 세 덕성들 즉 “선과 의와 진리” 중 “선”은 사실상 성령의 열매의 목록에 포함된 개역의 “양선(良善)”(갈 5:22)이다.

"선(양선)"은 하나님의 자비 또는 관용을 뜻하는 어휘인데, 선이라 번역하는 것이 일반적이다. 선은 복음서들에서도 바울 서한들에서도 명료한 정의를 규명하기 힘들다. "너희 아버지의 자비하심 같이 너희도 자비하라"(눅 6:36) 등의 복음서들의 일화에서 자비하심이 선의 유사 개념이라 추론할 수 있다.(Schreiner 2008: 133) 어쭙잖은 해설이지만, 복음서들에 기록되어 있는 여러 일화들에서 보는 것처럼 부모와 자식 사이의 각양각색의 베푸심, 사랑의 순종과 같은 남의 유익을 위한 관용과 자비가 선함인 것 같다. 선은 탐욕에 반대어라 해석하기도 하는데(Thielman 2010: 340), 이 해석이 선의 광의의 정의에 온당할 것이다. 그리고 "의와 진리"는 이미 4:24에 새 사람의 특징으로 기록되어 있다. 우리는 그때 "진리에서 창출되는 올곧고 독실한 삶"이라는 인간의 삶의 윤리적인 측면을 선호하고 있는 REB의 번역을 인용하였다. 이때 9절의 "빛의 열매"는 4:24 및 5:1을 참조컨대(Thielman 2010: 341), 하나님의 형상에 따라 창조되어진 새 사람의 조건일 수 있으므로 "진리에서 발현되는 의와 거룩"(4:24)과 직접 비교해 읽어도 온당하겠다. 빛의 열매인 "모든 선과 의와 진리"는 하나님 자신의 속성들이기 때문이다. 때문에, 우리는 하나님을 닮는 자가 되라는 5장 2절을 여기서 상기하지 않을 수 없다. 그리스도 안에서 빛의 자녀답게 걷는다는 맥락은 결국 선, 의, 진리이신 하나님을 닮는 일이라 해석할 수도 있을 것이다.

위에서처럼 8b~9절을 해석하면 분사구문의 명령형 10절 "주를 기쁘시게 하는 것이 무엇인가를 시험하여봄으로써(dokimazontes, 빛의 자녀들답게 걸어라)"가 쉽게 읽힌다. "시험하여 보다"는 개역 다른 곳에서 "분별하다"라 번역되어 있다.(e.g. 빌 1:10) 'Dokimazo'는 진정성을 찾아내고 분별해 가려내는 과정을 뜻한다 하니(Schreiner 1998: 648;

Thielman 2010: 341~342), "검색하여 받아들이다" 혹은 "찾아보다"를 뜻할 수 있겠다. "너희는 이 세대를 본받지 말고 오직 마음을 새롭게 함으로 변화를 받아 하나님의 선하시고 기뻐하시고 온전하신 뜻이 무엇인지 분별하라(검색하여 받아들이라/세밀히 음미하여 정당성을 인정하라)"(롬 12:2)가 좋은 본보기이다.

명령 서법인 엡 5:9~10은 골로새 교인들을 위한 기도인 골 1:10의 "〔너희가〕 주께 합당하게 행하여(걷기 위하여) 범사에 〔주를〕 기쁘시게 하고 모든 선한 일에 열매를 맺게 하시며 하나님을 아는 것(지식)에 자라게 하고"라는 간구의 내용과 흡사하다. 본래 바울의 명령 서법의 권면은 그 서법이 간구라 해독하여도 좋을 것이다. 우리는 앞에서 엡 5:4를 읽으며 골 1:12의 기도를 함께 읽었었다. 명령은 신자들인 기독자들에게 권면하는 윤리이지만 동시에 그러한 능력을 하나님께서 허락하여 주시기를 간구하는 간절함이기도 하기 때문이다. 엡 5:9~10과 골 1:10 사이에 무엇보다 "주를 기쁘시게 하다"가 중복되어 있고 "빛의 열매"와 "선한 일에 열매"가 대응한다. 게다가 우리는 "주를 기쁘시게 하는 것이 무엇인가를 분별함으로써"의 엡 5:10이 골 1:10의 "하나님을 아는 것에 자라"에 상응한다고 생각한다. 엡 5:10의 주를 기쁘시게 하는 것이 무엇인가를 음미하여 그 정당성을 인정함으로써(dokimazontes)가 골 1:10b의 "모든 선한 일에 열매를 맺고 하나님에 대한 지식에 있어 성장하여"와 동일한 문맥적인 의미를 갖는다고 생각한다. 두 문맥 모두가 믿음의 능동적인 양태로 말미암아 얻어지는 선과 의와 진리이기 때문이다. 주를 기쁘게 하는 일이든 하나님에 대한 지식이든 신자들이 단번에 홀연히 깨우치는 것이 아니라 능동적인 음미와 선한 일(業)을 통해 이루어 나간다는 점에서 서로 상응한다고 생각한다.

뒤이어 11절은 빛의 열매와 상반되는 "어두움의 일"에 대해 권면한다. "그리고 열매를 맺지 않는 어두움의 일들에 참여하지 말고, 도리어 그것들을 책망하라(밝히라)"가 11절이다. 전반부의 "함께하지 말라"는, 7절 "불순종의 아들들과 함께하지 말라"와 같은 어휘로서, 빛의 열매를 맺지 못하는 어두움의 일들에 가담하지 말라는 것이다. 이때 가담하지 말아야 할 사람이 누구냐에 대해 자명한 사실을 덧칠하고 넘어가야 맥락적 의미가 분명해진다. 신자들이 어두움의 일에 가담하지 말라는 것이다. 이제 11절 후반부에서 "그것들(어두움의 일들)"을 우리 개역에서 "책망하라"이지만 "노출하라"고 번역할 수 있다. 사전적인 의미에서 '책망하라' 또는 '노출하라'에 해당하는 단어 'elenchein'의 의미가 중의적이다. 오늘날 많은 번역본에서 이 단어가 어두움의 사람에 연결되어 있는 것이 아니라 어두움의 일에 연결되어 있는 것이므로 '노출' 또는 '폭로하다'의 번역을 선호한다. 실제로 이 단어가 빛을 비추다의 뜻으로 쓰일 수 있다는 것이 바우어의 견해다. 이 단어의 번역이 중요한 까닭은 우리 개역의 "책망하라"는 번역은 어두움의 일을 정죄하라는 부정적인 의미로, "노출하다"의 번역은 죄가 죄임을 백일하에 드러내라는 비교적 중성적인 의미로, 그리고 "밝히다"라는 번역은 어두움에 빛을 비추어 의(義)의 길을 걷게 하라는 긍정적인 의미로 해석할 수 있기 때문이다. 이들 중의적인 여러 단어에서 어떤 해석이 적합한지는 누가 누구의 어두움의 일들을 드러내는지의 맥락에 의존해야 할 것이다. 어두움의 일에 가담치 말아야 할 사람이 신자임이 자명하듯이 어두움을 밝히는 사람도 신자의 일이어야 한다. 실제로 이렇게 주해하는 학자가 회흐너이다.(Hoehner 2002: 680) 이처럼 해석한다면, 'elenchein'를 "밝히라"로 번역하는 것이 〈어두움에서 빛에로〉라는 이 단원의 제목과 전체 맥락에 합당하기도 하다. 책망하라 혹은 노출하라에 그치지 말고, 나아가, 열매 없는 부끄러운 불신자에게 빛을 밝히어 빛의 열매를 맺게 하려는 것이기 때문이다.

관련하여, 고전 14:24~25의 맥락에서 11절을 해석하는 학자가 있다.(Thielman 2010: 343~344) "그러나 다 예언을 하면 믿지 아니하는 자들이나 무식한 자들이 들어와서 모든 사람에게 책망을 들으며 모든 사람에게 판단을 받고 그 마음의 숨은 일이 드러나게 되므로 엎드리어 하나님께 경배하며 하나님이 참으로 너희 가운데 계시다 전파하리라"(고전 14:24~25)는 이 단락의 에베소서와의 중복된 어휘로 보나 메시지의 함의로 보나 맥락적 의미에서 상통함을 느낄 수 있다. 고린도전서에서 "책망을 듣다"와 에베소서에서 "밝히다"가 같은 'elenchetai'이고, "숨은 일"과 "은밀히"가 두 서한 각각 중복된 같은 어휘이다. 고린도전서 인용문의 맥락은 방언이 아니라 사람의 마음의 은밀한 곳을 꿰뚫는 예언이야말로(Garland 2003: 653) 복음을 선언함으로써 불신자들로 하여금 하나님의 현존 앞에 있다는 것을 감지하게 한다는 전언이다. 그렇다면, 어두움의 일들이 신자냐 혹은 불신자냐를 가름할 것이 아니라, 방탕과 불결과 탐욕의 행위 자체를 노출함은 악을 드러내는 것이지 행위자인 사람을 책망하는 것이 아니라 해석하기도 한다.(Thielman 2010: 344) 이처럼 해석하여도 'elenchein'의 번역이 "밝히라"에 적합하다. 에베소서에서나 고린도전서에서나 어두움의 일들을 밝힘으로써 신자든 불신자든 그들로 하여금 빛의 열매를 맺게 할 수 있도록 권면하는 것이라 11절을 독해할 수 있기 때문이다.

"그들에 의하여 은밀히 행하여지는 것들은 말하기조차 부끄러운 일이기 때문이다"의 12절은 "열매를 맺지 않는 어두움의 일들에 참여하지 말고, 도리어 그것들을 밝히라"의 11절에서 "밝히라"의 이유를 서술한 것이다. "그들에 의하여"라는 12절 초두의 "그들"은 열매 없는 어두움의 일을 행하는 자들이다. 그 어두움의 일이 성적인 부도덕한 행위를 가리킨다는 것이 주해자들 사이에 공통의 견해이다. 이들 악덕을 숨기기 위해 은밀히 행하는 것과 마찬가지로 그런 악행을 입에 올린다는 것은 부끄러운 일이라는 것이 12절의 요지이다. "말하기조차 부끄러운 일이다"라 12절은 3절 "너희 중에서 그 이름이라도 부르지 말라"와 같은 맥락에서 읽어야 할 것이다. 이에 따라 불신자들에 말미암아 은밀히 행하여지는 일들에 대해 입에 올리는 일조차 부끄럽기 그지없다는 것이라(Thielman 2010: 344) 해석한다. 그리고 번역과 더불어 해석 역시 어려운 13절이 잇따르는데, 13절은 12절과 마찬가지로 "열매를 맺지 않는 어두움의 일들에 참여하지 말고, 도리어 그것들을 밝히라"의 11절에서 "밝히라"의 이유를 서술한 것이다. 우리 개역의 13절에 해당하는 구절을 아래와 같이 다시 옮겨 적겠다.

> **13** 그러나 빛에 의하여 밝혀지는 여하한 것도 밝게 보이나니, **14a** 밝게 보이는 여하한 것도 빛이기 때문이다

"밝게 보이는 여하한 것도 빛이기 때문이다"의 여기 14a절을 우리 개역에서는 13절에 묶어 "나타나지는 것마다 빛이니라"의 13b절에 포함시켜 기록하고 있거니와 우리 개역과 같은 사본도 있는 것이 사실이라고 한다. 그리고 우리 개역에서는 14b절 역시 13절과 잇대어 연계시키고 있으나, 하지만, 여러 번역본들과는 달리 14a절과 14b절을 분리해 적고 있으므로 14a절을 14b절과 함께 읽는 일

역시 피하기로 하겠다. 개역의 13절에서 "책망을 받는"이라 번역한 'elenchein'을 앞 11절에서와 마찬가지로 우리는 "밝혀지는"이라는 번역을 취하였다. 그리고 개역의 "빛으로"의 '으로'라는 조사보다는 '의하여'라는 영어식 표현이 수동태의 구문 이해의 지름길이라 싶어 "빛에 의하여"라고 번역하였다. "빛에 의하여 밝혀지는 여하한 것"에서 여하한 모든 것은 감추어진 불신자들의 낱낱의 악덕의 행위이고, 이들 악덕의 행위들이 "밝게 보이나니"라 함은 신자들에 의하여 그리스도의 빛을 받아 죄가 죄로 드러난다는 것이다.(Thielman 2010: 3447) "너희(신자들)가 한때 어두움이었으나, 그러나 이제는 너희는 주 안에서 빛이기 때문이다"(5:8)이므로 신자인 너희가 비신자들에게도 빛을 비추라는 것이다. 그리하여 "밝게 보이는 여하한 것도 빛이기 때문이다"이니, 한때 악의 행위자였던 사람이 이제 회개의 길을 걷게 된다는 것이다.(Klein 2006: 137) "빛에 의하여 밝혀지는 여하한 것마다 밝게 보이나니"라 전제하였으므로 피터 오브라이언 역시 어두움이 빛으로 변환하는 과정을 14a절 "밝게 보이는 여하한 것도 빛이기 때문이다"가 함의하고 있는 것이라 해석한다.(O'Brian 1999: 372) 여하한 것, 즉 개개의 모든 것들이 그것들의 진정한 모습을 비추이면 어두움에서 벗어나는 것이고 그리고 그리스도의 빛으로 변환한다.

앞에서 14a절을 14b절에서 분리하여 읽겠다고 하였다. 이 14절 전반과 시 혹은 찬미인 후반을 함께 읽기를 권하는 주해서들이 없지 않으나, "그러므로 이르시기를"이라는 14b절의 모두 부사의 "그러므로"가 "이 때문에"를 뜻한다면 13~14a절뿐만 아니라 8절 이하 전체와 연결된다고 생각하여 14b절을 독립적으로 읽기로 하겠다. NIV는 "그러므로 이르시기를"이라는 우리 개역의 구절을 "이것이 왜 이렇게 말하는지의 이유다"라 번역하고 있다.

그러므로 아래처럼 14b절을 별도로 옮겨 적겠다.

> 깨어나라, 잠자는 자여,
>
> 일어서라 죽은 자들 가운데에서,
>
> 그리고 너희를 비추이시리라 그리스도께서.

이 시 혹은 찬미의 14b절은 초두에 "그러므로 이르시기를"이라 적혀 있기 때문에 성서 어디에서 인용한 것으로 읽힌다. 그러나 성서 아무데서도 이 구절이 적힌 데를 딱히 찾아볼 수 없다는 것이다. 학자들 중 어떤 이는 구약의 이사야를 인용한 것이라 혹은 어떤 이는 신약의 세례송을 인용한 것이라 추측한다. "일어나라 빛을 발하라 이는 네 빛이 이르렀고 여호와의 영광이 네 위에 임하였음이니라"(사 60:1)를 클라인은 꼽는다.(Klein 2006: 138) 혹은 세례송의 대구(對句)로 "우리가 그의 죽으심과 합하여 세례 받은 줄을 알지 못하느뇨? 그러므로 우리가 그의 죽으심과 합하여 세례를 받음으로 그와 함께 장사되었나니 이는 아버지의 영광으로 말미암아 그리스도를 죽은 자 가운데서 살리심(일으키셨음)과 같이 우리로 또한 새 생명 가운데서 행하게(걷게 하려) 함이니라"(롬 6:3~4)를 꼽는다.(Bruce 1977: 434; 1984: 377) 〈어두움에서 빛에로〉라는 이 단원의 제목이 함축하는 바대로, 브루스는 이 삼박자 찬미가 세례를 통한 죽음에서 새 생명에로의 일대전환의 삼박자 찬미라 생각하여 롬 6:3~4를 원용하고 있다. 다른 한편, 성서의 특정한 구절이라는 해석에서 벗어나, 1세기에 널리 통용되었던 유대 기독자들의 예배 의식의 찬미였을 것이라 추론하기도 한다. 특히 이 시의 초두에 동사들이 출현하는 형식이 히브리 시의 전형을 따르고 있기 때문에 유대 기독자들의 찬미라 추론한다.(Thielman 2010: 350)

불투명한 출처의 논쟁은 제쳐 놓고, 14b절은 5:8 이하의 단락의 틀 안에서 그 뜻하는 바를 우선 숙고해야 할 것이다. 우선 셋째 절 "너희를 비추이시리라"는 그리스도의 빛이 비춰어 너희가 새 생명에 거한다는 의미임이 분명하다. 그런데 악의 어두움 속에 잠든 자라는 첫 절과 죽은 자라는 둘째 절은 한때 "너희가 허물과 죄로 죽었던"(2:1, 5~6) 현재의 신자일 수도 있겠고, 다른 한편 현재 "어두움의 열매 없는 일"에 얽매어 있는 불신자일 수도 있겠다.

한편, 14b절이 당시 교회에서 신자들이 찬송했던 노래라면, 이 찬미의 첫 절에서 잠에서 깨어나고 그리고 둘째 절에서 죽음에서 일어나라는 명령은 "너희는 전에는 어두움이었던"(8절) 것에서 벗어나 "어두움의 열매 없는 일들"에 참여하지 말라는 격려일 수 있다. 격려라 함은 "빛에 의하여 밝혀지는 여하한 것도 밝히 보이나니"(13a절)의 열매를 맺도록 권유하기 때문이다. 셋째 절에서 "그리고 그리스도께서 너희를 비추이시리라"는 "비신자에게 전하는 것이 아니라 신자의 영적인 이완에 대해 이야기하는 말이다. 진정한 신자들이 반응하여야 할 것은 빛의 열매인 선, 의, 그리고 진리(9절)의 열매로 이루어진 생을 살도록 성령이 그들을 인도하기 때문이다."(Hoehner 2002: 688) 이때 "밝게 보이는 여하한 것도 빛이기 때문이다"(14a절)와 그리하여 밝게 된 너희는 그 자체로 "이제는 주님 안에서 빛이다"(8b절)가 그 배경일 것이다. "주님 안에서"이므로 어두움에서 빛에로의 모든 원천은 빛 자체인 부활한 그리스도이시다. 우리는 여기서 또 다시 골 1:12~13를 인용하겠다. "아버지께 감사드림은 당신이 빛 안에서 성도들의 후사를 공유하도록 우리로 합당하게 하셨음이고, 당신이 어두움의 지배에서 우리를 구출하셨고 당신의 사랑의 아들의 나라로 우리를 옮기셨으니."이다. 우리는 이 단락의 결론으로 14b절과 함께 "너희는 전에는 어두움이었으나 그러나 이제는 너희는 주 안에서 빛이다."의 이 단락 초두의 8절을 다시 읽으며, "항상 기뻐하라, 쉬지 말고 기도하라, 범사에 감사하라"의 살전 5:16을 함께 읽기로 하겠다,

다른 한편, 11절 "열매를 맺지 않는 어두움의 일들에 참여하지 말고, 도리어 그것들을 밝히라"를 읽으면, 신자들이 불신자들을 위해 빛을 비추이어야 한다는 뜻일 수 있다. 더불어, "이제는 너희(신자들)가 그리스도 안에서 빛"(8절)이고 그리고 "그러나 빛에 의하여 밝혀지는 여하한 것도 밝게 보이나니, 밝게 보이는 여하한 것도 빛이기 때문이다"(13~14a절)이므로 신자들은 이 세상에 빛이어야 한다. 그리하여 예전의 우리처럼 아직 어두움에 있는 비신자들에게 "깨어나라, 일어나라"를 종용하여 그리스도의 빛을 비추이도록 그들의 회개를 간구해야 할 터이다.

5) 지혜롭게 걷고 그리고 성령 안에서 충만해지라(5:15~21)

윤리적 권면의 시작 초두에서 "너희가 부르심을 입은 부름에 합당하게 행하여"를 권면한 뒤에 다시 "걷다(행하다)"의 어휘를 각각 4:17, 5:2 및 5:8에 사용하여 권면을 서술하였다. 이제 마지막으로 다시 이 어휘를 사용하여 권면한다. 이 단원의 핵심 주제가 지혜와 주의 뜻에 대한 이해 그리고 성령 안에서 충만하여짐이다. 이 주제들이 어떤 연관성의 의미를 갖는지를 이해하고, 그리고 어떻게 걸어

야 할지를 파악해야겠다.

주해서들에서 이 새 단원의 구획을 15절부터 시작하여 가정훈을 포함한 6장 9절까지를 포함하여 읽는 것이 일반적이다. 그러나 우리는 15~21절을 독립하여 읽기로 하겠다. 어떤 학자들은 이 윤리적 교훈이 4장에서 6장까지 전체의 결론 부문이라 생각한다. 우리는 앞 단원 〈어두움에서 빛에로〉에 연결된, 특히 5장 8~14절에 연결된 권면의 한 부문이라 생각하여, 앞 단원과 관련하여 읽기로 하겠다.

지혜롭게 걷고, 주의 뜻을 이해하고, 그리고 성령 안에서 가득차지라(5:15~18)

앞 단락에서 평신도들에게 비신자들에 대한 선교의 사역을 당부한 맥락에 이어 본 단락에서는 우선 지혜 없는 것과 지혜를, 그리고 어리석음과 주의 뜻에 대한 이해를, 나아가서 술 취함과 성령 안에서 충만하여짐을 각각 부정과 긍정으로 대조시키고 있다. 학자들은 이들 세 대조가 각기 다른 세 내용의 진술이라기보다 서로 연관성을 갖는 내용이라 생각한다. 서로 연관성을 갖는다면 어떤 관점에서 상호 관련되는지를 이해하는 일이 중요하다.

> **15** 그런즉 너희가 어떻게 행할 것을 자세히 주의하여 지혜 없는 자 같이 말고 오직 지혜 있는 자 같이 하여 **16** 세월을 아끼라 때가 악하니라 **17** 그러므로 어리석은 자가 되지 말고 오직 주의 뜻이 무엇인가 이해하라 **18** 술 취하지 말라 이는 방탕한 것이니 오직 성령의 충만을 받으라

원문의 어순대로 15절을 옮기면 “주목하라 그러므로 어떻게 조심스럽게 너희가 걷고 있는지를, 지혜 없이가 아니라 지혜로운 사

람들처럼"이다. 이 15a절을 우리 개역과 마찬가지로 많은 번역본에서 "조심스럽게 주목하라"고 번역하고 있지만, 회흐너가 지적하고 있듯이 "조심스럽게"가 "걷다"를 한정하는 부사라 번역하는 것이 원문의 구문 분석에 합당할 것이다. 지혜 없는 삶이 아니라 지혜로운 삶을 조심스럽게 걷고 있는지를 주목하라고 비(非)지혜와 지혜에 관한 첫 번째 대조를 서술한다. 게다가, "그러므로"라는 부사가 삽입되어 있으므로 "불순종의 자식들"(5:6, 11)과 "빛의 자녀들"(5:8)을 대조했던 앞 단원의 배경에서 어떻게 걷고 있는지를 권면하고 있다고 독해할 수 있다. 앞 단원 특정 맥락에서 읽으면, 이제 주 안에서 빛인 신자들은 "주를 기쁘시게 할 것이 무엇인가를 검색하여 받아들이는"(5:10) 일을 매사에 주목하라는 것이라 해석할 수 있겠다.(Schreiner 2008: 484; Thielman 2010: 356) 혹은 앞 단원을 넘어서 에베소서 전체 배경의 전반 맥락에서 읽으면, 지혜에 관해서 이미 에베소서에 세 곳(1:8, 9; 1:9, 10; 3:10)에 언급한 바 있다. 그것은 하나님의 구원의 뜻 혹은 계획이 갖는 신비를 알게 하심이다. 이 지혜에 관한 맥락 전반에 비추어 보면, 여기 15절은 너희가 구원의 신비의 뜻을 알고 걷고 있느냐를 철저하게 성찰하라는 뜻으로 해석할 수 있겠다.(Hoehner 2002: 691~92) 이 맥락에서 읽으면 앞 단락의 비신자들에게 복음을 전파하라는 맥락과의 관련성에서 5:15~16을 이해할 수도 있겠다.

그리고 이어지는 16절 "지금은 악한 나날이기 때문에 시간을 선용(매입)함으로써"는 물론 분사절이므로 15절과 연결해 함께 읽어야 한다. 따라서 15~16절을 다시 풀어 쓰면, 지금의 나날이 악하기 때문에 악에 얽매인 현재의 시간을 죄다 매입(선용)함으로 유용한 기회를 만들어 지혜롭지 못한 길이 아니라 지혜로운 길을 걷기를 조심하라는 것이다. 〈어두움에서 빛에로〉의 앞선 단원의 맥락에서 15~16절을 읽으면, 곧 도래할 악한 종말의 때이므로 시간을 선용하여 "선과 의와 진리"(5:9)인 "빛의 열매"의 길을 걸으라는 것이다. 종말의 때라고 하였지만, 학자들은 "때" 혹은 "나날"이 종말을 가리킨다는 해석 자체에는 반대하지 않는다. 하지만, 학자들은 에베소서가 임박한 종말의 긴장을 강조하지 않음에 주목하여, 현재가 "공중의 권세 잡은 자"(2:2)의 영향 아래 있음을 상기한다. 이 15~16절에 상응하는 골로새서의 기사에서 "외인들을 향하여서〔는〕 지혜로 행하여(지혜 안에서 걸으며) 세월을 아끼라(매입하라)"(골 4:5)라고 "외인들" 즉 불신자인 이웃을 대할 때에도 지혜 안에서 걸으며 시간을 아끼라는 동일한 권면을 서술하고 있다. 골로새서에서 "'지혜 안에서 걷다'는 그리스도를 중심으로 하는 영적인 지혜 안에서 걸어라"(Pao 2012: 295)이다. 파오의 이 해석에 기대면, '지혜롭게 걷다'는 '그리스도를 중심으로 걷다'이고 그리스도가 모두의 주님이므로 '주님이심이 만방에 전해져야만 한다'(Ibid: 296)이다. 이 해석이 15~16절에 대해 "주를 기쁘시게 할 것이 무엇인가를 검색하여 받아들이라"(5:10)는 맥락에서 비신자들을 위해 "지혜 안에서 걸어라"는 여러 학자들의 해석과 합치한다.

비(非)지혜와 지혜를 대조한 다음 다시 같은 맥락에서 "이 때문에 어리석지 말고 주의 뜻이 무엇인가를 이해하라"고 어리석음과 주의 뜻의 이해를 17절에 다시 대조한다. "이 때문에"라 함은 "지금은 악한 나날이기 때문에 시간을 선용(매입)해야" 할 상황이기 "때문에"이다.(Thieman 2010: 357) 어리석음은 지혜 없이 하나님을 멀리하는 것이다. 그리고 그것에 상반되는 길이 주의 뜻이 무엇인가를 이해하는 것이라 서술하고 있다. 주의 뜻이라 함은 앞에 인용했던 15절의 지혜에 대한 회흐너의 해석인 구원의 신비가 썩 잘 어울린다. “너희가 이제는 주 안에서 빛이라”(5:8) 하였으므로 하나님의 뜻 대신에 주의 뜻이라는 표현을 취하였다고 해석해야 할 것이다. 실상 하나님의 구원의 뜻이 갖는 신비는 직설 서법으로 전개하고 있는 에베소서 1장부터 3장까지의 주요 골자이다. 명령 서법으로 전개하고 있는 이 서한의 후반부에서 이 구원의 뜻이 무엇인가를 이해하라고 하고 있거니와, 우리는 그 뜻이 무엇인가를 직설 서법에서 찾아 읽어야 할 것이다. 왜냐하면 직설이 명령에 선행하고 그리고 명령은 직설에 근거하기 때문이다. 아마도 그것은 1:4 “곧 하나님은 우리를 그리스도 앞에서 거룩하고 흠이 없게 하시려고 창세 전에 그의 안에서 우리를 택하신” 것일 수 있겠다. 그렇다면, 이 1:4를 이해하지 못하는 것이 어리석음이다. 하지만, 성령의 지혜로 깨우침을 받지 않으면 누구라도 구원의 신비를 스스로 이해할 수 없다. 그러므로 15절의 “지혜”와 17절의 “주의 뜻의 이해”는 서로 연관성을 갖는다.

“술에 취하지 말라 그것 안에는 방탕이 있으니, 그러나 성령 안에 가득차지라”의 세 번째 대조인 18절은 마치 술 취함과 성령으로 가득 채워짐을 대조하고 있는 것처럼 읽힌다. 이 대조에 대해 학자들 사이에 논란이 분분하다. 어떤 이는 사도행전에 기록된 오순절 성령 강림의 때 “저희가 새(단) 술이 취하였다(가득 찼다)”(행 2:13)를 원용하고, 또 어떤 이는 주신(酒神) 디오니시우스의 예배 의식의 참여를 거론하고, 또 어떤 이는 오순절 성령 강림 사건과 유사한 심리 상태에 관한 필로(Philo)의 진술을 참고한다. 또 다른 이는 18절에 적힌 “영”이 성령이 아닐 것이라는 해석에까지 도약한다. 그러나 이들 논란은 “술로 취하다”와 “성령 안에 가득차지다”라는 파격적인 대조에서 “취하다”와 “가득차지다”를 마치 비유적인 유사어라 해석하여 그럴싸하게 치장한 추측에 불과할 것이다. 여기 18a절에서 술에 취함이 곧 방탕이고 바울의 다른 서한에서도 술 취함은 방탕과 어두움이다. "밤이 깊고 낮이 가까웠으니 … 낮에와 같이 단정히 행하고(걷고) 방탕과 술 취하지 말며"(롬 13:12a, 13a), 그리고 "우리가 밤이나 어두움에 속하지 아니하나니…자는 자들은 밤에 자고 취하는 자들은 밤에 취하되"(살전 5:5b, 7a)라 기록하였기 때문이다. 여기 이 에베소서도 마찬가지다. "술 취함에 방탕이 있다"는 것이 18a절이므로 교회 안팎의 어디서든 간에 호화판 술잔치에서 벌어지는 유흥의 번다함의 상태가 방탕이다.(Thielman 2010: 357~58) 앞 단원 11절에 "너희는 어두움의 열매 없는 일에 참여하지 말라"고 하였다. 여기 "술에 취하지 말라"의 18절을 자구적으로 읽으면, "거기에는 방탕이 있으니, 반면에 성령 안에서 가득차지라"이다. 방탕이라는 어휘는 일상적으로는 불치의 병이나 부끄러움의 뜻으로 사용되었다는 것인데 윤리적인 의미에서는 단정치 못한 무절제함을 뜻한다고 한다. 따라서 "그 안에 방탕이 있는 술에 취하지 말라" 대(對) "성령 안에 가득차지라"는 각각이 자구적으로 1:1의 대조를 이루는 상반 관계라 이해할 일은 아니다.

술과 성령을 대조하는 일은 얼토당토않은 일이고 차라리 술 취함에서 발생하는 방탕의 상태와 그리고 성령 안에 있으므로 발생하는 가득 채워짐의 상태가 상반되는 상태라 이해할 수는 있겠다. 우선, 가득 채워짐의 상태를 우리는 3:14~19와 함께 읽고 싶다. "속사람 안에 성령을 통해 능력이 강건하여져"(3:16b) "지식을 초월하는 그리스도의 사랑을 알아 너희가 하나님의 모든 충만(pleroma)으로 가득차지기를"(3:19)이라는 기도가 "가득 채워짐"의 맥락일 수 있을 것이다. "성령 안에서(en) 가득차지라"를 여러 번역본에서 'en'

을 주격 혹은 도구격으로 번역하고 있다. 이를테면, "성령으로 말미암아"(Hoehner 2002) 혹은 "성령으로"(O'Brian 1999)라 각각 도구격 혹은 주격으로 번역한다. 하지만, 1:23, 3:19 및 4:13에서 충만케 하다의 주격은 충만의 본성이신 하나님 자신이고, 충만의 내용으로서의 도구격은 그리스도이다. 게다가, 우리 개역에서는 "성령의 충만을 받으라"고 번역하고 있으나, 에베소서에서 충만은 "하나님의 충만"(3:19)이고 "그리스도의 충만"(1:23; 4:10~13)이지 충만의 내용이 성령이라는 기록이 없다는 사실에 주목하여야 한다. "성령 안에서"를 "성령으로"라 도구격으로 번역하고 있는 링컨과 오브라이언도 신자들이 하나님의 충만과 그리스도의 충만으로 가득차지도록 성령이 중개한다는 의미라 해석한다. 성경 어디서도 성령을 본받으라는 구절이 없다는 사실에도 주목해야 한다.

우리가 "성령 안에서"라는 직역을 취하는 것은 "성령 안에서"의 "안에서"는 "성령을 받아 가짐으로써 정착되어진 혹은 특징지어진 역동적인 영역 또는 범위 안에서"(Thielman 2010: 360)라는 뜻이라는 해석에 근거한 것이다. 에베소서의 마지막 명령에서도 "무시로(언제든지) 성령 안에서 기도하라"(6:18)고 권면한다. 이처럼 "성령 안에서"라 읽으면, 한데, 18절에는 누가 그리고 무엇을 가득 채워지게 만드는지에 관한 언급이 없다. "가득차지라"에 연결되어야 할 주어도 목적도 생략되어 있기 때문에 여러 가능한 해석이 혼란스럽다.

이 혼란 때문에 우리는 18b절을 골 1:9b~10a의 "모든 신령한 지혜와 총명에(모든 영적인 지혜와 이해 안에서) 하나님의 뜻을 아는 것(지식)으로 〔가득〕 채우게 하시고 〔그리하여 너희가〕 주께 합당하게 행하여(걸어서) 범사에 〔그를〕 기쁘시게 하고"라는 골로새서의 기도와 맞대어 읽고 싶다. 이 골 1:9b~10a와 함께 읽으면 우선 엡 18b절뿐만 아니라 나아가 15b절의 "지혜 있는 사람들처럼 〔걷고 있는지를〕" 그리고 17b절의 "주의 뜻이 무엇인지를 이해하라"는 이 단락의 세 지향적 목표가 하나의 맥락으로 집약해 정합적으로 독해할 수 있기 때문이다. 골로새서에서 "지혜와 이해 안에서"는 하나님의 영으로 통찰케 하시는 지혜와 이해이다. "하나님의 뜻에 관한 지식으로 가득 채우게 하시는" 주체는 하나님 당신 자신이시고, 그리고 무엇을 가득 채워지게 하는가의 목적 또는 대상은 그리스도의 복음을 알게 하심이다.(Pao 2012: 68~9) 이 골로새서의 목표는 신자들이 주께 합당하게 걷게 하기 위함이다. 마찬가지로, 엡 5:18b에서 "성령 안에서 〔하나님께서 당신의 뜻에 관한 지식으로〕 가득차지라"처럼 괄호 속에 주어와 목적이 생략되어 있다고 읽어도 좋을 것이다. 그럼으로써 엡 5:9에 적힌 배경대로 빛의 열매인 "선, 의, 그리고 진"의 열매를 맺어 그리고 골로새서의 기도와 마찬가지로, "성령 안에서 가득차지라"는 하나님과 그리스도를 기쁘게 하는 "방탕"에 상반된 상태일 수 있을 것이다.

다음 단락 19~21절에 이제 "성령 안에서 가득차진" 결과적인 열매가 무엇인가를 구체적으로 기술하고 있다. 지금 읽은 15~18절에 신자들이 걸어가야 할 세 지향점은 "지혜롭게 걸어라"와 "주의 뜻을 이해하라"와 "성령 안에서 가득 채워지라"이다. 이제 이들 세 지향점의 목표는 물론 그리스도 안에서 하나님께 드리는 예배이지만, 세 지향점들 모두가 성령의 능력의 역사하심 속에서 하나님과 그리스도를 기쁘게 하는 공동체 안에서의 구체적인 친교에 관해 진술하고 있다.

성령 안에서 가득차진 찬미의 예배(5:19~21)

찬미의 예배를 묘사한 아래 19절 이하의 여러 분사절들이 모두

"성령 안에서 가득차지라"의 18b절에 직접 연결되어 있다. 신자들의 모임에서 찬미, 감사 그리고 피차의 복종이라는 하나님 찬양 모두가 "성령의 영역에서 성숙함에 이르도록 성장한 결과"(Thielman 2010: 361)인, 다시 말해, "성령 안에서 가득차진" 결과라는 것이 학자들의 일반적인 견해이다. 실제로 18절에서 21절은 하나의 긴 문장이다. 그런데 19~21절은 운율로 분절되어 있어 마치 시처럼 읽을 수 있는 모양이다. 따라서 우리는 이 부문을 앞 부문에서 독립하여 읽되 18b절과 함께 읽기로 하겠다.

> (**18b** 그러나 성령 안에서 가득 채워지라) **19** 시와 찬미와 신령한 노래들로 서로 화답하며 너희의 마음으로 주께 노래하며 찬송하며 **20** 범사에 우리 주 예수 그리스도의 이름으로 항상 아버지 하나님께 감사하며 (**21** 그리스도를 경외함으로 피차 복종하라)

"시와 찬미와 신령한 노래들로 너희들 자신들 사이에 화답(말)하며"가 첫 번째 분사절이다. 우선, 시와 찬미와 노래는 각각을 차별화할 수 있는 예배의 의식이나 장르가 아니다. 찬미와 노래를 시에 포함시켜 총괄적으로 표현할 수 있는 모양인데, 시는 문학의 한 장르가 아니라 하나님을 찬양하는 종교 음악의 한 장르라 보아야 한다는 것이다.(고전 14:26에 이를 찬송시라 번역하였다) 그런데 유별나게 노래에만 신령하다는 수식어가 부착되어 있기 때문에 어떤 이는 시들과 찬미들과는 달리 노래들은 방언으로 쓰인 가사라 해석하기도 하는 모양이다. 그러나 시와 찬미와 노래 모두가 방언이 아닌 일상 언어로 씌어 있는 예배의 절차라는 해석이 오늘날 일반적이다. 왜냐하면 "너희들 자신들 사이에 화답하며"를 "서로에게 말하며"라 번역할 수 있기에 서로 대화한다는 의미를 전하기 때문이다. 따라서 어떤 이들은 "신령한"이라는 수식어를 심지어 시와 찬미와 노래 모두를 수식하는 것으로 번역하기도 한다. 여하튼, 19절 전반부는 서로의 대화의 장면을 묘사하고 있으므로, 그것은 공동체의 집회에 관한 묘사임을 짐작하게 하고 남는다. 두 번째 분사절이 "주께 너희 마음으로 노래하고 가락을 연주하며"가 19절 후반부다. "노래하다"는 전반부의 "노래"의 동사형이고 "연주하다"는 전반부의 "시"의 동사형이다. 따라서 전반부와 후반부는 예배의 내용에서 다른 것이 아니다. 그러나 전반부는 신자들 사이의 수평적인 방향에 초점이 주어져 있고, 반면에 후반부는 신자들 개개인이 주를 향한 수직적인 방향에 초점이 주어져 있다. 주께 드리는 노래와 찬송시는 성령 안에서 충만이 가득 채워져 드리는 것이니, 모름지기 "너희 마음으로"이므로 성령이 거하시는 너희의 한 마음에서 우러나오는 진심으로 노래하고 연주하라는 것이다.

"성령 안에서 가득 채워져"의 또 다른 결과를 20절에 "항상 만사에 우리 주 예수 그리스도의 이름으로 하나님께 감사를 드리며, 〔그 하나님은〕 아버지이시라"라 적고 있다. 오브라이언은 이 "감사"는 찬미와 유사한 것이라 해설한다. 어떤 혜택을 수여받은 사람이 베풀어준 사람에게 감사하는 것과는 다른 감사이기 때문이다. 오브라이언은 이 짧은 분사절에 다양한 의미의 요소가 담겨 있음을 분석한다.(O'Brian 1999: 397~398) 첫째 요소는 "항상"이니, 그것은 언제나 그리고 계속적으로 감사하라는 것이다. 둘째 요소는 "만사에"이니, 그것은 즐거울 때나 괴로울 때나 모든 일에 소망을 갖고 감사하라는 것이다. 셋째와 넷째 요소는 "우리 주 예수 그리스도의 이름으로 하나님께" 드리는 감사이다. 감사의 궁극적인 원천과 목표는 지고의 하나님이시고 또 동시에 그 분은 우리에게 인격적으로 아버지이시기도 하다. 이때 20절 말미에 "〔그 하나님은〕 아버지이다"라 적혀 있거니와 아마도 그 의미는 우리로 하여금 하나님을 아버지라 부를 수 있게 하신 "우리 주 예수 그리스도의 이름으로" 우리가 하나님께 감사를 드려야 한다는 뜻일 것이다. 신자들이 모여 예배하는 일에 이러한 감사 기도가 빠질 수 없다. 우리가 항상 그리고 범사에 감사함은 성령 안에 있음으로써 고무된 결과이다.

우리는 이 단락 본문을 인용할 때 21절 "그리스도에 대한 두려움 안에서 서로에게 복종하며"를 괄호 속에 넣었다. 왜냐하면 이 21절을 어떤 맥락에서 읽느냐는 문단 분절 방식이 학자들에 따라 갖가지이기 때문이다. 우선, 링컨(1990)과 클라인(2006)은 21절을 22절 이하의 가정 규례(household codes/Haustafel)와 함께 묶어 읽는 방식을 취한다. 까닭인즉, 21절의 "서로에게 복종하다"가 22절 이하 아내가 남편에게, 자녀가 부모에게 그리고 종이 상전에게 복종하라는 맥락과 동일하다고 생각하기 때문이다. 여기에 약한 입장과 강한 입장이 있다. 약한 입장을 취하는 회흐너(2002)와 오브라이언(1999)은 21절을 15절 이하의 단락에 포함시키지만, 그러면서도 링컨과 마찬가지로 복종이라는 맥락에서 22절 이하의 가정 규례가 새 단락의 서두라고 읽는다. 반면에 강한 입장을 취하는 틸먼(2010)은 "너희들 자신들 사이에 화답하며"라는 19절의 복수 재귀대명사가 명시하듯 19~20절은 신자들이 함께 모여 노래나 감사 기도로 화답하는 장면의 진술이라 생각한다. 따라서 21절의 권면 "서로에게 복종하다"에서의 "복종"은 상호의 순종이라기보다 상하의 위계를 규정하는 표현이므로 22절 이하의 신자들의 가정 규례의 시작임이 분명하다는 것이다. 그러나 이들 모든 입장과는 달리, 슈라이너(2001)는 가정 규례의 "복종하라"는 21절의 "서로에게 복종하며"와 같은 의미로 쓰인 것이 아니라고 해석하기 때문에 21절을 가정 규례의 단락에 포함시키지 말아야 한다고 생각한다.

우리는 슈라이너를 따라 이 단락에 국한하여 21절을 읽기로 하겠다.(Schreiner 2001: 422~424) 그는 무엇보다 21절의 "서로에게 복종하며"의 분사절은 19절 이하의 앞선 분사절들, 즉 "너희들 자신들 사이에 화답(말)하며" 그리고 "주께 노래하고 가락을 연주하며" 또 "하나님께 감사하며"와 나란히 병치하는 것이므로, "서로에게 복종하며"라 함도 역시 당연히 "성령 안에서 가득차진"(18b절) 결과로 읽어야 한다고 생각한다. 게다가 다른 무엇보다 중요한 것은 21절의 "서로에게 복종하다"와 22절 이하의 "복종하다"의 차이이다. 전자는 "너희들 자신들 사이에 화답하며"의 테두리 안에서 상호 대칭적인 복종이고, 반면에 가정 규례에 나오는 "복종하라"의 후자는 권위에 대한 비대칭적인 복종이다. 후자가 사용되는 가정 규례, 특히 남편과 아내의 관계는 그리스도와 교회와의 관계에서 복종의 관계와 같다. 그리스도와 교회 그리고 남편과 아내 사이의 복종의 관계를 21절의 "서로에게 복종하라"와 바꿔 쓸 수 없다. "서로에게 복종하라"가 쓰인 맥락은 앞선 분사절들의 내용으로 미루어 공동체 안에서의 신자들 사이에 복종의 관계이다. 공동체가 성령 안에서 충만해졌다면, 각자 받은 은사에 따라 서로가 서로를 섬겨야 할 것이다.(길성남 2005: 404~405) 앞 19절을 논의할 때 전반부는 신자들 사이의 수평적인 방향에, 그리고 후반부는 신자들과 주님 사이의 수직적인 방향에 초점이 맞추어져 있다고 하였던 것처럼, 21절은 수평적인 관계의 복종이고, 반면에 22절 이하는 수직적이 관계의 복종이다.

"서로에게 복종하라"의 조건적인 제약이라 할 수 있는 21절의 "그리스도에 대한 두려움 안에서"라는 진술이 위의 논의에 관해 함의하는 바가 깊다. "두려움"을 여러 번역본에서 우리 개역에서처럼 "경외함" 혹은 "존경함"이라 번역하고 있지만, 두려움의 원어 'phobos'는 위협에 따르는 공포를 뜻하는 것은 아니지만, 더군다나 존경을 뜻하는 것도 아니라는 것이다. 그럼에도 경외라 번역하는 까닭은 사랑이신 그리스도를 어찌 무서워 떨며, 그리고 신자들끼리라 하더라도 복종은 존경과 권위의 표상에 대한 것이라는 선입견 때문인 것 같다. "그리스도에 대한 두려움 안에서 서로에게 복종하라"를 우리는 빌 2:3b~5의 기반 위에서 해석하고 싶다. "오직 겸손한 마음으로 각각 자기보다 남을 낫게 여기고 … 각각 다른 사람들의 일(유익)을 돌아보아 … 너희 안에 이 마음을 품어라 곧 그리스도 예수의 마음이니"가 그것이다. 너희 자신들보다 남들을 더 낫게 여기는 겸손 그리고 자신의 유익이 아니라 남들의 유익을 보살핌이 곧 "서로에게 복종하라"일 것이다. 이러한 "그리스도 예수의 마음"과 같은 마음을 너희가 가지라는 빌 2:5가 21절 "그리스도에 대한 두려움 안에서"일 것이다. 그리스도가 그렇게 하셨던 것과 마찬가지로 "신자들은 복종할 수 있어야 하고 자신들을 비워야 하고, 하나님이 그리스도 안에서 그들을 위해 행하신 바 때문에 노예 형식의 삶을 취할 수 있어야 한다"(Garland 2006: 219)라는 빌 2:5에 대한 해설이 "그리스도에 대한 두려움 안에서"에 대한 해설일 수 있겠기 때문이다.

결론컨대, "서로 화답하라", "주께 노래하고 찬송하라", "하나님께 감사하라" 그리고 "서로에게 복종하라"라 함은 의식적인 절차라기보다는 주께 드리는 찬미와 하나님께 드리는 감사의 수직적인 예배이고 그리고 공동체 내에서의 수평적인 신자들 사이에 친교(koinonia)의 덕성이라 이해하고 싶다. "성령을 함께 공유하는 체험"(Dunn 1998: 561)을 바울은 때로는 'koinonia pneumatos(성령의 교제/교통)'라 이른다.(고후 13:13; 빌 2:1) 실은 이 체험을 가장 직접 서술하고 있는 곳이 다른 어떤 서한보다 에베소서이다. "평화의 매는 띠 안에서 성령의 하나임(통일성)을 지키도록 모든 노력을 경주하며"(4:3)가 대표적인 보기이다. 우리는 4:3을 해석하면서 "지키다"의 의미가 보존하다이고, 신자들이 성령이 하나임을 보존하는 일은 성령을 함께 체험하는 일이라 해설하였다. 여기 18~21절 역시 "성령의 하나임을 지키라"는 틀 안에서 독해해야겠다.

"성령 안에서 가득차지라"를 18절에 전제한 뒤에, "시와 찬미와 신령한 노래들로 서로에게 화답하며"(19a절)는 성령을 함께 공유하는 체험의 감격적인 묘사다. "우리 주 예수 그리스도의 이름으로 아버지 하나님께 만사에 항상 감사하며"(20절) 역시 성령의 영역에서 충만하여진 친교의 "공동체를 이룬 크리스천의 예배"(Thielman 2010: 362)이고 기도이다. 특히 "서로에게 복종하라"가 친교의 덕성이고, 그것은 "서로 화답하라"에 썩 잘 어울린다. 신자들끼리 화답하는 것이 성령을 함께 공유하는 친교이고, 그리고 "서로에게 복종하라"(21절) 역시 "그가 머리시니 곧 그리스도라"(4:15)이므로 "그리스도에 대한 두려움 안에" 있는 공동체 내에서의 서로가 서로를 섬기는 일이 상호 대칭적인 화답이므로 성령의 친교라 이해해야겠다. 이때 진노의 하나님만이 우리의 두려움이 아니시며, "우리가 주의 두려우심을 알아야"(고후 5:11a)를 상기할 필요가 있다. 심판의 자리에 하나님과 함께 반드시 그리스도 역시 임석하실 것이다. 무엇보다 신자들의 윤리는 성령 안에서 하나님의 충만으로 가득 채워져 걷는 삶이 기초다. 성령 안에서 가득 채워져야, 그리고 그리스도에 대한 두려움 안에서야 이처럼 주님의 뜻이 무엇인가를 이해하여 서로가 서로에게 복종하고 또 그리스도의 뜻에 순종하여 합심하여 에클레시아를 세울 수 있을 것이다.

못다 한 해설로, 18절을 읽을 때 남겨 놓은 미진한 숙제를 이 결론부에서 마무리하겠다. "성령 안에서 가득차지라"를 "술에 취하지 말라"와 18절에서 대조하고 있느냐는 의문을 제기했었거니와 실상 이 대조는 에클레시아의 예배 의전에 대한 경고라 읽고 싶다. 성령을 함께 체험하는 즉 "성령 안에서"의 친교의 감격적인 모임이 감격적인 모임인 한, 자칫 유흥의 번다한 호화판 잔치로 낭비되지 않도록 우선 서두에서 경고하는 일은 지당한 우려일 것이다. "주정의 상태와 종교적인 도취는 때때로 비교되어 왔다"(Lincoln 1990: 344)이기 때문이다. 에클레시아에서의 예배가 "술에 하지 말라 거기에는 방탕이 있다"이면 불경스러운 예배이므로 불가항력적으로 예배는 "그러나 성령 안에서 가득차지라"이어야 한다. 부흥회에서 흔히 경험하는 들떠 있는 축제의 열광의 잔치판이 되면, 그것은 방탕이다. 오순절 날 성령이 임재하신즉 모두가 방언으로 왁자지껄했을 때, "어떤 이들은 그들을 조롱하여 저희가 단 술에 가득 찼다"(행 2:13)라 조롱하였음을 앞에서 인용하였거니와, 이 비아냥거림은 "성령 안에서 가득차진" 상태에 대한 단순한 오해에서 빚어진 것일까? 하지만, "너희가 조심스럽게 걷고 있는지를 주목하며", "성령 안에서 가득 채워져야" 한다면, 혹은 "시와 찬미와 신령한 노래들로 너희들 자신들 사이에 이야기(화답)하며", 혹은 "우리 주 예수 그리스도의 이름으로 아버지 하나님께 만사에 항상 감사하는", 혹은 "그리스도의 두려움 안에서 서로에게 복종하는" 것과 같은 모임의 성격이 방탕에 대비되는 에클레시아이어야 할 것이 아닌가! 예배가 신도들 사이의 '코이노니아'이기도 하다고 하였지만 그것이 떠들썩한 사교장이 된다면

"너희 몸을 하나님이 기뻐하시는 거룩한 산제사로 드리는 … 영적인 예배"(롬 12:1)에 어긋나는 것일 수밖에 없다. 종요로운 에클레시아이려면 "진리에서 발현하는 의와 거룩"(4:24)을 위한 고요한 예배를 드려야 함이 당연하고 마땅하겠다.

6) 가정 규례(5:22~6:9)

학자들은 사도 바울의 가정 규례가 어디에서 유래하고 근거하는지 그 원천을 여러 면에서 논의한다. 학자들 사이에 일치된 견해가 없기 때문에 우리로서는 감히 이 원천의 문제를 검토하지 않기로 하겠다. 가정 규례의 원천을 논외로 하고, 대신, 그 규례 하나하나에 대해 바울이 얼마나 신중한지를 알기 위해 고린도전서에서 두 곳을 인용하겠다. "혼인한 자들에게 내가 명하노니 〔명하는 자는 내가 아니요 주시라〕 여자는 남편에게서 갈리지 말고"(7:10a)라 괄호 속에 토를 달고, 그리고 "그 남은 사람들에게 내가 말하노니 〔이는 주의 명령이 아니라〕 만일 어떤 형제에게 믿지 아니하는 아내가 있어 남편과 함께 살기를 좋아하거든 저를 버리지 말며"(7:12a)라 또 토를 달고 있다. 이를 읽으면 바울 자신이 얼마나 주님의 말씀에 철저하였는지를 짐작하고 남는다. "〔이는 주의 명령이 아니라〕"고 토를 단 것 역시 주님의 정신에 비추어 바울 자신이 말한다는 것을 강하게 암시하고 있지만 주님이 직접 말씀한 것은 아님을 분명하게 표명하기 때문이다.

가정 규례에서 주요 내용은 아내가 남편에게, 자식이 부모에게 그리고 종이 주인에게 복종하라는 권면이다. 이들 세 주제는 상응하는 골 3:18~4:1에서도 동일한 유형의 서술 방식을 취한다. 권위에 대한 복종의 윤리는 오늘날의 우리에게는 생소하지만, "아내들이여, 자기 남편에게 복종하기를 주께 하듯 하라"(엡 5:22)와 "아내들아, 남편에게 복종하라. 이는 주 안에서 마땅하니라"(골 3:18)에서 보듯 이 복종은 주께 대하는 행동 규범이다. 달리 말하면, 가정 규례는 기본적으로 기독신자들의 윤리이다. 자칫 복종이 "너희는 유대인이나 헬라인이나 종이나 자주자나 남자나 여자 없이 다 그리스도 예수 안에서 하나이니라"(갈 3:28)는 바울의 기본 정신에 비추어 매우 껄끄럽게 읽힌다. 그렇기 때문에 오히려 우리는 가정 규례를 이 갈라디아서의 말씀을 깊이 새기며 읽어야겠다.

첫 번째 가정 규례는 부부 관계로 21절 혹은 22절부터 33절까지이고, 두 번째 가정 규례는 자녀와 부모의 관계로 6:1~4이고, 그리고 세 번째 가정 규례는 종과 주인의 관계로 6:5~9이다. 세 주제들을 한 단원 안에서 독해하여도 일관성이 있지만 부부 관계가 상대적으로 매우 길 뿐더러 내용에서도 풍부하고 깊으므로 별도의 부차적인 단원으로 다루기로 하겠다.

(1) 아내와 남편에 관한 가정 규례(5:21~33)

아내와 남편에 관한 가정 규례는 아내의 의무(22~24절), 남편의 의무(25~28절), 그리고 부부의 결혼관을 그리스도와 교회와의 관계의 신비로써 비유한(29~33절), 이들 세 세부 단락으로 나누어 읽기로 하겠다. 한데, 세 단락 모두에서 남편과 아내의 관계를 그리스도와 교회의 관계와 직접 비교하기 때문에 각각의 세부 단락들이 독립된 개별적인 내용을 전하고 있는 것이 아니다. 실상 22절부터 33절까지 전체가 남편과 아내의 관계가 단순한 명령 서법의 기록이라기보다 참으로 놀라운 결혼관의 기반 위에서 서술하고 있다. 링컨에 따르면 예언서(예컨대, 사 54:1, 5, 6; 호 2:19, 20)에 기록된 하나님과 이스라엘의 결혼, 신성의 존재와 지상의 존재와의 신성한 결혼(sacred marriage)의 전통과 직접 비교할 수 있는 내용을 진술한다는 것이다.

앞에서 가정 규례의 원천에 대해서는 논의하지 않겠다고 하였지만 부부에 관한 규례에 대해서는 한 가지 분명히 알아야 할 배경이 있다. 바울 당시 그리고 아마도 2세기까지 신자들의 모임은 주로 개인의 가정에서 이루어졌다. 이 가정에서의 교회 예배가 신자들의 친교와 더불어 수행되어졌기에 모임 자체가 가정 규례와 밀접한 관계를 갖는다는 사실은 여러 면에서 고증할 수 있다.(e.g., 고전 11:2~16; 14:34~36) 예배와 신자들 사이의 친교의 모임이 한 가정 안에서 이루어졌기 때문에 혹 부부간의 부조화가 집회의 분위기를 흐트러뜨리기도 할 수 있었던 모양이다. 부부의 관계를 그리스도와 교회의 관계와 맞대어 비교하는 것은 당시 이와 같은 현실을 반영할 수도 있는 것 같아 단원 말미에 고린도전서에 관한 해설을 주석으로 덧붙였다. 또 다른 문제 하나는 앞 단원 5:21의 "서로에게 복종하라"를 읽으며 우리는 가정 규례와 무관한 것이라 강변하였으나, 두려움과 복종은 가정 규례에서도 기본 바탕이다. "여호와를 경외하는 것이 지혜의 근본이요"(잠 9:10)라는 테두리에서 주의 뜻(의지)에 복종하여 서로가 서로에게 봉사하는 일이 가정 규례의 정신임을 배제하면 독선적인 해석일 수도 있겠기에, 아래의 본문을 읽으며 이 문제를 신축성 있게 논고하기로 하겠다.

아내의 의무(5:21~24)

아내의 의무는 '남편에게 복종하라'이다. 이 보수적인 가정 규례는 '복종하라'의 문맥을 옳게 통찰해야 그리고 다음 단락의 남편의 의무와 함께 이해해야 그 올바른 의미를 파악할 수 있다.

> (**21** 그리스도를 경외함으로 피차 복종하라) **22** 아내들이여 자기 남편에게 복종하기를 주께 하듯 하라 **23** 이는 남편이 아내의 머리 됨이 그리스도께서 교회의 머리 됨과 같음이니 그가 친히 몸의 구주시니라 **24** 그러나 교회가 그리스도에게 하듯 아내들도 범사에 그 남편에게 복종할지니라

앞 단락 말미의 성경 인용에서 괄호 속에 넣어 적은 21절을 여기 이 단락 초두에 다시 옮겨 적었다. 앞 단원에서는 "서로에게 복종하라"를 슈라이너에 따라 성령 안에서 충만해진 결과의 테두리에서 해석하였다. 하지만, 여러 학자들이 21절을 가정 규례의 테두리에서 해석하고 있으므로 이 견지도 동시에 존중해야 하기 때문에 여기에 다시 옮겼다. 우리는 이 단원을 읽어가면서 "서로에게 복종하라"와 "복종하라"의 의미의 차이를 비교하며 다시 음미하기로 하겠다.

이들 22~24절의 세 절은 함께 묶어 읽어야 한다. 가령, 22절만 따로 읽으면 자칫 어리둥절 영문을 헤아릴 수 없다. "아내들은 너희 자신의 남편들에게 주께 하듯 〔복종하라〕"함은 명령 자체도 과격한데, 그것에 덧붙여 "주께 하듯" 즉 주 그리스도께 대함과 같이 그렇게 복종하라고 함은 아주 파격적으로 들린다. "복종하라"를 괄호 속에 넣은 것은 어떤 사본에는 빠져 있다는 사실을 명기하기 위함이다. 그런데 상응하는 골 3:18에서도 "아내들이여, 너희 남편들에게 복종하라"에 "복종하라"는 중간태 명령형으로 아내들이 자신들의

의지에 따른 자율적인 행위이지 노예의 복종이 아님을 분명히 하고 있다.(O'Brian 1999: 411~412; Pao 2012: 262) 에베소서는 23절에 22절의 "복종하라"의 이유를 적고 있다. 난삽한 번역이지만 원문의 어순을 지키면, "남편이 아내의 머리이기 때문으로 그것은 그리스도께서 교회의 머리이신 것과 마찬가지며, 그는 자신이 몸의 구주이시다"가 23절이다. 그리스도가 교회의 머리이신 것과 마찬가지로 남편이 아내의 머리인 이유로 아내는 남편에게 복종하라는 것이다. 그리스도께서 에클레시아의 머리(kephale)이심은 이미 1:22와 4:15에 기록된 바 있다. 거기서 우리는 "에클레시아의 머리"를 기원 또는 통치 그리고 성장의 원천 또는 목표라 하였다. 이에 따라 "남편이 아내의 머리"라 함은 그리스도가 교회의 원천이고 교회에 대해 자기희생적이고 성장과 양육의 역할을 하듯이 남편 역시 대응하는 역할을 한다면, "머리"를 권위라 해석할 수 있을 터이라(Thielman 2010: 379), 아내가 남편에게 복종해야 한다는 것이 무리가 없다.

그런데 이때 "그는 자신이 몸의 구주이시다"(23b절)가 앞 구절과의 연결이 어렵다. 많은 학자들이 "그리스도께서 교회의 머리이시고"에 뒤이어 기록된 "그는 자신이 몸의 구주이시다"는 그리스도에게만 국한된 진술이지 남편에게는 무관한 내용이라 해석한다. 이어지는 24절이 "그러나"로 시작하기 때문이다. 달리 말하면, 그리스도가 몸의 구주이시나 남편은 아내의 구주는 아니지만, 24절 "그러나 교회가 그리스도에게 복종하듯 아내들도 남편에게 범사에 복종하라"라는 별개의 의미를 갖는다는 것이다. 그럼에도 남편과 아내에 대한 가정 규례의 맥락에서 그리스도가 에클레시아의 머리와 함께 쓰인 맥락적 의미가 무엇인지 궁금하다. 우리는 이 맥락적 의미의 해석을 뒤로 미루기로 하겠다.

그 맥락적 의미를 반추하기 전에, 아내의 복종의 의무에서 그리스도와 교회의 관계와 남편과 아내의 관계는 어떻게 대응하는가를 짚고 넘어가야겠다. 슈라이너는 아내가 남편에게 복종하라고 할 때 주께 대함과 같이 하라는 구절을 강조한다. 그리하여 남편에게 복종하는 것은 그리스도에 대한 교회의 관계에 기인하고 근거한다는 해석을 취한다.(Schreiner 2001: 423) 그 복종은 남편의 우월함이나 아내의 열등함에서 비롯되는 것이 아니다. 게다가 남편을 통해야 여자들이 주님과의 관계를 가질 수 있다든가 혹은 아내는 머리가 없는 사람이라든가 하는 것은 더군다나 아니다. "그리스도께서 교회의 머리이신 것과 마찬가지라"는 것은 그리스도가 교회를 사랑하여 25~27절에 명기하였듯이 차라리 그리스도가 교회를 위해 그의 생명을 내주셨다고 읽어야 한다.(O'Brian 1999: 414)

아울러 23절에 덧붙여진 "그는 자신이 몸의 구주이시다"에서 "그는 자신이"라는 표현이 그리스도와 교회의 관계에서 그리스도가 강조되어 있어, 이 23b절은 아내와 남편의 관계와는 별개의 명제로 해석해야 하고, 남편을 그리스도와 견주어 표현한 것은 더군다나 아니다.(O'Brian 1999: 414~415) 성경에서 "구주"라 할 때 그리스도나 하나님을 지칭하는 것이지 인간에 사용한 일이 없다. 더군다나, "그러나 교회가 그리스도에게 복종하듯이"라는 24a절의 반의적 접속사 "그러나"는 "〔그리스도〕 자신은 몸의 구주이시나"에 국한하여 양보적인 대립을 표현한 것이지 "그리스도께서 교회의 머리이다"의 23절 전반에 연결해 읽지 말아야 한다. 따라서 '그리스도가 몸의 구주이시라는 차이에도 불구하고'라 "그러나"를 "불구하고"의 뜻으로 국한하여 해석해 23~24절을 함께 읽어야 한다.(Hoehner 2002: 744) 게다가 "범사에 복종하여야 한다"가 중간태로 쓰였으므로 무조건적으로 모든 일에 복종하라는 것이 아니라 아내의 편에서의 자율적인 복종을 뜻한다(Ibid.: 745). 바로 이 맥락적인 연관에서 21절의 "서로에게 복종하라"를 22절과 함께 읽으면 부부 사이에 적용할 수 있는 '복종하다'의 해석의 자유도가 어느 정도 폭이 넓어진다고 이해해도 좋겠다. 이와 같은 부부 사이의 복종의 자유도는 23절과 24절 사이의 해석에서도 그 폭이 넓어질 수 있다.

브루스에 따르면, 24절 초두의 "그러나"를 반의 접속사로서의 의미 해석에 치우치지 말고 23절에 관해서 말하고 있는 바라는 뜻으로 해석하고, "교회가 그리스도에게 종속하여 있듯이" 그와 마찬가지로 "아내들이 모든 점에서 그들의 남편들에게 종속하는 것이다"라 독해하는 것이 23절과 24절 사이에 올바른 연결 관계일 수 있다(Bruce 1984: 385~386)고 해석한다. 좀 다른 해석이지만, 그 해석의 취지는 오브라이언이나 회흐너의 해석과 같다. 요컨대, "몸이 하나요… 주도 하나요…"(4:4a, 5a)라는 주와 지체가 하나임에 대한 찬미를 상기하지 않을 수 없다. 그리스도와 교회가 하나임인 것처럼 크리스천 가정의 남편과 아내도 하나이다. 이때에도 역시 머리이신 그리스도에게 교회가 복종하는 것처럼 권위 또는 하나임의 원천으로서의 머리인 남편에게 아내가 복종하여야 한다는 규례가 기본 정신이다. "교회가 그리스도에게 복종하듯 그처럼 아내들도 남편들에게 범사에 복종하여야 한다"의 24절을 교회와 그리스도 그리고 남편과 아내, 양자 모두가 하나이라는 전제 아래 "복종하다"를 이해해야겠다.

남편의 의무(5:25~28)

남편의 의무는 '아내를 사랑하라'이다. 이 역시 보수적인 가정 규례이긴 하지만, 이때 사랑의 진정한 의미는 아내의 복종의 의무와 대응해 읽어야 하고 또 그리스도가 교회를 사랑하는 것이 어떤 것인지를 이해할 수 있어야 한다.

> **25** 남편들아 아내 사랑하기를 그리스도께서 교회를 사랑하시고 위하여 자
> 신을 주심같이 하라 **26** 이는 곧 물로 씻어 말씀으로 깨끗하게 하사 거룩하
> 게 하시고 **27** 자기 앞에 영광스러운 교회로 세우사 티나 주름잡힌 것이나
> 이런 것들이 없이 거룩하고 흠이 없게 하려 하심이니라 **28** 이와 같이 남편
> 들도 자기 아내 사랑하기를 제 몸같이 할지니 자기 아내를 사랑하는 자는
> 자기를 사랑하는 것이라

남편들의 의무는 아내 사랑이라는 명제가 아내들의 의무가 남편에게 복종함을 전제하고 있다. 오늘날 우리의 상식으로는, 복종함에 상응하는 의무는 통치함일 터인데, 뜻밖에, 복종의 상응하는 덕성으로 사랑을 꼽는다. 에베소서의 저자에게는 아마도 어질게 다스리는 것이 사랑이냐는 의문도 생기나, 본문을 읽으면, 사랑은 자신을 포기함이고 거룩하게 함이다. 본문 25절은 "남편들아, 너희의 아내들을 사랑하라"로 시작한다. 이어서 비교 혹은 원인 접속사 "것 같이"를 사용하여 "그리스도께서 교회를 사랑하사 교회를 위하여 스스로를 바치셨던 것과 꼭 같이 〔사랑하라〕"이라고 그리스도와 에클레시아의 관계를 다시 예시한다. 남편과 아내는 그리스도가 사랑하는 에클레시아와 동일한 위상을 갖는다. 그 사랑의 내용은 5장 2절 "그리고 사랑 안에서 걸으라, 그리스도께서 우리를 사랑하사 향긋한 향기로 제물과 희생으로 하나님께 스스로를 우리를 위해 바치신 것 같이"와 같다. 십자가의 죽으심으로 그리스도가 하나님께 드리는 제물은 향기로운 향기이고 그리고 기독자 모두에게 주시는 희생적인 사

랑, 그 사랑이 "남편들아, 너희의 아내들을 사랑하라"이니 그 사랑은 자기희생적인 사랑이다.

그리스도가 주시는 사랑이 지향하는 바를 26~27절에 비유적으로 빗대어 세 항목으로 적고 있다. 첫째 항목이 에클레시아를 거룩하게 즉 신성하게 하기 위함인데, "말씀으로 물 목욕해 정화함으로써 그녀(교회)를 신성하게 하기 위함이다"라 26절에 적고 있다. "물 목욕의 정화함"에 대한 고전적인 해석은 세례를 통해서였다. 그러나 에클레시아에게 세례를 준다는 것은 있을 수 없으므로, 오늘날 대부분의 학자들은 에스겔 16:8~14에 적힌 신부를 물로 목욕시킴의 비유가 그리스도가 사랑하는 아내 에클레시아에 썩 잘 어울린다고 생각한다. 그리고 "말씀으로"라는 단서가 붙어 있으므로 역시 세례에서의 신앙 고백이 아니라 복음의 말씀으로 정화함으로써 "복음을 믿고 성령에 의해 하나님의 특별한 백성으로 인치심이다"(Thielman 2010: 385)라 해석한다.

그리스도의 사랑이 목표하는 둘째 항목이 "티나 주름이나 그와 같은 흠이 전혀 없이 빛나도록 그리스도가 교회를 자신에게 바치고자 하기 위함이다"의 27절 전반부이다. 이 둘째 항목이 신부의 순결한 상을 묘사하고 있다. "내가 네게 입힌 영화로 네 화려함이 온전함이니라"(겔 16:14b)에 비견되는 구절이라 학자들은 평가한다. "빛나도록"을 우리 개역에서처럼 "영광스럽게"라 번역하기도 하여, 종말의 날에 하나님의 영광을 반영하는 것으로 해석하기도 한다.(O'Brian 1999: 424) 마지막으로, 그리스도의 사랑이 목표하는 셋째 항목이 27절 후반부에 "티나 주름이나"를 부정하는 "그러나"로 시작하여 전반부에 적힌 신부의 신체적인 결함에 대비하여 "그녀(교회)가 거룩하고 흠이 없게 하려 하심이니라"이다. 둘째 항목에 기술되어 있는 "빛나도록/영화롭게"의 성격이 곧 "거룩하고 흠이 없는" 것일 터이므로 셋째 항목은 둘째 항목을 더욱 정교화하고 있다. 성경 곳곳에 이들 세 개념을 사용하여 구원의 상태를 표현하고 있지만, 가장 직접적인 이해는 에베소서 초두에 기록된 "영적인 축복"을 인용하는 것일 듯싶다. "곧 창세 전에 그리스도 안에서 우리를 택하사 우리로 사랑 안에서 그 앞에 거룩하고 흠이 없게 하시려고"(1:4)가 그것이다. 구원의 상태라고 하였지만 하나님의 뜻의 신비가 1장 4절의 내용이다. 이 신비의 뜻에 비견해 여기서 그리스도가 에클레시아를 신부로 맞이하는 "거룩하게"와 "빛나도록" 이라는 표현을 아내에게 적용하고 있다.

그리하여 권위인 남편이 아내에 대해 갖는 의무에 관해 "이와 마찬가지로 남편들은 자기 자신들의 몸과 같이 자기의 아내들을 필히 사랑해야 한다. 자기 자신의 아내를 사랑하는 사람은 자신을 사랑하는 것이다."라고 28절에 결론짓는다. "이와 마찬가지로/그리하여(houtos)"는 25~27절에 이어지는, 특히 25절 "그리스도께서 교회를 사랑하사 교회를 위하여 스스로를 바치셨던 것과 꼭 같이 (사랑하라)"에 연결된 부사이다. 다른 번역과 다른 해석이 없는 것은 아니나 그리스도가 에클레시아를 사랑하시는 바와 마찬가지로의 해석을 취하기로 하겠다. 한데, 이 28절은 25절의 남편의 아내 사랑을 다시 말씀한 것이로되 그 표현이 "필히 사랑해야 한다"라 책무를 강조하고 있다. 뿐더러 25절에 적힌 사랑 이상의 것을 그 안에 담고 있다. 슈라이너에 따르면, "자기 자신들의 몸과 같이 자기의 아내들을 사랑해야 한다"는 의무와 그리고 "자신의 아내를 사랑하는 사람은 자신을 사랑하는 것이다"라는 말씀은 남편과 아내가 한 몸이고 하나됨이라 해석한다.(Schreiner 2001: 421) 앞에서 아내의 복종의 의무에 관해 결국 아내와 남편이 하나임에 근거한다고 논의하였다. 남편의 사랑의 의무에 관한 여기 28절 역시 그 하나됨을 명시적으로 강조한다. 마찬가지 정도가 아니라 하나됨을 강조한다는 사실을 "이웃 사랑하기를 네 몸과 같이 하라"(레 19:18)를 넘어서서 "남편이 그의 아내를 사랑하는 것은 아내가 그 자신이기 때문이다"(Thielman 2010: 387)라 28절을 강하게 해설하기도 하는데, 앞뒤 문맥으로 보아 이 해설이 바울의 의도에 합치할 것이다. 그러므로 28절은 뒤이어 서술하고 있는 결혼의 신비의 서두이다. 우리는 29절을 읽으며 다시 28절에 되돌아와 반추하기로 할 터이므로 아래 단락의 본문 인용에서 28절을 다시 옮겨 적기로 하겠다.

그리스도와 에클레시아와의 관계의 신비 그리고 결혼(5:28~33)

이미 앞에서 남편과 아내의 관계를 그리스도와 교회의 관계로 맞대어 비교하고 있음을 읽었다. 이제 창 2:24를 인용하며 부부가 한 육이 되는 "이 신비가 크도다, 하지만 내가 말하고 있는 것은 그리스도와 에클레시아에 관한 것이다"라고 에베소서 저자의 결혼관이 하나님의 창조와 구원의 역사의 테두리에서 전개하는 엄청난 결혼관임을 피력하고 있다. 주해서들이 보통 21절 또는 22절부터 33절까지를 한 단원으로 읽고 있지만, 남자가 자기 부모를 떠나 아내와 한 육이 되는 일을 신비라 일컫는 이 엄청난 결혼관의 진술 때문에 우리는 28~33절을 따로 분절하여 별개로 읽기로 하겠다. 골로새서에서는 이 부분이 빠져 있다.

(**28** 이와 같이 남편들도 자기 아내 사랑하기를 제 몸같이 할지니 자기 아내를 사랑하는 자는 자기를 사랑하는 것이라) **29** 누구든지 언제든지 제 육체

> 를 미워하지 않고 오직 양육하여 보호하기를 그리스도께서 교회를 보양함
> 과 같이 하나니 **30** 우리는 그리스도의 지체임이니라 **31** 이러므로 사람이
> 부모를 떠나 그 아내와 합하여 그 둘이 한 육체가 될지니 **32** 이 비밀이 크
> 도다 내가 그리스도와 교회에 대하여 말하노라 **33** 그러나 너희도 각각 자
> 기의 아내 사랑하기를 자기같이 하고 아내도 그 남편을 경외하라.

앞 단락에서 이미 28절을 남편의 아내 사랑을 책무라는 관점에서 읽었다. 다시 반복해 읽으면, 28a절에서 "이와 같이 남편들은 그들 자신들의 몸같이 그들 자신의 아내들을 필히 사랑해야 한다"라 적고 그리고 28b절에서 "자기 자신의 아내를 사랑하는 사람은 자신을 사랑하는 것이다"라 하고 있거니와 우리는 앞에서 이 모두가 남편과 아내가 하나임을 뜻하는 것이라 해석하였다. 그리고 이제 이 28절을 29~30절과 함께 다시 읽어야겠다. "29왜냐하면 자기 자신의 육을 미워한 사람은 여태껏 아무도 없고 그러나(오히려) 육을 양육하고 소중히 키우나니, 그리스도께서 교회에 하심과 똑같이 30우리가 그의 몸의 지체이기 때문이다"가 원문의 어순에 따르는 29~30절이다.

이때 우선 28절과 29절의 관계에서 29절이 28절 전체 혹은 전반부 28a절 혹은 후반부 28b절에 연결되느냐는 문제가 제기된다. 아무래도 28b절 "자신의 아내를 사랑하는 사람은 자신을 사랑하는 것이다"는 "자기 자신의 육을 미워한 사람은 여태껏 아무도 없다"의 29절 전반부에 직접 연결되는 것이 명료하지만, 29절 전체는 28절 전체와 같은 맥락을 배경으로 갖는 것도 사실이다. 우선, 29절 전반부 "자기 자신의 육을 미워한 사람은 여태껏 아무도 없고"에 관해 세속적인 속담에 빗대어 말한 것이라 평하는 학자도 있으나, "자기 자

신의 육"은 28절 후반부의 "자기 자신"뿐만 아니라 자기 자신의 아내 역시를 가리키는 것이라 해석하고, 그리고 "자기 자신의 육을 미워한 사람은 여태껏 아무도 없다"라고 읽으면, 이 말씀은 오히려 당위적인 자명한 규범 즉 격률이라 생각하는 것이 마땅하다.(Hoehner 2002: 766) 여기서 말하는 "육"은 28절에 쓰인 "몸"과 같은 의미임을 31절을 읽기 전에 미리 말해두어야겠다. 그 육/몸을 미워하기는커녕 "그러나(오히려)" 자기 자식을 키우듯 "양육하고 소중히 키우다"라고 표현한다. 요컨대, 29절 전반부가 자기 자식을 키우듯이 신체적으로 "양육하고" 또 정서적으로 "소중히 여기는" 따뜻한 사랑의 당위적인 격률이라면 그것은 "자기 자신의 몸같이 자기 아내들을 필히 사랑해야 한다"의 28a절을 확장하여, 남편의 아내 사랑이 단순한 책무가 아니라 그것이 애정 어린 사랑의 성질임을 해명하고 있다.

신체적 또는 정서적인 애정 어린 사랑을 동등 비교의 표현을 통해 "그리스도께서 교회에 하시는 것과 똑같이"라 29절 말미에 서술하고 그리고 "우리가 그의 몸의 지체들이기 때문이다"라 30절에 부연하고 있다. 이 29절 말미에 동사가 생략되어 있지만 "양육하고 소중히 키우다"가 생략된 것을 쉬 짐작할 수 있으므로 읽기에 어려움이 없다. 하지만 왜 그리스도가 교회를 그렇게 애지중지하는지를 서술하고 있는 30절은 부가적인 해설이 필요하다. 용어의 해설부터 우선해야 하겠다.(O'Brian 1999; Thielman 2002) "우리"라는 표현을 사용해 에베소서의 수신자와 더불어 저자 자신까지를 포함함으로써 신자들의 공동체의 의미를 강하게 표출시킨다. 아울러 "그의 몸의 지체들"에서 "지체(melos)"라는 어휘의 사용은 조직의 구성자들이라는 뜻이 아니라 생체의 유기적인 요소들이라는 강한 인상을 풍긴다. 따라서 "우리가 그의 몸의 지체이기 때문이다"는 단순한 상징적인 교회의 개념이 아니라 신자들과 그리스도와의 합체된 관계의 구성 개념을 표현하고 있다. 롬 12:5에서 "우리 많은(여러) 사람이 그리스도 안에서 한 몸이 되어 서로 지체가 되었느니라"한 것과 같은 몸과 지체이다. 이러한 우리가, 여기 에베소서에서는 다름아닌 남편들과 아내들이 그리스도의 몸의 지체들이기 때문이라는 것이다. 그러므로 교회의 핵심 구성은 한 몸인 부부 중심의 가정이고 모든 구성원들은 그리스도 중심의 가족이다. "우리는 그리스도의 몸의 지체이기 때문이다"가 어떤 의미를 갖는지에 관해 이미 4:16 "그리스도에게서부터 전체 몸이 그 몸의 성장을 촉진하여 사랑 안에서 몸 자체를 세우는 데에 이른다"를 읽었다. 그러므로 "남편은 그리스도의 부드러운 애정과 양육을 이해하여 그의 아내에 대한 그의 사랑에서 이 본보기(그리스도)를 따르라"(O'Brian 1999: 429)는 것이 30절 또는 29b~30절의 내용이다.

이제 31절에 남편과 아내의 관계의 본질을 창세기 2장 24절을 인용하여 제시한다. 하지만, 31절과 32절은 해석상의 난해한 점이 많은 곳이다. "이 때문에 한 남자가 그의 아버지와 어머니를 떠나 그 아내와 접합하여 그 둘이 하나의 육이 되나니"의 31절 초두에서 개역의 "이러므로"는 인과관계를 분명하게 하는 표현이기에 원문대로 "이 때문에"라 번역해 읽는 것이 그 의미를 명료하게 한다. 우선, "아버지와 어머니를 떠나"라는 문구가 적혀 있어서 학자들은 "어머니를 떠나"가 바울의 의도적인 첨가라 생각하고 창세기 인용이라는 의견에 합의한다. 그런데 이 창세기 인용문 서두에 적힌 "이 때문에"가 본문 어디에 연결되는지가 매우 난해하다. 바로 앞 30절 "우리가 그(그리스도)의 몸의 지체이기 때문이다"에 연결된다면(O'Brian 1999: 429), 창세기 인용문에 적힌 "한 남자"가 그리스도라 해석되어진다는 것이다. 더군다나 바로 뒤 32절의 "이 신비가 크도다, 그러나 내가 말하고 있는 것은 그리스도와 교회에 관하여서이다"가 이 대목의 결론이라면 이 창세기 인용이 그리스도와 교회의 관계를 언급하는 것이라는 해석을 뒷받침한다.(Thielman 2010: 389) 혼인이 그리스도와 교회의 관계라고 표현하고 있다는 것이다.(Schreiner 2008: 782) 말하자면, "그러나 내가 말하고 있는 것은"이라는 "내가"라는 강조의 단서가 창 2:24에 대한 바울 자신의 해석임을 분명히 표명하는 것이리라 읽어야겠다. 그리하여 창 2:24에 적힌 대로 그리스도가 그의 아내인 교회와 결합하여 "하나의 육"이 된다는 해석을 취하는 해석이 일반적이다. 실제로 이 해석을 선호하는 것이 바르트 이후 학자들의 통설이다.

인용문 창세기 2:24에 관해 좀 더 첨삭하기로 하겠다. "이러므로 사람이 부모를 떠나 아내와 연합하여 둘이 한 몸(육)을 이룰지로다"(마 19:5)는 복음서 막 10:7~8에도 인용되어 있다. 에베소서에 인용된 31절이 그리스도와 교회의 관계에 대한 관련된 언급이라 하더라도, 하지만, 창세기의 "남자"라는 어휘는 어디까지나 첫 아담을 지칭하는 것임을 분명히 해야겠다. 인용문 31절의 핵심은 인용의 표적이 "둘이 한 몸을"에서 특히 "한 몸"을 강조하기 위함일 것이다. 창세기 인용문에서 한 발자국 더 나아가, 부부관계를 마지막 아담인 그리스도와 교회의 관계에 직접 비교하는 것이 에베소서의 맥락적 의미일 것이다. 이 단락의 핵심 주제는 "사랑의 관계로서의 그리스도와 교회가 크리스천인 남편과 아내를 위한 패러다임이다."(O'Brian 1999: 433) 게다가, 31절 서두에 적힌 "이 때문에"도 "우리가 그의 몸의 지체이기 때문이다"의 30절에만 연결되는 것은 아닐 수 있다. 그 연결은 28~29절 전체, 그리하여 그리스도께서 에클레시아를 양육하고 보살피심을 비교의 모형으로 하는, 둘이 하나가 된 남편의 아내 사랑이라는 내용 전체일 수 있다. 바로 "이 때문에"라는 서두를 앞세워 창세기 기사를 인용하고 있다고 해석하여도 아무 무리가 없다. 창세기 인용문의 주제는 남편과 아내이고 그 관계의 핵심 단어는 자기 몸처럼 사랑하는 "한 몸(육)"이라 해석할 수 있기 때문이다.

이제, 해석상의 논란이 많은 32절 "이 신비가 크도다, 그러나 내가 말하고 있는 것은 그리스도에 관하여 그리고 교회에 관하여 말함이다"가 이어진다. 우선, 이 단락의 서두 문장인 "이 신비가 크도다"에서 "신비"가 무엇에 관한 것이냐가 논란의 쟁점이다. 아울러, "내가 말하고 있는 것은 그리스도에 관하여 그리고 교회에 관하여이다"가 신비와 어떤 해석적인 관계를 갖느냐가 또 다른 쟁점이다. 하나의 해석은 인간의 결혼이 신비라는 견해이다. 이때 결혼의 제도를 교회의 성례전(sacrament)이라 해석하는 가톨릭 신학의 견해가 그 대표적인 예이다. 반면에 또 다른 해석은 신비가 그리스도와 교회가 하나됨이라는 해석이다. 이것은 32절 후반부 "내가 말하고 있는 것은 그리스도에 관하여 그리고 교회에 관하여"라는 표현이 다른 사람이 아닌 바울 자신의 그리스도와 교회에 관한 견해라는 의미를 표현한 것이라는 해석에 근거한다. "내가 너희에게 말하노라"는 산상수훈을 말씀하실 때 예수께서 계명에 관해 널리 공인된 견해와는 달리 예수가 자신의 진보적인 재해석을 말씀하시기 위해 사용하신 머리말이기도 하다. 신비가 그리스도와 교회와의 관계라고 주창하는 학자들은, 산상수훈에서와 마찬가지로 "내가 말하고 있는 것은"을 반어법의 사용으로 읽는다. 다시 말하면, 인간의 결혼이 신비라 해석하기 십상이나, 하지만 실상 내가 말하고 있는 것인즉 신비는 그리스도와 교회에 관한 것이라는 의미로 32절을 읽는다. "내가 기술하고 있는 신비는 각별히 신비적인바, 그러나 나는 이것을 이렇게 말하고자 한다: 즉 창세기에 적힌 잘 알려진 결혼관을 언급할 때 나는 그리스도와 교회에 관해 이야기하고 있는 것이다."(Thielman 2010: 390)가 32절에 대한 명쾌한 해석이다. 이 후자의 해석이 결혼이 신비라는 전자의 해석을 배제하느냐의 여부는 차치해 두고, 여하간, 본문에 더욱 충실한 주해이므로 여러 학자들의 지지를 받는다.

곁들여 첨삭하면, 그리스도의 구원의 역사를 창 2:24의 숨겨진 의미에 맞대어 비교하며 "그리스도의 백성이 '하나의 몸으로' 그리스도와 합일하여 그의 신부가 되어진다. 하와가 아담의 배필이 된 것은 교회가 그리스도의 신부로 창조됨을 예견한 것이라 보아야 한다"(Bruce 1984: 395)라고 브루스는 위의 두 해석을 종합하여 32절을 해설한다. 우리는 31절 창세기 인용문에 대해 이 단락의 맥락과 주제를 참조하여야 한다고 하였거니와, 마찬가지 관점에서 32절을 읽어야 할 것이다. 이 단원의 맥락과 주제는 남편과 아내의 관계를 그리스도와 교회의 관계에 빗대어 넌지시 해설하고 있다. "신비는 그리스도와 교회의 관계를 결혼의 유형(typology)이라 뜻하는 것이다."(O'Brian 1999: 432) 오브라이언이 유형이라 함은 성서의 교본들 사이에 반복해 적혀 있는 징표(token)들, 즉 개별 사례들 간의 공통성으로서의 유형론이다. 이를테면, 첫 아담이 하와를 사랑하여 한 몸이 되었고 그리고 마지막 아담이 그의 몸인 교회를 사랑하여 한 몸이 되었다. 뿐더러 사 54:5~8 등 구약에서 야하웨와 당신의 백성과의 언약을 결혼이라는 유형적인 관계라 묘사하고 있거니와 신약에서도 예수가 자신을 신랑이라 부르기도 하였다(막 2:18~20)가 또 다른 본보기이다. "그리스도와 교회의 하나됨"이라는 주제 자체가 가정 규례의 직접적인 주제와 동일시할 수 없다면, 성서의 예표론

(typology)으로서의 상징적인 표상으로 쓰이고 있다고 이해해야겠다.

다른 학자들은 잘 인용하지 않는 오브라이언의 주해를 옮겨 적었다. 우리는 32절에 관한 위의 오브라이언과 같은 논변을 공유하는 두 학자의 해석을 직접 인용하겠다. "한편으로 그리스도와 교회의 합일은 따라서 결혼에서의 남편과 아내의 신비적인 합일에서 그 설명력을 얻지만(5:32); 역으로, 그리스도와 교회의 합일은 결혼의 합일에 대한 진정한 체험을 해명해 준다."(Ridderbos 1975: 308) 이것이 하나의 인용이다. 다른 하나의 인용은 더욱 평이하고 설득력이 있다. "진정, 바울이 논변하는 것은 결혼이 그리스도와 교회와의 관계를 표상한다는 신비이다.(엡 5:32) 바울은 에베소서 5:31에서 창세기 2:24를 인용한 뒤에 결혼을 신비라 칭한다. … 예수 그리스도와 새로운 언약이 도래함으로써 신비가 이제 현시된 것이다. 인간의 결혼은 남편과 부인의 관계 이상의 그 어떤 것을 가리킨다. 그리스도의 교회에 대한 관계는 인간의 결혼을 따라 본받는 것이 아니다. 그것이 아니라, 남편과 아내와의 관계가 그리스도의 교회와의 관계를 반영한다. 그리스도의 교회와의 관계가 일차적이고 기본적인 실재이다."(Schreiner, 2001: 425)

우리는 인용한 두 해석에 따라 그리스도와 교회의 관계가 신비라는 일차적인 의미의 테두리 안에서 신비의 유형을 확장하여 32절의 인간의 결혼의 의미를 읽었다. 이렇게 해석하면 앞 문단에서 논의하였던 두 극단적인 해석 양자를 모두 포괄적으로 해소할 수 있다. 여하튼, 이 32절의 논변은 참으로 놀랍다. 부부의 관계가 그리스도와 교회의 관계와 동일하냐의 여부를 차치하고, 여하튼, 양자의 관계가 유형론으로서 상호 비교될 수 있다는 논변 자체가 놀랍다. 그리스도와 교회의 관계는 인류 또는 만물의 구원의 사역의 정초다. 결혼의 부부 관계를 28절 후반부 "자신의 아내를 사랑하는 사람은 자신을 사랑하는 것이다"라 표현하고 있는 것처럼 사랑의 기반 위에서 또 인류 구원의 테두리에서 부부의 결혼의 의의를 찾는다는 사실이 참으로 놀랍다.

이제 부부 관계의 전반적인 권면을 33절에 요약한다. "그럼에도 불구하고, 너희들 역시 너희 각자가 아내를 이처럼 자기 자신같이 사랑하라. 그리고 아내가 자기 남편을 두려워해야 할지니라"라고 부부가 "둘이 한 육을 이룰지로다"의 이제까지의 논조를 그리스도와 교회와의 신비의 관계를 대전제로 한 뒤 결혼의 윤리를 집약하기 위해 "여하튼(그럼에도 불구하고: plen)"라는 접속사를 부사처럼 사용하여 진술한다. 앞에서는 아내의 의무를 남편의 의무보다 앞세워 적었었는데 이제는 순서를 바꿨다. 이 33절 직전에 남편의 의무를 진술하였기에 남편들에게 "아내를 자기 자신같이 사랑하라"는 권면부터 요약하였을 것이다. 앞에서 머리인 남편이 아내에 대해 권위를 가지고 있다고 해설하였지만, 남편이 아내를 자기 자신처럼 사랑하라는 것은 통치가 아니라 섬김이다. 남편이 권위를 가지고 있다는 것은 그 권위가 섬김의 책임을 가지고 있는 것이라 해설할 수밖에 없다. "양육하고 소중히 키우다"라 29절에 적혀 있는 대로의 섬김의 책임이다. 이어서 "그래서 아내는 자기의 남편을 두려워해야 한다"가 나온다. "두려워하다"는 "그리스도의 두려움 안에서 서로 복종하시오"라 했던 21절의 두려움이다. 그 21절의 해석에서 두려움은 마땅히 그래야 할 바에 따라 순종하는 것이라 하였다. 그렇다면, 여기서 두려워하다라 함은 남편의 섬김의 책무에 합당하게 아내가 남편의 뜻에 복종하는 것이다. 환언하거니와, 요컨대, 아내에 대한 남편의 사랑과 남편에 대한 아내의 두려움은 그리스도와 에클레시아의 관계의 유형과 같다는 사실을 다시 확인케 한다.

그리스도와 에클레시아의 관계 그리고 남편과 아내의 관계의 주요 성격이 곧 하나됨이다. 에베소서는 아내의 의무와 남편의 의무를 별개로 그리고 차별적으로 적고 있기 때문에 자칫 이 하나됨의 성격을 놓치기 십상이다. 그런데 우리는 가정 규례의 서두에서 조심스럽게 "너희는 유대인이나 헬라인이나 종이나 자주자나 남자나 여자 없이 다 그리스도 예수 안에서 하나이니라"(갈 3:28)를 인용하였다. 이제 부부 관계에 관한 결론에 이르렀으므로 다시 이 구절을 결론적으로 원용하기로 하겠다. 갈라디아서에서 종족의 차별, 사회적 신분의 차별 그리고 성의 차별이라는 인류의 주요 차별들을 열거하고 이들 구별은 있을 수 없다는 것을 "모두가 그리스도 예수 안에서 하나이기 때문이다"라 단정한다. 바울의 신앙과 교의에서 그리스도와의 합일이 하나님의 종말 언약의 완성이다. 그리고 그리스도 예수 안에서 신자들이 "하나됨"이 에베소서의 핵심 단어이다. 남자이거나 여자이거나 상관없이 너희가 모두 라는 것은 그리스도 예수를 통한 구원에서 동등한 자격을 갖고 있다는 것이다. 그리고 이 하나임이 궁극적인 진정한 인류의 평등이다. 그러나 가정 또는 사회적인 역할에서 남자와 여자의 구별이 없다는 것은 아니다. 마찬가지로, 에베소서에서 남편과 아내가 한 육이라 할 때 그것은 몸의 구성자인 지체로서 동등한 자격을 갖고 있다는 것이다. 그리고 이 하나임이 진정한 부부의 평등이다. 이 평등은 남편과 아내가 가정 생활의 역할에서 구별이 없다는 것이 아니라 부부가 그리스도 안에서 진정한 하나임의 정체를 밝힌 것이다.

교회에서 부부 평등에 관한 각주 부록(고전 14:34~36)

부부 또는 남녀의 관계에 대한 에베소서의 이 혁신적인 권면은 다른 서한들에 적힌 바울의 여성관과 상치되는 내용이라 자칫 읽히기 십상이다. 특히 고전 14:34~36에 관련하여 이러한 오해를 불러일으키기 십상이다. 그러나 고린도전서에서나 에베소서에서나 바울은 같은 바울이다. 고린도전서 본문 14:34~36과 이에 대한 제임스 D. G. 던(1998)의 해석과 주해를 번역하여 여기 옮김으로써 에베소서와 마찬가지로 고린도전서에서도 바울은 바울임을 부록으로 밝힌다.

> **34** 모든 성도의 교회에서 함과 같이 여자는 교회에서 잠잠하라 저희의 말하는 것을 허락함이 없나니 율법에 이른 것같이 오직 복종할 것이요 **35** 만일 무엇을 배우려거든 집에서 자기 남편에게 물을지니 여자가 교회에서 말하는 것은 부끄러운 것임이라 **36** 하나님의 말씀이 너희에게로부터 난 것이냐 또는 너희에게만 임한 것이냐

"놀라운 일은 〔위의 고전14:34~36이〕 고전 11:2~16과의 상치함이다. 여자가 교회에서 말하지 말아야 한다면, 어떻게 고전 11:5에서 진술하는 대로 여자가 예언하고 기도할 수 있단 말인가? 어떤 이들은 〔두 단락 사이의〕 모순이 심각하기에 14:34~35 또는 14:34~36을 뒤에 삽입한 것이라고 하여 이 모순을 피한다. 그러나 본문 전통에 비추어 강력한 지지의 근거가 없으면 삽입 가설은 언제든 마지막 수단의 방안일 수밖에 없다. 두 단락 사이의 상치함은 이 주제에 관한 바울 자신의 상치함(서로 다른 생각)을 반영하는 것이라 보는 것이 더 옳다.

올바른 주해에 중요한 실마리를 제공하는 것은 모든 이들 세 단락(고전 11:2~16, 14:34~36 및 딤전 2:12~14)을 결과적으로 연결해주는 두 주제들에 주어져 있다. 그 하나는 권위의 주제이다. 다른 하나의 주제는 특정한 사회적인 관례를 보강하는 명예-수치의 문화이다. 문제의 이들 단락에서는 단순한 남녀의 관계의 일이 아니라 여자들이 머리에 베일을 쓰는 방식과 가정 안에서 남편들이 주권의 권리를 갖는 방식, 이들 양자를 지배하는 사회적인 관례들에 관한 일이 문제다.

여자가 한 '권위'의 자격으로 회중(교회)에서 사역하는 논쟁을 바울이 다루고 있다는 사실이(고전 11:10) 여태껏 거의 주목받지 못하였다. 문제의 논점이 여기에 덧보태어 11:8~9에 적힌 남녀의 상호 의존성 때문에 "여자는 천사들을 인하여 권위(있는 표)를 그 머리 위에 둘지니라"는 바울의 기이한 표현으로 말미암아 아마도 이해에 어려움이 생겼다. "천사들로 인하여"라는 구절은 수수께끼이긴 하지만, 그러나 머리 위에 〔베일을〕 쓰는 것이 왜 바울이 권위라 말하는지는 그 이유가 분명하다. '여자는 남자의 영광(을 반영한다)이다'(고전 11:7)라면, 여자가 머리에 쓰는 것은 여기서 하나님과 천사들 앞에서 〔여자의 머리는 남자이니까〕 남자의 영광을 감추려는 것이다. 이것이 말하는 논리는 여자가 머리에 쓰지 않고 기도하는 것은 남자의 영광을 반영한다는 것이다. 머리에 쓴다는 것은 여자에게 권위를 주어 기도하게 함이다. 달리 말하면, 여러 학자들이 가정하는 것과는 달리, 머리에 씀은 여자가 남자에게 복종하는 상징(표)을 뜻하는 것이 아니다. 그게 아니라, 바울이 환기하고자 한 것은 은사의 성령에 직접 의존해 기도하고 예언하는 여자의 "권위"였다. 그렇다면, 반드시 주목하여야 할 사실인즉 바울은 여자가 예언이라는 고귀한 사역에 참여하는 권리를 가지고 있다는 것을 명백히 옹호하고 있고 이 '권위'에 관하여 명백히 옹호하고 있다는 점이다.

이 엄한 교훈(고전 14:34~36)은 아마도 모든 여자들을 겨냥한 것이 아니라 아내들을 겨냥한 것이다. 부인들을 겨냥한 것이라는 몇 가지 단서가 있는데, "복종할 것이요"(34절) 그리고 "집에서"(25절)라는 어휘가 바울의 말씀에 사용되어 있고, 또 (14:29~33에 적힌바) 회중 내에서 예언의 적절한 순서에 관해 바울이 충고한 다음에 이 교훈이 이어지기 때문이다. 그렇다면, 여자 예언자들이 (29절에 적혀 있는) 개인의 예언들을 분별(평가)하는 과정에 참여하는 것에 관한 진술일 가능성이 있다.(바울 당시에 회중에서 누가 예언하면 그 예언을 청중이 평가하는 것이 상례였고 또 바울이 권하는 바였다) 그리고 이 분별(평가)이 남편이나 친척 어른이 말한 예언에 대해 간략한 평가일 수도 있을 것이다. (교회의 공적인 모임이 당시에 가부장적인 가정에서 이루어졌다는 것을 고려하면) 가부장의 권위에 대한 (부인들의) 돌출적인 의문 제기는 가정과 또 역시 교회의 모범적인 질서를 적잖게 훼손하는 것이라 보아야 한다. 이것이 (35절에 적혀 있는) '부끄러운 것'이다. 그리고 (35절에 적혀 있는 대로) 이때 아내들이 그들의 의문을 집에서 제기한다면 가정과 교회의 범절이 지켜지는 것이리라. … 바울이 교훈하는 바는, 아내는 교회 안에 있는 동안에도 아내로서 행위하고 그리고 교회 안에서 처신할 때 아내들이 그들의 남편의 권위를 존경함을 보이라는 것이다."(Dunn 1998: 589~590)

(2) 자녀와 부모 그리고 종과 주인에 관한 가정 규례(6:1~9)

앞에서 아내와 남편에 관한 가정 규례가 내용이 풍부하고 깊음으로 독립적인 단원으로 읽기로 하겠다고 서술하였다. 이제 자녀와 부모 그리고 종과 주인에 관한 가정 규례를 또 다른 하나의 부차 단원으로 묶어 읽겠다. 이처럼 묶어 읽을 수 있는 하나의 근거는 양자 간의 규례들이 유사성이 높기 때문이기도 하다.

자녀와 부모의 가정 규례(6:1~4)

자녀와 부모 및 종과 상전에 관한 가정 규례는 아내와 남편의 것보다 훨씬 짧지만, 모든 가정 규례의 서문이 4장 15~21절이라 생각하는 학자들이 있다. 그리하여 에베소서는 "지혜 있는 자 같이"(5:15), "성령 안에서 충만하여져"(5:18), 그리고 "그리스도에 대한 두려움 안에서 서로 복종하며"(5:21)라는 기본 정신을 축으로 가정 규례 전반을 전개하고 있다는 것이다. 이들처럼 확장해 읽으면 가정 규례를 "범사에 우리 주 예수 그리스도의 이름으로 항상 아버지 하나님께 감사하며"(5:20)에까지 확장하여 자녀와 부모 및 종과 상전에 관한 규례의 생활 지침이라 해석할 수도 있을 것이다.

> **1** 자녀들아 너희 부모를 주 안에서 순종하라 이것이 옳으니라 **2** 네 아버지와 어머니를 공경하라 이것이 약속 있는 첫 계명이니 **3** 이는 네가 잘 되고 땅에서 장수하리라 **4** 또 아비들아 너희 자녀를 노엽게 하지 말고 오직 주의 교양과 훈계로 양육하라

부부 관계에서 아내에게 먼저 권면하였듯이 자녀와 부모 관계에서도 먼저 자식들에게 부모에게 순종하라고 권면한다. "자녀들아, 주 안에서 너희 부모들께 순종하라, 이것이 옳기 때문이다"의 1절에서 순종은 자기 남편에게 복종하라고 아내들에게 권면한 복종과 동

의어이긴 하지만, 명령하는 바를 따르라는 의미이므로 복종보다 더욱 강한 의미를 가진다고 한다. 순종이라는 단어 의미보다 더욱 중요한 것은 "주 안에서"라는 전치사 구가 "순종하라"의 동사에 연결되어 있다는 사실이다. 따라서 이 문장의 의미는 자녀들이 부모에게 순종하는 것이 주 그리스도에게 순종하는 것과 같은 정신에서의 순종이다. 심지어 피터 오브라이언은 부모에게 순종하는 것이 부모의 권위가 대단해서라기보다 기독자의 제자의 도리로 자녀가 부모에게 순종하는 것이라 해석한다. 이 점에서 앤드루 링컨도 마찬가지 해석을 취한다. 그리하여 이들 자녀들의 연령이 자신들과 주 그리스도와의 관계를 의식적으로 자각할 수 있는 연령일 것이라고까지 해석한다. "순종하라"가 능동태의 표현이기도 하고 명령형의 표현이기도 하다.

그리고 이 순종의 이유를 1절 후반부에 "이것이 옳기 때문이다"라 설명하고 있거니와 직역하면 "이것이 의롭기 때문이다"이다. 이 1b절이 뒤이어 인용된 성서의 계명 즉 2절과 3절의 머리말이라 해석하는 학자들도 있다. 그런데 에베소서에 대응하는 골로새서에서는 계명을 인용하지 않고 있으므로 좀 짧은데, "자녀들아, 모든 일에 부모에게 순종하라, 이는(이것이) 주 안에서 기쁘게 하는 것이니라"(골 3:20)고 적혀 있다. "주 안에서 기쁘게 하는 것이니라"고 씌었지만 주님께 기쁨을 드리는 것이라 해석할 수 있다는 것이다.(Pao 2012: 270) 따라서 두 서한을 맞대어 비교하면, 부모에게 순종하는 것이 의이고 또 주님을 기쁘게 하는 것이라고 교차하며 읽어도 좋을 것이다. 자녀들의 연령이 언제인가를 학자들이 논의한다고 하였거니와 의에 대한 자각과 주님을 기쁘게 하는 자각을 갖춘 연령이라면 자신의 신앙을 자각할 수 있는 연령의 자녀임을 짐작하게 한다.

"너희 아버지와 어머니를 공경하라"는 2절 전반부는 70인역 출애굽기 20장 12절을 옮긴 것이라 한다. 그런데 문제는 "2b이것이 약속과 함께 (주어진) 첫 계명이니 3이는 네가 잘 되고 땅에서 장수하리라"는 6장 2절과 3절과의 관계다. "약속과 함께"라는 것은 10계명 제2항 뒤에 적힌 "나를 사랑하고 내 계명을 지키는 자에게는 천대까지 은혜를 베푸느니라"(출 20:6)는 약속이 부모 공경에 첨가되어 있는 맥락이다. 그런데 어떻게 이 약속이 "네 아버지와 어머니를 공경하라"는 10계명 제5항에 해당하는 "약속과 함께 첫 계명"이냐는 문제가 제기된다. 여러 해석이 분분하지만, 마이어에 의해 논의된 해석이 오늘날 지배적인 해석으로 받아들이고 있다. 즉 출 20:6에 적힌 약속은 "너를 위하여 새긴 우상을 만들지 말며"의 출애굽 제2항에 국한된 것이 아니라 제5항을 포함한 십계명 전반에 걸쳐 적용될 수 있는 약속이라는 것이다. 뿐더러, 십계명이 율법 전반의 다른 계명들보다 먼저이기 때문에 십계명에 적힌 약속이 "약속과 함께 〔주어진〕 첫 계명"이라는 언명이 첫 계명에 부합할 수 있다는 것이다.(Meyer 1884: 530)

"이는 네가 잘 되고 땅에서 장수하리라"고 3절에 약속의 구체적인 내용을 성서에서 옮겨 적고 있다. 이 3절은 출 20:12 및 신 5:33에서 옮긴 것이다. "잘 되고"는 "well-being(安寧感 혹은 행복)"이라 번역한 오늘날 영역본이 꽤 있다. 학자들은 구약이나 신약에서 그 의미를 규정하는 문맥을 찾기 어렵다고 하는데, 이 "잘 되고"보다 "땅에서 장수하리라"에 대해 더 논란이 많다. 출 20:12에 적혀 있는 "〔너의 하나님 나 여호와가 네게 준 땅에서〕 네 생명이 길리라"에서 괄호 속 구절을 빼고 인용하고 있는 것은 쉽게 납득할 수 있다. 이때 "땅"은 가나안을 가리키는 것이니, 에클레시아의 삶의 터전이 가나안이 아니기 때문에 가나안을 생략하고 있는 것은 이해할 수 있다. 그렇다면, "땅에서 장수하리라"가 무엇을 뜻하는 것인가? 분명히 지구의 "땅"이라 적혀 있는데도 더러 어떤 학자들은 "장수"가, 영생 즉 하늘나라의 기업을 가리키는 것이라 해석한다. 또 어떤 학자들은 영생을 가리키는 것은 아니라 하더라도 "장수"는 개인의 생명에 관한 것이 아니라 사회 공동체를 가리키는 것이라 해석한다. 부모를 공경하는 공동체를 이룩하는 사회가 건강하고 안정적인 사회라는 상식에 부합하는 해석이다. 또 다른 학자들, 예컨대 링컨은 이 3절이야말로 바울이 쓴 것이 아니라 재림을 학수고대하던 유대 기독교인이 쓴 것이라 생각하여 이 대목을 주해에서 제쳐 놓는다.

이처럼 혼란스러운 것은 3절의 내용이 자칫 기복 신앙을 적은 것이라 읽히기 십상이기 때문일 것이다. "네 아버지와 어머니를 공경한" 결과로(혹은 목적으로) "네가 잘 되고 땅에서 장수하리라"고 실제로 3절을 해석할 수 있는 것도 사실이다. 그러나 부모를 공경하는 자녀에게 주는 구체적인 항목의 약속이라기보다 행복한 가정을 위한 일종의 덕담이라 해석하여도 무방할 것이다. 주 그리스도를 순종하는 것과 마찬가지로 자녀들이 부모에게 순종한다면 그 가정은 행복한 가정이겠기 때문이다. 따라서 앞 1절에서 "너희 부모를 주 안에서 순종하라 이것이 의롭기 때문이다"라고 하였듯이 "잘 되고 땅에서 장수하리라"는 것 역시 부모를 공경하는 것이 옳으므로 축복받을 일이다라 해석하여도 무방할 것이다. 이렇게 해석하면 학자들의 엄격한 입장에서 빚어지는 비판적인 논쟁의 혼란을 피하고 읽을 수 있다.

부모를 순종하고 공경하라고 자녀의 의무를 적은 다음, 이제 4절에서 아버지들의 책임을 말한다. 그 첫 당부가 "그리고 아비들아,

너희 자녀를 노엽게(화나게) 하지 말고"이다. 우리 개역의 "또"라는 접속사는 본래 "그리고"이다. 앞에서 자녀들에게 권면하였으니 이제 그것과 나란히 맞대어 부모들에게 권면하고자 함을 접속사 "그리고"로 표현하고 있다. 그런데 앞서 자녀들에게 당부할 때는 아버지와 어머니 모두를 거론하였으나 이제는 아버지들만을 거론하는 것이 돋보인다. 기원후 1세기까지 로마 사회뿐만 아니라 유대 사회에서도 자식들의 훈육의 책임은 압도적으로 아버지에게 맡겨 있었고, 심지어 자식의 생사여탈권까지 쥐고 있었다는 것이다. 그럼에도 불구하고, 놀랍게도, 에베소서 저자는 아버지들이 자기의 자식들을 화나게 하지 말라는 부정적인 권면부터 시작한다. 이 부정문의 표현은 어마어마한 아버지의 권위를 함부로 휘두르지 말라는 강한 권면이다. 그것은 아버지들에게 참으로 온유한 훈육을 강조한 것이다. 우리는 여기서 분노에 대한 4장의 진술을 상기하지 않을 수 없다. "분을 내어도 죄를 짓지 말며 해가 지도록 분을 품지 말고 마귀로 틈을 타지 못하게 하라"(4:26~27)가 그것이다. 이 맥락에 비추어 4a절은 자식들을 화나게 하여 마귀에게 기회를 줌으로써 죄를 짓는 일이 없도록 하라고 해석할 수 있을 것이다. 그렇다면, 아버지들의 이 온유한 훈육은 참으로 기독교적인 훈육이다.

양육의 내용이 4b절 "그러나 주의 훈육과 교훈으로 양육하라"고(우리 개역에서의 "오직"이라 적은) "그러나"의 접속사를 사용하여 "화나게 하지 말고"라는 부정적인 권면에 강하게 대조하여 긍정적인 권면을 표현하고 있다. 한데, 에베소서와 항상 비교되는 골로새서를 보면 "아비들아, 너희 자녀를 격노케(화나게) 하지 말지니 낙심할까 함이라"(골 3:21)에서는 후반과 전반부 모두 낙심하지 않도록 화나게 하지 말라는 염려의 말씀이 고작이다. 반면에 에베소서는 자식에게 하지 말아야 할 일과 해야 할 일을 대조함으로써 아버지의 책임을 분명하게 기록하고 있다. “훈육과 교훈”은 서로 바꿔 쓸 수 있는 용어이지만 훈육은 징벌을 포함할 수 있는 훈련 또는 교정에 가까운 말이고 교훈은 상담 또는 교육에 가까운 말이다. “양육하라”는 5장 29절에 이미 나왔던 ‘키우다’, ‘먹이다’ 또는 ‘성숙하게 하다’의 뜻이다. 이때 무엇보다 중요한 것은 “주의 훈육과 교훈으로 양육하라”에서 “주의”라는 속격의 표현이다. “주”와 그리고 “훈육과 교훈”의 관계는, 마이어에 따르면, 주격 속격의 관계라는 것이다. 달리 말하면, 주 그리스도를 대표해 아버지들이 자녀들에게 훈육하는 것이 그리스도가 훈육하는 것과 다름없다는 것이다. 해럴드 회흐너는 마이어의 이 설을 지지하면서 “성령 안에서(으로) 가득차지라”(5:18)를 인용한다. 그리하여 성령의 능력이 아버지들에게 지혜를 주심으로써 그리스도가 훈육하는 바를 아버지들이 대신할 수 있다고 결론짓는다.(Hoehner 2002: 799) 그렇다면, 아버지들이 자녀들에게 훈육하는 일이 그리스도의 대행자 역할이다.

이러한 아버지의 훈육과 교훈의 성질은 이미 4:20~24에서 언급한 “예수 안에 있는 진리”(4:21)로서 자녀를 양육하는 것일 수 있다고 해석한다.(Thielman 2010: 402) 혹은 “진리에서 나오는 의와 거룩함”(4:24)으로 양육하고, 그리고 자녀들이 주님 자신을 알고 또 순종하도록 양육하라(O’Brian 1999: 446)고 해석하기도 한다. 이 양자의 해석 모두에 공감할 수 있으므로 “너희는 그러나 그리스도를 이같이 배우지 아니하였느니라! 내가 가정하거니와 너희가 그에 관해 듣고 그의 안에서 가르침을 받았던 그것처럼 진리가 예수 안에 있다”(4:20~21)의 맥락에서 4절을 이해해야겠다. 요컨대, 그레코로만 문화권에서의 엄격한 자녀 양육에 비하면 바울의 가정의 양육 규례는 놀랍도록 혁신적일 뿐만 아니라 다른 무엇보다 기도교적이다. 다른 무엇보다 가정이 기독자다워야 할 당위성이 신자인 아버지들의 일차적인 책무이다.

종과 주인의 가정 규례(6:5~8)

오늘날 바울 서한의 독자들을 당혹케 하는 것 가운데 하나가 사도 바울이 노예 제도를 용인했다는 점이다. 바울처럼 정열적인 인격의 소유자가 그리고 믿음과 사랑과 의에 철저했던 사도가 노예 제도에 보수적인 태도를 견지하고 있었다는 사실이 우리를 경악케 한다. 에베소서를 읽기 전에 종에 관한 고린도전서 7:20~24를 먼저 읽기로 하겠다.

> **20** 각 사람이 부르심을 받은 그 부르심 그대로 지내라 **21** 네가 종으로 있
> 을 때에 부르심을 받았느냐 염려하지 말라 그러나 자유할 수 있거든 차라리
> 자유하라 **22** 주 안에서 부르심을 받은 자는 종이라도 주께 속한 자유자요
> 또 이와 같이 자유자로 있을 때에 부르심을 받은 자는 그리스도의 종이니라
> **23** 너희는 값으로 사신 것이니 사람들의 종이 되지 말라 **24** 형제들아 각각
> 부르심을 받은 그대로 하나님과 함께 거하라

"네가 부르심을 받았을 때 네가 노예였더냐? 그것을 걱정하지 말라."는 고전 7:21은 20절의 "부르심을 받았던 그 부르심 안에 그대로 지내라"는 권면을 구체화한 것이다. 바울 시대 당시 노예의 해방이 경우에 따라 가능하기도 하였다니 고전 7:21에서 "그러나 자유할 수 있거든 차라리 자유하라(대신 자유를 이용하라)"를 허용하고 있기는 하다. 그리고는 왜 노예에 대해 걱정하지 말라는 이유를 고전 7:22

에서 "주-안에서-부르심을-받은"이라 하나의 합성어의 여격으로 표현하고(Fee 1987: 318~19; Garland 2003: 314) "주 안에 있는" 그런 "노예는 누구라도 〔해방된〕 주의 자유자이고, 마찬가지로 부르심을 받은 자유인이었다면 누구든 주의 노예이다"라 기록하고 있다. 말하자면, 노예의 신분으로 하나님께 부름을 받았던 사람은 그리스도 안에 있으니 해방된 주의 자유인이므로 노예의 신분에 대해 걱정치 말라는 것이다. 앞에서 보수적이라 하였지만, 바울의 생각은 제도의 악습에 수구적인 것이 아니라 이 세대의 제도와 가치에 대한 관점이 종말의 입장에 서 있다는 것이 본질이다. 노예나 주인의 신분이 핵심 문제가 아니라 노예든 주인이든 그리스도와의 관계가 본질이라는 생각이, 고린도전서에서나 여기 에베소서에서나 혁신적이다. 신자인 노예들은 신자인 자유인과 마찬가지로 값을 지불하고 대속한, 그리스도에 소속된 그리스도의 가족이니 "사람들의 노예가 되지 말라"(고전 7:23)고 자신들을 인간의 가치 판단에 맡기지 말라고 충고하고 있다. 이제 에베소서 본문을 읽는다.

> **5** 종들아 두려워하고 떨며 성실한 마음으로 육체의 상전에게 순종하기를 그리스도께 하듯 하여 **6** 눈가림만 하여 사람을 기쁘게 하는 자처럼 하지 말고 그리스도의 종들처럼 마음으로 하나님의 뜻을 행하여 **7** 단 마음으로 섬기기를 주께 하듯 하고 사람들에게 하듯 하지 말라 **8** 이는 각 사람이 무슨 선을 행하든지 종이나 자유하는 자나 주에게 그대로 받을 줄을 앎이니라

원문대로 5절 초두만을 따로 번역하면 "종들아, 너희의 육에 의한 주들에게 순종하라"이다. 원문을 자구대로 옮기는 까닭은 육에 의한 상전인 주가 복수로 'kyrioi'지만 그리스도를 'kyrios' 주라 부르므

로 동일한 어휘가 쓰였기 때문이다. 노예주와 그리스도인 주가 같은 어휘를 사용하여 순종하라고 적고 있다. 틸먼은 5~7절에서 "순종하라"의 다섯 특질들을 찾아 읽는데, 우리는 그의 개요를 우선적으로 존중하겠다.(Thielman 2010: 405~407) 그러면서 주님께 순종하는 일과 노예주에게 순종하는 일에 관해 심층적인 의미를 숙고하겠다.

"종들아, 너희의 육의 주인들에게 그리스도께 대하듯 한결같은 너희의 마음으로 무서워 떨면서 순종하라"의 5절에서 "순종"은 "자녀들아, 너희 부모를 주 안에서 순종하라"(6:1)의 "순종"이다. 이때 순종의 첫째 특질은 주인들에게 종들이 "무서워 떨며 순종하라"는 5절의 명령이다. 그 순종의 본보기가 "그리스도께 대하듯"인데, "아내들이여 자기 남편에게 복종하기를 주께 하듯 하라"(5:22)에서와 동일한 "주(그리스도)께 하듯" 하라는 것이다. 요컨대, 가정 규례들 전반에서 인간관계를 신자와 주님과의 관계와 맞대어 비교한다. "육의 주인들에게(혹은 이 땅의 주인들에게)" 대할 때 영의 주님께(혹은 하늘의 주님께) 대하듯 하라는 것이다. 그러므로 "무서워 떨며" 순종하라고 한다. 이 "무서워 떨며"라는 용어는 성경 안에서 바울만이 사용하는 용어이다.(고전 2:3; 고후 7:15; 빌 2:12; 이로써 우리는 에베소서의 위명성에 대한 또 다른 반증을 얻은 셈이다) "무서워(두려워)하다"는 5장 21절의 "그리스도에 대한 두려움"이다. 두려움이 내현적인 것이라면, "떨며"는 그 내현적인 것의 외현적인 표출이다. 둘째 특질은 "한결같은 마음으로" 순종하라는 명령이다. 한결같음의 'haplotes'도 바울만의 용어이다. 이 어휘는 두 마음이 아니라 'singleness'의 뜻이므로 순종의 순수한 동기를 표현한 것이니 "일편단심"의 뜻일 수도 있고, 성실한 마음으로 순종하라는 해석도 겸하여 가능하다.(Thielman 2010: 406) 셋째 특질이 첫째 특질에서 함께 해설한 "그리스도께 대하듯"

이라는 복종의 태도다.

주인에게 순종하는 것이 어떠해야 할 것인가를 계속 6~7절에 진술한다. "사람들의 비위를 맞추듯 눈가림으로 하지 말고 그리스도의 종들처럼 온 마음으로 하나님의 뜻을 행하여"라고 6절에 우선 부정적인 진술을 앞세우고 긍정적인 진술이 뒤따른다. 눈가림으로 사람의 비위를 맞추는 것이 아니라 "온 마음으로" 즉 "심성에서 우러나(ek psyches)" 하나님의 뜻을 행함을 넷째 특질로 꼽는다. 이어서 7절에 "선의를 가지고 노예로 일하여 주께 대하듯 하고 사람들에게 대하듯 하지 말라"고 또 첨언한다. "선의를 가지고"라는 이 7절을 틸먼은 종이 순종하여야 할 또 다른 다섯째 특질로 꼽는다. "선의를 가지고 일하여"의 7절은 5절의 "주께 대하듯" 그리고 6절의 "심성에서 우러나"를 다시 풀이함으로써 종의 순수한 순종의 태도를 강조한다. 노예들은 그들이 어차피 행하여야 할 순종의 책무와 그들이 봉사해야 할 기꺼움 사이에 갈등이 없이 자발적인 선한 의지를 가지고 주인을 섬기라는 것이다. 주님을 섬기는 일이 기꺼이 전심전력으로 "선의를 가지고 일하는" 섬김이어야 함과 마찬가지로 노예주가 노예에게 바라는 바에 합치하게 선의로 종이 순종하여야 함이 다섯째 특질이다.

그러므로, 5~7절에 대한 틸먼의 개요를 전체 맥락에 비추어 요약하면, 이 땅의 사람들인 주인을 섬기는 일과 하늘의 주님을 기쁘게 하는 일은 동질적인 일이다. 실상 이것이 가정 규례 전반의 요점이고 본질이기도 하다. 아내와 남편, 자식과 부모 그리고 종과 주인이 서로를 "사람에게 대하듯 하지 말고 주께 대하듯" 기쁨으로 자발적으로 선의로써 섬기라는 것이 요점이고 본질이다.

관련하여, 종과 주인에 규례에서 6~7절 본문 주해를 소홀하게 다루었으므로 우선 두 절의 해석을 부연한 후 8절을 읽기로 하겠다. 두 절의 요점이 7절에서 "사람들에게 대하듯 하지 말라"든지 6절에서 "사람들의 비위를 맞추듯 눈가림으로 하지 말라"는 것은 부정적인 특질들에서 벗어나라는 것이다. 반면에 이 땅의 사람들인 주인을 하늘의 주님과 대비하는 긍정적인 특질에 대한 진술이 이 가정 규례의 본질이다. 우리는 앞에서 대충 훑고 지나갔지만 이 상반된 대비가 갖는 의의를 깊이 통찰해야겠다. "사람들의 비위를 맞추듯 눈가림으로 하지 말고"라는 6a절은 주인의 감시 아래 있을 때만 순종하는 시늉을 한다는 뜻이다. 이에 대비하여 6b절 "그리스도의 종들처럼 온 마음으로 하나님의 뜻을 행하여" 이 땅의 주인을 섬기는 종들을 "그리스도의 종들"이라는 특전을 부여한 명칭으로 표현하고 있다.(O'Brian 1999: 451) "그리스도의 종"은 "하나님의 뜻을 행하"는 특전의 소유자이기 때문이다. 여기서 "행하여"는 앞에 쓰인 "순종하다"를 받는 것이고, "온 마음으로"는 직역하면 "심성에서 우러나서"인데 온 마음으로 혹은 순수한 속마음으로라는 뜻일 수 있다. 무엇보다 "그리스도의 종들처럼" 그리고 "주께 대하듯 하라"라는 진술이 부정적인 6a절과 날카롭게 상반된다.

이 6절에 상응하는 골로새서는 "종들아, 모든 일에 육신의 상전(주인)들에게 순종하되 사람을 기쁘게 하는 자와 같이 눈가림만 하지 말고 오직 주를 두려워하여 성실한 마음으로(속사람에서 우러나: ek psyches) 하라. 무슨 일을 하든지 마음을 다하여 주께 하듯 하고 사람에게 하듯 하지 말라"(골 3:22~23)라 적고 있다. 대번에 이 골 3:22~23이 엡 6:5~7과 유사함을 확인할 수 있다. "종들아, 육(땅)의 주인들에게 순종하라" 역시 두 서한들 사이에 자구조차 같다. 원문에서는 "육에 따르는 주인들"이라는 자구의 표현을 여러 번역본들에서 "이 땅의 주인"이라 번역하는 것은 하나님 우편에 앉아 계신 "하늘의 주"와 대비시키기 위한 고의적인 번역일 것이다. 실상 주〔인〕에게 순종하다가 노예가 주인에게 순종하는 일과 신자가 주님에게 순종하는 일이 등가적으로 표현되어 있기 때문이다. 실제로 "주를 두려워하여 성실한 마음으로 〔속사람에서 우러나 주인들에게 순종〕하라"에서 우리는 주인들에게 순종하는 일이 그리스도의 종들이 주님을 섬기는 일과 대등함을 확인할 수 있다. 관련하여, 종들이 불신자인 주인에게 충성하라는 딤전 6:1의 바울의 권면을 함께 읽고 싶다. "무릇 〔노예의〕 멍에 아래 있는 종들은 자기 상전들을 범사에 마땅히 공경할 자로 알지니 이는 하나님의 이름과 교훈으로(가르침이) 훼방(훼손)을 받지 않게 하려 함이라" 함은 신자인 종이 주인을 공경하지 않음으로 인해 행여 불신자인 주인이 하나님의 이름과 복음을 역겨워할 것을 우려하는 표현이다. 신자로서의 종은 불신자인 주인을 감동시켜야 주인인 하나님의 이름과 복음을 존중할 것이라는, 신자로서의 노예의 직분에 관한 바울의 또 다른 의도적인 발언이라 읽어도 무방할 것이다.

이 발언의 취지와 맥을 공유하는 해석을 다른 주해서에서도 찾아 읽을 수 있다. "사람들의 비위를 맞추듯 눈가림으로 하지 말고 그리스도의 종들처럼 온 마음으로 하나님의 뜻을 행하여"라는 6절 또는 7절에 대한 링컨의 해석을 옮겨 적기로 하겠다. "그들의 주인들을 기쁘게 하려는 데만 〔집착하는〕 자들은 사람들의 노예들이라, 반면에 〔에베소서〕 필자는 그의 수신자들에게 그들이 일차적으로 그리스도의 종들이라는 사실을 깨닫기를 바라고 있다"를 전제한 뒤에 "그리스도 안에서 그 중심을 두고 있는 하나님의 뜻은 당신의 구원의 계획과 우주에 관여하는 것일 뿐만 아니라(cf. 1:5, 9, 11) 집안일들과 책무들의 일상적인 삶에도 관여하신다. 자신들을 그리스도의 종이라 깨닫는 자들은 가사(家事)의 영역에서도 하나님의 뜻을 수행해야 한다."(Lincoln 1990: 421) "주께서 기뻐하시는 것이 무엇인지를 찾아내도록 하라"(5:10)는 것이 주인에게 순종하는 종의 일임을 상기하며 링컨은 또 "주 안에서 부르심을 받은 자는 종이라도 주께 속한 자유자요 또 이와 같이 자유자로 있을 때에 부르심을 받은 자는 그리스도의 종이니라"(고전 7:22)를 상기한다. "그리스도의 종"이라는 표현은 이 땅의 주인에게 순종하는 일이 그리스도에게 순종하는 역할의 일부임을 표현하는 것이라 생각한다. 신자인 노예들이 이 세속 집안일의 책임을 다하는 것이 그리스도의 노예로 하나님의 뜻에 순종하는 것이라는 해설에 학자들은 의견을 같이 한다. 행위에 관한 한, "그렇다면 궁극적으로 신성(神性)의 일과 세속의 일의 구별은 허물어진다."(O'Brian 1999: 450) 세속사에도 신자들은 비신자들을 낙심케 하지 말고 하나님의 구원의 계획에 합당하게(1:5, 9, 11) 일편단심으로 처신하라는 것이다.

동일한 맥락에서 7절을 읽어야겠다. "선의를 가지고 노예로 일하여 주께 대하듯 하고 사람들에게 대하듯 하지 말라"의 7절에서 "선의를 가지고"는 우리 개역에서 "단 마음으로"인데 아마도 일편단심 또는 전심전력이라는 뜻의 표현인 것 같다. 그렇게 번역할 수도 있는 모양지만, 7절은 6절을 다시 풀이함으로써 종의 순종의 태도를 "주께 대하듯" 하라고 강조하고 있으므로 회흐너와 틸먼에 좇아 기꺼이 섬긴다는 뜻으로 "선의/호의를 가지고"의 번역을 취하였다. 주님을 섬기는 일은 "선의로써 섬기는" 것이며, 그리고 앞의 맥락으로 보아 사람인 주인을 섬기는 일과 하늘의 주님을 기쁘게 하는 일은 같은 질의 일이다. 한데 같은 질 정도가 아니라, 실상, "선의를 가지고 노예로 일하라"의 사람들을 섬기는 동기가 하늘의 주를 섬기는 일이요 주를 공경하고 영화롭게 하는 일이다.(O'Brian 1999: 452) 아내와 남편, 자식과 부모 그리고 종과 주인이 서로를 "사람에게 대하듯 하지 말고 주께 대하듯" 기쁨으로 자발적으로 즉 선의로써 섬기라는 것은 "그리스도의 종들처럼 온 마음으로 하나님의 뜻을 행하여"가 요점이요 본질이다.

이제 8절에서 왜 종들이 그들의 주인에게 선의로 섬겨야 하는지의 이유를 "아는 바와 같이 각 사람이 무슨 선을 행하든지, 종이든 자유인이든, 그것을 주께서 보답할 것이기 때문이라"고 적고 있다. 이 8절 초두에 적힌 "알기에는"이라는 분사를 여러 학자들이 5절부터 서술된 "순종하다"에 연결되는 인과적인 표현이라 해석한다. 혹은 "내가 말하고자 하는 바가 공동의 크리스천의 교리"(Bruce 1984: 401)라는 의미를 갖는다고 한다. 따라서 우리는 "알기에"를 "아는 바와 같이"라 번역하여 안다는 사실을 전제로 제시하고, 그리고 말미에 "때문이라"는 종결 어미를 첨가해 전제에 대한 결과의 까닭임을 분명히 하였다. 종들이 주인에게 눈가림으로 섬긴다면 주인이 그 섬김이 선의인지 아닌지를 몰라볼 수도 있을 것이다. 그러나 하늘의 주님은 어떤 선행 하나라도 놓칠 리 없다. 그리하여 8절은 각 사람이 어떤 선을 행하면 주님에게 보상을 받을 것임을 전한다. 여러 번역본마다 다르지만 이 메시지를 개역 8절은 "이는 … 앎이니라"의 가운데 괄호 속에 삽입하고 있다. 오브라이언은 우리 개역의 표현의 적합성을 옹호하여 "이는 … 앎이니라"는 이미 가르침을 받은 내용 즉 괄호 속(각 사람이 무슨 선을 행하든지 그것을 주께서 보답할 것이다)의 내용을 회상시키는 표현이라 주해한다.(O'Brian 1999: 452) 이때 언제 보상을 받느냐가 쟁점이다. 골로새서의 병행 기사에서는 "이는 유업의 상을 주께 받을 줄 앎이니"(3:24)라 명세되어 있다. 따라서 우리는 오브라이언 그리고 링컨의 견해에 좇아 종말의 날에 보상을 받는 것이라 생각하겠다. 틸먼 역시 8절이 고후 5:10의 병행 기사라 생각하고 종말 보상설에 동참한다. 마지막으로 8절 말미에 "노예나 자유인이나 누구든지"라는 단서가 적혀 있다. 주해자들은 이 단서가 주님 안에서 노예나 자유인이나 사회적인 계급에 무관하게 동등한 보상을 받을 것이므로 노예들과 주인들의 평등을 보장하는 진술이라고 해설한다. 동시에, "이 단서는 주인들이 자기들이 원하는 바를 무엇이든 그들의 노예들에게 제멋대로 시킬 수 있다고 스스로 생각하는 주인들에 대한 경고일 수 있다."(Thielman 2010: 408)

주인들에 대한 경고(6:9)

이제 마지막으로 주인들에 대한 권면을 적고 있는데 종에 대한 권면보다 훨씬 짧다. 종과 주인 서두에서 바울의 생각이 결코 수구적이지 않고 혁신적이라고 하였는데, 주인에 대한 권면에서 그 혁신성이 더욱 돋보인다.

> **9** 상전들아 너희도 저희에게 이와 같이 하고 공갈을 그치라 이는 저희와 너희의 상전이 하늘에 계시고 그에게는 외모로 사람을 취하는 일이 없는 줄 너희가 앎이니라

"그리고 주인들아, 그들에게 마찬가지 일들을 행하고 협박하기를 그치라"라고 9절 초두에 "주인들아"라 호칭하며 가정 규례에 관한 마지막 절을 적고 있다. 종과 주인에 관한 가정 계율을 시작하며 5절에 "종들아"라 호칭하였던 것을 상기하게 한다. 바울 서한에서

담화의 짜임새 있는 수사적인 전개가 돋보인다. 주인들이 종들에게 "마찬가지 일들을 행하라"는 9절에 대해 종래에는 7절에 적힌 "섬기다"를 혹은 8절에 적힌 "선을 행하다"를 가리킨다고 생각하였으나, 근래에는 종들에게 권면한 행위와 태도 전반을 가리킨다고 해석하는 것이 대세이다. 앞에서 신자들의 인간관계는 신자와 하늘의 주님과의 관계와 맞대어 상응하여 비교하였다. 마찬가지로 주인들에게도 주님을 대하듯 일편단심의 "한결같은 마음으로" 그리고 "선의로" 종들에게 행하라는 것이다. 그리고 "협박하기를 그치라"는 것은 매질을 포함한 어떤 패악도 금하라는 명령이다. 당시 주인들은 종들을 자신들의 소유물로 생각하여 종들의 나태함을 위협과 매질로 다스리는 것은 보통이었고 노예의 가정이 이산가족이 되도록 팔아먹기도 하였던 모양이다. 위 구절은 이와 같은 비윤리적인 주인들의 행패를 금하는 명령이다. 새로운 윤리의 권면이 바울답지만 뒤이어 진술하고 있는 권면의 이유가 더욱 혁신적이다.

"아는 바와 같이 그들의 주님과 너희들의 주님이 하늘에 계시고, 그(주님)에게는 편파성이 없기 때문이니라"라는 9절 후반부는 8절과 동일한 구문인 바, 우리는 8절과 마찬가지 문장 양식의 번역을 취하기로 하겠다. 무엇을 알고 있느냐 하면, 종들의 주님도 주인들의 주님도 하늘에 계시다는 것을 알고 있다는 것이다. 물론 그리스도는 노예에게도 노예주에게도 편애의 차별 없는 주님이다. 노예주에 대해 6:5에서 "육의 주"라 지칭하였던 표현에 비추어 "그들의 주님과 너희들의 주님"이라는 표현은 하늘의 계신 주님이 양자 모두의 주님이심을 표현하는 말끔한 수사이다. 아울러, 그 주님에게는 편파성이 없다는 것을 알고 있는 바와 같다는 것이다. "외모로 사람을 취하는 일이 없다"는 개역은 원문의 직역에 가깝다. 노예에게도 상전에게도 외모(얼굴) 즉 사회적 신분을 고려한 특별 대우가 없다는 것이 본래 전하는 의미일 것이다.

우리는 이 단원의 결론으로 종과 주인의 가정 규례 단락 서두에서 읽었던 고린도전서 7장 22절 "주 안에서 부르심을 받은 종은 해방된 주의 자유인이요, 마찬가지로 부르심을 받았을 때 자유인이었던 사람은 그리스도의 종이다"를 에베소서의 맥락에서 다시 읽기로 하겠다. 종이든 주인이든 누구라도 신자들은 그리스도 안에 있는 것으로 모든 것이 족한 자유인이다. 그리고 종이든 주인이든 그리스도에 속하였으면 그리스도의 종들이므로 주님에게 순종하는 종의 직분을 다하여야 한다. 아울러, 5장 22절부터 계속되는 가정 규례 전반의 결론으로 갈라디아서를 또 다시 읽기로 하겠다. "너희는 유대인이나 헬라인이나 종이나 자주자나 남자나 여자 없이 다(너희가 모두) 그리스도 예수 안에서 하나이니라(하나이기 때문이다)"(갈 3:28)의 직설서법의 기반 위에서 에베소서가 가정 규례의 명령 서법을 서술하고 있음을 확인하기 위함이다. 그리고 갈 3:28 "너희가 모두"에 "아내들이나 남편들이나, 자녀들이나 부모들이나, 그리고 종이나 주인이나"를 첨가하여 포함하고 싶다. "너희가 모두 그리스도 예수 안에서 하나이기 때문에" 각자의 위치와 직분에서 주님에게 대하듯 서로가 서로에게 복종과 사랑으로 대해야 마땅하다. "형제(자매)들아, 각자가 부르심을 받았던 그대로하나님과 함께 지내라"(고전 7:24)이기 때문이다. 그리스도 예수 안에 있는 누구든 그들의 "시민권은 하늘에 있다"(빌 3:20)이므로 에베소서 저자에게는 하늘나라의 윤리와 이 지상의 윤리가 하나의 동질성을 지닌다는 것이 이 단원의 주요 가르침이다.

이 가르침에 소박한 감상을 첨부하고자 에베소서에서의 두 바울의 기도 1:15~23 및 3:14~21을 새삼 상기한다. 두 기도 모두에서 기복은커녕 이 세상의 걱정과 염려에 대한 간구가 전적으로 배제되어 있다. 에베소 교회의 신앙과 사랑에 대해 하나님께 감사드리고, 조목조목마다 하늘나라의 백성이기를 위한 하나님 찬양의 기도다. 가정 규례에서의 이 지상의 윤리의 가르침 역시 기도의 정신과 마찬가지로 지상의 안녕과 사회복지가 아니다. 요컨대, 사도에게는 생활과 신앙이 따로 있는 것이 아니라, 기도도 가정 규례의 권면도 모든 것이 복음의 기반 위에 서 있는 애오라지 하나인 하나님의 뜻을 지향함이다.

7) 악령에 대항하는 전투에서 굳건히 서라(6:10~20)

바울 연구자들 사이에 이 단원은 잘 회자되지 않는다. 아마도 악령에 대항하는 전투에 굳건히 서라는 권면이 신자들의 현실에 실존적인 의미를 찾기 어려운 때문일지도 모르겠다. 하지만 주해자들은 에베소서 내에서의 이 단원의 비중을 높이 평가한다. “에베소서의 권면 부문(4:1~6:9)에 결론일 뿐만 아니라 에베소서 전체에 감격적인 결론이다”(Hoehner 2002: 817)라 혹은 “이 부문은 바울이 여태껏 말한 바의 클라이맥스의 구실을 한다”(Klein 2006: 161)라 논평하기도 한다. 그 내용은 에베소서의 보편 교회의 테두리에서 선과 악의 우주적인 전투에 완전 무장하여 임하라는 어마어마한 강권이다. 이 단원에서 “하늘에 있는 것이나 땅에 있는 것이나 만물을 그리스도 안에서 통일되게 하려 하심이라”(1:10)는 우주 완성을 위한 교회의 종말 전투에 임하는 독으로 마감하는 것이다. 다른 바울 서한들과 다르게 독자성을 시종일관 전개하는 정합성이이야말로 에베소서답다.

이 단원은 그 내용의 함의에서 학자들 사이에 여러 이견들이 엇갈리기에, 대단히 중요한 그리고 대단히 난해한 부문이기도 하다. 이 완전 무장에 대한 권고가 이사야서에 적힌 "공의로 빈핍한 자를 심판하며 정직으로 세상의 겸손한 자를 판단할 것이며 그 입의 막대기로 세상을 치며 입술의 기운으로 악인을 죽일 것이며 공의로 그 허리띠를 삼으며 성실로 몸의 띠를 삼으리라"(사 11:4~5) 그리고 "의로 호심경을 삼으시며 구원을 그 머리에 써서 투구를 삼으시며 보수(報讎: 보복)로 속옷을 삼으시며 열심을 입어 겉옷을 삼으시고"(사 59:17)라는 전사(戰士)를 상기한다는 점에서는 학자들 사이에 의견을 같이 한다.

우리는 학자들 사이의 공통 의견에 따라 우선 이 단원을 세 단락으로 나누어 읽기로 하겠다. 첫 단락이 10~13절의 '주님 안에서 강하게 되라', 둘째 단락이 14~17절의 '전신갑주를 입고 굳건히 서라', 그리고 18~20절이 '깨어 있어 기도하라'이다. 이 단락 개관이 끝난 다음 21~22절까지 확장하여, 우리는 학자들 사이의 다른 이견들, 에베소서 저자의 위명성의 비판적인 문제 등을 부록으로 검토하기로 하겠다. 학자들 가운데서는 에베소서가 종말 조건이나 관점이 없다는 이유로 저자의 위명성을 거론하기도 하지만, 천만의 말씀이다.

주 안에서 강하여지라(6:10~13)

이때까지는 윤리적인 길을 '걷다(peripateo)'라는 말로 명령 서법을 표현해 왔는데 이제 13절부터는 '서다'의 표현을 취한다. 부정과거 명령형 '서다(stenai)'라 함은 주 안에서 강하여져 흔들리지 말고 악령과 전투에서 임전무퇴의 태세를 갖추라는 뜻이다.

> **10** 종말로 너희가 주 안에서와 그 힘의 능력으로 강건하여지고 **11** 마귀의 궤계를 능히 대적하기 위하여 하나님의 전신갑주를 입으라 **12** 우리의 씨름은 혈과 육에 대한 것이 아니요 정세와 권세와 이 어두움의 세상 주관자들과 하늘에 있는 악의 영들에게 대함이라 **13** 그러므로 하나님의 전신갑주를 취하라 이는 악한 날에 너희가 능히 대적하고 모든 일을 행한 후에 서기 위함이라

초두를 "종말로(마지막으로)"라 시작하여 앞선 4장부터의 여러 권면들의 결론 혹은 1장부터의 지금까지 전체 내용의 결론을 이끌어낸다. 결론의 범위가 1장부터든 혹은 4장부터든 불문하고 초두어를 "종말로"라든가 "그 밖에 일에 관해서는"이라 번역하든 혹은 "차후로(이제부터)는"라 번역하든, 이 초두는 독자들이 과거와는 달리 이제부터 무엇을 어찌하여야 할지를 새롭게 일깨워 주는 서두라 해석하기도 한다.(Thielman 2010: 417) "주 안에서 그리고 그의 힘의 위력 안에서 강하여지라"가 첫 10절이다. 앞 3장 기도에서 "성령을 통해 능력으로 너희 속사람을 강하여지게 하여주옵시고"(3:16)와 같은 맥락에서 반복하여 수동 명령형으로 "강하여지라"를 권면한다. 강하게 되는 것은 주님이 가지고 계신 힘의 위력에서 비롯하는 것이다. 그리고 "주 안에서"의 강함을 "그리고 그 분의 강한 위력으로"라 다시 해설하고 있는데, "그리고"를 "즉"이라 이역하여, "주님 안에서 즉 그 분의 강한 위력으로 강하여지라"라는 번역본도 있다. "강하여지라"가 원문에서 수동형으로 씌어 있음에도 불구하고 틸먼은 "이제부터" 독자들이 악마에게 대항하기 위해 갖추어야 할 능동적인 명령이라 해석한다.

"강하여지라"에 접속사 없이 직접 잇대어 11절에서 "하나님의 전

신갑주(완전 무장)를 입어서 너희가 악마의 책략에 대항해 설 수 있도록 하라"고 풀이한다. 여기 "입어라"는 4:24의 "진리에서 나오는 의와 거룩함에 있어 하나님을 닮음으로 창조되어진 새 사람을 입어라"와 마찬가지의 은유적인 표현이다. 옷을 입다의 은유는 바울 서한들 곳곳에 출현하고 있거니와, 이에 상응하는 "하나님의 전신갑주를 입어라"는 개역 14절 이하의 둘째 단락을 읽으면, "전신갑주"라는 의역이 참 잘 어울리는 번역어이다. 이어서 완전 무장이 무엇을 위한 것인지를 11b절에 "악마의 책략에 대항해 설 수 있도록 하라"고 기술하고 있다. "악마(diabolos)"는 악령들의 우두머리인 사탄의 또 다른 이름이고 "책략"에 대해 여러 학자들이 바람직스럽고 매력적이라 회유 또는 사기를 침으로써 자칫 "틈을 타"(4:27) 신자들을 함정에 빠뜨리는 음흉한 계획이라 생각한다. 그러한 음모에 "대항해 설 수 있도록" 전신갑주를 입으라는 것이 가장 일반적인 해석이다. 그런데 "대항해 설 수 있다"에서 "서다"가 씌어 있기 때문에 이것이 또 논쟁의 대상이다. "서다"라 번역할 경우 '움츠러들지 말라'는 뜻을 취하여 완전 무장을 공격용이 아니라 방어용이라 해석하기도 한다. 심지어 앤드루 링컨은 완전 무장은 악마의 책략에 대항해 승리하라는 것이 아니라, 아직 온전히 승리한 것은 아니라 하더라도 이미 승리한 것이기 때문에, "서다"를 보존하고 지키라는 의미라고 해석한다.

다시 이어서 12절에 전신갑주(완전 무장)를 입어야 할 또 다른 이유를 들추어 이 전투의 성격을 진술한다. "왜냐하면 우리의 싸움(씨름)은 혈과 육에 대항하는 것이 아니라 도리어 지배자들에 대항하는, 권세자들에 대항하는, 이 암흑의 세상 세력들에 대항하는, 하늘 영역들에 있는 악의 영적 존재들에 대항하는 것이기 때문이다"라고 줄줄이 대항하여야 세력들을 열거한다. 우리의 싸움은 사투의 운명을 지닌 존재인 몸과의 싸움이라기보다 하나님의 완전 무장이 아니면 이길 수 없는 초자연적인 악령과 대항하는 영적인 싸움이 본질이라는 것이다. 신자들의 싸움은 우선 "지배자들에 대항하는, 권세자들에 대항하는" 싸움이라 진술한다. "지배자들"과 "권세자들"은 이미 1:21과 3:10에 언급된 바이거니와 개역의 용어로는 고전 15:24에 쓰인 대로 "정사(政事)와 권세"인데 양자가 나란히 함께 기록되어 있는 것이 보통이므로 바울 서한에서 이 양자가 하늘의 악령을 표현하는 대표적인 명칭이다. 로마서에 "천사들이나 권세자들이나 … 우리를 우리 주 그리스도 예수 안에 있는 하나님의 사랑에서 끊을 수 없느니라"(롬 8:39)고 적혀 있어, "천사들"이 "지배자(정사)들"에 상응한다고 생각하여 "천사들의 지배"라 해석하기도 한다. 이들 양자 이외에도 뒤이어 진술된 "이 암흑의 세상 세력들에 대항하는"에서 "세상 세력(혹은 세상 주관자: kosmokrator)"는 인간을 지배하는 별에 관한 점성술의 용어가 출처라 하는 바, 그것은 다양한 다신적 존재를 뜻하는 어두움의 세력이기도 하고 한때 로마 황제를 지칭하기도 했다는 것이다. 여하튼, 하나님의 빛이 비추지 않는 죄의 세력인 악령의 또 다른 이름일 수 있다.

이 밖에도 악령의 여러 이름들이 바울 서한에 출현하지만 학자들이 두루 탐구한 바에 따르면 그들 사이의 어떤 체제의 위계질서가 있는 것은 아니라고 한다. 여러 이름들을 들추어내는 것은 악령들이 자유자재로 자기들의 권세가 다양하고 포괄적이라는 것을 보여 주기 위함이라는 것이다. 뒤이은 12절의 마지막 구절 "하늘 영역들에 있는 악의 영적 존재들에 대항하는 것이기 때문이다"가 위의 논의를 뒷받침한다. 여기서 "악의 영적 존재들"은 악령의 또 다른 이름이 아니라 여러 악령들의 일반 명칭이라는 것이 여러 학자들의 공통적인 견해이다. 여러 악령들을 하나의 일반 명칭으로 부를 수 있는 것은 악령들이 제각기 다양한 권세를 자유자재로 행사하지만 신자들과 하나님의 관계를 망가뜨리려는 하나의 목표를 포괄적으로 행사하기 때문이다. 세상 주관자인 그 악령들이 "하늘 영역들에 있는" 존재라고 명세함으로써 악령들이 우주적인 존재임을 분명히 표현한다. 앞 2:2에서는 기독자이기 이전에 우리 역시 "공중의 권세의 지배자"에게 순종하였었음을 기술하고 있다. 악령들이 이 세상의 사람들이 아니라 하늘에 있는 영들이기 때문에 그 존재가 우리에게는 더욱더 두려우나, 하지만, 그럴수록 움츠러들지 말아야 한다.

그러므로 "이 때문에 하나님의 전신갑주를 취하여 악의 날에 당신들이 저항할 수 있도록 그리고 모든 일을 행한 후에 서 있도록 하라"고 13절에 11절의 말씀을 반복한다. "이 때문에"는 무시무시한 우주적인 악령 "때문에"이고, 악령에 대항하려면 하늘의 하나님이 갖고 계시는 완전 무장으로 대비할 것을 명령한다. 그리고 완전 무장의 목적을 "악의 날에 당신들이 저항할 수 있도록 그리고 모든 준비를 다하여 서 있도록 하라"고 이중으로 진술한다. 우선 악의 날에 저항할 수 있도록 하라는 것인데 이때 "악의 날"이 문제이다. 이미 앞에서 "때가 악하니라"(5:16)가 기록되어 있는데 이 문구는 본래 복수형 "악한 날들"이고 그리고 시점은 지금 현재이다. 그러나 여기서는 단수형 "날"이라 표현하고 있기 때문에 십자가와 부활 사이의 기간과도 같은 심각한 암흑의 날이라는 뜻으로 해석할 수도 있는 모양이다. 혹은 그리스도의 재림 직전이라는 해석이 예부터 우세하였던 모양이다. 한데, 그때에 대전투가 있을지는 모르지만, 그러나 현재의 신자들이 재림의 때에 수행할 역할이 무엇인지를 상상한다는 것은 어려운 일이다. 때문에, 5:16에서와 마찬가지로 오늘날이기도 하고 또한 심각한 악마의 책략이 벌어질 그 어느 날이기도 하다는 폭넓은 해석(Hoehner 2002: 833~34; O'Brien 1999:471)을 취하기로 하겠다. 오늘날이라 함은 예수께서 이 세상에 오신 날과 장차 재림하실 날 사이의 현재 시간이고, 그 어느 날이라 함은 언제 닥쳐올지 모르는 시점이다. 말하자면 유비무환을 강조하는 해석이다. 이 해석에 따르면, "모든 일을 다하여 서 있도록 하라"는 만사를 극복하여 이기고 서라를 의미하는 것이 아니라, 회흐너에 의하면 모든 필요한 준비들을 완료하고 서 있으라는 의미로 해석하여야 한다는 것이다.

만사에 유비무환하기를 13절에 강조하고 있다. 그런데, 유비무환으로 모든 준비들을 완료하여야, 다시 말해 "마귀로 틈을 타지 못하게"(4:27) 하여야, 비로소 승리가 보장된다는 강조점도 놓치지 말아야겠다. 한편, 승리가 보장되어 있다는 것은 "당신의 힘을 하나님께서 그리스도 안에서 역사하사 그를 죽음에서 일으키시고 하늘의 영역들 중에서 당신의 오른편에 그를 앉히셔, 모든 지배와 권위와 능력과 세상 주관자와 이 세대뿐만 아니라 장차 오는 세대에 이름 붙여진 모든 이름 위에 높이셔, 당신이 만물을 그의 발아래 복종케 하셨으니"(1:20~22a)이기 때문이다. 승리는 보장되어 있으므로, 어떤 주해자들은 완전 무장을 방어력이라 하거나 '이미 얻은 승리를 보존하라'에 지나치게 매달리고 있다. 골로새서에서는 1:22에서 이미 얻은 승리의 보존을 강조하고 있으면서도, 다른 한편, 뒤이은 1:23에 "만일 〔진정〕 너희가 믿음을 지키고 제대로 자리 잡아 확고하여져 너희가 들은 바 복음의 소망에서 벗어나지 아니하여야"라는 조건이 부착되어 있다. 슈라이너는 에베소서의 이 단락을 롬 3:28과 같은 맥락에서 독해한다. "사람이 의롭다 하심을 얻는 것은 〔율법의〕 행위(일)에 있지 않고 믿음으로 되는 줄 아노라"(롬 3:28)

고 단정하고 있으면서도, "우리가 믿음으로 말미암아 율법을 폐하느뇨? 그럴 수 없느니라! 도리어 율법을 굳게 세우느니라"(롬 3:31)를 분명히 강조하고 있다. 말하자면, "행위(일)와 믿음은 바울에게 불가분의 것인 바, 선한 행위가 항상 믿음의 열매이기 때문이다"(Schreiner 2008: 584)라는 해석을 존중하면, 엡 6:13을 "모든 일을 행한 후에"라 모든 필요한 준비들을 완료하고 서 있으라고 앞서 우리가 해석한 것처럼, 지나치게 구원의 방어 기제로만 해석하지 말고 그리스도가 만물을 그의 발아래 복종케 하는 일에 에클레시아가 적극 참여해야 할 것이다. 아래 단락이 완전 무장은 적극적인 참여라는 해석을 뒷받침한다.

전신갑주를 입고 굳건히 서라(6:14~17)

앞 13절까지는 전신갑주(완전 무장) 일반에 대한 권면이다. 이제 14절부터는 전신갑주의 세부적인 무장들을 낱낱이 적고 있다. 이미 언급하였듯이 이들 세부적인 무장을 열거한 것을 읽으면 개역의 "전신갑주"라는 번역어가 이 대목에 썩 잘 어울린다. 주해자들마다 개개의 무장에 대해 당시 로마 군인들의 무장이 어떠했으며 그리고 그 무장의 방어 및 공격의 기능이 어떠했는지를 소상히 적고 있다. 그러나 무장에 관한 이러한 역사적인 고증은 사치성 낭비에 가깝다. 에베소서 저자가 개별 무장의 낱낱의 기능을 구별하여 진리와 정의를 각각 항목별로 개념화하는 무장들의 차별화의 논리를 전개하는 것은 아니겠기 때문이다. 가령, 에베소서에서는 가슴에 두르는 흉배(흉박)가 의를 위한 것인 반면에 데살로니가전서에서는 그것이 "믿음과 사랑의 흉박"(살전 5:8)이라 서술하고 있으므로 융통성 있는 은유로 병기를 표현하고 있다.

> **14** 그런즉 서서 진리로 너희 허리띠를 띠고 의의 흉배를 붙이고 **15** 평안의 복음의 예비한 것으로 신을 신고 **16** 모든 것 위에 믿음의 방패를 가지고 이로써 능히 악한 자의 모든 화전을 소멸하고 **17** 구원의 투구와 성령의 검 곧 하나님의 말씀을 가지라

"서라, 그러므로"라는 "서라(stete)"는 명령형으로 14절을 시작하는데 "그러므로"의 접속사는 "악의 날에 당신들이 저항할 수 있어서 만사에 유비무환하여 서 있도록 하라"는 앞 절을 상기하는 것일 터이다. "서다"는 이미 앞 11 및 13절에 나왔던 전투에 임하는 자세이다. 여기 에베소서에서와 마찬가지로 바울 서한 곳곳에서 명령형 "서라"를 사용한 구절들을 찾아 읽을 수 있다. 몇 군데를 예시하면, "믿음 안에서"(고전 16:13), "주 안에서"(빌 4:1; 살전 3:8), 그리스도께서 주신 자유 안에서(갈 5:1) 등등에서 "서라"고 언명한다. 이들 맥락과 더불어 "너희가 일심(하나의 영)으로 서서 한 뜻으로 복음의 신앙을 위하여 협력하는 것"(빌 1:27b)을 읽으면, "서다"의 의미는 복음의 신앙생활 자체일 수 있을 것이다.

"서라"에 뒤이어 진술된 14b~16절의 네 분사절에 세부적인 무장의 항목과 종류를 나열하고 있다. 첫 번째와 두 번째의 무장이 14b절 "진리로 허리를 띠로 매고 그리고 의의 흉갑(胸甲)을 입고"이다. 이 진술은 이사야의 메시아의 예언을 자유롭게 옮긴 것이라 한다. "공의로 그 허리띠를 삼으며 성실로 몸의 띠를 삼으리라"(사 11:5)에서 메시아의 힘의 원천이 공의와 성실에 있다고 기록하고 있다. "공의(쩨데크)는 의요 올바름이고 … 성실(에무나)은 정직이요 미쁘심이다."(유희세 강의 노트) 에베소서의 "의의 흉갑"은 이사야에서 야하웨의 무장 곧 "의로 호심경(護心鏡)을 삼으시며"(사 59:17a)에 해당하는

심장 보호 무기의 옮김이다.(길성남 2005: 497; Thielman 2010: 425) 요컨대, 허리띠가 진리로 그리고 가슴 부위의 방어용 장구인 흉갑이 하나님의 의로 무장하는 것이다. 허리띠를 띠는 것은 신속하게 움직일 수 있도록 준비하고 기다리는 자세이고 또 남 섬기는 겸손의 자세이다.(cf. 눅 12:35, 37) 고전적인 견해는 진리로 허리띠를 매는 일을 신뢰와 충성심이라 해석하는 것이었으나, 오늘날 주해자들은 복음의 진리가 신속한 동작을 요하는 임전의 태세도 마련해 준다고 생각한다. 그리고 의는 "예수 안에 있는 구속으로 말미암아 하나님의 은혜로 값없이 얻은"(롬 3:24) 의라기보다 하나님 앞에 올바르게 서는 일이고 윤리적인 올바름이라 해석하여 어떤 이들은 "의(dikaiosynes)"를 "정의"라 번역하기도 한다. 그러나 허리띠의 무장을 복음의 진리라 해석한다면 의를 하나님의 은혜로 얻은 의라 해석하여야, 진리와 의가 대응의 관계를 갖는다. 그리하여 우리는 14절을 "〔새 사람은〕 진리에서 나오는 의와 거룩(경건) 안에서 하나님을 닮음에 따라 지으심을 받았다"(4:24)와 함께 읽겠다. "하나님의 전신갑주를 입으라"는 맥락에서는 "진리에서 나오는 의와 거룩"이 온전한 무장이기 때문이다.

세 번째 무장인 "평화의 복음의 준비로 발에 〔신을〕 신고"라는 15절 역시 이사야 52:7에서 "좋은 소식을 가져오며 평화를 공포하며 … 산을 넘는 발이 어찌 그리 아름다운고"의 옮김이다. 특히 오브라이언은 15절을 에베소서 2:14~18과 이사야서 52:7과 함께 읽어야 한다고 강조한다.(O'Brian 1999: 478) 좋은 소식과 평화 즉 구원을 공포하는 이사야의 메시지가 "또 십자가로 이 둘(이스라엘 백성과 이방인)을 한 몸으로 하나님과 화목하게 하려 하심이라. … 또 오셔서 먼 데 있는 너희에게 평화를 전하고 가까운 데 있는 자들에게 평화를 전하셨으니"(2:16~17)와 같은 메시지라는 것이다. 그렇다면 서로 닮은 두 메시지들을 요약한 것이 15절 "평화의 복음을 준비하여 발에 (신을) 신고"라 해석할 수 있겠다. 이처럼 이사야의 진술을 돋보이도록 하기 위해 학자들 중에는 "평화의 복음을 준비하여 발에 신다"를 평화의 복음을 "선포하다"(사 52:7) 혹은 "전하다"(롬 10:15)라는 해석을 취하기도 한다.(Schreiner 2008: 726)

평화의 복음의 전파와 임전의 완전 무장에 관해 "역설적으로, 그들(신자들)이 영적인 전투에 종사하면서 그들이 평화의 복음을 전하기를 준비한다!"(O'Brian 1999: 479)는 논평하기도 한다. 하지만, 전투를 평화라 규정하는 역설, 또 그렇게 해석하는 논평이야말로 참으로 놀라운 일이다. "평화의 복음의 준비"가 악령과의 전투에서 굳게 서다의 "준비"라는 통설의 해석(Hoehner 2002: 844; Thielman 2010: 426)이 오히려 그 전투가 어떤 성질인지를 해명해 준다. 로마 병정들의 군화는 가죽 구두이지만 통풍도 잘 되고 행진이나 전투에 유용한 신발이어서 발에 신을 신는 것이 악령과의 전투에서도 유익한 무기일 수 있을 것이다. 더군다나 "십자가로 … 하나님과 화목하게 한", "평화의 복음"이 준비되었다면 신발은 악령과의 공격적인 전투도 방어적인 전투도 아닌 좋은 소식을 전하는 달음박질일 수 있기 때문이다.

"굳게 서라"에 연결되는 마지막 분사절에 적힌 네 번째 무장이 "이 모든 것들에 더하여 믿음의 방패를 취하여, 이것으로 말미암아 악령이 〔쏜〕 모든 불붙는 화살들을 끌 수 있도록 하라"고 16절에 적혀 있다. "이 모든 것들에 더하여"는 앞에 서술한 세 가지 무장들과 함께 첨가한다는 의미로 쓰인 것이다. "믿음의 방패"는 믿음이 곧 방패라는 것이다. 이에 대응하는 구절을 이사야에서 찾을 수 없으나, "방패"는 창세기 15:1을 비롯하여 시편 여러 곳에서 하나님께서 당신의 백성을 보호하신다는 뜻으로 사용하고 있다. “믿음”은 에베소서에 여러 번 나오거니와, “믿음으로 말미암아 그리스도께서 너희의 마음에 계시게 하옵시고 너희가 사랑 가운데서 뿌리가 박히고 기초가 굳어져서”(3:17)라는 기도에서 “믿음의 방패”의 의미를 깨우쳐 짐작할 수 있을 것이다. 풀이하건대, “믿음의 방패로 말미암아”를 3:17의 “믿음으로 말미암아 그리스도께서 너희 마음에 계심으로써”의 배경에서 함께 읽으면, 너희 마음에 계신 그리스도의 능력으로 말미암아 “악인이 〔쏜〕 모든 불붙는 화살을 끌 수 있으리라”이다. 앞에서 15절의 “평화의 복음”이 역설이라 했던 것과 마찬가지로 믿음의 방패 역시 역설이라는 논리일 수 있다. 더군다나, “믿음의 방패로 말미암아”를 “사랑 가운데서 뿌리가 박힘으로써”(3:17)에까지 확장해 읽을 수 있다면, 사랑이 “악인이 〔쏜〕 모든 불붙는 화살을 끌 수 있다”라는 또 다른 역설처럼 읽힌다. 그런데, 살전 5:8에서 “믿음과 사랑의 흉배(흉갑)”라 믿음과 사랑을 심장을 보호하는 무장이라 표현하고 있거니와 바울 서한에서 믿음과 사랑은 동전의 앞뒤 면과 같아서 함께 씌어 있다. 믿음이 사랑의 열매를 맺으면 그리스도의 능력의 힘으로 능히 악령이라도 무장 해제할 수 있을 것이다.

이미 앞에서 “서다”가 복음의 신앙생활을 뜻하는 것이라 하였다. 네 가지 세부 무장들은 이 복음의 신앙생활의 덕목을 대표하는 것이지 악령과 전장에서 벌이는 처절한 사투를 묘사하는 것이 아니다. 네 가지 세부 무장들 모두가 14절 초두의 “서라”는 명령에 연결된 분사절임을 상기하여야겠다. 슈라이너는 “서다”의 반대어가 배교(背敎)라고 규정한다.(Schreiner 2001: 304) 무시무시한 악령에 대항하는 임전 태세를 에베소서 저자는 신비한 마술에 의존하라는 것이 결코 아니다. 그 임전 태세가 건전한 복음의 신앙생활이면 족하다고 기록하고 있는 것이다. 이러한 저자의 정신에서 읽으면 평화의 복음의 무장도 또 믿음과 사랑의 무장도 역설적이라는 해설보다는 악령과의 전투에서 당연한 승리를 보장하는 효율적이고 자연스러운 무기이다. 골로새서는 2장 11~15절에 그리스도의 승리를 찬미하고 있는 바, "그리스도가 정사들과 권세자들을 무장해제하여 그의 십자가로 그들에게 승리함으로써 그가 그들을 공개적으로 웃음거리로 만들었다(사역)"의 골 2:15만을 옮겨 적기로 하겠다. 아울러, 앞 1:23에서 "교회는 진정 그의 몸이니 그의 충만이며 그가 지속적으로 또 온전하게 충만하여진다"를 읽으며, "하나님이 당신의 백성에 적대하는 모든 우주적인 권세에 승리하게 만드시는 메시아 왕이 교회와 하나이고, (메시아와 교회가) 이 하나이기 때문에 이 교회가 이들 악의 권세들에 대해 또 승리할 수 있는 것이다"(Thielman 2010: 116)라는 해설을 인용하였다. 직설에서나 명령에서나, 우주적인 권세에 대한 그리스도의 승리가 교회의 승리이기도 하다는 논리를 시종일관 전개한다.

이제 "서라"에 연결되는 분사절들은 끝나고 "받아라/가져라(dexasthe)"의 명령형 동사를 사용해 17절에 "구원의 투구와 성령에서 나오는 검"의 무장에 관한 진술의 새로운 문장이 출현한다. "그리고 구원의 투구와 그리고 성령에서 나오는 검을 받아가져라 그것(성령의 검)은 하나님의 말씀이다"가 원문의 어순대로의 17절이다. 여러 번역본에서 14~16절 문장을 끝낸 뒤에 나오는 새로운 문장으로 17절을 번역하지만, 주해자들은 초두에 쓰인 "그리고"의 접속사와 무장들에 관한 동일한 맥락 때문에 앞 절들의 계속이라 해석한다. 이에 따라 "구원의 투구"를 무장이라 해석한다면 "투구"라는 비유는 사 59:17 등에서 찾아 읽을 수 있고, 살전 5:8에서는 "구원의 소망의 투구"라 표현하고 있다. 에베소서의 구원의 맥락에 비추면 신자들은 이미 구원을 받았다.(cf. 2:1~10) 이 배경에 비추면 투구는 이미 받은 구원을 지킬 수 있게 하는 무장이다. "구원의 투구"와 나란히 쓰인 무장 "검"을 여러 번역본에서 "성령의 검"이라 번역하고 있지만 성령이 곧 검이라는 것이 아니다. 관계절 "그것이 하나님의 말씀이다"가 "성령"에 직접 연결되는 것이 아니라 관계절의 머리 명사 "그것이" "성령의 검" 전체에 혹은 "검" 자체에 연결되는 것이라는 해석에 따라(Lincoln 1990: 451; Thielman 2010: 429), 우리는 "성령에서 나오는 검"이라 번역하였다.

우선 이 대목의 해석을 앤드루 링컨 그리고 토머스 슈라이너에 의존하기로 하겠다. 검은 방어용 무기가 아니라 공격형 무기라는 것이다. 본래 검의 용처가 공격용으로 만들어진 것이기도 하거니와, 이 대목에 상응하는 "그 입의 막대기로 세상을 치며 입술의 기운(영)으로 악인을 죽일 것이며"(사 11:4b)가 메시아의 공격 행위를 묘사하고 있기 때문이다. "성령의 검, 그것이 하나님의 말씀이다"라는 관계절 문장의 표현을 구문분석하여 해석하면서 검을 주신 이는 성령이 아니라 하나님이시고 검의 효력을 발휘케 하시는 이가 성령이라 해석한다.(Lincoln 1990: 451) 혹은 "성령의 검은 '하나님의 말씀'인 바, 복음의 말씀을 가리키는 것이다. 검은 공격형 무기이기 때문에 (성령의 검은) 선교의 선포를 통해 이 세계에의 복음의 진격을 뜻하는 것이다"(Schreiner 2008: 726)라는 해석도 링컨의 해석과 맥을 같이 한다.

여하튼 하나님의 말씀이 곧 성령에게서 나온 검이다. 그렇다면, 그것이 공격용이든 방어용이든 검을 받아가진다는 것은 하나님의 말씀 즉 "진리의 말씀 곧 너희의 구원의 복음을 듣고"(1:13) 또 가지는 것이다. "하나님의 말씀인 성령의 검"은 "구원의 투구"에 대응하여 “구원의 복음”의 의미를 포괄해 갖는 것이므로 이미 받아 가진 구원을 투구로 지키고, 그리고 아직 완성치 못한 구원을 위해 성령의 검으로 전투에 임하여야 한다. “구원을 받아가지라는 것은 … 구원을 끊임없이 믿음 속에 충당해 주어야 한다”(Thielman 2010: 428)는 것이다. “서라”가 배교의 반대어라는 슈라이너의 해설을 앞에서 인용했지만, 이미 받아가진 믿음이라 하더라도 성령의 지속적인 도움 없이는 믿음이 배교의 나락에 떨어질 수 있기 때문이다. 이 때문에 구원의 복음과 성령의 검에 해당하는 주동사 ‘dexasthe’를 “받아가지다”라 우리는 번역하였다. “진리의 말씀”(1:13)에서 말씀은 ‘logos’이고 “하나님의 말씀”(6:17절)에서 말씀은 ‘rhema’이다. “말씀(rhema)”은 예수가 광야에서 시험을 받았을 때 “사람이 떡으로만 살 것이 아니요 하나님의 입으로 나오는 모든 말씀으로 살 것이라”(마 4:4) 했던 “말씀”이다. 두 단어는 서로 바꿔 쓸 수 있는 단어이긴 하지만 후자는 입으로 전하는 말이라는 용례로 쓰이는 것이 보통이다. 달리 말하면, 투구도 검도 양자 모두가 구원과 관련된 무장이지만, 후자는 구원의 메시지를 전달하는 행위를 수반한다는 차이점을 갖고 있다. 그렇다면 “성령에게서 나오는 검”에서의 “검”은 “하나님의 말씀”인 구원의 메시지이고 그리고 “성령”은 링컨의 해석대로 메시지 전달의 원동력일 것이다.

요컨대, “전신갑주를 취하라”의 여섯 항목의 무장들은 진리의 허리띠, 의의 흉갑, 평화의 복음의 신, 믿음의 방패, 구원의 투구, 그리고 성령에게서 나오는 검이다. 바울 서한 곳곳에서 신자들에게 무장하라는 권면을 찾아 읽을 수 있지만 다른 어떤 서한들보다 에베소서가 완전 무장에 대한 세목이 상세하다. 아마도 “우리의 씨름은 육과 혈에 대항하는 것이 아니라…하늘의 영역들에 있는 악의 영적 존재들에 대항하는 것이기 때문이다”(6:12)가 그 상세함의 이유일 것이다. 우리는 에베소서를 깊이 이해하고자 그 이유에 대한 첨삭과 윤색을 보태고 싶다. 에베소서의 완전 무장은 종말의 날에 악령들의 필사적인 사투에 대항해 메시아와 함께 신자들이 승리하기 위한 전신갑주이다. 그러므로 이 단원은 로마서 8:26~39에 상응하는 하나님과 그리스도의 우주완성의 승리의 대단원과 맞대어 비교함 직하다.

로마서 이 8장은 또 성령의 장이기도 하고 신자들의 승리의 장이기도 하다. 엡 6:17에서도 “하나님의 말씀인 성령에게서 나오는 검을 받아가지라”가 마지막 무장이다. 성령이 신자들에게 마련해 준 이 “검은 하나님의 말씀”으로 이 말씀은 한편 마귀의 시험에 이기는 “하나님의 입으로 나오는 모든 말씀”(마 4:4)이고, 다른 한편 “평화의 복음의 준비”(15절)에서 “준비”와 마찬가지로 ‘선포하다’ 또는 ‘전하다’를 통해 이루어지는 말씀의 능력(사 11:4)이다.(Thielman 2010: 429) 이때 학자들은 말씀의 복음 또는 진리를 누구한테 전달하느냐는 문제를 제기한다. 우리는 여기서 해럴드 회흐너 그리고 토머스 슈라이너의 견해처럼 악령에게 전달한다면 그것은 공격이요, 반면에 피터 오브라이언이나 고든 휘의 견해처럼 악령의 유혹으로 혼미에 빠진 형제들에게 전달하는 것이라면 방어이다. 평신도인 우리로서는 두 해석 모두를 받아들일 수밖에 없다. 실제로 검이 방어용이냐 공격용이냐가 중요한 것이라기보다, 의미 있는 것은 검이 성령에게서 나온 무기라는 점이다. 달리 말하면, 전투에 신자들이 임하는 일은 성령의 능력의 역사로써 가능하다. 롬 8:27에서는 “성령이 하나님의 뜻대로 성도를 위하여 간구하심이니라”고 성도들을 위한 성령의 기도가 적혀 있지만, 에베소서에서 바울은 성도들을 위해 “하나님의 영광의 풍요함에 따라 성령을 통해 능력으로 너희 속사람을 강건하게 하옵시고”(엡 3:16)라 기도하고 있고, 이제 18a절에 “온갖 기도와 간구를 통해 성령 안에서 어느 때든지 기도하라”고 성도들에게 당부한다. 이 모든 기도와 간구가 성령에게서 나오는 검을 받아가지기 위함일 것이다.

기도하며 그리고 깨어 있으라(6:18~20)

이제 기도에 대한 권면에서 기도 그 자체는 앞 14절부터 17절까지의 전신갑주는 아니지만 그러나 무장의 연장선에 놓여 있다. 단순히 연장선에 이어지는 것이 아니라 모든 무장들의 기본이 기도이다. 에베소서 저자가 얼마나 기도를 중요하게 생각하였는가를 보여 주는 것이 18절에 “모든”에 해당하는 어휘가 무려 네 번씩이나 나오는 것으로 짐작할 수 있다. 우리가 앞 단락과 분리하여 “기도하며 그리고 깨어 있으라”를 별개 단락으로 다루는 것은 그것이 비록 앞 단락과의 연속선상에 있지만 기도의 중요성을 강조하려는 의도 때문이다.

> **18** 모든 기도와 간구로 하되 무시로 성령 안에서 기도하고 이를 위하여 깨어 구하기를 항상 힘쓰며 여러 성도를 위하여 구하고 **19** 또 나를 위하여 구할 것은 내게 말씀을 주사 나로 입을 벌려 복음의 비밀을 담대히 알리게 하옵소서 할 것이니 **20** 이 일을 위하여 내가 쇠사슬에 매인 사신이 된 것은 나로 이 일에 당연히 할 말을 담대히 하게 하려 함이니라

“구원의 투구와 … 성령의 검을 받아가지라”에 잇대어 18절에서 기도하라는 당부가 두 분사절을 사용해 계속된다. “매번 기도와 간구를 통해 성령 안에서 어느 때든지 기도하며”가 첫 번째 분사절이

다. 두 번째 분사절은 난해한 구문분석 때문에 번역본마다 다른데, "그리고 모든 성도들을 위해 온갖 전념과 간구로 이 일에 깨어 있으라"가 털먼의 번역이다. 그러니 "기도하며"와 "깨어 있으며"의 두 동사가 분사로 쓰이고 있다. 이들 분사적인 표현들을 여러 번역본에서 17절의 특정 부위에 연결시키지 않고 여기서처럼 명령형으로 번역하고 있다. "기도와 간구"라는 두 동의어를 18a절에서 반복해 언급한 것은 기도의 중요성을 강조하기 위한 것이라 보아야 하고, "온갖 전념과 간구로"라 18b절에서 언급한 것 역시 기도와 간구에 헌신하라는 것이다. 그것에 더하여, 18a절에 두 주요 조건이 부가되어 있다. 한 조건이 "매번(어느 때든지)"이고, 다른 조건이 "성령 안에서"이다. 그리고 18b절에서 "이 일(기도)을 위해 깨어 있으라"는 그리스도의 재림으로 이루어지는 완성은 지연될 수 있지만 필경 성취된다는 확신을 가지고 깨어 기도하라는 자세를 비유함이다.(cf. 막 13:33~34; 눅 21:34~36) 진리, 의, 복음, 믿음 등 각각을 위해 온갖 기도와 간구를 통해 "하나님의 완전 무장을 취하라"는 강한 권면이라 해석하고 싶다.

덧붙여, "매번 기도와 간구를 통해 성령 안에서 어느 때든지 기도하며"의 18a절에 관해 좀 더 윤색하고 싶다. 항상 기도하라는 권면은 바울 서한에서 자주 쓰이는 어구이다. 롬 12:12도 그렇거니와 골 4:2에서는 "기도를 항상 힘쓰고 기도에 감사함으로 깨어 있으라"이다. "성령 안에서"는 성령이 능력을 부여하다의 뜻으로 이 단원 안에서도 6:17 "성령에게서 나오는 검"이 언급되었다. 특히 기도와 관련하여 "이와 같이 성령도 우리 연약함을 도우시나니. 우리가 마땅히 빌 바를 알지 못하나 오직(그러나) 성령이 말할 수 없는 탄식으로 우리를 위하여 친히 간구하시느니라. 〔그리고〕 마음을 감찰하시는 이(당신)가 성령의 생각을 아시나니 이는 성령이 하나님의 뜻대로 성도를 위하여 간구하심(때문)이니라"(롬 8:26~27)를 상기케 한다. 우리는 하나님의 뜻 혹은 의지가 무엇인지 모를 때가 허다하다. 그러니 우리가 기도해야 할 내용을 우리가 모른다. 이 때 하나님의 뜻을 아시는 성령께서 우리를 도우사 우리의 탄식을 대신 탄식하고 간구하여 주신다. 그 간구는 하나님의 뜻에 일치하기에 성령께서 우리를 대신해 간구하시면 하나님께서 우리에게 이루어 주신다는 것이다. 그러므로 "성령 안에서 어느 때든지 기도하고"이기도 하고, 혹은 성령과 함께, 또는 성령에 의해 어느 때든지 기도하라고 달리 해석해도 무리한 해석은 아닐 것이다.

덧붙여, "이 일을 위해 깨어 있으라"의 18b절 관해서도 좀 더 윤색하고 싶다. "이 일을 위해"는 성령 안에서 언제든지 기도하기 위해서이고 그 마음의 상태는 깨어 있어야 한다는 것이다. '깨어 있어 기도하다'는 겟세마네 기도에서 예수께서 제자들에게 당부한 말씀(막 14:38a)이다. 깨어 있다는 종말에 그리스도의 재림을 기다리는 상태의 표현이기도 하지만, 여기 에베소서는 깨어 있음을 위해 "온갖 전념과 간구"를 당부한다. 우리 개역에서 "항상 힘쓰며"는 지속적인 전심의 노력이므로 우리는 깨어 있다의 상태와 관련해 "온갖 전념(proskarteresis)"이라 번역하였다. 이 어휘의 의미는 기도의 맥락에서 "환난 중에 참으며, 기도에 항상 힘쓰며(전념하라)"(롬 12:12)의 문맥적인 사용과 맥을 같이 한다. 따라서 의식적으로 그리고 애써 끈기 있게 간구하라는 것이므로 복음서 눅 18:1~8에 따르는 끈기의 기도 맥락에서 "온갖 끈기로"라 번역하여도 좋을 것이다. "마음에는 원이로되 육신이 약하도다"(막 14:38b)의 상태가 아닌 마음도 육신도 깨어 있는 상태에서 모든 성도들을 위해 간구하라는 것이니, 이러한 간구는 자기중심적인 기도가 아니다. 아마도 에베소서가 강조하는 보편 교회의 입장에서 모든 성도들을 위한 간구일 것이다. 악령과의 전투라는 맥락에서 읽으면 모든 성도들이 함께 하는 집합적인 전투이지 성도 개개인의 개별 전투가 아니다. 이 18a~b절에 "모든"에 해당하는 어휘가 네 번 중복되어 있다. "매번 기도와 간구", "어느 때든지", "온갖 전념", 및 "모든 성도들"이 그 예들이다.

모든 성도들을 위해 기도하라고 한 다음에 19~20절에 "그리고 나를 위해서, 〔기도하여 달라〕"를 부탁한다. 그 부탁은 다름 아닌 "내게 말씀을 주시어 나의 입을 열어 복음의 신비를 담대하게 알리도록 〔기도하여 달라〕"하기 위함이다. 이미 에베소서는 신비를 여러 번 언급하였다.(1:9, 17~23; 3:3~10) 신비의 일차적인 뜻은 유대인들과 이방인들이 그리스도 안에서 하나됨이라는 복음이다. "내게 말씀을 주시어 나의 입을 열어"이니 내가 하는 말씀이 아니라 하나님께서 주신 말씀이다. "복음의 신비를 위해 나는 쇠사슬에 매인 대사(大使)이니 내가 말해야만 할 때 그것에 관해 내가 담대하게 말할 수 있도록 〔기도하여 달라〕"라고 20절에 나를 위해서 기도하여 달라는 부탁에 관해 부연하고 있다. "쇠사슬에 매인 대사"라는 표현은 모순이다. 쇠사슬에 매인 사람은 필경 죄수이고 반면에 대사는 외교적인 특전을 가지고 있는 황제의 사절이기 때문에 모순이다. 에베소서의 저자가 사도 바울이라 생각하는 주해자들은 바울이 최고 법정에서 네로 황제 앞에 서야 할 때 그 신비를 담대하게 말하겠다는 것이라 해설한다.(O'Brian 1999: 489) 신비를 알게 하기 위해 사슬에 묶인 그리고 그리스도의 신임장을 받은 대사라는 모순적인 표현에 대한 해석이 그러한 해설을 시사하는 모양이다. 이처럼 강한 해석은 아니라 하더라도 "쇠사슬에 매인" 정황이 바울로 하여금 필히 말해야 할 승부의 기회를 놓치게 될 것을 두려워한 것이다.(Klein 2006: 170) 우리는 본문의 표현과 이들 해설에서 바울의 결사의 임전 태세를 읽는다.

요컨대, 서한의 수신자들에게 악령들과와 대항할 진리와 의와 평화의 복음과 믿음, 그리고 구원의 투구와 성령의 검과 함께 기도로써 임전할 것을 신신당부한다. 다른 한편, 하늘나라의 하나님에게서 위임받은 대사로서 바울은 해야 할 말씀을 자유롭고 담대하게 말할 수 있도록 최후의 전투에 임하는 사도 자신의 비장한 결의를 19~20절에서 읽을 수 있다. 사도 바울은 이 서한 초두 1:17~23에서 "우리 주 예수 그리스도의 하나님, 영광의 아버지께" 기도하면서 너희의 마음의 눈을 밝혀 주시어 하나님께서 부활하신 그리스도 안에서 역사하시는 측량할 수 없는 크심의 능력을 너희로 알게 하시기를 간구하였다. 그리고 2:2, 6에서 공중의 권세의 지배자를 따라 살았던 너희를 그리스도 예수와 함께 하늘 영역에 앉히셨음을 선포하셨다. 이 하나님의 영광이 나타나심을 지켜가도록 이 서한은 초두 직설부터 말미인 6:10~20의 명령까지 시종일관 신자들에게 견인(堅忍)을 강권하고, 모든 성도들을 위해 기도하고 그리고 마지막으로 사도 자신을 위해 기도하라고 덧붙인다. 이처럼 견인에 관한 정합성이 중요하다. 에베소서가 그 자체로 일관성이 있다는 사실은 다른 서한들과 구별되는 독자성을 갖고 있다는 증거이다.

부록 4 : 골로새서와의 비판적인 비교(엡 6:18~20 vs 골 4:2~4)

우리는 에베소의 독해 목표를 당초 골로새서와 함께 읽는 것이라 설정하였다. 마지막 단원을 읽으며, 관련하여, 못 다 한 해설이 아직 남아있다. 흔히 엡 6:10~20을, 특히 18~20절을 골 4:2~4와 비교하지만, 양자 사이의 유사성과 상위성 때문에 에베소서 저자의 위명성 여부가 주요 쟁점으로 부각한다. 우선 해당 에베소서와 우리 개역 골로새서의 기사를 각각 옮겨 적겠다.

에베소서 6장:

18 매번 기도와 간구를 통해 성령 안에서 아무 때나 기도하
고 그리고 이를 위해서 모든 성도들을 위해 온 끈기를 다해 간
구하며 깨어 있어라. **19** 그리고 나를 위해서, 내게 말씀을 주
시어 나의 입을 열어 복음의 신비를 담대하게 알릴 수 있도록
〔기도하여 달라〕 **20** 이 일(복음의 신비)을 위하여 나는 쇠사슬에
매인 대사(大使)이니, 내가 말해야만 할 때 그것에 관해 내가
담대하게 〔그리고 진솔하게〕 말할 수 있도록 〔기도하여 달라〕

골로새서 4장:

2 기도를 항상 힘쓰고(스스로 전념하고) 기도〔안〕에 감사함으
로 깨어 있으라 **3** 또한 우리를 위하여 기도하되 하나님이 전
도할 문을 우리에게 열어 주사 그리스도의 비밀(신비)을 말하
게 하시기를 구하라 내가 이것을 위하여 매임을 당하였노라
4 그리하면 내가 마땅히 〔해야〕 할 말로써 이 비밀(신비)을 〔분
명하게〕 나타내도록 〔기도하여 달라〕

두 서한의 기사가 유사한 것이 사실이지만 동시에 상위한 점 역시 돋보인다. 에베소서 저자의 위명성을 주창하는 앤드루 링컨에 의하면, 두 서한의 기사 내용은 대동소이하되 골로새서는 기도와 감사의 배경 맥락을 갖는 반면, 에베소서는 6:10 이하부터 악령과의 전투에서 완전 무장의 배경을 갖는다. 골로새서와는 달리 에베소서는 "주 안에서 그리고 그의 힘의 위력 안에서 강하여지라"(엡 6:10)고 서두를 연 다음

에 11~17절까지 각종 무장들을 열거하며 완전 무장을 권면하는 차이가 돋보인다. 링컨은 다른 무엇보다 에베소서의 서술 양식이 설득적인 소통을 위한 과장 수사법의 관점에서 북받쳐 오르는 격정의 연설의 결미인 열변(peroratio)이라 분석한다. 'Peroratio'는 청자 혹은 독자의 정서적인 반응을 야기하여 제시한 긍정 의견에는 호의적인 반응을 그리고 제시한 반대 의견에는 악의적인 반응을 북돋는 일종의 임전 독려의 연설과 같은 수사이다. 링컨은 위명의 저자가 독자로 하여금 바울이 쓴 글임을 과장해 보이려는 의도로 이 열변의 수사의 형식을 빌려 서술하였다고 생각한다.(Lincoln 1990: xliii~xliv) 링컨의 이 전략적인 해설의 틀에서 이 단원을 다시 해석해보겠다.

에베소서에서는 악령의 책략에 저항할 수 있도록 완전 무장하라는 배경을 밑에 깔고 또 18절에 아마도 또 다른 무장인 기도하라를 당부하며, 19절에 나를 위해 기도해 달라고 부탁한다. 그런데, 기도해 달라는 목적이 골 4:3~4에서는 우리가 그리스도의 신비를 전할 수 있기 위한 것인데, 엡 6:19~20에서는 "복음의 신비를 담대하게 알리도록 이를 위해 나는 쇠사슬에 매인 대사(大使)이니 내가 말해야만 할 때 그것에 관해 내가 진솔(담대)하게 말할 수 있도록 〔기도하라〕"고 달리 표현하고 있다. 링컨은 이 대목이 극렬한 역경과 반대를 무릅쓰고 복음의 승리를 가져오게 유도하는 임전 독려의 열변 수사의 극치라 생각하고 있다. 링컨이 생각하는 바대로 저자가 바울이 아니라면 이 위명의 저자는 어떤 목적으로 이처럼 허무맹랑한 기도의 요청을 바울이 사망한 뒤에 독자들에게 하였을까? 이 저자는 자신을 바울의 대리인이라 생각하였기 때문에 복음을 담대하게 전하기 위해 독자들에게 기도해 주기를 호소함으로써 이 서한이 바울의 복음임을 설득하려는 것이라는 해석이 링컨의 해답이다.(Lincoln 1990: 455) 또한 열변의 수사(修辭)를 통해 그렇게 함으로써 독자로 하여금 복음 전도를 위한 바울의 사투의 용기에 동참케 한다는 것이다. 바로 이 문학적인 의도적인 기획이 위품을 진품이라 보이게 함(verisimilitude)의 고안이라는 것이다.(Ibid.: 455) 그뿐만 아니라, 링컨은 에베소서 말미의 6:10~18이 독자들로 하여금 관련된 에베소서 초두를 회상케 함으로써–앞 문단에서 우리도 에베소서 초두인 1:17~23 및 2:2, 6을 인용하였거니와–문학적인 서술 양식에 있어 비상의 위기의식을 더욱 고취하고 있다고 생각한다.(Ibid.: 430~41)

우리는 링컨의 에베소서의 이해가 오해라고 생각하지 않는다. 오히려 그의 에베소서 평가는 문학 비평의 관점에 있어 정곡을 맞추었다. 전반부에 교회가 지향해야 할 목표를 직설 서법으로 기초를 쌓고, 그 기초 위에서 명령 서법의 후반부에 들어올수록 열변의 수사를 강화함으로써 임전 태세를 독려하는 강도가 높아지는 것이 사실이다. 그러나 골로새서를 복사하여 에베소서에 옮긴 위작이라는 링컨의 판단은 오해라고 생각한다. 위명성을 증언하는 그의 문학 비평의 논리는 그 역도 진리일 수 있는, 즉 반대 논리도 가능한, 선입 편견을 앞세운 견강부회일 수 있다.

우선, 에베소서 초두를 후반에 반복 상기하는 서술 양식의 시종일관한 정합성이야말로 모든 진리의 저술이 지향하여야 할 일반적인 목표이다. 로마서를 보라. 죄와 구원에 관해 시종일관 여러 면모를 반복 서술하고 있다. 우리는 앞 문단에서 견인에 관한 주제의 일관성은 에베소서가 다른 서한들과는 다른 독자성을 갖고 있다는 증거라고 논하였다. 더군다나, 에베소서의 열변의 이유를 에베소서의 논리 테두리에서 이해해야 할 것이다. 이 단원 서두에서 전신갑주에 관한 6:10~20이 4장 초두부터 시작하는 전체 권면의 결론이기도 하거니와, 그보다 더욱, 1장 초두부터의 전체 결론이기도 하다고 하였다. 완전 무장에 관한 한, 에베소서에서 차지하는 중요성의 상대적인 비중의 문제를 넘어서 에베소서가 겨냥하는 직접적인 집필의 주요 목적이 바로 6:10~20절에 담겨 있다고 읽고 싶다. 아울러, "나는 쇠사슬에 매인 대사(大使)이니…내가 담대하게…그리고 진솔하게 말할 수 있도록"이라는 표현이, 링컨 자신도 지적하고 있는 바대로, 행 28:31에서 "담대히 하나님 나라를 전파하며 주 예수 그리스도께 관한 것을 가르치되 금하는 사람이 없었더라" 그리고 또 딤후 2:9에서 "복음을 인하여 내가 죄인과 같이 매이는 데까지 고난을 받았으나 하나님의 말씀은 매이지 아니하리라"를 찾아 읽을 수 있다는 사실 그 자체가 바울 자신의 사역 체험의 소신이고 절규임을 방증하고 있는 일 아닌가!

설득적 소통을 위한 열변의 서술 양식을 링컨이 에베소서 말미 주해에서 비판하고 있지만, 그러므로, 그것은 바울 자신이 자의적으로 의도했었을 가능성을 부인할 수 없다. 링컨이 올바르게 이해하고 있는 대로 골로새서와 에베소서의 저술 동기 자체가 다르기 때문이다. "누가 철학과 헛된 속임수로 너희를 노략할까 주의하라"(골 2:8)에 적힌 대로 골로새서의 저술 동기는 거짓 가르침에 대한 경고가 동기이고, 반면에 에베소서는 이러한 경고를 찾아 읽을 수 없다. 에베소서가 골로새서와 같은 시기에 쓰인 것이든 이후에 쓰인 것이든 에베소서를 쓸 당시 바울의 신변이 큰 위협을 받고 있었을 가능성이 높다. 게다가, 사도 바울의 옥중 시대 말기에 이미 기독자들의 신앙의 공황이 도래했을 수도 있었겠다. 바울의 에베소서 전도가 52~55년이었고 에베소서의 집필이 62년 전후였다면 당시 에베소 신자들은 대부분 예수의 재림을 기다림에 지쳐 있었을 것이다. 이런 정황에 미루어 짐작컨대, 바울이 에베소 신자들을 위한 격려는 악령과의 전투를 독려하여 '그리스도 안에서 하나됨의 바탕 위에 하나님의 구원의 계획을 완수하라'일 수밖에 없었을 것이다. 낙관적인 견지를 갖고 굳게 서라는 전투의 태세를 격려하고 있는 에베소서의 권면을 링컨은 바울 사후와 예루살렘 교회의 권위 상실에서 빚어진 시대적 상황과 맥락에 부합하다고 생각한다. 링컨의 비판이 합리적일 수도 있겠으나, 하지만, 동시에 바울의 당시 절박한 우려를 간과한 링컨의 짜깁기 추론에 불과할 수도 있다. 따라서 에베소서가 바울 사후에 쓰였다는 가정 위에 세운 그의 주장은 가정이라기보다 한낱 상상 위에 세운 추리 가설에 불과하다.

다른 한편, 골로새서와 에베소서의 유사성을 빌미로 두 서한이 상호의존적이라는 결론을 앞세워 두 서한을 비교해 읽을 때 지나친 일반화를 삼가야 할 것이다. 두 서한 사이의 이야기 담화가 줄거리에 있어 유사한 것은 사실이지만, 두 서한 사이에 내용의 기반과 세부가 각각 상위하다는 점에 대해 더욱 주목해야 한다. 세부적인 차이지만, 우선, 골로새서에서는 바울과 그의 동료인 "우리"를 위해 기도하라고 하고, 에베소서에서는 바울이 "나"를 위해 기도를 부탁하고 있다. 동역자가 바울과 함께 있었느냐 아니냐의 차이인데, 이 점에서 골로새서의 "우리" 대신 구태여 에베소서에서 "나"라 위작할 필요가 있었을까? 게다가, 두 서한간의 또 다른 차이도 있다. 골로새서에서는 "그리스도의 신비"여서 "이 신비는 너희 안에 계신 그리스도시니 곧 영광의 소망이니라"(골 1:27)이다. 반면에 에베소서에서는 "복음의 신비"여서 이방인들과 유대인들 이 둘을 한 몸으로 하나됨(엡 2:11~3:13)의 신비다. 두 신비의 개념이 상호 교환적이라 하더라도 위명의 저자가 그리스도의 신비를 복음의 신비로 구태여 혹은 부지중에 교체할 수 있었을까? 두 서한이 유사한 것은 사실이지만 차이는 차이대로 그 독자적인 의미를 존중해야 한다. 그러므로 "비록 그 차이가 사소하다 하더라도, 이들 차이는 골로새서와 에베소서가 상호의존적이지 않다는 것을 시사고 있는 것이다."(Hoehner 2002: 860)

에베소서가 바울의 제자가 쓴 위작이라 하면서도 이들 계열의 학자들조차 에베소서 자체에 관해서는 대단히 높이 평가한다. 대표적인 학자가 실상 다름아닌 앤드루 링컨 자신이다. 이 때문에 그는 에베소서를 대단히 진지하게 해석한 주해서를 집필하였다. 에베소서의 내용이 공인된 바울 서한들의 내용과 여러 점에서 차이를 보이지만, 그러나 그 내용이 대단히 바울답다는 것이 그의 평가이다. 예컨대, 공인된 서한들에서는 예수의 십자가 죽음을 강조하고, 이와 달리 에베소서는 예수의 하늘에 오르심을 강조한다. 지역 교회냐 보편 교회냐의 차이도 공인된 서한들과 에베소서 사이에 마찬가지로 두드러진다. 그럼에도 불구하고 공인된 바울 서한들과 에베소서 사이의 이러한 차이들에 각기 서 있는 입장이 배타적인 것은 아니다. 일반적으로 통용되는 사도 바울의 견지를 그대로 유지하면서 에베소서에서 포괄적으로 상호 보완하여 바울의 교리를 온전하게 정립하였다고 보아야 할 것이다. 이로 말미암아 에베소서가 "바울 사상의 정수"라 논평하고 있음을(Bruce 1977) 여러 번 인용하였다.

링컨의 해설을 직접 옮기기로 하겠다. 에베소서가 바울의 일반적인 교리를 포괄적으로 보완하여 온전하게 정립하였다는 사실을 링컨 자신이 증언하기 때문이다. "에베소서를 특징짓는 낙관적인 견지 … 그리스도 안에서 하나님의 목표를 보편적이고 우주적인 척도 위에서 평화와 화목에 의해 성취하는 것으로 에베소서가 묘사하는 것, 그리고 거룩함과 사랑의 삶을 통해 우주적인 조화의 진보를 이루려는 교회의 역할에 관한 에베소서의 견지, 이러한 견지들은 여전히 엄청나게 매력적이고 또 소망에 대한 강력한 유인동기를 제공한다. 진본인 바울(서한들)은, 여러 가지 이유 때문에, 항상 부활의 견지에서 보아야 함에도 불구하고 바울의 서한들에서 십자가에 일차적인 강조를 두고 있다. 에베소서는 부활과 하늘에 오르심을 강조한다. 진본 바울(서한들)에도 분명 있는 바이긴 하지만, 이 〔부활과 하늘에 오르심의〕 강조의 차원이 갖고 있는 교회의 의미를 끌어냄으로써 에베소서는 십자가와 부활의 정전(正典)인 바울의 복음에 보완적인 공헌을 하고 있는 것이라고 볼 수 있다"(Lincoln, 1990: xcvi~xcvii)는 해설은, 에베소서가 사도 바울이 쓴 서한은 아니라는 비판적인 입장에 서 있음에도 훌륭한 에베소서 주해서를 저술한 링컨이, 에베소서가 당연히 성경의 정경(正經; canon)이라는 지극한 존경을 바탕으로 내놓은 에베소서 독해와 주해의 결론이다.

그렇다면, 위작의 정경을 집필한 의도가 무엇이고, 바울의 제자들 중에서 바울의 복음을 정경처럼 위작해 보완할 동기가 도대체 무엇이었을까? 이 의문을 위해 이 단락 서두에 원용한 엡 6:18~20과 골 4:2~4의 기도 간청에 관한 내용을 가일층 상호비교 분석할 필요가 있다. 링컨의 열변(peroratio)에 관한 비평에 따르면 설득 수사의 극치가 서한 말미에서 이루어져야 한다. 전쟁 참여의 독전을 위해서라면 연설 말미에 앞선 부분의 내용을 집약하여 효과의 극대화를 이루어 청중에게서 정서적인 승복을 이끌어 내야 하기 때문이다. 우리는 앞에서 두 서한 사이의 차이를 들추어 에베소서와 골로새서가 상호의존적이 아니라는 회흐너의 결론을 인용하였다. 자구와 서술 양식에 있어 초두에 원용한 두 서한 사이에 차이보다는 말미의 기도에서 두 서한 사이의 유사성이 더욱 두드러진다. 이번에는 유사성을 들추어 두 서한이 상호의존적이 아님을 논하기로 하겠다.

특히 링컨의 논리에 따르는 열변 수사에 적합한 구절은 엡 6:18과 이에 상응하는 골 4:2이다. 양자 사이에 유사성과 더불어 차이성 역시 돋보인다. "매번 기도와 간구를 통해 성령 안에서 어느 때든지 기도하며 그리고 이 일에 모든 성도들을 위해 온갖 전념과 간구로 깨어 있으라"가 엡 6:18a이고, "기도를 스스로 전념하고 감사함으로 기도에 깨어 있어라"가 골 4:2이다. 이처럼 자구와 서술 양식에 있어 거의 동일한데도 불구하고, 흥미로운 사실은 두 기사가 전하고자 하는 목표의 차이가 숨겨져 있다. 에베소에서 헌신적인 기도와 "깨어 있어라"를 독려하는 목표는 모든 성도들의 공동체를 위함이고 현세에서 "하늘 영역들에 있는 악령의 존재들에 대항하기"(6:12) 위함이다.(Moo 2008: 320~321) 이와 달리 골로새서의 "감사함으로 기도에 깨어 있어라"를 독려하는 목표는 비록 현세의 신앙 생활을 위한 것이라 하더라도 그리스도의 재림 전에 준비해야 할 선교의 완수를 위함이다. "바울은 종말 순간의 화급함을 인지하도록 신자들에게 탄원하여 그리스도가 오시기 전에 수행하여야 할 선교에 바울과 그의 동역자들과 함께 참여하도록 호소하고 있다"(Pao 2012: 292)고 파오는 골로새서를 주해한다. 같은 어휘들을 사용하지만 독려하는 목표가 각기 다르다. 두 서한을 집필하는 의도와 동기가 다르기 때문일 것이다. 어느 한 서한이 다른 한 서한의 위작이라고 할 때 진본과 위작이 각각 그 의도와 동기가 다를 수 있을까? 다를 수 없다면, 어떻게 같은 문장을 사용해 다른 의도를 표현할 수 있을까? 필경 저자가 같은 한 사람일 수밖에 없을 것이다. 하나의 동일한 저자가 각기 다른 수신자에게 다른 의도와 동기를 전하면서도 헌신적인 기도와 깨어 있어라의 같은 내용을 공히 독려한다는 것은 능히 가능한 일이다.

이미 언급했던 대로 두 서한 말미에서 뚜렷한 표면적인 차이는 엡 19~20에 "나를 위해서" 기도하라고 거듭 강조하고 있는 반면에, 골 4:3에서는 "우리를 위해"기도하라고 거듭 강조하고 있다는 사실이다. 학자들은 "우리"가 바울의 동료 사역자인 디모데(골 1:1)와 에바브라(1:7; 4:12)이리라 추측한다.(Pao 2012: 292) 디모데는 골로새서를 쓸 당시 옆에서 바울을 거들었을 것이며 에바브라는 골로새교회를 창시한 전도자라는 골로새와의 고유한 인연을 반영하는 반면에 에베소 교회는 바울 혼자 고군분투했던 곳이므로, "우리를 위해"와 "나를 위해"의 차이도 상황의 차이다. 위명의 저자가 골로새서를 표절하여 에베소서를 썼다면 두 서한 간에 있을 수 있는 공교로운 각각의 상황의 차이까지를 공교하게 들추어낸 셈이다. 우연찮은 두 서한 간의 유사성을 이해하는 일은 한편 골로새서의 주제는 거짓 가르침을 경고하는 그리스도론이고, 다른 한편 에베소서의 주제는 우주완성의 교회론이라는 각기 다른 집필 목적을 전제로 하고서야 올바른 이해에 도달할 수 있다.

결론컨대, 골로새서와 바울 그리고 에베소서와 바울, 이들 양자의 관계는 의존적임이 분명하다. 그럼에도 불구하고 각각 독자적인 상황과 의도를 집필하고 있다. 가령, 독전(督戰)을 권장하는 엡 6:10~17에 관해 링컨은 'peroratio' 수사의 위작의 증거라 논변하지만 결코 위명성을 감추기 위한 꼬임의 에베소서 말미의 족적이 아니다. 오히려 이 단락이야말로 에베소서 전체의 결론이고(Hoehner 2002) 또 클라이맥스일진대(Klein 2006) 시종일관 에베소서는 악령과의 전투를 위한 독전을 위한 서한이다. 골로새서와 에베소서는 단지 같은 시기에 같은 저자이므로 동질적인 이야기 담화의 형식을 중복하고 있을 따름이다. 그러므로 훌륭한 에베소서 주해서인 에베소

서(Ephesians)를 집필한 앤드루 T. 링컨 자신이 아마도 누구보다 숙지하고 있을 터인바, 에베소서가 골로새서를 기획적인 의도를 갖고 복사하고 있는 것도 아니거니와 이현령비현령으로 표절하고 있는 서한은 더군다나 아니다. 두 서한은 각기 독립적이다.

8) 에베소서의 결미(6:21~24)

모든 성도들을 위하여 그리고 나를 위하여 기도하여 주기를 당부한 다음 이제 이 서한의 맺음말을 적고 있다. 우선 두기고를 파견한다는 것이 21~22절이고 그리고 평화와 은혜의 축복이 23~24절이다.

두기고의 파견(6:21~22)

골로새서와 에베소서가 단순한 복사의 상호의존적이라는 가정을 전제로 두 서한을 비교해 읽지 말아야 할 것이라고 앞에서 논고하였다. 하지만, 두 서한의 결미인 엡 6:21~22와 골 4:7~8은 거의 완벽하게 중복된다. 무려 32개의 어휘가 자구마다 같다. 헬라어 원문을 비교하면 자구마다 동일한 것이 더욱 두드러지나, 개역에서 해당 구절들을 함께 적어 비교하겠다. 아래 인용문에서 고딕체로 표시한 부분이 각각 에베소서와 골로새서에 독자적인 구절이고 나머지는 모두 중복되는 부분이다. 한데, 이 중복은 두 서한을 집필하고 전달하는 시기가 겹치기 때문이라 이해해야 한다.

에베소서 6장:

21 나의 사정 곧 내가 무엇을 하는지 너희에게도 알게 하려 하노니 사랑을

받은 형제요 주 안에서 진실한 일군인 두기고가 모든 일을 너희에게 알게
하리라 **22** 우리 사정을 알게 하고 또 너희 마음을 위로하게 하기 위하여 내
가 특별히 저를 너희에게 보내었노라

골로새서 4장:

7 두기고가 내 사정을 다 너희에게 알게 하리니 그는 사랑을 받는 형제요
신실한 일군이요 주 안에서 함께된 종이라 **8** 내가 저를 특별히 너희에게
보낸 것은 너희로 우리 사정을 알게 하고 너희 마음을 위로하려 함이라

어떻게 이처럼 중복되는가? 물론 저자가 골로새서의 글을 에베소서에 옮겨 적은 것이다. 앤드루 링컨은 에베소서의 저자가 바울의 저작인 것처럼 보이게 하기 위해 옮겨 적은 것이라 해석한다. 이 해석은, 위작의 심리를 모르는 해석이다. 위작이라면 표절의 인상을 감추려 하였을 것이요, 오히려 골로새서를 그대로 베끼는 일을 의도적으로 피했을 것이다. 의도적인 위작인 경우에는 교묘한 수법을 쓰는 법이지 이처럼 거친 수법을 쓰지는 않았을 것이다.

"이제 너희가 나의 사정들을, 내가 어떻게 하고 있는지를 알게 하기 위하여 주 안에서 사랑하는 형제이고 신실한 종인 두기고가 모든 것을 너희에게 알게 할 것이니 그를 내가 바로 이 목적을 위해 너희에게 보내는 바, 그런즉 우리가 어떻게 지내는지를 너희가 알도록 하고 그리고 그가 너희의 마음을 위로하여 줄 바이니라"가 비교적 원문의 어순에 충실한 21~22절의 번역이다. 이 기사에서 보는 것처럼 위작에 대한 의심은 또 다른 의심을 낳기 마련이어서, 바울의 사적인 인사가 적혀 있지 않다는 것이 위작의 의심을 불러일으키는 또 다른 한 요소다. 앤드루 링컨에 따르면 에베소서 저자

는 바울의 현황의 사정에 대해서는 슬쩍 빼먹고 그 대신 수신자들에게 두기고에게 주목케 한다는 것이다. 다른 무엇보다 골로새서와 에베소서를 각각 지참해 전달한 두기고가 누구인가? 그는 아시아 사람으로 바울의 제3차 선교여행 때 아데미 여신의 소요로 에베소에서 쫓겨난 후 마게도냐로 돌아갈 때 동반한 사람이고(행 20:4), 또 바울을 수행하여 예루살렘에까지 동반하였으며, 그리고 바울의 명에 따라 아시아 지방에 두루 파견된(cf. 딤후 4:12; 딛 3:12), "주 안에서 사랑하는 형제이고 신실한 종(일꾼)"이다. 이 두기고에게 초점을 맞춤으로써 바울의 사사로운 이야기는 슬그머니 감추려 한다는 것이 링컨의 생각인 것 같으나, 그는 골로새와 에베소를 포함한 아시아 지역에 인연이 깊은 적임자로 바울의 충실한 심부름꾼이었음은 의심의 여지가 없다.

그러나 참으로 의심하여야 할 점은 두기고가 에베소에 전한 서한이 바울의 서한이 아닌 위작의 서한이었겠느냐는 점이다. 주후 1세기에는 로마의 우편 체계가 단일 파송자에 의해 송신지에서 수신지에까지 전달되었다니 이 서한을 위탁받은 사람도 두기고이고 전한 사람도 두기고이며, 또 이 서한의 수신자들은 두기고에게서 이 서한을 전해 받았음이 분명하다. 두기고가 직접 전하였다면 바울의 것이 아닌 서한을 그가 바울 사도의 서한이라 전하였을 리 없다. 더군다나 에베소서가 바울 사도의 서한이 아니라면, 어떤 위명의 저작자가 두기고의 골로새 파송 기록까지 복사하는 우둔함을 저지르지는 않았을 것이다.

에베소서의 저작자 시비를 논할 때, 에베소서의 말미가 골로새서의 말미를 그대로 복사한 것이라는 사실과 그리고 두기고를 파송하여 에베소서를 전하였다는 사실을 제외하고는 시시비비할 수 없다.

그러므로, 위작의 문제를 포함한 에베소서와 골로새서의 관계에 관한 해럴드 회흐너의 추론을 우리의 결론으로 삼겠다. 두 서한이 중복되는 것은 "두 번째 문서(에베소서)가 첫 번째 것(골로새서)을 복사한 것임을 분명히 시사한다. 두 서한이 동시에 쓰여졌거나 혹은 저자가 첫 번째 서한을 아직 갖고 있었을 때 두 번째 서한을 쓰고 있었을 가능성이 매우 높다. 이 주석서(《Ephesians: An Exegetical Commentary》)에 논의한 바대로 바울이 이 두 서한의 저자라면 두기고가 소아시아에 갔을 때 이 두 서한을 지참했을 것이라 보아야 한다"(Hoehner 2002: 867~68)는 인용문이 당연히 우리의 추론이기도 하다.

축복의 기도(6:23~24)

서한 초두 1:2에 은혜와 평화를 기원하였다. 다른 바울 서한들과 마찬가지로 이제 말미에 같은 축복의 기원인 축도로 편지를 끝내지만, 다른 서한들과는 유별나는 서술 양식이 돋보인다. 우선 은혜와 평화의 두 기원의 순서를 바꿔 적고 있고, 게다가 하나님의 사랑이 너희에게 있기를 축도하는 것이 아니라 주 예수 그리스도를 사랑하는 모든 이들에게 은혜가 있기를 기원한다.

> **23** 아버지 하나님과 주 예수 그리스도에게로부터 평안과 믿음을 겸한 사랑이 형제들에게 있을지어다 **24** 우리 주 예수 그리스도를 변함없이 사랑하는 모든 자에게 은혜가 있을지어다

"평화가 형제(자매)들에게 그리고 사랑이 믿음과 더불어, 하나님 아버지와 그리고 주 예수 그리스도에게로부터. 은혜가 우리의 주를 사랑하는 모든 사람들과 함께, 예수 그리스도를 불후하도록"이 비교

적 원문의 어순에 충실한 23~24절의 번역이다.

"은혜"보다 "평화"가 먼저 나온다. 아마도 그 까닭은 하나님과의 화목이 유대인들과 이방인들 모두를 하나되게 베푸신 에베소서의 주요 메시지를 돋보이기 위함일 것이다. 바울 서한에서 일반적으로 은혜와 평화가 "너희들에게"라 2인칭인데 여기서는 "평화가 형제(자매)들에게"라는 3인칭을 쓰고 있다는 사실도 위의 설명을 간접적으로 지지한다. 평화가 하나님과의 화목만을 가리키는 것이 아니라 유대인들과 이방인들 신도들인 형제들 사이의 평화임을 시사하고 있다는 해석을 선호하기 때문이다. 첫 번째 축복이 평화의 기원에 잇따라 평화와 사랑을 병치시킴으로써 평화와 사랑을 나란히 자리매김한다. 이때 우리 개역에서의 "믿음을 겸한 사랑"은 "믿음과 더불어 사랑(agape meta pisteos)"이라 번역하는 것이 더욱 적합할 것이다. 사도 바울에게 믿음과 사랑은 갈라놓을 수 없는 불가분임을 우리는 잘 안다. 한데, "사랑"과 "믿음"을 "더불어(meta)"로 연결하여 믿음이 사랑에게 상좌의 자리를 양보하고 있다.(O'Brian 1999: 493) "사랑이 믿음과 더불어"라는 번역은, "사랑을 통해 역사하는 믿음"(갈 5:6)에 비추어, 믿음의 열매로 사랑이 발현되어 "믿음은 그 자체를 사랑 안에서 표현한다"(Schreiner 2008: 483)는 의미를 뜻할 수 있겠다. 원문의 어순대로 번역하면 사랑이 믿음을 동반하다의 뜻에 가깝다. 좌우간, "믿음은 사랑과 결합되어 있는 것이지 평화와 결합되어 있는 것이 아니며 (믿음이) 평화와 사랑과 더불어 개별적인 별개의 속성이라 간주할 수 없다. 따라서 '평화, 사랑, 그리고 믿음'이 아니라 '평화와 사랑'이다.(Hoehner 2002: 873) 하나님께서 당신의 백성을 사랑하신다는 자각과 체험은 신자들의 신앙의 비옥한 토양에서 서로를 사랑하여야 한다는 자각을 또 깨우치게 할 것이다.(Thielman 2010: 444) 말하자면, 비록 믿음의 열매로 사랑이 발현된다 하더라도, 평화와 그리고 믿음에 수반하는 사랑은 그 원천이 하나님 아버지와 주 예수 그리스도 두 분이심임을 분명히 밝히고 있음을 주목해야 한다.

그리고 "은혜"를 24절에 "은혜가 우리의 주를 사랑하는 모든 사람들과 함께, 예수 그리스도를 불후하도록"이라 기원한다. 은혜와 평화는 모든 바울 서한 초두와 말미에 나오는 인사이지만, 은혜가 무엇이냐를 알려면, 다른 어느 서한보다 "하나님께서 당신의 사랑하시는 이 안에서 우리에게 기꺼이 주신 당신의 은혜의 영광을 찬미하게 하려는 것이라, 그리스도 안에서 우리가 그의 피로 말미암아 구속 곧 죄 사함을 하나님의 은혜의 풍성함을 따라 받은 것이니"(1:6~7)를 읽으면 족하다. 여기 에베소서 말미 축도에서 은혜의 수혜자들을 "우리 주 예수 그리스도를 변함없이 사랑하는 모든 사람들에게"라는 우리 개역의 "변함없이"는 영원하다 혹은 썩지 않다(en aphtharsia)라는 의미를 갖는 "불멸(불사/불후/영원) 안에서"의 뜻인데, 문장 말미에 쓰인 이 전치사 구의 문맥적인 의미에 대해 학자들 사이에 논란이 분분하다. 혹은 24절 문장 전체를 수식하는 "불사의 영역 안에서"라는 맥락으로 독해하기도 하고, 혹은 은혜와 불사를 나란히 연결해(Bruce 1984: 416) "은혜와 불사성(영원한 생명)이 우리 주 예수 그리스도를 사랑하는 모든 사람들에게 있을지어다"라 독해하기도 한다. 관련하여, NEB는 당초 24절을 "하나님의 은혜가 우리 주 예수 그리스도를 사랑하는 모든 사람들에게, 은혜와 불사를"이라 브루스처럼 번역하였으나, REB는 "하나님의 은혜가 우리 주 예수 그리스도를 영원(불후)히 사랑하는 모든 사람에게 있을지어다"라 개역하고 있다.

회흐너는 우리 개역처럼 "사랑하다"에 연결해 "예수 그리스도를 끊임없이 사랑하는 사람들"이라 독해한다.(Hoehner 2002: 807) 틸먼 역시 회흐너와 동일한 연결 방식을 취하여 "불멸 안에서"를 주 예수 그리스도를 사랑하는 방식이 부패하기 십상인 삶의 방식에서 벗어난, 영원의 불멸 또는 불후의 방식의 온전한 양태라 해석한다. 그리하여 "예수 그리스도를 불후(진실)하게 사랑하는 사람들 모두가 하나님의 은혜를 받기를"(Thielman 2010: 449)이라 바울이 기원하고 있는 것이라는 해석을 취한다. "변함없이"라는 우리 개역과 "끊임없이(unceasingly)"라는 회흐너의 번역은, 한결같다는 "불후하게(incorruptibly)" 혹은 "진성으로(sincere)"라는 틸먼의 번역과 맥락적인 의미가 상통하므로 우리는 이 번역을 취하고자 한다. 실은 24절 말미의 "불멸 안에서"에 대한 여러 해석과 번역을 인용했지만 여러 견해 모두가 서한 말미 축도(祝禱)에 잘 어울리므로 선택의 기준이 어렵다. 우리가 회흐너와 틸먼에 따라 우리 개역을 옹호하는 것은 이 에베소서 마지막 절과 고린도전서 마지막 절을 비교하여 유추해낸 소득이다.

고전 16:22~23의 "만일 누구든지 주를 사랑하지 아니하거든 저주를 받을지어다. 주께서 오시느니라![우리의 주여, 오시옵소서(marana tha!)] 주 예수의 은혜가 너희와 함께 하기를"은 엡 6:24와 양극으로 대조된다. 은혜와 저주 그리고 그리스도를 사랑하다와 사랑하지 않다를 반어적으로 대비한 이들 두 서한 사이를 비교하여 읽으면, 그리스도의 무한한 사랑의 피로 값없이 주시는 구원의 은혜는 우리가 우리의 주를 사랑하느냐 혹은 사랑 않느냐는 믿음의 여부에 달려 있다. 주가 오시는 날, 그 날에 주를 사랑하는 사람들은 하나님의 백성으로서 구원의 완성의 보상을 받는다. 종말의 날의 심판의 규준은 그리스도를 사랑하느냐 아니냐의 갈림길이다. 그러므로 24

절은 "예수 그리스도를 불후(진실)하게 사랑하는 사람들 모두에게 은혜가 있기를" 축원하는 것이라 독해해야 한다. 뿐더러, 24절을 이처럼 독해해야 "하나님께서 우리를 사랑하신 당신의 크신 사랑을 인하여"(2:4) 일방적으로 베푸시는 객관적인 은혜가 아니라 "우리 주 예수 그리스도를 사랑하는 모든 사람들과 함께"(6:24a) 하는 신자들의 주관적인 반응으로서 은혜를 베푸심(Lincoln 1990: 466)이라는 해설을 올바르게 이해할 수 있다. 실제로 링컨은 엡 6:24를 고전 16:22와 함께 읽는다.

우리가 주요 참고서로 읽은 회흐너는 "진정으로, 신자는 하나님의 허락하시는 은혜가 없이는 평화를 가질 수 없다"(Hoehner 2002: 878)고 그의 주해서 《Ephesians》 말미를 마감하고 있다. 한편, 이 은혜는 하나님께서 그리스도 안에서 우리에게 기꺼이 주신 것이므로, 은혜와 평화는 객관적인 직설 서법의 복음이다. 다른 한편, 이 은혜는 인내로 종말의 날까지 "예수 그리스도 우리의 주를 불후하게(en aphtharsia) 사랑하는" 사람들에게야 주어지는 것이므로, 은혜와 평화는 명령 서법의 윤리의 주관적인 디딤돌을 딛고 서는 사랑과 견인(堅忍)을 통해 주어진다. "사랑 안에서 진리를 말함으로써 우리가 모든 면에서 그리스도에게까지 자랄지라"(4:15) 그리고 동시에 "진리에서 발현하는 의와 거룩에 있어 하나님을 닮음에 따라 창조되어진"(4:24) 새 사람이어야 함이 그 디딤돌이다. 아울러 "사랑이 믿음과 더불어"(6:23)라 믿음의 열매로 사랑을 표현하고 있듯이, 사랑인즉 다름 아닌 믿음이 살아있다는 증거이다. 믿음은 하나의 측량할 수 없는 사랑을 체험케 하는 경로이기 때문이다. 그러므로 "하나님께 간구하오니 당신의 영광의 풍성을 따라 당신의 성령을 통해 능력으로 속사람이 강하여지도록 하여주시어, 그럼으로써 믿음을 통해 그리스도께서 너희 마음속에 계셔 주옵소서"(3:16~17a)의 바울의 기도처럼 삼위일체인 바탕 위에 정초를 세워야 한다. 에베소서는 은혜로 시작하여 마침내 견인을 통해 그리스도를 끊임없이 사랑함으로써 온전한 은혜가 보존되도록 축복하는 기도로 끝난다. 에베소서 공부를 끝내며, 관련하여, 직설과 명령의 징검다리인 4:1~3을 다시 읽기를 권하고 싶다.

Ⅲ. 골로새서의 그리스도론

바울의 서한들에서는 역사적 예수에 관한 기사가 거의 없다. 당연한 일이다. 그가 예수를 이 세상에서 뵌 일도 없고 제자도 아니었고, 오히려 예수 사후에 예수를 그리스도라믿는 제자들을 핍박한 자였다. 그가 다메섹 도상에서 승천한 예수를 뵙고 회심한 후에 사도로서의 바울이 설파한 그리스도론은 예수 자신의 제자들에 대한 질문 "너희는 나를 누구라 하느냐?"에 "주는 그리스도시오, 살아 계신 하나님의 아들이시니이다"(마 16:15)라는 베드로의 고백이 갖는 심층적인 의미를 깊이 이해하는 데 결정적인 열쇠의 구실을 다한다. 그리스도론이라 함은 "너희는 나를 누구라 하느냐?"에 대한 올바른 이해이다.

저자는 에베소서를 골로새서와 함께 독해하였다. 함께 읽음으로써 에베소의 이해가 깊어졌는데도 한 가지 아쉬움이 남아 있다. 에베소서의 주요 주제는 교회론인 바, 성령이 하나이고(엡 4:4), 주가 하나이고(엡 4:5), 그리고 하나님이 하나이고 모든 사람의 아버지이시다.(엡 4:6) 하나님의 의지는 "하늘에 있는 것이나 땅 위에 있는 것이나 그리스도 안에서 모든 것들을 하나의 머리로 통일되게 하려 하심이라"(엡 1:10)이다. 뿐더러, 하나님이 우주의 모든 창조물을 그리스도 안에서 복원 또는 요약하신다. 이처럼 에베소서 교회론은 그리스도 중심론이다. 이 에베소의 그리스도론은, 실상, 골로새서에서는 1:15~20의 찬미로 그 절정에 도달한다. 에베소서의 그리스도론은 간헐적으로 산재해 기록되어 있기 때문에 우리는 새삼 골 1:15~20을 집약해 독해함으로써 에베소서 공부에서 못다한 그리스도론의 아쉬움을 해소하고 싶다. 이것이 이 글의 목적이다.

실상, 열셋의 모든 바울 총서에 그리스도론이 담겨 있다. 그의 그리스도론에서 가장 두드러진 표현은 "그리스도 안에서"라는 그의 개념이다. 각종 서한들 모두에서 다양하게 사용하기 때문에 일률적으로 이 용어와 개념을 정의할 수 없다. "안에서(en)"라는 전치사는 때로는 처소격 때로는 도구격 등등의 뜻을 갖는다. 에베소서의 두 용례만을 예시하면, "그리스도 안에서 … 낱낱의 영적인 축복으로 우리를 축복하셨다"(엡 1:3)에서는 도구격으로, 그리고 "그리스도 안에서 우리를 택하사"(엡 1:4)에서는 처소격으로 사용했다. 이때 "그리스도와 연합하여" 혹은 "그리스도에 참여하여"의 포괄적인 맥락으로 읽으면 대체로 "그리스도 안에서"라는 다양한 의미 파악이 가능하다. 이 용어가 "그리스도의 중심성 또는 하나님의 종말 언약의 완성에 적합성"(Schreiner 2008: 317)이라는 개념과 부합하기 때문이다.

바울의 그리스도론은 예수 생애의 사역의 이야기를 기록한 복음서들의 그리스도론과도 어떤 차별적인 성격을 갖는다. 복음서들의 기록에서 예수의 죽음과 부활이 종점이지만, 예수의 인격과 사역의 이야기(narrative)와 의미에 관해 전기적인 양식으로 쓰인 말씀의 기록이라는 제한성을 갖기 때문이다. 단, 마 16:15를 보면 예수께서 제자들에게 "너희는 나를 누구라 하느냐?"라 질문하셨고, "주는 그리스도시오, 살아 계신 하나님의 아들이시니이다"라는 베드로의 전대미문의 그리스도론의 고백을 읽을 수 있다. 하지만 관련된 막 8:30~33 그리고 눅 9:18~22의 "하나님의 그리스도!"라는 고백의 맥락을 읽으면, 이 고백에는 예수의 십자가와 부활이 갖는 심층적인 의미가 결여되어 있다. 그런데 바울이 데살로니가에서 "내가 너희에게 선언하는 이 예수가 그리스도시라"고 설명하고 증거한 핵심은 "그리스도가 수난을 받고 죽은 자 가운데서 일어나셨을 밖에 없다"(행 17:3)이므로, 베드로의 고백과 비교하면 그 차이가 분명해진다. 그뿐만 아니라, 바울에게는 그리스도의 십자가의 피로 말미암아 인류 구원과 더불어 만물을 하나님과 화목케 하는 우주 완성의 하나님의 의지에서 그리스도가 압도적인 중심이다. 바울의 그리스도론의 원천은 다메섹 도상에서 승천해 계신 예수와의 만남이고, 무엇보다 "내가 너희 중에서 예수 그리스도와 그의 십자가에 못박히신 것 외에는 아무것도 알지 아니하기로 작정하였음이라"(고전 2:2)는 케리그마를 땅 끝까지 전하고자 한 그리스도론이다. 그것은 모든 인간적인 제약에서 자유로운 가히 파격적인 하나님 의지의 본질 통찰이다.

1. 왜 그리스도론인가

마르틴 루터의 종교개혁의 신봉자인 개신교인들에게는 믿음만에 의한 의와 구원이 지나치게 강조되어 있다. 하지만 믿음과 더불어, "너희는 나를 누구라 하느냐?"의 예수의 질문과 "주는 그리스도시요 살아 계신 하나님의 아들이시니이다"(마 16:16)의 베드로의 대답에 관한 그리스도의 지식이 이에 못지않게, 적어도 같은 무게로 존중되어야 한다. 그리스도의 지식이라 함은 베드로의 대답이 갖고 있는 함의이다.

"너희는 하나님께로부터 나서 그리스도 예수 안에 있고 예수는 하나님께로 나오는 지혜(sophia)가 우리에게 되셨으니"(고전 1:30)에 적힌 대로 고린도 전서는 예수가 우리에게 지혜의 원천임을 밝히고, "이 지혜가 곧 의, 거룩, 그리고 구속이다"라 부연하고 있다. 이처럼 "복음의 선포의 열매로 얻어진 그리스도에 대한 신앙은 또한 지식과 지혜이며, pistis(믿음)과 gnosis(지식)라는 개념은 바울의 믿음의 개념에서 상호보완적으로 규정되어 있는 것이다."(Ridderbos 1966: 242) 예컨대, 바울은 그의 서한들 곳곳에서 "우리가 알고 있거니와(for we know that)"의 표현(예컨대, 롬 5:3, 6:9; 고전 15:58; 고후 1:7; 4:14 등)을 관용적으로 사용하여 지식이 믿음의 근거와 동기임을 또 지식이 믿음의 함축된 의미임을 분명히 하여 믿음과 지식의 관계를 표현하고 있다. "우리가 다 하나님의 아들에 대한 믿음과 지식(epignosis)의 하나됨"(엡 4:13)을 이루는 일이 신자들의 종국적인 목표이다. 믿음은 어떤 경우에든 무엇에 대한 앎을 전제하고 있다. 무엇에 대한 앎이 개인의 실존적 체험이어야 믿음이 추상성에서 벗어나 그것이 구체적인 생명이 될 수 있다. 그러므로 그리스도론(Christology)은 표면적인 논설도 아니고 사전적인 정의도 아니다. 그것은 신앙의 내용이고 신앙의 본질이다.

그리스도의 중심성에 대해 이미 언급했는데도 덧보태어 첨삭하고 윤색하고 싶다. 믿음이 생명이기 위해서는 성령의 지혜와 능력이 필수적이다. 성령은 예수의 영이기도하고 하나님의 영이기도 하다. 이 성령이 기독자에게 내주(內住)하셔야 "의, 거룩, 그리고 구속"의 길을 걸을 수 있다. 이때 "만일 너희 속에 하나님의 영이 거하시면 너희가 육신에 있지 아니하고 영에 있나니 누구든지 그리스도의 영이 없으면 그리스도의(그리스도에 속한) 사람이 아니라"(롬 8:9)가 대전제이다. 더불어, "주 안에서 너희들 역시 성령 안에서 하나님의 거하실 처소로 함께 지어져가고 있다"(엡 2:22)는 교회론에 주목해야 한다. 물론 "주 안에서"는 예수 그리스도 안에서이고 "하나님의 거하실 처소"는 성전인데 그 곳에 성령이 내주하신다. 다시 반복하지만, 그리스도에로 합체된 몸인 교회는 "성령 안에서 하나님이 거하시는 처소"이고 그 곳에서 신자들의 하나님과의 교제는 성령을 통해서 이루어진다. 롬 8:9와 엡 2:22를 새삼 인용한 것은 삼위일체의 관계에서 그리스도가 누구이신지를 깊이 인식하여 그리스도론을 확장해야 하겠기 때문이다. 삼위가 모두 우리에게 유기적인 관계를 갖지만 그리스도가 우리 한가운데 계신다. "새 사람을 입어라, 그 새 사람은 진리의 의와 거룩에 있어 하나님을 닮음에 따라 창조되어진"(엡 4:24) 사람이라 하고 있거니와 이 새 사람이 곧 "주 예수 그리스도를 옷 입은"(롬 13:14) "완전한 사람: aner teleios"(엡 4:13)이다.

에클레시아와 관련하여 그리스도가 삼위의 관계에서 우리 한가운데 계신 징표는 이밖에도 또 다른 믿음과 지식에로 확장되어야 한다. 그것은 그리스도가 종말의 완성을 위해 다시 오심에 대한 지평의 확장이다. 믿음만이라 할 때 개인의 구원이 강조되어 교회가 공동체임을 부지불식간에 간과하기 십상이다. 그리스도가 구원의 주이시다는 믿음만으로는 그리스도를 올바르게 아는 것이 아니다. 바울의 그리스도론은 특히 옥중서한인 빌립보소서, 골로새서 및 에베소에 이르면 "만물을 그 발아래 복종케 하시어" 하늘에 있는 악령들까지 통치하시는 우주완성의 주역이시라는 확장된 의미를 갖는다. 엡 6:10~20은 보편 교회의 테두리에서 "우리의 싸움은 혈과 육에 대항하는 것이 아니라…하늘 영역들에 있는 악의 영적 존재들에 대항하는 것"(엡 6:12)이어서 하나님의 전신갑주(완전 무장)를 입어야 할 것을 강권하고 있다. "내가 확신하노니 사망이나 생명이나 천사들이나 권세자들이나 현재 일이나 장래 일이나…우리를 우리 주 예수 그리스도 안에 있는 하나님의 사랑에서 끊을 수 없으리라"(롬 8:38~39)는 우주완성의 하나님의 승리를 위하여 교회가 그리스도의 사역에 참여하여야 한다. 하나님의 종말적인 승리가 그리스도를 통한 승리이고 그 승리에 성령의 능력으로 교회가 참여해야 한다는 교회관을 작금의 인간 중심의 교인들은 어떻게 받아들일 것인가.

2. 빌립보서의 그리스도론(빌 2:6~11)

이 글의 주된 목적은 골 1:15~20의 그리스도의 찬송시를 이해하려는 것이다. 골로새서를 읽기 전에 같은 맥락에서 창조 전에 선재하여 계시고 우주완성을 위해 사역하시는 빌 2:6~11의 그리스도의 찬송시를 미리 개관하겠다. 우선 빌립보서의 개역 본문을 옮겨 적고, 2:6~8과 2:9~11의 두 단락으로 나누어 독해하기로 하겠다.

> **6** 그는 근본 하나님의 본체시나 하나님과 동등됨을 취할 것으로 여기지 아
> 니하시고 **7** 오히려 자기를 비워 종의 형체를 가져 사람들과 같이 되었고
> **8** 사람의 모양으로 나타나셨으매 자기를 낮추시고 죽기까지 복종하셨으니
> 곧 십자가에 죽으심이라 **9** 이러므로 하나님이 그를 지극히 높여 모든 이름
> 위에 뛰어난 이름을 주사 **10** 하늘에 있는 자들과 땅에 있는 자들과 땅 아
> 래 있는 자들로 모든 무릎을 꿇게 하시고 **11** 모든 입으로 주라 시인하여

하나님 아버지께 영광을 돌리게 하셨느니라

마지막 아담의 겸손과 복종(2:6~8). 본문은 찬송시이므로 운율에 맞추어 적혀 있다. 거의 불가능한 일이지만 운율을 살리려 애쓰며 독해하기로 하겠다. “그(그리스도 예수)는, 하나님의 본체이로되”가 6절의 첫 구절이다. “하나님의 본체(morphe)”라 함은 외관상으로 하나님의 형태를 취하고 있는 것이 아니라 본성에 있어 하나님의 신성을 지니고 있다는 것이다. 그럼에도 불구하고, 6절의 둘째 구절을 NRSV는 “어떤 이득을 취하려 하나님과의 동등성을 고려하지 않으셨고”라 “하나님의 본체”의 심각한 의미를 부각하는 번역을 취하고 있다. 하나님의 본체이신 신성의 그리스도가 갖는 겸손을 우선 대전제로 제시한 다음, 하지만, 7a절 이후에 그의 겸손의 지극함을 풀이한다. “그러나 자신을 비웠으니”라 자신을 아무것도 아닌 것이라 취급한다는 것이다. NIV는 이를 아주 강한 대조로 “but made himself nothing”이라 번역하고 있다. 뿐더러, 하나님의 본체인 자신을 “종의 본체로 취급하여”라 7b절에 그리고 “사람 닮음이 되어졌으니”라 7c절에 적고 있다. 게다가 이처럼 성육신에 그치지 않고, “그리고 사람의 모습으로 나타나셔,/그는 스스로를 낮추셨고/죽기까지 복종하셨으니,/십자가에 심지어 죽으심이라!”가 운율에 따라 분절해 적은 8절이다. “사람 닮음이 되어졌으니”의 7c절이 “사람의 모습으로 나타나셔”의 8a절에 이어진다.

예수가 진정 사람임은 바울이 예수를 두 번째 아담이라 서술하고 있는 롬 5:12~19에서 더욱 분명해진다. 〈아담-그리스도론〉을 앞당겨 읽으면, 하나님과 동일하기를 탐욕했던 첫 번째 아담의 불순종의 “범죄로 인하여 사망이 그 한 사람으로 말미암아 왕노릇하였는데(통치하였는데)" 반하여 "하나님의 본체"이신 "한 사람 예수 그리스도로 말미암아 생명 안에서 왕노릇(통치)하기에" 이른다.(롬 5:16~17) 빌립보서의 그리스도 찬미는 "죽기까지 복종하셨으니/십자가의 심지어 죽으심!"이라는 이 첫 연(聯: strophe)에서 이 십자가의 의미를 운율의 형식으로 함축적으로 은근하게 토로한다.

우주완성의 그리스도(2:9~11). 첫 연과 대조적으로 "이러므로 하나님이 그를 지극히 높은 곳에 올리셨고/어떤 이름보다 높은 이름을 그에게 주셨다"의 9절로 찬송시의 둘째 연(聯: strophe)이 새 막을 연다. 그리스도의 "십자가의 죽으심"이 끝이 아니라 하나님께서 새로운 장을 열어 놓은 것임을 단호하게 천명한다. "어떤 이름보다 높은 이름" 그것은 아마도 하나님의 본체에 합당한 이름일 것이다. 이어지는 10절에 "예수의 이름에 여하한 이름도 무릎을 꿇고/하늘에 있는, 땅 위에 있는, 땅 아래 있는 여하한 이름도"라 찬송하고 있기 때문이다. 이 둘째 연은 분명히 사 45:20~25를 원용한 찬송시이다.(Schreiner 2008: 326) "나의 입에서 의로운 말이 나갔은즉 돌아오지 아니하나니 내게 모든 무릎이 꿇겠고 모든 혀가 맹약(盟約)하리라"고 특히 사 45:23은 진술하고 있다. 연관하여, 마지막 11절에 "여하한 혀도 예수 그리스도를 주라 고백하나니/하나님 아버지의 영광을"이라 찬미한다. 만물이 그리스도께 무릎을 꿇고 주라 고백하지만 영광은 하나님께 드린다. 여기서 우리는 바울 사상의 또 다른 진수를 읽는다. 바울 서한 모두에서 그리스도도 성령도 하나님과 나란히 병치하는데도 불구하고 유일신은 하나님 아버지 당신 자신이다. 이를테면, "그때 마지막이 오리니, 그리스도가 모든 정사(지배자)와 모든 권세와 능력을 멸하시고 나라를 하나님 아버지께 바칠 때이다"라는 고전 15:24를 함께 읽으면, 유일신은 하나님 당신 자신임을 깨우친다. "분명하게 바울이 가르치는 바는 예수가 야하웨 당신 자신과 동일한 신성의 성질을 공유하고 있다는 것이지만, 그러나 바울은 이 가르침에서 유일신을 부정하거나 아버지와 아들 사이의 차별을 부정하고 있는 것은 아니다."(Ibid.: 326~327)

빌립보서의 감격적인 그리스도 찬송시를 마지막 아담과 우주완성의 두 연으로 나누어 읽었다. 바울의 그리스도론이야말로 바울 신학의 정수이다. 복음서들을 정독해도 온전히 깨우칠 수 없는 그리스도론이다. 한편 바울은 하나님과 차별적으로 예수를 전적인 인간으로 규정하고, 다른 한편 그는 특히 예수를 구주(soter)라 일컬을 때 그것은 예수를 하나님과 동일시하기도 한다. 그것은 하나님의 구원의 의지와 그리스도의 구원의 실행이 동일하기 때문일 것이다. 딛 2:13을 보라. "우리의 위대한 하나님 그리고 구주이신 예수 그리스도의 영광의 나타나심"이라 함은 예수 그리스도를 우리의 위대한 하나님과 구주와 동격으로 기술하고 있는 것이다.(Dunn 1998: 257) 이 관점에서 빌립보서 병행해 반드시 읽어야 할 그리스도론이 골로새서 1:15~20이기도 하다.

3. 골로새서의 그리스도론(골 1:15~20)

바울이 에베소에서 사역하고 있던 기간에 에베소 인근에 있는 리쿠스 계곡의 브리기아에 자리잡고 있는 골로새에 에바브라에 의해 교회가 세워졌다. 아마도 에바브라는 이 기간에 바울의 제자가 되어 전도자가 되었고, 그리고 바울이 에베소서를 떠난 지 채 5년도 못되어 로마에서 가택 연금 상태에 있을 때 바울의 옥바라지를 하며 그에게 골로새 교회의 난삽한 문제들을 이실직고하였다. 그 내용은 골로새 교회의 거짓 가르침이 횡행하고 있다는 것이었다. 본문에 의하면, 그리하여, 바울은 디모데와 더불어 골로새서를 써서 이 서한을 두기고와 오네시모의 인편에 전하였다. 이 서한에는 거짓 가르침에 대한 내용이 주로 2장을 중심으로 산재하여 있으나, 하지만, 본문을 읽어서는 일목요연하게 거짓 가르침의 내용을 파악할 수 없다. 그 내용을 총괄적으로 개관한 고전 주해서가 라이트푸트의 것이며 그는 서문 초두에 "의심의 여지없이 골로새는 성 바울이 띄운 서한 중에 가장 덜 중요한 교회이다"(Lightfoot 1880: 16)라는 군더더기 사족을 달고 있다. 골로새 교회를 사도 바울이 세운 것도 아니고 방문한 일도 없었으니 이런 사족이 가능하겠지만, 아마도 거짓 가르침을 철저하게 분석하여 "이단"이라 단정한 라이트푸트로서는 골로새 교회가 정통에서 벗어난 하찮은 교회라 생각했었을 수도 있겠다. 다른 한편, 골로새서는 에베소서만큼 저자의 위명성에 대해 의견이 분분하다. 근래에 제임스 던은 골로새서의 원저자가 디모데라는 특이한 가설을 제기하고, "디모데에 의해 이해 또는 해석되어진 바울의 신학"(Dunn 1996: 38)이 골로새서일 수 있다는 견해를 밝히고 있다.

골로새 교회의 거짓 가르침 또는 이단에 대해 간략하게 개요하겠다. 라이트푸트 이래 하나의 분명한 사실은 그 성격이 유대적이었다는 것이다. "먹고 마시는 것과 절기나 월삭(月朔)이나 안식일을 인하여 누구든지 폄론(貶論)하지 못하게 하라"(골 2:16)고 바울이 배격하는 의식이 유대교의 경건한 의식이기 때문이다. 실제로 바울 시대 이전부터 소아시아 지역에는 많은 유대인들이 이주해 살았다는 것이다. 보다 구체적으로 라이트푸트에 의하면 지혜와 지식을 강조하는 영지주의적인 에세네파(Essenes) 유대주의가 주도한 거짓 가르침이라 한다. 게다가 여기에 헬레니즘의 영향이 더하여져 영적인 열광에 휩싸이는 혼합주의의 성격과 엄격한 금욕주의의 성격을 함께 지니고 있었다는 것이다. 실제로 유대교 신자들은 유대주의 전통뿐만 아니라 희랍 철학과 지혜의 숭배자들이기도 하였다는 사실을 들추어(Dunn 1996: 31) 헬레니즘적인 유대주의라 일컫기도 한다. 우리로서는 골로새서의 그리스도론을 읽을 만큼의 이 이단의 성질을 파악하면 족하므로 그리스도론의 본문을 읽으며 그때그때 보완하기로 하겠다.

이 본문은 찬송시이므로 운율에 맞추어 적혀 있다. 빌립보서를 읽을 때와 마찬가지로 개역의 본문을 우선 옮겨 적고 단락을 나누어 그때그때 억지로라도 운율을 찾아 독해하도록 노력하겠다. 보통 골로새서의 찬송시는 두 연(strophe)으로 나누어 예수가 창조의 주임을 찬양하는 첫 연(골 1:15~17)과 교회의 주님임을 찬양하는 둘째 연(골 1:18~20)으로 내용 분해하는 것이 일반적이다. 그런데 브루스는 두 연 사이의 17~18a절이 첫 연에서 둘째 연에로의 전환을 연결하는 중개 연이라 읽는다.(Bruce 1984: 56) 우리는 브루스에 따라 그리고 무에 따라(Moo 2008: 116) 세 연들로 나누어 읽기로 하겠다.

15 그는 보이지 아니하시는 하나님의 형상이요 모든 창조물보다 먼저 나신
자니 **16** 만물이 그에게서 창조되되 하늘과 땅에서 보이는 것들과 보이지
않는 것들과 혹은 보좌들이나 주관들이나 정사들과 권세들이나 만물이 다
그로 말미암고 그를 위하여 창조되었고 **17** 또한 그가 만물보다 먼저 계시
고 만물이 그 안에 함께 섰느니라 **18** 그는 몸인 교회의 머리라 그가 근본이
요 죽은 자들 가운데서 먼저 나신 자니 이는 친히 만물의 으뜸이 되려 하심

> 이요 **19** 아버지께서는 모든 충만으로 예수 안에 거하게 하시고 **20** 그의 십자가의 피로 화평을 이루사 만물 곧 땅에 있는 것들이나 하늘에 있는 것들을 그로 말미암아 자기와 화목케 되기를 기뻐하심이라

창조하는 데에서 그리스도(1:15~16), 그리스도 찬양시의 이 첫 연은 선재하시는 그리스도론이다. 학자들은 이 첫 연을 셋째 연과 더불어 구약의 잠언 8:22~31과 외경(外經)의 솔로몬의 지혜(7:25~27)에 근거한 찬양이라 평가하는 것이 일반적이다. 잠언에는 태초에 지혜가 있었음을 "여호와께서 그 조화(창조)의 시작에 곧 태초에 일하시기 전에 나를 가지셨으며 만세 전부터, 상고부터, 땅이 생기기 전부터 내가 세움을 입었나니"(잠 8:22~23)라 적혀 있다. 태초부터 있었던 지혜를 의인화해 "나"라 적고 있으니, 하긴, 지혜가 하나님의 아들일 수 있을 것이다. 하긴, 지혜와 지식의 모든 보화가 그리스도 안에 숨겨져 있다는 찬양이 그리스도의 찬양시라면, 구약의 지혜론의 원용은 골로새 교회의 거짓 가르침을 바로잡는 데 매우 유익하고 효과적인 길잡이일 수 있겠다. 아래에 골로새서 본문 첫 연의 브루스의 번역을 옮겨 적겠다.

> **15** 그(하나님의 아들)는 보이지 아니하시는 하나님의 형상이요, 모든 창조물 중 첫 번째 태어나신 이라 **16** 왜냐하면 그의 안에서 모든 것들이 창조되었고- 하늘에 있는 것들이나 땅위에 있는 것들이나, 보이는 것들과 보이지 않는 것들이나, 보좌들 혹은 주관자들이나, 지배자들 혹은 권세들이나- 모든 것들이 그를 통해서 그리고 그를 위해서 창조되었다

요컨대, 첫 연은 선재하여 계셨던 그리스도의 찬양이다. "그는 보

이지 아니하시는 하나님의 형상이요"라는 첫 구절은 1:3~14에서 하나님께 드리는 감사와 기도에서 그리스도를 관계대명사로 직접 연결해 "그(하나님의 아들)는 보이지 아니하시는 형상이요"라 운을 떼고 있다. "본래 하나님을 본 사람이 없으되 아버지 품 속에 있는 독생하신 하나님이 나타나셨느니라"(요 1:18)와 같다. "형상(eikon)"은 영어의 icon으로, 대뜸 "하나님이 자기 형상 곧 하나님의 형상대로 사람을 창조하시되"(창 1:27)를 연상케 한다. 하지만, "형상"이라 함은 하나님이 창조하신 남자(아담)와 여자(하와)가 하나님과 같다는 뜻을 갖는 것은 물론 아닐 것이다. 대신, "그는 보이지 아니하시는 하나님의 형상이요"라 함은 하나님의 아들이고 하나님의 표상인 "그리스도 안에서 하나님의 본성과 존재가 온전하게 되어–그의 안에서 보이지 않는 것이 보이게 되었다"(Bruce 1984: 57~58)라 해석하는 것이 정당할 것이다. 말하자면, 보이지 아니하시는 하나님이 그리스도를 통해 볼 수 있게 되었다는 해석이다.

지혜는 요한복음에 따르면 말씀(logos)이다. 이 지혜 혹은 말씀이 골로새서에서 "하나님의 형상"이고 그리고 둘째 구절에서 "모든 창조물의 첫 번째 태어나신 이라" 표현이 바뀐다. "첫 번째 나신 이(prototokos: firstborn)" 곧 장자는 시 89:27에서 다윗에 관해 "내(야하웨)가 저로 장자로 삼고 세계 열왕의 으뜸이 되게 하며"라 적힌 대로 은유적인 의미에서 쓰인 "장자"일 수도 있다. 여하튼, "첫 번째 나신 이"라 함은 창조주라거나 피조물이라거나 하는 지칭과는 다르다. "형상"이 보이지 아니하시는 하나님의 본성과 존재가 보이게 되듯 창조주와 당신의 창조 사이를 계시하여 연결하는 초월적이고 내재적인 긴장의 표현이 "첫 번째 나신 이"이다.(Dunn 1996: 90) 라이트푸트의 해석을 옮기면 "그는 모든 창조물에 대해 prototokos의 관계에서 있고, 그리하여 첫 번째 태어나신 이(장자)라 함은 모든 창조물의 절대적인 상속자이시고 주권적인 주님이시다."(Lightfoot 1880: 148)

이제 "왜냐하면 그의 안에서 모든 것들이 창조되었고"라는 16절 전반은 15절의 "보이지 않는 하나님의 형상이고 모든 창조물의 장자"인 근거이다.(브루스가 "왜냐하면"이라 인과관계의 강한 접속사로 번역하고 있으나 부가적인 설명의 등위(等位)접속사라 해석하여도 무방할 것이다) NIV는 "안에서"를 도구격으로 해석하여 "그로 말미암아 모든 것들이 창조되었기 때문이다"라 번역하고 있고, 마찬가지로 창조하는 데에서 그리스도의 도구적인 역할에 찬성하여 "en"을 "in terms of"라 해석하기를 권하기도 한다(Moo 2008: 121). 첫 연의 주동기가 이 16절 전반이어서 하나님의 창조의 작업 전반에 그리스도가 주역임을 분명히 하려는 의도에서다. 이 단락 서문에서 선재하시는 그리스도의 찬송이 구약에서의 하나님의 지혜론이 원천임을 지적하였다. 따라서 태초에 하나님과 함께 하였던 지혜인 그리스도는 하나님의 모든 창조물과 백성 사이에 지혜로 관여하신다.

"그리스도에 의해 모든 것들이 창조되었기 때문이다"라는 16a절에 뒤이어 연자 부호(하이픈) 내에 갖가지 만물을 열거하고 있다. "모든 것들"에 관해 명세하여 우선 "하늘에 있는 것들이나 그리고 땅위에 있는 것들이나, 보이는 것들과 보이지 않는 것들이나"라고 만물을 예시한다. 우선 하늘과 지상을 대조함으로써 그리스도에 의한 창조가 보편적인 것임을 앞세운다. 동시에, 하늘과 땅이라 함은 골로새서의 그리스도론의 서문에서 우리가 서술한 바인 "천사 숭배"의 거짓 가르침이 골로새서 교회에 횡행하였다는 사실을 상기할 필요가 있다. 이 거짓 가르침에 대한 올바른 길잡이를 위해 그리스도에 의해 하늘에 있는 모든 것들이 창조되었다를 앞세우고 있을 수 있다.(Pao 2012: 96) 천사들이 그리스도에 의해 창조되었다는 사실을 선포함으로써 천사숭배가 우상숭배임을 교시하고 있는 것이라 독해해도 좋을 것이다. 뒤이어 서술된 "보이는 것들과 보이지 않는 것들"을 하늘과 땅에 연결해 함께 읽을 필요가 있다. "[하늘 = 보이지 않는; 땅 = 보이는]이라는 교차대구적인 배열"이라 읽을 수 있기 때문이다.(Moo 2008: 122) "누구든지 일부러 겸손함과 천사 숭배함을 인하여 너희 상을 빼앗지 못하게 하라"의 골 2:18a에서의 거짓 가르침에 대한 경고의 맥락에서 읽어야겠다. 구문분석과 의미파악에서 난해한 골 2:18b를 이역하면 "그런 사람은 그가 본 바를 세세히 의지하여 속세의 마음을 좇아 헛되이 우쭐대며 밀고 들어온다(기뻐한다)"는 것이다. 이 2:18을 Moo의 설명에 따라 거짓 교사의 성격을 이해하기로 하겠다.(Ibid.: 229) 그들은 금욕을 실천하기를 애써 환각에 빠져들기 십상이고, 천사들이 악령에서 그들을 구해주기를 소망하여, 그와 같은 환각적인 체험을 자랑한 나머지 속세의 마음으로 교만하여진 자들이라는 해석이 그것이다.

그리고 16절 후반부에 "보좌들 혹은 주관자들이나, 지배자들 혹은 권세들이나, 모든 것들이 그를 통해서 그리고 그를 위해서 창조되었다"라 첨언하고 있다. "보좌들"은 유대 전통에 따르면 신성의 평의원회로 천사들이 단단히 한 몫을 한다는 것이고 "주관자들"은 옥좌를 떠받치는 천사인 초대 기독교의 용어라 한다. 이들 용어들과 더불어 바울 서한에서 흔히 사용되는 "지배자(정사)들"과 "권세"는 모두가 영적인 존재들이라 이해해야 한다고 한다. 그런데 "그의 안에서 모든 것이 창조되었다"의 전반부는 부정과거 시제를 사용하였고 "모든 것들이 그를 통해서 그리고 그를 위해서 창조되었다"의 후반부는 완료된 동작이지만 동시에 진행적인 상태를 표현하는 완료 시제를 사용하고 있다. "그를 통해 그리고 그를 위해"의 창조는 계속적인 목표의 진행임을 올바르게 이해해야겠다. "만물 곧 땅에 있는 것들이나 하늘에 있는 것들을 그로 말미암아 자기와 화목케 되기를 기뻐하심이라"(개역 골 1:20)가 최종 목표일 것이다. "만물이 창조되었다"(16a절)를 필두로 16절 말미에 "그를 통해 그리고 그를 위해 창조되었다"를 반복해 적고 있는 표현을 읽으면, 우주의 창조가 하나님의 아들인 그리스도 예수에게 귀속하고 있음을 명명백백하게 천명하고 있음을 감격하지 않을 수 없다.

우주의 주이심과 교회의 머리이심(1:17~18a)

브루스가 그리스도의 찬양송의 첫 연에서 둘째 연으로 이행하는 중개적인 연이라 생각하는 17-18a절을 우리 역시 독립적인 단락으로 읽기로 하겠다. 첫 연이 "그가(아들)"로 시작하고 마지막 연이 또 "그가"로 시작하는 운율이, 이와 더불어 둘째 연 역시 "그가"로 시작하는 시의 감상에 비추어, 이 연이 과도적인 연이라 하더라도 "그가"로 시작하는 운율의 대응으로 보아 독립적인 연으로 읽을 충분한 이유가 있다.

> **17** 그는 진정 모든 것들보다 먼저이시며, 그리고 그것들은 모두 그의 안에서 정합하여 있으니 **18a** 그는 몸인 교회의 머리라

우선 앞 연에서의 그리스도의 선재하심을 17a절에서 "모든 것들(만물)보다 먼저(이전)"라 반복하고 있지만 동시에 만물보다 우위에 계신다는 의미도 함축하고 있다.(Pao 2012: 98) 그리고 이제 "그것들은 모두 그의 안에서 정합하여 있다"의 17b절에서 그리스도와 우주

만물과의 결합이라는 특질을 서술하고 있다. 브루스가 "정합하여 있다"라 번역한 synesteken은 여러 영어 번역본에서 "결합해 있다(hold together)"라 번역하고 있다. 앞 연과의 관련한 가르침 또는 신앙 고백이라 17절을 읽으면 하나로 통일하다의 뜻으로 "그의 안에서 정합하다"의 번역이 더욱 적절할 듯싶다. 앞 연에서 그리스도의 전권과 시간 이전부터의 존재에 관해 그가 언제나 존재해 계시고 우주의 주님이라는 고백으로 찬양하고 있기 때문이다. 선재해 계신 그리스도 안에서 우주 만물이 정합적이라 함은 만물이 그 자체로 생명 유지의 내적인 기제를 갖고 있는 것이 아니라(Schreiner 2008: 328), 그리스도 안에서야 바로소 만물의 존재의 생명력이 지속적으로 유지된다는 뜻이다.(Pao 2012: 98)

"그는 교회인 몸의 머리라"는 18a절은 주해자들에 의하면 느닷없이 "교회"가 출현하므로 찬양시의 어느 연에 연결되는지가 우선 모호하여 해석을 어렵게 한다는 것이다. 성경 해석이 언어 이해의 문제라는 것을 실감케 한다. 이 18a절을 어디에 연결하여야 어떤 일관성 있는 의미를 독해할 수 있는지가 언어 이해의 문제이다. 골로새서의 그리스도 찬양시를 두 연으로 나누어 읽는 리더보스는 18a절을 만물에 선재해 있는 인간 그리스도의 신성에 대한 찬미의 첫 연에 묶어 독해한다.(Ridderbos 1966: 84) 주지하다시피 브루스는 18a절을 17절과 함께 읽는다. 만물과의 관계에서 이처럼 몸의 머리이고 교회의 머리이신 그리스도라고 읽으면 오히려 18a절의 의미 파악이 용이하다. 원문의 어순을 그대로 옮기면 "그리고 그는 몸의 머리이다, 교회이다"이고 "몸"에 이어서 "교회"가 속성의 보족어로 쓰이고 있으므로 그리스도가 몸의 머리이고 교회의 머리라 풀이할 수 있다. 본래 고대 헬라 철학에서는 우주를 몸이라 비유했다는 것이다. 이때 우주가 그리스도의 머리라는 것은 상상할 수 없는 일이므로 우주의 머리로서의 그리스도를 18a절이 묘사하고 있다고 보아야 한다.(Bruce 1984: 66) 골로새서에서 이때까지의 그리스도론은 우주론적인 전개이므로 "교회인 몸의 머리"라는 새로운 개념 역시 동일한 맥락적인 의미관계에서 독해해야 한다. 리더보스도 그리고 던도 시사하고 있듯이, "하나님이 그리스도를 만물 위의 머리로 교회에게 주셨다"(엡 1:22b)는 에베소서 1:20-23의 의미관계의 테두리에서 우리는 이 골로새서의 해당 구절을 읽고 싶다(Ridderbos 1966: 83; Dunn 1996: 96). "(하나님이) 하늘 영역들에 있는 당신의 오른편에 그를 앉히심으로써...당신이 만물을 그의 발아래 복종케 하시고 그리고 당신이 그를 만물 위의 머리로 교회에 주셨으니 교회는 진정 그의 몸이다"(엡 1:20~22)가 에베소서의 관련 구절이다. 에베소서와 함께 18a절을 읽으면 우주적 몸의 머리인 그리스도가 교회라는 것은 교회가 보편 교회임을 함의한다.

무엇보다 머리가 갖는 의미부터 따져야 할 것이다. 머리가 기원 또는 원천이라는 해석, 통치 또는 권위라는 해석, 그리고 으뜸이라는 해석 등 다양하다. 어느 한 해석을 편중할 것이 아니라 각각의 해석들을 모두 포괄해 갖는 유연성을 취할 일이다. 이를테면, "그는 창조물 중 첫 번째 나신 이"(15b절), "모든 것들이 그를 통해서 그리고 그를 위해서 창조되었다"(16c절), 그리고 앞으로 읽을 "그가 시작이요/죽은 자들로부터 먼저 나신 이다/모든 것들 중에서 그는 으뜸이시다"(18b절), 이들 모든 표현들이 "머리"의 의미를 포괄해 갖는다. 골로새서에서 머리라는 용어 또는 개념은 교회에 국한해 사용하고 있는 것이 아니라 만물과 교회의 관계를 함께 함의하는 것이라 독해해야 한다. 이를테면, "하늘에 있는 것들이나 그리고 땅 위에 있는 것들이나, 보이는 것들과 보이지 않는 것들이나" "그리스도 안에서 만물이 창조되어졌기 때문이다"는 골 1:16을 읽을 때 "그리스도 안에서"는 "몸(우주)의 머리"이고 "교회"인 "그리스도 안에서"이다. 교회의 머리라 함은 그리스도가 또한 모든 피조물 위에 계신 지고의 분이라는 것과 같다.(Pao 2012: 100) 이것이 바울의 보편 교회의 기본 개념의 핵이다. 더불어 이 논거는, 다른 한편, "궁극의 영적 체험을 그리스도 이외의 여기저기에서 찾으라고 선동했던 자들(거짓 교사들)에 적대하여, 바울은 그리스도가 몸을 위한 생명의 진정한 그리고 유일한 원천이신 분임을 올곧게 세우려 한 것이다"(Moo 2008: 128)라는 골로새서 집필 동기에서 그 의의를 찾아 읽을 수 있다. 아울러, 파오 그리고 무의 의들 설명을 에베소서와 함께 읽으면 보편 교회의 정초와 밑바탕의 동기를 더욱 깊게 이해할 수 있을 것 같다.

화평에 있어 주역이신 그리스도(1:18b~20)

"그는 교회인 몸의 머리인 교회이라"에 잇대어 그리스도론의 마지막 연에서 새로운 창조에 있어 그리스도의 지고성을 가장 돋보이게 하는 찬양의 연이 출현한다. 학자들은 이 마지막 연을 잠 8:22~23의 "여호와께서 그 조화의 시작(arche) 곧 태초에 일하시기 전에 나를 가지셨으며 만세 전부터, 상고부터, 땅이 생기기 전부터 내가 세움을 입었나니"의 지혜론과 함께 읽는다. 잠언에서 "나"라 함은 지혜를 의인화한 표현이고, 여기서 잠언의 인용은 그리스도를 지혜에 대체해 읽고 있다. 당연히 학자들은 성서 전반을 두루 섭렵하여 이 마지막 연에 근거를 찾거니와 이 연의 그리스도론이야말로 바울의 찬양의 절정이다.

> **18b**그가 시작이요, 죽은 자들로부터 먼저 나신 이니, 모든 것들 중에서 그는 으뜸이시라, **19** 그의 안에서 모든 충만이 거하도록 섭리하여졌기 때문이고 **20** 그를 통해 모든 것들을 그에게 화목케 하시어, 그의 십자가의 피를 통해 평화를 만드셨음으로- 그를 통해, 땅 위에 있는 것들이나 하늘에 있는 것들이나

이제 마지막 연에서 그리스도의 부활을 중심으로 새로운 창조에서 그가 으뜸이심을 찬양한다. "그는 시작(arche)이요"는 15절 초두의 "그는 형상(eikon)이요"라는 첫 창조에 있어 표상이라는 운율에 짝지어 새로운 창조에 있어 기원이라는 찬양이다. "시작"은 창 1:1의 그리고 잠 8:22의 시작이지만, 18a절의 "그는 몸의 머리인 교회라"에 연결해 읽으면 교회에서의 새로운 창조일 수도 있겠다. 새로운 창조에 있어 시작일 뿐만 아니라 이어서 "죽은 자들로부터 먼저 나신 이(prototokos: 장자)"라 한다. 풀이하면, 그리스도의 부활이 하나님의 백성의 영생을 위한 새로운 창시라는 것이다. "이제 그리스도께서 죽은 자 가운데서 다시 살아 잠자는 자들의 첫 열매가 되셨도다"(고전 15:20)와 같다. 천지 창조의 시작이고 종말 완성의 창시라는 양면을 부각한다. 이러한 "시작"이요 이러한 "먼저 나심"이니, 그러므로, "모든 것들 중에서 그는 으뜸이시다." "모든 것들 중에서"라 표현하여 그리스도의 으뜸의 우주적이고 보편적인 성격을 강조하고 있다.

"그의 안에서 모든 충만이 거하시도록 섭리하여졌기 때문이다"의 19절부터 그리스도의 신성이 더욱 전면에 부각된다. "섭리하여졌다"는 여러 번역본에서 "기뻐하셨다"라 번역하고 있거니와 NRSV의 "그의 안에 하나님의 모든 충만이 거하시기를 기뻐하셨다"라는

번역이 하나님께서 당신 자신의 의지의 선택으로 당신의 온전하심을 그리스도 안에 거하도록 하나님 당신 자신이 계시하셨다는 의미를 알기 쉽게 전하고 있다. "충만(pleroma)"이 무엇인지를 아는 것이 중요하다. 충만은 하나님의 본질, 존재, 또는 영광 모두이다. 가령, 엡 1:23에 대한 틸먼의 번역에 따르면(Thielman 2012) "교회는 그리스도로 말미암아 충만하여지고, 그리고 그리스도는 하나님으로 말미암아 충만하여진다"라 번역하고 있는 것처럼 충만은 하나님의 본성이므로 골 1:19에서도 하나님의 충만을 그리스도가 받아가짐이라 해석하는 것이 올바른 이해에 도달하게 한다. 그런데 삼위의 한 분인 그리스도이지만 19절의 내용으로는 하나님이 "첫 번째 태어나신 이(장자)"에게 모든 것을 위임하셨으므로 하나님과 그리스도는 일체이다.

그리고 19절의 그리스도 안에 있는 하나님의 충만이 지향하는 목적을 20절에 기술하고 있다. 그 목적이 "그를 통해 모든 것들을 그에게 화목케 하시어"이다. 동사 "화목(화평)케 하다(apokatallasso)"는 바울 서한 곳곳에 출현하는 어휘로 보통 하나님과의 적대적인 관계의 회복을 뜻하지만 여기서는 그리스도와의 관계 회복임을 명시하고 있다. 게다가 여기서 화목은 인류가 하나님의 본래 의지에로 복원하는 일을 넘어 인류와 만물의 새로운 창조를 함의하고 있다. 말하자면, 보편적인 구원이다. 아울러, 화목케 하심의 수단을 "그의 십자가의 피를 통해 평화를 만듦으로써"라 십자가에서의 예수의 죽음을 노골적으로 적나라하게 서술하고 있다. 화평하다의 뿌리가 십자가의 피이므로 정녕 형벌대수(刑罰代受)임을(cf. 롬 5:10) 분명히 표명한다. 그리고 "평화를 만듦으로써"의 대상을 "〔그를 통해〕 땅 위에 있는 것들이나 하늘에 있는 것들"이라 20절에 적고 있는 바, "그를 통해"를 괄호 속에 넣은 것은 어떤 초기 사본에는 빠져 있기 때문이다. 당신이 사랑하시는 아들의 십자가의 피를 통해 평화를 만드시는 섭리가 하나님의 종말 완성의 궁극의 목표이다. 우주를 창조하신 하나님이시니 재창조의 완성은 인류 구원에만 한정되는 일은 아닐 것이다. 그 목표는 십자가의 피가 벌써 일어난 일이므로 우주 재창조의 완성이 이미 도래한 것이다.

찬송시 20절의 해설에 관한 여러 학자들의 마지막 문단을 요약하여 그리스도론의 의의를 음미하겠다. 데이비드 W. 무는 "하나님께서 추구하시는 '평화'는 하나님과의 관계에서 인간에게 적용될 뿐만 아니라 또 역시 인간들 서로의 관계에서 인간들에게(따라서 사회 정의를 위한 권리와 의무mandate이다) 그리고 자연 세계와의 인간들의 관계에서 인간들에게도(따라서 성서적 입장에서의 환경보호주의를 위한 권리와 의무이다) 적용되는 것이다."(Moo 2008: 137) 마지막 연이 새로운 창조 혹은 보편 구원의 찬미라 누누이 해설하였거니와, 리더보스에 의하면 바울이 18b~20절에서 종말적인 마지막 아담에 관한 그리스도를 표상한 것이라 해설한다. 그리하여 골로새서의 그리스도 찬양시가 "그리스도의 사랑이 그 넓이와 길이와 높이와 깊이가 어떠함을 파악하는 능력을"(엡 3:18) 지니기를 간구하는 기도와 맞대어 비교한다.(Ridderbos 1966: 86) 슈라이너는 골로새서의 그리스도론이 예수를 메시아라, 사람이라, 구주라, 하나님의 아들이라, 주라, 하나님이라, 이처럼 다양하게 여러 면모를 온전하게 지니고 있음으로써 "새로운 창조 그리고 새로운 출애굽 그리고 새로운 언약이 예수 그리스도 안에서 도래하였다"(Schreiner 2008: 338)의 찬미라 그의 개관의 결미를 마무리짓는다. 제임스 던은 하나님의 창조 그리고 우주에 관한 하나님의 관여의 특성이 그리스도의 십자가로 간명하게 요약 또는 압축되어 있지만, “그 비전은 광활하고 그 주창은 황홀하다”라 1:20에 대해 경탄을 앞세운다. 한데 다른 무엇보다 두드러지게 돋보이는 것은 교회가 갖는 비전으로 교회가 우주적 화목의 중심이어야 하고 수단이어야 한다고 논의한다. “공동체 안에서 화목은 이미 일어난(혹은 일어나기 시작한) 일이고 화목을 위해 공동체가 갖는 책임은 다 이루어져야 하고(cf. 3:8~15) 그 비밀을 선포해야 한다(cf. 4:2~6)”(Dunn 1996: 104)라 논의한다. 교회가 우주적 화목의 중심이라는 던의 논의를 뒷받침하기 위해 우리는 “너희가 들은 바 복음의 소망에서 흔들리지 않아야 하며 … 이 복음은 천하 만민(모든 창조물)에 전파(선포)되었다”(1:23)를 앞당겨 인용한다. 그리스도 안에서의 새로운 창조, 그것에 에클레시아가 참여해야 한다는 것이 지상명령이다.

바울의 그리스도론은 인류의 구원과 우주 완성에 대해 시종일관 그리스도 중심론이다. 하나님의 의지의 실현이 그리스도의 사역으로 “그의 십자가의 피를 통해 평화를 만드셨음이다”(20b절)가 그 절정이다. 그 평화가 “우리 주 예수 그리스도 안에 있는 하나님의 사랑”(롬 8:39)이다. 그러므로 빌립보서의 그리스도론에 적혀 있는 대로 “어떤 이름보다 높은 그의 이름”을 “여하한 혀도 예수를 주라 고백하는” 그리스도의 지고성은 “하나님 아버지의 영광을 드러냄이다.”(빌 2:11) 이것이 슈라이너 저서 《새로운 신약 신학》의 부제인 “그리스도 안에서 하나님의 영광을 찬양함(Magnifying God in Christ)”이다.

정선 참고문헌

길성남, 《에베소서 어떻게 읽을 것인가》, 성서유니온선교회, 2005.

Bengel, J. A. *Gnomon of the New Testament*, Originally brought out by M. Ernest Bengel, completed with corrections by J. C. F. Steudel, 4th ed. Vol 4, *Containing the Commentary on the Galatians, Ephesians, Philippians, Colossians, I and II Thessalonians, I and II Timothy, Titus, Philemon, and Hebrews*, Translated by James Bryce. Edinburgh: T. & T. Clark, 1759.

Bruce, F. F. *Paul: Apostle of the Heart Set Free*, Grand Rapids: Eerdmans, 1977.

Bruce, F. F. *The Epistles to the Colossians, to Philemon, and to the Ephesians*, NICNT, Grand Rapids: Eerdmans, 1984.

Dunn, James D. G. *The Theology of Paul the Apostle*, Grand Rapids: Eerdmans, 1998.

Garland, D. E. *1 Corinthians, Baker Exegetical Commentary on the New Testament*, Grand Rapids: Baker Academic, 2003.

Hoehner, H. W. *Ephesians: An Exegetical Commentary*, Grand Rapids: Baker Academic, 2002.

Klein, William W., *Ephesians, The Expositor's Bible Commentary, revised edition*, Grand Rapids: Zondervan, 2006.

Lincoln, A. T., *Ephesians, Word Biblical Commentary 42*, Dallas: Word, 1990.

Meyer, H. A. W., *Critical and Exegetical Handbook to the Epistle to the Ephesians*, Translated by M. J. Evans, Indiana: Alpha Publications, 1884.

Moo, Douglas J., *The Letters to the Colossians and Philemon*, PNTC, Grand Rapids: Eerdmans, 2008.

O'Brian, P. T., *The Letter to Ephesians, Pillar New Testament Commentary*. Grand Rapids: Eerdmans, 1999.

Pao, D. W., *Colossians and Philemon, Zondervan Exegetical Commentary Series on the New Testament*, Michigan: Grand Rapids, 2012.

Ridderbos, H., *Paul: An Outline of His Theology*, Translated by J. R. de Witt, Grand Rapids: Eerdmans, 1975.

Schreiner, T. R., *Paul, Apostle of God's Glory in Christ: A Pauline Theology*. Downers Grove, II: InterVarsity Press, 2001.

Schreiner, T. H., *New Testament Theology: Magnifying God in Christ*. Grand Rapids: Baker Academic, 2008.

Thielman, F., *Ephesians*, ECNT, Grand Rapids: Bake Academic, 2010.

찾아보기

ㅊ

ㅎ